二十一世纪普通高等院校实用规划教材　物流系列

物流系统规划与设计

戴恩勇　阳晓湖　袁　超　编著

U0369011

清华大学出版社
北京

内 容 简 介

　　随着经济全球化的迅速发展，现代物流系统越来越呈现出随机、复杂、动态、多级和网络化的特性，一个独立的物流单元很难完成物流管理目标，它与系统科学思想结合越来越紧密。系统思想和方法是物流系统规划与设计的重要思想方法体系。本书以物流系统规划为主线，吸收了物流管理领域近年来的新成果，主要阐述了物流系统规划理论与规划方法、物流节点规划与设计、物流运输系统规划与设计、物流园区规划与设计、配送中心规划与设计、物流信息系统规划与设计、供应链一体化规划与设计、物流运营管理系统规划与设计。本书内容全面、结构新颖、重点突出、理论与实践紧密结合，既可供高等院校物流管理、物流工程、工业工程等专业的本科生作为教材使用，也可作为高职高专、各层次成人教育、企业培训的教材，还可供从事物流管理实践的工作者参考阅读。

图书在版编目(CIP)数据

物流系统规划与设计/戴恩勇，阳晓湖，袁超编著. —北京：清华大学出版社，2019（2022.8重印）
（二十一世纪普通高等院校实用规划教材　物流系列）
ISBN 978-7-302-51771-9

Ⅰ. ①物… Ⅱ. ①戴… ②阳… ③袁… Ⅲ. ①物流—系统工程—高等学校—教材 Ⅳ. ①F252

中国版本图书馆 CIP 数据核字(2018)第 274389 号

责任编辑：陈冬梅　李玉萍
封面设计：刘孝琼
责任校对：李玉茹
责任印制：杨　艳

出版发行：清华大学出版社
　　　　　网　　　址：http://www.tup.com.cn, http://www.wqbook.com
　　　　　地　　　址：北京清华大学学研大厦 A 座　　　邮　　编：100084
　　　　　社 总 机：010-83470000　　　　　　　　　邮　　购：010-62786544
　　　　　投稿与读者服务：010-62776969，c-service@tup.tsinghua.edu.cn
　　　　　质量反馈：010-62772015，zhiliang@tup.tsinghua.edu.cn
　　　　　课件下载：http://www.tup.com.cn, 010-62791865
印 装 者：三河市铭诚印务有限公司
经　　销：全国新华书店
开　　本：185mm×260mm　　印　张：24　　　字　数：571 千字
版　　次：2019 年 5 月第 1 版　　　　　　　印　次：2022 年 8 月第 4 次印刷
印　　数：3001～3500
定　　价：65.00 元

产品编号：076594-02

前　言

物流业是生产性服务业的重要组成部分，是融合运输业、仓储业、货代业和信息业等行业的复合型、基础性、先导性产业。大力发展现代物流业，对于优化发展环境、带动产业升级、降低流通成本、普遍提高经济运行的质量和效益、增强城市综合服务保障能力等，具有十分重要的意义。"十二五"时期社会物流总额为 966 万亿元，是"十一五"时期的 2.2 倍，年均增长 8.7%，增速比"十一五"时期回落 12 个百分点，比"十五"时期回落 10 个百分点。总体来看，"十三五"时期，我国物流业仍然处于大有可为的战略机遇期。面对一系列严峻挑战和战略机遇，物流业在国民经济中的产业地位将稳步提升，发展空间将更加广阔。物流业进入以转型升级为主线的发展新阶段，已逐步从追求速度规模增长向追求质量效益提升转变。总之，只有加强供给侧改革，把握发展新红利，才能适应经济社会发展新常态。

当前，国内各相关行业、地区以及企业已逐渐开始从战略高度重视物流的发展，不同层次与不同领域的物流规划相继出台。如何制订既适应发展要求又符合实际需要的物流规划，已成为当前急需解决的重要问题。在全球经济一体化的背景下，物流服务水平和物流成本已经成为影响投资环境的关键因素，因此将物流系统建设从企业战略层面提升到社会基础建设战略层面十分必要。区域或中心城市物流系统的研究，正是实现这一目标的重要前期工作。

本书以物流规划为主线，吸收了物流管理领域近年来的新成果，共分 9 个章节。第 1 章从系统的基本理论入手，介绍了物流系统的含义、模式、功能、要素和特征。揭示了物流规划的含义、指导原则和规划意义。同时对物流规划体系进行了全面分析。第 2 章介绍了物流系统规划理论与方法，通过介绍物流系统规划的早期理论，引申出物流客户服务理论，再对物流系统规划选址、运输网络规划、设施优化布置、物流通道系统、物流预测的主要方法进行了分析。第 3 章介绍了物流节点规划与设计，从物流网络的概念和内涵入手，详细介绍了物流网络的构成和物流网络系统类型，又对物流节点规划与设计的原则、内容和选择决策进行了分析。重点探讨了物流节点规划模型构建及应用。第 4 章介绍了物流运输系统规划与设计，主要从现代运输系统的含义及特征入手，通过介绍物流运输系统的要素、特征和功能，引申出物流运输合理化的影响因素及有效措施，并对各种运输方式的技术经济特点和运输方式选择的考虑因素进行了分析。最后重点探讨了运输线路优化模型。第 5 章介绍了物流园区规划与设计，通过介绍物流园区的内涵、作用及其发展趋势，引申出物流园区规划的意义和规划原则，揭示了物流园区规划体系的基本内容，并对物流园区总体规划进行了详细探讨，同时单独分析了物流园区信息化建设。第 6 章介绍了配送中心规划与设计，论述了配送中心规划的基本结构、规模确定，详细介绍了配送中心选址、设施布置规划、存储策略和拣货路径规划的具体实现方法和完整的规划方案。第 7 章介绍了物流信息系统规划与设计，主要从物流信息系统的基本理论入手，通过介绍物流信息的概念、物流信息系统的概念及其技术基础，引申出物流信息系统构建的原则，揭示了物流信息系统的体系结构和层次结构。着重分析和讨论了物流信息系统的开发、自动识别系统和库存信息管理。第 8 章介绍了供应链一体化规划与设计，从涉及供应链管理各个层面的理论出发，重点介绍了供应链一体化的概念和理论，引申出供应链一体化的框架结构，从不同层次分析了流程一体化规划的基本内容，指出了物流一体化规划的直接体现，并在此基础上对供应链信息一体化规划的目标和框架进行了探讨。第 9 章介绍了物流运营管理系统规划与设计，主要从运营的基本理论入手，通过介绍运营的概念、运营系统的相关理论引申出物流运营模式，分别从物流运营网络协同规划、物流服务营销系统规划、物流运营效率评价系统规划三个方面阐述了物流运营系统规划的内容和方法。

综合上述内容，本书体现了如下特点。

(1) 理论系统性强。本书力争对一些基本概念进行详细准确的定义，力图使读者对物流系统规划与设计的基本理论和方法有清晰的认识，能够全面地理解和掌握物流系统规划与设计的基本内容。

(2) 实用性强。按照正常、合理的教学顺序设计教材结构与内容，突出教学与管理实践相结合的特性，密切联系实际，更加贴近教学与教改的需要，更有利于学生了解物流系统规划与设计的相关知识。

(3) 内容精简。与多媒体教学手段相结合，以深入浅出的方式进行表述，增强了教材的易读性，使学生便于理解。

本书由长沙学院戴恩勇负责设计、策划、组织和定稿，湖南大众传媒职业技术学院袁超和湖南省行行行仓储经营管理有限公司董事长阳晓湖负责统稿，傅玉、罗佳、欧阳鹏飞、冯婉玲、谭观玉等同学负责图片整理和数据搜集工作。在本书写作过程中，我们查阅了大量国内外同行、专家的研究成果，在此一并向有关人士致以诚挚的谢意。此外，对本书在编写过程中参阅的大量教材、专著与期刊，我们已在参考文献中尽可能逐一列出，如有疏漏，敬请原作者见谅。

尽管我们做了大量的准备，尽心竭力地想使本书能最大限度地满足读者的需要，但是由于学术水平有限，肯定有诸多不足和偏颇之处，敬请各位专家、读者提出意见并能及时反馈，以便逐步完善。

本教材为湖南省社科基金项目"经济新常态下城市物流空间结构复杂性特征研究"(项目编号 15YBB003)、湖南省自然科学基金项目"跨境电商物流网络的演化机理及应用研究"(项目编号 2017JJ2289)和湖南省教育科学规划课题"基于产教融合的应用型本科院校管理类专业群课程改革研究"(项目编号 XJK17BGD082)阶段性成果。

编　者

目　　录

第1章 物流系统规划与设计概述

【学习目标】

- 掌握物流系统的概念和特征。
- 熟悉当代物流系统思想的最新发展及演变趋势。
- 掌握物流系统的基本功能和主要特征。
- 掌握物流系统分析的基本方法与原则。
- 掌握物流系统规划的含义。
- 了解物流系统规划的指导原则。
- 掌握设施规划与设计的概念。
- 掌握工业工程的概念。
- 掌握制造系统工程的概念。

全球金融危机后，世界经济发生了复杂而深刻的变化，危机转嫁、后发崛起、国际竞争愈演愈烈，国际经济的结构、分布、规则快速调整，全球资源、要素、财富重新分配，国际政治经济领域呈现出大开大阖的竞争、合作与博弈的局面。传统的全球治理结构已经不能反映世界经济出现的这些新情况和新特点，世界正在呼唤治理结构转型、治理规则重构和治理模式创新。同时日益激烈的市场竞争迫使企业不断寻求物流规划模式的持续改进，以满足用户对产品在性能、款式、质量、价格、交货期及服务等方面的新要求。在我国现代物流发展刚刚起步的今天，对物流系统进行先规划然后有步骤、有计划地发展，说明我国对物流发展在认识上已经逐渐成熟起来。

1.1 系统论的基本原理

1.1.1 当代系统思想的最新发展及演变趋势

系统科学是 20 世纪 40 年代以来，从新的科技革命中产生出来的新兴学科，是现代科学技术革命的重要组成部分。长期以来，我们对于西方以自然科学为基础的系统动力学等理论研究较深入，而对于西方以人文科学为背景的系统思想(Systems Thinking)在发展中出现的一些新观点和新潮流还认识不足。

1. 系统科学的源起

科学通常都是指一门系统而非常有条理的知识所组成的学问。它的前身是各种思想和观点。思想是活跃的，它不断地从各个不同的角度和层面，探索着寻找解决现实问题的新途径。科学形成后，推动科学继续不断向前发展的巨大动力，仍旧是活跃的思维。

朴素的系统观念早在人类开发和改造自然的早期活动中就已经存在了，只是当时人类对系统的认识还停留在简单的、不能形成清晰思想体系的状态下。真正明确将系统论作为一门崭新学科提出来，是 20 世纪 40 代年由美籍奥地利生物学家贝塔朗菲(Bertalanffy)完成的，他的这一理论后来虽然经过博尔丁(Boulding)、科勒(Kohler)、拉兹洛(Laszlo)、米勒(Miller)、冯·基奇(Von Giichi)、拉波波特(Rapoport)等人进一步地研究更加完善，但时至今日仍有人在此方面不断探索。

一般系统理论出现后，活跃的系统思想并不会因此而止步，相反却会在探讨和解决实际问题的实践中得到不断的发展。总体上看，杰克逊(Jackson)认为，当前系统思想的研究产生了五个基本分支。

(1) 将组织视为系统(Organizations as Systems)。

(2) 硬系统思想(Hard Systems Thinking)。

(3) 组织控制论(Organizational Cybernetics)。

(4) 软系统思想(Soft Systems Thinking)。

(5) 辩证系统思想(Critical Systems Thinking)。

其中，把组织视为系统本身并不自成一体，它往往与其他学科的发展交织在一起。其余的四个分支则具有各自的哲学基础和方法论以及实践方法，可以自成一派。它们共同的特征，就是在研究系统整体问题时，突出强调全面观念的形成。

2. 硬系统思想的兴起和演化

在第二次世界大战中，对于像战争这样紧急、复杂多变的事件，由于系统方法在处理诸如技术支持、战术评估、革新创造、规划以及战略的选择等问题上得心应手，最终促成了20世纪50年代运筹学(Operations Research，OR)和管理科学(Management Science，MS)的诞生。

随后，运筹学和管理科学理论和方法的广泛运用，尤其是系统工程的出现，更促使硬系统思想的发展达到了极致。按照理论界的界定，硬系统思想是指那些认为可以通过预先设定系统目标，并从一系列备选方案中寻找目标最优解来处理现实问题的看法。相应的硬系统方法包括系统工程、系统分析、运筹学等。当时的人们认为，运筹学和管理科学的理论和方法可以适用于任何的行为和组织，结果却发现它们对处理大多数社会问题并不适用。

为指导系统科学实践，英国的杰克逊(Jackson)和基思(Keys)以系统特征和组织内各种利益相关者的关系为坐标，构造出一个系统科学方法论体系，为各种系统科学理论和方法划分了适用范围。显然，只要能够分清系统的特征("复杂"还是"简单")，并能够感知问题情景(Problematic Situation，即尚不知问题所在的状况，下同)中利益相关者的关系("一元""多元"还是"强制")，人们在处理各种问题时就再也不会面对众多的系统方法论而不知如何选择了。用他们的概念来说，硬系统思想都是建立在机器——一元的假设前提下的。

机器——一元假设中的"机器"一说，来源于摩根(Morgen)的"组织形象说"(Images of Organization)。摩根将人们对组织的不同看法，总结为五种不同的隐喻：机器、生物体、人脑、文化及政治系统。硬系统学派则被认为是将组织看作一种机器。机器——一元假设中的"一元关系"，则是指所有当事人都享有同样的价值观及利益。既然如此，便可以在研究现实问题时，将人的价值观与利益因素舍弃掉。因此，就像霍尔(Hall)认为的那样，现实问题都可以归结为工程问题，从而便于定量分析求得最优解。硬系统思想最适合寻找各种战术问题的最优策略，或用来组织与管理大型工程建设项目，这是因为，工程项目的任务一般比较明确，问题的结构一般也很清楚，属于结构性问题，当然可以充分运用自然科学和工程技术方面的知识和经验，有的项目甚至可以进行试验。

然而，社会问题的解决往往很难找到最优解，这些问题因人的参与而与政治、经济、文化、生态等因素纠缠在一起，属于非结构性问题。这类问题本身的定义并不清楚，难以用逻辑严谨的数学模型定量地加以描述。所以，进入 20 世纪 60 年代后，硬系统思想并没有取得实质性的发展，却因其无力处理社会问题而广受批评。虽然拉兹洛(Laszlo)等人曾试图竭力为系统科学寻找一个坚实的根基，但是系统科学发展的停滞局面却无法根本扭转。时至今日，硬系统思想所推崇的定量分析虽说在方法上比过去丰富了许多，应用范围也有所扩大，但它在处理复杂的问题，尤其是涉及人的价值观、欲望等因素时的局限性仍十分突出。关于这一点，我国系统工程研究与实践自从 20 世纪 70 年代由西方传入以来，迅速由 80 年代的"盛极一时"到 90 年代的"萧条冷落"，就很说明问题。

杰克逊将硬系统思想的缺陷总结为以下几点。

(1) 硬系统分析仅仅适用于目标明确的问题，因为它们的理想目标是所有利益相关者公认的，没有异议。

(2) 硬系统思想就事论事，假定权力和冲突与此无关，没有明确采用社会变革理论。

(3) 多元化的问题情景难以用硬系统模型描述。

(4) 硬系统思想假设"社会问题"的性质是客观的，对其探究的过程是简单机械的。

(5) 硬系统思想只重结果，而经常忽略管理中的决策过程。

(6) 硬系统思想过分强调定量计测而忽视定性因素。

3. 软系统思想的出现及其对硬系统思想的批判

软系统思想正是在对硬系统思想的批判中逐步发展起来的，时间大约是在 20 世纪 70 年代末和 80 年代初。它是指那些认为只应将系统视为维护人际关系，增进人们相互学习和沟通，而不是用来完成目标的工具的看法。最早提出软系统思想的，正是在硬系统思想发展中做出了突出贡献的韦斯特·丘奇曼(Churchman C. W.)。他在 20 世纪 60 年代末提出，在系统设计中应该关注伦理和道德问题。他曾因此而获诺贝尔奖提名。与此同时，阿考夫(Ackoff)也提出交互计划法(Interactive Planning)，试图在解决问题的过程中，吸收所有当事人参加。

软系统思想发展的高潮，实际出现在 20 世纪 80 年代，其主要标志是英国兰开斯特大学的彼得·切克兰德(Peter Checkland)教授和他的同事们受丘奇曼的影响，在实践中创立了软系统方法论。其最主要的贡献，就是将"系统"重新定义为"人们用以抽象地组织思维的结构"，而在此之前，人们往往将"系统"视为客观世界中存在的实体。正是由于切克兰德发明了软系统方法论，才使"系统"的概念得以从实证论方法中解脱出来。软系统学派认为，"系统"是人们在头脑中反映对客观事物认识的概念，其整体性体现在人们对客观世界的探索过程中。

切克兰德认为，系统分析和系统工程在方法上非常相似，它们通常解决问题的方式，都是要找出能实现预想结果的最优方法，而常常忽略了其社会影响。遗憾的是，这些方法所特别强调的理想目标，在实践中却往往很难实现，因为相关的人类理性的假定是很难站得住脚的。所以这时就必须代之以软系统方法论。该方法特别适用于系统的参与者无法确定问题之所在的情况。这种情况多半发生在许多复杂的问题交织在一起时，这时人们往往很难就需要解决的问题是什么以及如何处理等方面达成一致。所以，人们把这种情况一般称作"麻丝"(Mess)，即问题成堆，需要人们费尽心机从中找出头绪来的意思，我国著名的系统学家顾基发教授将其译为"堆题"。例如，在我国国有企业的改制问题上，中央政府、地方政府、企业管理当局与企业职工的目标与要求显然各不相同，片面以其中任何一方的理想目标为基点设计改革措施，很可能就无法得到其他群体的支持。所以，在尝试了"放权让利""承包经营"以及"股份制""股份合作制"等一系列改革措施后，人们现在对国有企业改革复杂性的认识恐怕要深刻得多。

软系统方法论将组织视为一种文化系统，而不是机器。它承认现实组织中不同观点和兴趣的存在，这显然要比硬系统思想进步许多。因此，我国国有企业的改革，仅仅强调措施配套还不够，还应该在措施选择时，充分兼顾各方面利益群体的平衡，否则，"上有政策下有对策"便是必然的。

在此，我们有必要把软系统方法论的有关内容做一番简单的介绍。提起软系统方法论，人们对它的了解恐怕主要是那个著名的"七步骤"模型，如图1-1所示。

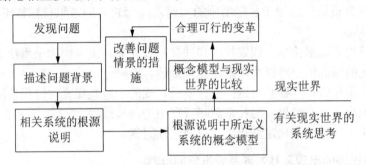

图1-1　软系统方法论的七大步骤

"七步骤"中的第一、第二步主要是用来"发现"系统参与者所面临的问题。研究人员通过观察、访谈以及回顾访谈细节等形式，获得与被调查系统有关的信息，并随后以图画的形式(睿智图，Rich Picture)，将从中得到的信息表达出来。这是一种漫画形式，用来表现调查人员对被调查系统的看法，并借此揭示其中的各种问题、冲突、沟通不畅等现象。当然，也有一些国家的学者认为，用漫画的形式来表达研究人员对被调查系统的看法，可能会在一些国家被认为不严肃，是小孩子玩的把戏，可以用其他形式来取代。

第三步是构造系统的根源说明(Root Definition)，有人译作"根定义"，似乎没有完整表达出作者的本意，即对于问题产生根源的描述。其目的是要找出问题的产生根源，并希望能对此有所改进。重要的是需要记住一点，软系统方法论是人们学习如何改进所处状况的一个探索过程。在第一、第二步中，研究人员通过划分问题的主题来识别出若干相关"系统"，并以清晰的语言说明——根源说明加以描述，从而产生有目的的行为。根源说明是"对一个相关系统究竟应该是什么的理想化看法"。它规定了系统的目标以及原因和责任人。另外，对于这些措施的受益人或受害人以及环境限制条件都有必要加以考虑。这便是软系统方法论第三步中的 CATWOE 分析。具体说来：C 指顾客，即未来行动措施的系统受益人或受害人；A 指操作人，即完成变革行动的人；T 指变换过程，即将一种投入转换成产出的过程；W 指世界观，即使根源说明有意义的观念；O 指主宰者，即行动的决策人；E 指环境约束，即系统存在所给定的外部条件。

第四步是要建立概念模型，即"为实现根源说明的设想，我们设计的系统必须做的工作"。为使措施逻辑严密，该概念模型中的工作活动应该由根源说明中的动词来构造。

软系统方法论的目的，是要对问题情景或"麻丝"加以改进。第一步到第四步为的是先将问题情景条理化出若干系统，并随后设计系统改进模型。第五步则是将模型与"麻丝"现状加以对比，看看研究人员所设计的系统与现实的差距，从而便于展开有关组织变革的讨论。概念模型必须与睿智图进行对比，以突出它们的不同。从这些不同中，才能引发出在第六步中有关变革的可行性和必要性的辩证思考。第七步则是对第六步中达成一致的意见的贯彻实施。

关于软系统方法论的特点，杰克逊(Jackson)总结有以下几点。

(1) 它与目标不明、非结构性的"麻丝"有关。

(2) 它强调过程，即与学习和决策有关。

(3) 它与感性认识、世界观及人类把组织现实的内涵与环境相联系的方式有关。

(4) 用模型的术语来说，软系统方法论是非数量型的。

(5) 软系统方法论依靠加深对问题情景的理解来改进它。

(6) 它依赖于解释社会理论。

(7) 它与对统治人类社会结构的社会规则的理解有关。

软系统思想的出现，在很大程度上迅速推动了世界范围内系统运动的蓬勃发展。一大批硬系统思想的追随者也逐步意识到了自己思维上的局限，开始着手改造原有的理论体系，在吸收和借鉴了软系统思想的一些成功方法后，形成了像"软运筹学"(Soft OR)这样的新体系。斯塔夫·比尔(Beer S.)也在七八十年代发展了控制论，提出了生存性和生存设计的概念和法则。他对于组织的看法，代表了系统管理学界的另一种观点，即将组织视为一种生物体。

然而，软系统方法论在其发展的过程中，也逐步暴露出了自身的某些不足，也曾受到其他学派的攻击和批评。这主要表现在以下几点。

(1) 它不太适合处理突发事件，不能寄希望于它"立竿见影"。

(2) 它在解释问题情景中的权力和冲突时缺乏可信度。因此，在考虑社会变革时它往往是"保守"的。

(3) 它本身缺乏明确的组织变革理论，只能通过有关参与者相互之间的沟通来激发变革。

(4) 它没有提及行为措施的合理性与合法性的关系；人们往往忽视问题的合理解决方法与当权派利益之间的冲突。

4. 辩证系统思想的综合

辩证系统思想开始出现于 20 世纪的七八十年代。在此之前，管理科学以及硬系统思想都遵循实证主义范式，而软系统思想则遵循解释主义范式，它们对传统的范式发起了猛烈的攻击。与此同时，传统的实证主义范式也受到来自辩证系统思想的抨击。后者主要是针对传统范式认为财富不均，地位、权力的不平等等永恒主题发起挑战。它们批评传统管理科学工作者受组织一维技术统治思想的支配，忽视了组织的社会因素。它们认为，人们所需要的应是一种两维的管理方法，既要重视组织的技术方面，又要重视组织的社会方面。

辩证系统思想的主要进展开始于 20 世纪 80 年代中期，其特点有以下四点。

(1) 它表现出了对社会的关注。

(2) 它以人类的解放为宗旨。

(3) 它主张互补及有针对性地使用所有系统方法论。

(4) 它想要证明辩证意识。

辩证系统思想承认存在社会和组织压力，这些压力迫使人们在某些情况下，不得不接受一些方法论和理论。因此，不同场合选择不同的方法论，对指导人们干预系统的行动十分必要。

辩证系统思想致力于人类解放。因此，辩证系统思想是要为个人自身发展创造良机，也就是要让人发挥全部潜能。

致力于人类解放，意味着必须互补性地发展所有的系统方法论。因此，辩证系统思想将各种系统方法论的多样化，视为系统思想发展的一种优势，而不是缺点。

辩证系统思想因为致力于互补及有针对性地运用所有系统方法论，所以需要有一个能兼顾以上所有四个特点的总方法论，从而在应付现实世界的复杂问题时能将思想付诸行动。这方面最初的贡献来自德国乌里希(Ulrich W)教授的辩证系统启蒙学。他认为"软"和"硬"两派系统方法中的系统思想都是运用于工具主义理性范畴内的。也就是说，两类方法只能帮助我们决定如何做事情。而辩证系统启蒙学却可以帮助我们确定应该做什么。

辩证系统启蒙学从外表看有些乌托邦(Utopia)的味道，就实际应用来看，辩证系统启蒙学有点过于理论化，缺乏对解决现实问题的指导意义。

后来，英国的傅洛德(Froude)和杰克逊(Jackson)，以杰克逊和基思的系统方法论体系为蓝本，建立起了全面系统干预法(Total System Intervention, TSI)这一总方法论。这一方法论被他们认为是在"现实世界"系统中从事计划、设计和评估的新方法。该方法试图暴露组织中的冲突焦点和问题，然后用适当的方法论去干预。它是一个以辩证系统思想为哲学和理论基础的三阶段总方法论。其三阶段包括：①创造阶段。运用系统隐喻来发现将要处理的问题。②选择阶段。用改进后的系统方法论体系，找出合适的系统方法论来指导实践。③实施阶段。将选好的方法论应用于创造阶段发掘出来的问题。这一实施过程将改变问题情景，从而使研究又将从创造阶段重新开始。

1.1.2 系统概述

1. 系统的含义

系统是两个以上既相互区别又相互作用的、能完成某一功能的单元之间的有机结合，它是一个综合体，用数学函数式可表示为：

$$S = f(A_1, A_2, A_3, \cdots, A_n)$$

式中：S —— 系统；

　　　$A_n (n \geqslant 2)$—— 单元元素。

每一个单元也可以称为一个子系统。系统与系统的关系是相对的，一个系统可能是另一个更大系统的组成部分，而一个子系统也可以继续分成更小的系统。在现实中，一个机组、一个工厂、一个部门、一项计划、一个研究项目、一辆汽车、一套制度都可以看成是一个系统。由定义可知，系统的形成应具备下列条件。

(1) 系统是元素的多元函数，由两个或两个以上要素组成。

(2) 各要素间相互联系，使系统保持相对稳定。

(3) 系统具有一定结构，保持系统的有序性，从而可使系统具有特定的功能。

根据以上关系，系统的基本模式如图 1-2 所示。

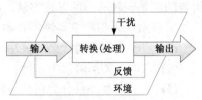

图 1-2　系统的基本模式

2．系统的三要素

系统是相对外部环境而言的，并且与外部环境的界限往往是模糊过渡的，所以严格地说系统是一个模糊集合。

系统由输入、处理、输出三要素组成。

首先，外部环境向系统提供劳力、手段、资源、能量、信息，称为"输入"；系统以自身所具有的特定功能，将"输入"的内容进行必要的转化和处理，使之成为有用的产成品；其次，将经过处理后的内容向外部输出，供外部环境使用，从而完成"输入、处理、输出"的基本功能要素。如生产系统就是先向工厂输入原材料，经过加工处理，得到一定产品的这样一个循环过程。

3．系统的特征

根据系统的定义，可以归纳出"系统"的如下特性。

(1) 组成性。系统一般由两个或两个以上的要素组成。根据系统的不同，系统的要素可以是世界上的一切事物，比如物质、现象、概念等。如果只有一个要素，这个要素本身就是一个系统，但它是由许多更小的要素组成的系统，如物流系统由储存、运输、包装、装卸搬运、流通加工、相关信息等要素组成，其中运输系统又是由铁路、公路、水路、航空和管道等要素组成。

(2) 层次性。要素和系统处于不同的层次，系统包含要素。要素是相对于它所处的系统而言的，系统是从它包含要素的角度来看的，一个系统总是隶属于其他更大的系统，前者就是后者的一个要素。要素也可称作子系统，子系统就是系统的要素，是隶属于系统的系统。可以通过这个特性来区别物流系统和储存系统、运输系统的层次，物流系统包含储存系统、运输系统，所以，物流系统的层次高于储存系统、运输系统等。

(3) 边界性。系统和要素都有明确的边界，大多能够区分。由于要素包含于系统之中，所以要素的边界小于系统的边界。同时，系统内不同的要素可能会产生边界交叉，但是不能完全重合，都有各自的不同边界。

(4) 相关性。要素应该互相联系，将没有联系的要素放在一起不可能成为系统。当然根据物理学的规律，世界万物都是互相联系的，但我们这里指的联系不是那种与所考虑和研究的问题毫不相干的联系，而应该是相关的联系。

(5) 目的性。要素的结合是为了达到特定的目的，不同要素的结合、相同要素进行不同的结合可能目的都不会一样，但它们都是为了满足特定的目的才按照特定的方式结合起来的。

(6) 整体性。系统是一个整体，系统无论由什么样的要素和多少要素组成，从形态上讲应该是一个能够与其他系统相区别，并且系统要素互相配合和协调，能够发挥特定功能的整体，系统要素只有以这种方式联合起来才能发挥这样的整体功能。

4．系统的分类

对系统的认识可以借助系统论提供的方法，即通过分析结构来认识。将系统进行分类是认识系统结构的方法之一。实践中可以从两个方面对系统进行分类。

1) 从现实系统的实际内容分类

(1) 一般系统和具体系统。一般系统是指从各种现实系统中抽取特殊内容而得到的具有共性的抽象系统。而存在内容的系统则为"具体系统"。

(2) 自然、社会和思维系统。在传统的科学研究中，可将世界分为自然系统、社会系统和思维系统。思维系统是由人的精神、心理以及思维工具等组成的系统。社会系统就是人类系统。除此之外的系统就是自然系统。

2) 根据系统的数学特征分类

按照系统的数学特征进行分类并进行更深入的研究十分重要。在系统论的文献中，许多关于系统理论的研究成果都是从自然科学中导出的，因而系统论研究特别强调数学方法的应用。根据系统的数学特征可以将系统分成如下类型。

(1) 封闭系统和开放系统。与环境产生联系的系统是开放系统，否则是封闭系统。真正意义上的封闭系统是不存在的，如果存在，那肯定是人造的封闭系统，因为按照耗散结构理论，由于封闭系统的熵将逐渐增加直至达到最大，最后系统必然灭亡。所以现实中存在的系统都是开放系统，当然还可以根据开放的程度进一步分类。

(2) 静态系统和动态系统。静态系统也称无记忆系统。如果一个系统在任一时刻的输出只与该时刻的输入有关，而与该时刻之前或之后的输入无关，则该系统是静态系统，反之则为动态系统或称记忆系统。

(3) 线性系统和非线性系统。当把系统的输入和初始状态线性叠加时，系统的输出也能线性叠加，则该系统就是线性系统，否则就是非线性系统。严格地说，线性系统只有在实验或人工干预条件下才存在，实际存在的系统绝大部分都是非线性系统。非线性系统可以认为是线性系统的无穷逼近和叠加，因而可以将一个非线性系统转化为线性系统来求解。

(4) 连续系统和离散系统。当系统的状态 x、输入集 u 及输出集 Y 是离散集合时，该系统就是离散系统；当 x、u 及 Y 是 R（R 为实数集）中的开集时，该系统就被称为连续系统。

(5) 确定性系统和不确定性系统。确定性系统是指系统的实时输入和实时状态能明确唯一地规定下一个状态和实时输出；不确定性系统是指系统的实时输入和实时状态不能明确唯一地规定下一状态和实时输出，被规定的是一些可能状态集或可能输出集，缺乏唯一性，因而是不确定的。

5. 一般系统论

我们当前所说的作为一门新兴学科的系统论和方法，是现代自然科学进一步发展和变化的结果，是与 20 世纪 40 年代所谓的"计算机革命"等最新科学技术的进步相联系的。也就是说，它主要是指由美籍奥地利理论生物学家和哲学家贝塔朗菲(Bertalanffy)最初取名为"一般系统论"，后来又进一步加以扩展，并经其他科学家的丰富和完善而逐渐建立起来的比较完整的系统科学和方法。

关于系统论的定义有很多种，如说"系统是有联系的物质和过程的集合""系统是有组织的和被组织化的全体""系统是许多要素保持有机的秩序，向同一目的行动的东西"等。一般系统论创始人贝塔朗菲定义："系统是相互联系相互作用的诸元素的综合体。"这个定义指出了系统的三个特性：一是多元性，系统是多样性的统一，差异性的统一；二是相关性，系统不存在孤立元素组分，所有元素或组分间相互依存、相互作用、相互制约；三是整体性，系统是所有元素构成的复合统一整体。这个定义说明了一般系统的基本特征，将系统与非系统区别开来，但对于定义复杂系统有着局限性。另外，从严格意义上讲，现实世界的"非系统"是不存在的，构成整体而没有联系性的多元集是不存在的。由于一些群体中元素间联系微弱，从而可以忽略这种联系，我们把它视为二类非系统。

系统论认为，整体性、关联性、等级结构性、动态平衡性、时序性等是所有系统共同的基本特征。这些，既是系统所具有的基本思想观点，也是系统方法的基本原则，表现了系统论不仅是反映客观规律的科学理论，也具有科学方法论的含义。我国空气动力学家钱学森将系统定义为：由相互作用和相互依赖的若干组成部分合成的具有特定功能的有机整体，而且这个系统本身又是它所从属的一个更大系统的组成部分。

1.2 物流系统

1.2.1 物流系统概述

1. 物流系统的内涵

物流系统(Logistic System)是指在一定的时间和空间里，由所需输送的物料和包括有关设备、输送工具、仓储设备、人员以及通信联系等若干相互制约的动态要素构成的具有特定功能的有机整体。物流系统的成功要素是使物流系统整体优化以及合理化，并服从或改善社会大系统的环境。物流系统的"输入"即指采购、运输、储存、流通加工、装卸、搬运、包装、销售、物流信息处理等物流环节所需的劳务、设备、材料、资源等要素，由外部环境向系统提供的过程，系统对这些输入的内容进行处理转化，而后将其送至客户手中，变成全系统的输出，即物流服务。

值得一提的是，单一的运输或单一的包装等不能称为物流，只有基本的功能要素组合在一起才能称为物流和物流系统。物流系统整体优化的目的就是要使输入最少，即物流成本最低，消耗的资源最少，而作为输出的物流服务效果最佳。

发展至今，物流系统是典型的现代机械电子相结合的系统。现代物流系统由半自动化、自动化以及具有一定智能的物流设备和计算机物流管理和控制系统组成。随着计算机科学和自动化技术的发展，物流管理系统也从简单的方式迅速向自动化管理演变，其主要标志是自动物流设备，如自动导引车(Automated Guided Vehicle，AGV)，自动存储、提取系统(Automated Storage/Retrieve System，AS/RS)，空中单轨自动车(SKY-RAV-Rail Automated Vehicle)，堆垛机(Stacker Crane)以及物流计算机管理与控制系统的出现。物流系统的主要目标在于追求时间和空间效益。

2. 物流系统的模式

一般来说，物流系统具有输入、处理(转化)、输出、限制(制约)和反馈等功能，其具体内容因物流系统的性质不同而有所区别，如图 1-3 所示。

1) 输入

输入包括原材料、设备、劳力、能源等。就是通过提供资源、能源、设备、劳力等手段对某一系统发生作用，统称为外部环境对物流系统的输入。

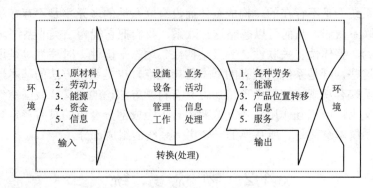

图1-3 物流系统的模式

2) 处理(转化)

处理(转化)是指物流本身的转化过程。从输入到输出之间所进行的生产、供应、销售、服务等活动中的物流业务活动称为物流系统的处理或转化。具体内容有：物流设施设备的建设；物流业务活动，如运输、储存、包装、装卸、搬运等；信息处理及管理工作。

3) 输出

物流系统的输出是指物流系统与其本身所具有的各种手段和功能，对环境的输入进行各种处理后所提供的物流服务。具体内容有：产品位置与场所的转移；各种劳务，如合同的履行及其他服务等；能源与信息。

4) 限制或制约

外部环境对物流系统施加一定的约束称为外部环境对物流系统的限制和干扰。具体有：资源条件，能源限制，资金与生产能力的限制；价格影响，需求变化；仓库容量；装卸与运输能力；政策的变化等。

5) 反馈

物流系统在把输入转化为输出的过程中，由于受系统各种因素的限制，不能按原计划实现，需要把输出结果返回给输入，进行调整，即使按原计划实现，也要把信息返回，以便对工作做出评价，这称为信息反馈。信息反馈的活动包括：各种物流活动分析报告；各种统计报告数据；典型调查；国内外市场信息与有关动态等。

从物流系统的管理和控制来看，计算机网络和数据库技术的采用是整个系统得以正常运行的前提。仿真技术的应用使物流系统设计处于更高的水平。物流已经成为并行工程的基础和计算机集成制造系统(Computer Integrated Manufacturing Systems，CIMS)的组成部分。

3. 物流系统的基本功能

物流系统应具备如下七项基本功能。

1) 运输功能

运输是物流的核心业务之一，也是物流系统的一个重要功能。选择何种运输手段对于物流效率具有十分重要的意义，在决定运输手段时，必须权衡运输系统要求的运输服务和运输成本，可以把运输机具的服务特性作为判断的基准：运费，运输时间、频率、运输能力、货物的安全性、时间的准确性、适用性、伸缩性、网络性和信息等。

2) 仓储功能

在物流系统中，仓储是与运输同等重要的功能要素。仓储功能包括对进入物流系统的货物进行堆存、保管、保养、维护、库存控制等一系列活动。仓储的作用主要表现在两个方面：一是完好地保证货物的使用价值和价值；二是为将货物配送给用户，在物流中心进行必要的加工活动而进行的保存。随着经济的发展，物流由少品种、大批量物流进入到多品种、小批量或多批次、小批次物流时代，仓储功能从重视保管效率逐渐变为重视如何才能顺利地进行发货和配送作业。流通仓库作为物流仓储功能的服务据点，在流通作业中发挥着重要的作用，它将不再以储存保管为其主要目的。流通仓库包括拣选、配货、检验、分类等作业并具有多品种、小批量，多批次、小批量等收货配送功能以及附加标签、重新包装等流通加工功能。

物流系统现代化仓储功能的设置，以生产支持仓库的形式，为有关企业提供稳定的零部件和材料供给，将企业独自承担的安全储备逐步转为社会承担的公共储备，减少了企业经营的风险，降低了物流成本，可促使企业逐步形成零库存的生产物资管理模式。

3) 包装功能

为使物流过程中的货物完好地运送到用户手中，并满足用户和服务对象的要求，需要对大多数商品进行不同方式、不同程度的包装。包装功能属于物流系统重要的选择性服务功能之一，除少数无须包装的大宗散堆装货物外，大部分产品均需要进行包装。包装分工业包装和商品包装两种。工业包装的作用是按单位分开产品，便于运输，并保护在途货物。商品包装的目的是便于最后的销售。因此，包装的功能体现在保护商品、单位化、便利化和商品广告等几个方面。前三项属物流功能，最后一项属营销功能。

4) 装卸搬运功能

装卸搬运是随运输和保管而产生的必要物流活动，是对运输、保管、包装、流通加工等物流活动进行衔接的中间环节，是在保管等活动中为进行检验、维护、保养所进行的装卸活动，如货物的装上卸下、移送、拣选、分类等。装卸作业的代表形式是集装箱化和托盘化，使用的装卸机械设备有吊车、叉车、传送带和各种台车等。在物流活动的全过程中，装卸搬运活动会频繁发生，因而是产品损坏的重要原因之一。对装卸搬运的管理，主要是对装卸搬运方式、装卸搬运机械设备的选择和合理配置与使用以及装卸搬运合理化，尽可能减少装卸搬运次数，以节约物流费用，获得较好的经济效益。

5) 信息服务功能

现代物流是需要依靠信息技术来保证物流体系正常运作的。物流系统的信息服务功能，包括进行与上述各项功能有关的计划、预测、动态(运量、收、发、存数)的情报搜集及有关的费用情报、生产情报、市场情报搜集活动。物流情报活动的管理，要求建立情报系统和情报渠道，正确选定情报科目和情报的搜集、汇总、统计、使用方式，以保证其可靠性和及时性。

从信息的载体及服务对象来看，该功能还可分为物流信息服务功能和商流信息服务功能。商流信息主要包括进行交易的有关信息，如货源信息、物价信息、市场信息、资金信息、合同信息、付款结算信息等。商流中交易、合同等信息，不但提供了交易的结果，也提供了物流的依据，是两种信息流主要的交汇处；物流信息主要是物流数量、物流地区、物流费用等信息。物流信息中的库存量信息，不但是物流的结果，也是商流的依据。

物流系统的信息服务功能必须建立在计算机网络技术和国际通用的 EDI 信息技术基础之上，才能高效地实现物流活动一系列环节的准确对接，真正创造"场所效用"及"时间效用"。可以说，信息服务是物流活动的中枢神经，该功能在物流系统中处于不可或缺的重要地位。

信息服务功能的主要作用表现为：缩短从接受订货到发货的时间；库存适量化；提高搬运作业效率；提高运输效率；使接受订货和发出订货更为省力；提高订单处理的精度；防止发货、配送出现差错；调整需求和供给；提供信息咨询等。

6) 配送功能

配送是物流中一种特殊的、综合的活动形式，是商流与物流的紧密结合。从物流角度来讲，配送几乎包括了所有的物流功能要素，是物流的一个缩影或在某小范围中物流全部活动的体现。一般的配送集装卸、包装、保管、运输于一身，通过这一系列活动完成将货物送达的目的。特殊的配送则还要以加工活动为支撑，所以包括的方面更广。但是，配送的主体活动与一般物流却有不同，一般物流是运输及保管，而配送则是运输及分拣配货，分拣配货是配送的独特要求，也是配送中有特点的活动，以送货为目的的运输则是最后实现配送的主要手段，从这一主要手段出发，常常将配送简单地看成运输中的一种。从商流角度来讲，配送和物流不同之处在于，物流是商物分离的产物，而配送则是商物合一的产物，配送本身就是一种商业形式。虽然配送具体实施时，也有以商物分离形式实现的，但从配送的发展趋势看，商流与物流越来越紧密的结合，是配送成功的重要保障。

配送功能的设置，可采取物流中心集中库存、共同配货的形式，使用户或服务对象实现零库存，依靠物流中心的准时配送，而无须保持自己的库存或只需保持少量的保险储备，减少物流成本的投入。配送是现代物流一个最重要的特征。

7) 流通加工功能

流通加工功能是在产品从生产领域向消费领域流动的过程中，为了促进产品销售、维护产品质量和实现物流效率化，对物品进行的部分加工处理活动，使物品发生物理或化学性变化的功能。这种在流通过程中对商品进一步的辅助性加工，可以弥补企业、物资部门、商业部门在生产过程中加工程度的不足，更有效地满足用户的需求，更好地衔接生产和需求环节，使流通过程更加合理化，是物流活动中的一项重要增值服务，也是现代物流发展的一个重要趋势。

流通加工的内容有装袋、定量化小包装、挂牌子、贴标签、配货、挑选、混装、刷标记等。流通加工功能的主要作用表现在：进行初级加工，方便用户；提高原材料利用率；提高加工效率及设备利用率；充分发挥各种运输手段的最高效率；改变品质，提高收益。

4. 物流系统的流动要素

物流系统是一个复杂系统，从供应链的环节划分，包括原材料供应物流系统、生产物流系统、销售物流系统、废弃和回收物流系统等。物流的过程，显然是"物"的流动过程。通过这个流动过程，实现物的空间和时间的转移。通过空间和时间的转移实现物的时间价值和空间价值。这个流动过程，体现了物的七个流动要素。七个流动要素分别是流体、载体、流向、流量、流程、流速、流效。北京工商大学何明柯教授对物流的七要素做了明确的定义和说明。

1) 流体

流体是物流的主体，也是物流的对象，即物流中的"物"，是指物流的实物。但是在具体操作中，已经超出了物的概念。一些国家在对物流进行定义的时候，就把人定义在流体的范围之内。

流体具有社会属性和自然属性。社会属性确定了流体的所有权，具有价值属性，存在着与消费者、生产者、使用者之间的各种关系。特别是发生重大突发事件时，如发生战争、地震、洪灾、火灾等大型事件时，关系国计民生的重要商品作为物流的流体，肩负着稳定社会、济世救民的重要使命。合理保护流体在运输、保管、装卸作业中的安全显得异常重要。流体的自然属性是指其物理、化学、生物属性。自然属性是流体在流动过程中需要保护和利用的属性。

流体的价值特性可以用价值密度来反映，表征单位流体所含有的价值。价值采用的货币单位，可以是元或万元。单位流体可以是重量单位，如吨(t)、千克(kg)等，也可以是体积单位，如立方米(m^3)、立方厘米(cm^3)，还可以是件、个、只、箱等。流体的价值密度如表 1-1 所示。

表 1-1　流体价值密度

	重量价值密度 ρ_{t_i} (万元/吨)	体积价值密度 ρ_{c_i} (万元/立方米)	数量价值密度 ρ_{p_i} (包装单位)
计算公式	$\rho_{t_i} = p_i / t_i$	$\rho_{c_i} = p_i / c_i$	$\rho_{p_i} = p_i / c_i$
含义	每吨商品价值	每立方米商品价值	每件商品的价值

注：ρ_{t_i} 表示商品价值，单位是万元/吨；t_i 表示商品重量，单位是吨、千克；c_i 表示商品体积或数量。

流体的价值密度是一个很重要的量纲单位，可以反映商品的贵贱、生产过程的技术构成以及相应的物流作业方案，对物流保险条款的确定具有重要的参考价值。商品的价值密度越大，物流作业越要精心选择运输方式、运输工具、运输方法、保管场所、包装方式和材料及装卸设施设备。

2) 载体

载体是流体借以流动的设施和设备。载体可分成两类。

(1) 设施(Infrastructure)。第一类载体主要指基础设施，包括铁路、公路、水路、航线、港口、车站、机场等。大多是需要较大规模投资、固定场所、使用年限较长且对物流的发展具有战略意义的一类载体。

(2) 设备(Equipment)。第二类载体指各种机械设备，包括车辆、船舶、飞机、装卸搬运设备等。它们大多可以移动，使用年限相对较长，而且必须依附于固定设施才能发挥作用。

管道可以考虑为设施，虽然承载流体但本身不移动。集装箱和托盘可以考虑为设备，虽然承载流体运动，但很可能不与车辆、船舶等往返于装卸地点。随着社会的发展，第三类载体的出现也不是不可能的。

物流载体是物流系统的重要资源，同时也是物流成本发生和计算的主要对象。物流载体的状况直接影响着物流作业的质量、效率和效益。同时对物流系统的网络形成与使用也会产生重大的影响。载体一直是物流学科科学研究的重要内容。交通运输、仓储包装、装卸搬运等多年来技术革新、技术革命开展得轰轰烈烈，其成果对今天的影响毋庸置疑。

物流节点的选择与载体关系密切。如果已有的物流基础设施完善，选择这类节点可行，投资额可能大大减少，对于项目的实施及顺利进行将会大有好处。

3) 流向

流向是指流体从起点到终点的流动方向。物流是矢量。物流的流向有两类，即正向物流和反向物流。从供应链的角度来说，从上游到下游的物流流向称为正向物流，如原材料的采购和供应，产成品的成型过程，销售过程的批发和零售，这些都是正向物流。不合格零部件的返工，消费者的退货，包装材料的回收等，都是反向物流。

从流向的计划性角度可以把正向流向分为四种。

(1) 自然流向。自然资源分布、工厂布局、产销关系等可决定商品流向。如商品集中产地向消费地的分散供应是一种基本的自然流向。

(2) 计划流向。按照经营者的商品计划而形成的商品流向,即商品从供应地流向需求地。

(3) 市场流向。根据市场供求规律由市场确定的流向。

(4) 实际流向。在物流活动过程中实际发生的流向。

反向物流的流向是从供应链的底端向上游或顶端的"反向流动",例如,从消费者流向制造商的流向,称为反向物流。如图 1-4 所示。

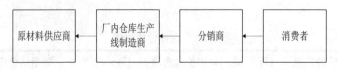

图 1-4 反向物流的流向

根据反向物流的目的和原因,可将其分为如下几类:①发货错误;②收货错误;③贸易壁垒;④用户退货;⑤商品维护;⑥产品召回;⑦库存改制;⑧包装回收;⑨废物处理;⑩托盘周转;⑪车辆回空。

实践证明,反向物流是不可避免的。特别是电子商务的出现,使反向物流发生的概率更高。反向物流需要花费更高的成本。比如各种原因发生的产品召回,影响产品质量不说,服务水平受到的影响至关重大。最终会牵涉到企业的核心竞争力,客户的忠诚度等,决不可掉以轻心。

4) 流量

流量是指通过载体的流体在一定流向上的数量表现。流量与流向是不可分割的,每一种流向都有一种流量与之相对应。反映流量的时间单位多以日流量、月流量或年流量来表示,数量单位可以是重量单位的吨、千克等,也可以是体积或容积单位的立方米、立方厘米等,还可以是货币单位的¥、$等。

从理论上讲,物流网络节点之间的流量可以保持平衡。但是事实上这种平衡是不可能实现的。在一个特定的时间段内,各个方向的物流量很难做到完全平衡,还有载体之间、流体之间、流量之间的不平衡也是普遍的。这就要求通过资源配置,以实现基本平衡。

5) 流程

流程是指通过载体的流体在一定流向上行驶路程的数量表现。流程与流量、流向一起构成了物流向量的三个数量特征,流程与流量的乘积是物流的重要量纲。比如"吨·千米(t·km)"就是一个常见的流量与流程之间的乘积关系。流程也可以有如同流量一样的基本分类方法,可分为自然流程、计划流程、市场流程及实际流程。也可以像流量那样,将流程分为两类,第一类是实际流程,第二类是理论流程。理论流程多数是可行路线中的最小流程,也是可行路线中时间最省的路线。实际流程的统计方法按照流体统计、载体统计、流向统计、发运人统计、承运人统计均可,以需为准。

6) 流速

流速是指单位时间内流体空间转移的距离。流速包括两部分,一部分是空间转移的距离,一部分是转移所需要的时间。距离与时间的比值称为速度,流速也是这样。流速反映的是流体运动的速度,流体运动的速度一般需要由载体的速度决定。流速可能是零,比如在等待装卸这个阶段，当然，在配送中心一些短暂的停留也可以认为是流速等于零的物流运动状态。这对于物流图的计算会有一些帮助。同时，在实践中，流速等于零的状态应尽可能减少，这就要求装卸作业的时间以及在库的时间尽可能缩短，这样才能提高物流的效率。为了使流速等于零的阶段尽可能减少，研发效率高的装卸和仓储装备是必不可少的途径。

7) 流效

流效是指物流的效率和效益。效率和效益分别属于管理学和经济学研究的范畴，但是在生产实际中，是反映管理水平的一个统一体。物流企业要提高核心竞争力，就是要提高反应速度，就是要提高效率。提高效率的同时，必须增加效益。否则提高的效率只能是暂时的。

物流效率和效益的内涵包括：物流效率是单位时间投入人力、资本、时间等要素完成物流量大小的数字反映。如某物流企业人年物流量 5 万吨，年万元流动资金物流量 8 千吨等。综合反映了物流的反应速度、订货处理周期、劳动生产率等。物流效益是指单位人力、资本、时间投入所完成物流收益多寡的数量反映。可以用成本、收益、服务水平等定量和定性指标来衡量。

5. 物流系统的增值服务功能

物流增值服务是在物流基本服务基础上的延伸。增值性服务的内容主要有以下几点。

1) 增加便利性服务

主要包括：简化操作程序，简化交易手续，简化消费者付费环节等。

2) 快速的信息传递服务与快速的物流服务

快速反应是物流增值服务的核心，它比一般的运输业或仓储业效率要高，更能吸引客户，使客户在享受服务中得到增值。

3) 降低成本服务

通过提供增值物流服务，寻找能够降低物流成本的物流解决方案。可以考虑的方案包括：采用 TPL 服务商；采取物流共同化计划；采用比较适用但投资较少的物流技术和设施设备；推行物流管理技术(如运筹学中的管理技术、单品管理技术、条形码技术和信息技术等)。

4) 延伸服务

通过物流供应链以及完善的信息系统，其增值服务还可以向上游和下游进行延伸，如提供上游企业在工商管理之外而物流企业所能及的诸如加工、流通等服务，提供下游企业在原材料供给、配送、开发等方面的服务，还可以提供税收、报关、教育培训、物流方案设计等服务。

6. 物流系统的主要特征

物流系统的特征既有一般系统所共有的特征，如整体性、相关性、目的性、环境适应性等，同时还有规模庞大、结构复杂、多目标等有别于一般系统的特征。

1) 物流系统是经济、社会复合系统

物流系统活动涉及运输、仓储、包装、装卸搬运、流通加工、配送、货运代理、多式联运、海关监管、信息服务等多个行业，关联生产制造、商贸流通、农林牧业、产品消费等国民经济各领域，是经济大系统的重要组成部分。同时，物流活动又处在国家产业政策、相关法律法规、行业管理、市场运行及调控、人力资源管理等内外社会环境之中。物流系统是经济与社会的复杂系统，其运作效率取决于经济社会发展环境的营造和系统内外的良好协调。

2) 物流系统是大跨度系统

物流系统是大跨度系统，主要表现在两个方面：一是物流系统地域空间跨度大；二是时间跨度大。企业间物流经常会跨越不同地域，甚至国际界限。物流为了解决产需之间的时间矛盾，在时间上往往也具有较大跨度。

3) 物流系统是多层次系统

不同规模的物流系统，可以分解成一定层次数量的子系统。系统与子系统之间，子系统与子系统之间，存在着时间和空间上及资源利用方面的联系，也存在总的目标、总的费用以及总的运行结果等方面的相互联系和相互影响。

4) 物流系统是动态系统

物流系统联结着不同的生产企业和用户，系统内要素及系统的运行随需求、供应、渠道、价格的变化而变化。因此，物流系统应是一个满足社会需求、适应环境能力的动态系统。这种动态性可使物流系统具有足够的灵活性和系统柔性。

5) 物流系统是复杂系统

物流系统的复杂性表现在：物流系统运行对象——"物"的多品种、大数量；参与物流活动人员的数量多；物流资金的高投入；物流系统的活动范围广阔，其范围横跨生产、流通、消费三大领域；物流信息采集数量大、传输处理的实时性要求高。

6) 物流系统是多目标函数系统

物流系统的总目标是要在满足市场需求的前提下实现物流活动的经济效益、社会效益和环境效益，是典型的多目标系统。在实现物流系统总目标的过程中，时常会发生不同的系统目标之间、服务质量与成本效益之间的矛盾。这就要从系统的整体出发，追求多目标系统的整体最优效果。

7) 物流系统的结构要素间有非常强的"悖反"现象

物流系统的结构要素间有非常强的"悖反"现象，常称之为"交替损益"或"效益悖反"现象，产生这种现象的主要原因是物流系统的"后生性"。物流系统中许多要素，在按新观念建立物流系统前，早已是其他系统的组成部分，因此，往往受原系统的影响和制约，而不能完全按物流系统的要求优化运行，如处理不当可能会导致系统总体恶化的结果。需要以系统论的思想进行统筹协调，各个局部须服从整体要求，才能保证系统最优目标的实现。

7. 物流系统化

物流是指从生产供应到消费资料废弃的一个范围很广的系统。这里主要就其中有关从生产到消费的范畴来研究所谓物流系统化问题，即把物流的各个环节(子系统)联系起来看成一个物流大系统进行整体设计和管理，以最佳的结构、最好的配合，充分发挥其系统功能、效率，实现整体物流合理化。

1) 物流系统化的目标

(1) 服务性(Service)。在为用户服务方面要求做到无缺货、无货物损伤和丢失等现象，且费用便宜。

(2) 快捷性(Speed)。要求将货物按照用户指定的地点和时间迅速送到。为此可以把物流设施建在供给地区附近，或者利用有效的运输工具和合理的配送计划等手段。

(3) 有效地利用面积和空间(Space Saving)。虽然我国土地费用比较低，但也在不断上涨。特别是对城市市区面积的有效利用必须加以充分考虑。应逐步发展立体化设施和有关物流机械，以求得空间的有效利用。

(4) 规模适当化(Scale Optimization)。应该考虑物流设施集中与分散的问题是否适当，机械化与自动化程度如何合理利用，情报系统的集中化所要求的电子计算机等设备的利用等。

(5) 库存控制(Stock Control)。库存过多则需要更多的保管场所，而且会产生库存资金积压，造成浪费。因此，必须按照生产与流通的需求变化对库存进行控制。

上述物流系统化的目标简称为"5S"，要发挥以上物流系统化的效果，就要进行研究，把从生产到消费过程的货物量作为一贯流动的物流量看待，依靠缩短物流路线，使物流作业合理化、现代化，从而降低其总成本。

2) 物流系统设计的六个基本元素(数据)

在进行物流系统设计中需要以下几方面的基本数据。

(1) 所研究商品(Product)的种类、品目等。

(2) 商品的数量(Quantity)多少，目标年度的规模、价格。

(3) 商品的流向(Route)、生产厂配送中心、消费者等。

(4) 服务(Service)水平、速达性、商品质量的保持等。

(5) 时间(Time)，即不同的季度、月、周、日、时业务量的波动、特点。

(6) 物流成本(Cost)。

以上 P、Q、R、S、T、C 称为物流系统设计有关基本数据的六个要素。这些数据是物流系统设计中必须具备的。

1.2.2　物流系统分析

1. 物流系统分析的概念

如前所述，物流系统是多种不同功能要素的集合。各要素相互联系、相互作用，形成了众多的功能模块和各级子系统，使整个系统呈现出多层次结构的特点，体现出固有的系统特征。对物流系统进行系统分析，可以了解物流系统各部分的内在联系，把握物流系统行为的内在规律性。所以说，不论从系统的外部或内部，设计新系统或是改造现有系统，系统分析都是非常重要的。

系统分析是从系统的最优出发，在选定系统目标和准则的基础上，分析构成系统的各级子系统的功能与特点，它们之间的相互关系，系统与系统、系统与环境以及它们之间的相互影响。运用科学的分析工具和方法，对系统的目的、功能、环境、费用和效益进行充分的调研、收集、比较、分析和数据处理，并建立若干替代方案和必要的模型，进行系统仿真试验；把试验、分析、计算的各种结果同早先制订的计划进行比较和评价，寻求使系统整体效益最佳和有限资源配备最佳的方案，为决策者的最后决策提供科学依据和信息。

系统分析的目的在于通过分析比较各种替代方案的有关技术经济指标，得出决策者形成正确判断所必需的资料和信息，以便获得最优系统方案。系统分析的目的可以用图 1-5 表示。

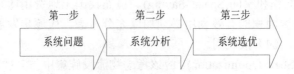

图 1-5 系统分析的目的

物流系统分析所涉及的问题范围很广，如搬运系统、系统布置、物流预测、生产—库存等各种信息，要应用多种数理方法和计算机技术，这样才能分析比较实现不同系统目标和采用不同方案的效果，为系统评价和系统设计提供足够的信息和依据。

2. 物流系统分析的作用

物流系统的建立过程可以分为系统规划、系统设计和系统实施三个阶段。

第一阶段为系统规划阶段。在系统规划阶段，主要的任务是定义系统的概念，明确建立系统的必要性，在此基础上明确目的和确定目标；同时，提出系统应具备的环境条件和约束条件。简单地说，就是提出问题，确立元素和约束条件。

第二阶段为系统设计阶段。在此阶段中，首先是对系统进行概略设计，其内容主要是制订各种替代方案；然后进行系统分析，分析的内容包括目的、替代方案、费用、效益、模型和评价标准等；在系统分析的基础上确定系统设计方案，据此对系统进行详细设计，也就是提出模式和解决方案。

第三阶段为系统实施阶段。首先是对系统设计中一些与系统有关的关键项目进行试验，在此基础上进行必要的改进，然后正式投入运行，即实施和改进。

由此可见，系统分析在整体系统建立过程中处于非常重要的地位，它能起到承上启下的作用，特别当系统中存在着不确定因素或相互矛盾的因素时更需要通过系统分析来保证，只有这样，才能避免技术上的大量返工和经济上的重大损失。

3. 物流系统分析的基本方法与原则

系统是由两个或两个以上元素及元素间形成的特别关系所构成的有机整体。其中元素是形成系统的基础，元素之间的关系是构成系统不可缺少的条件。在进行物流系统分析时需要注意元素之间的关联，既要注意元素间的逻辑关联度，又要有一定的"模糊"观念，因而数学中数理统计的各种研究方法是物流系统分析的基本模型，而在分析思想和分析方法上，对立统一的哲学思想、辩证的分析手段、物理的实验性分析模式以及计算机技术的运用都为系统分析提供了技术保证。

1）物流系统的分析原则

(1) 外部条件与内部条件相结合的原则。注重外部条件与内部条件的相互影响，了解物流活动的内在和外在关联，正确处理好它们之间的转换与相互约束的关系，促使系统向最优化发展。

(2) 当前利益与长远利益相结合的原则。所选择的方案，既要考虑目前的利益，又要兼顾长远利益。只顾当前不顾长远，会影响企业和社会的发展后劲；只顾长远不顾当前，会挫伤企业的发展积极性。只有方案对当前和将来都有利，才能使系统具有生命力。

(3) 子系统与整个系统相结合的原则。物流系统由多个子系统组成，并不是所有子系统都最好整个系统才是最好的，而应以整体系统最好作为评价标准，只有当子系统以能发挥最大功能的模式组合在一起并且使整个系统最佳才为最好，就像一辆汽车，整车的年限为十年，而轮胎的年限即使有二十年，其作用也只有十年，当所有的汽车零配件的使用年限都最为接近，使整个汽车(相当于整体系统)年限达到最佳才是最佳。

(4) 定量分析与定性分析相结合的原则。当分析系统的一些数量指标时，采用定量分析的方法，有利于使系统量化，便于根据实际确定对策(例如车辆发车的时间间隔，仓库的大小适宜度等)；而当分析那些不能用数字量化的指标时(如政策因素、环境污染对人体的影响等)则采用定性分析的方法，这可以减少弯路，节省成本。

2) 物流系统分析的基本内容

(1) 系统目标。这是系统分析的首要工作，只有目标明确，才能获得最优的信息，从而建立和提供最优的分析依据。

(2) 替代方案。足够的替代方案是系统分析选优的前提，例如，一个仓储搬运系统，可采用辊道、输送机、叉车或机器人搬运，使用时要根据具体情况选择具体不同的搬运系统。替代方案足够就能有较大的选择余地，使系统更优。

(3) 模型。模型包括数字模型、逻辑模型，可以在建立系统之前预测有关技术参数，系统建立之后帮助分析系统的优化程度、存在问题以及提出改进措施等。

(4) 费用与效益。原则是效益大于费用。如果费用大于效益，则要检查系统是否合理，明确问题是暂时性的还是长期的，是表面上的还是本质上的。

(5) 评价标准。用于确定各种替代方案优先选用的顺序；系统的评价准则要根据系统的具体情况而定，但必须具有明确性、可计量性和适度的灵敏性。

3) 系统分析的特点

系统分析是以系统的整体效益为目标，以寻求解决特定问题的最优策略为重点，运用定性和定量分析相结合的方法，为决策者提供价值判断依据，以寻求最有利的决策。

(1) 以整体为目标。在一个系统中，处于各个层次的分系统都具有特定的功能及目标，彼此分工协作，才能实现系统整体的共同目标。比如，在物流系统布置设计中，既要考虑需求，又要考虑运输、储存、设备选型等；在选择厂(库)址时，既要考虑造价，又要考虑运输、能源消耗、环境污染、资源供给等因素。因此，如果只研究改善某些局部问题，而其他分系统被忽略或不注意，则系统整体效益将会受到不利影响。所以，进行任何系统分析，都必须以发挥系统总体的最大效益为基本出发点，不能只局限于个别局部，否则就会顾此失彼。

(2) 以特定问题为对象。系统分析是一种处理问题的方法，有很强的针对性，其目的在于寻求解决特定问题的最佳策略。物流系统中的许多问题都含有不确定因素，而系统分析就是针对这种不确定的因素，研究解决问题的各种方案及其可能产生的结果。不同的系统分析所解决的问题当然不同，即使对相同的系统所要解决的问题也要进行不同的分析，寻找不同的求解方法。所以，系统分析必须以能求得解决特定问题的最佳方案为重点。

(3) 运用定量方法。解决问题，不应单凭想象、臆断、经验和直觉。在许多复杂的情况下，需要有精确可靠的数字、资料，并以此作为科学决断的依据；有些情况下利用数字模型有困难，还要借助于结构模型、解析法或计算机模型等进行定量分析。

(4) 凭借价值判断。从事系统分析时，必须对某些事物做某种程度的预测，或者用过去发生的事实进行对照，以推断未来可能出现的趋势或倾向。由于所提供的资料有许多是不确定的变量，而客观环境又会发生各种变化，因此在进行系统分析时，还要凭借各种价值观念进行综合判断和选优。

4. 物流系统的特征参数与标准

1) 物流生产率

$$物流生产率 = \frac{物流系统的总产出}{物流系统的总投入}$$

物流系统的总产出包括为生产系统和销售系统提供的服务及服务所产生的效果。

物流系统的总投入包括人力资源、物质资源、能源资源、物流技术等构成物流成本的元素。

物流生产率通常包括实际生产率、利用率、行为水平、成本和库存等。

2) 物流质量

物流质量是对系统产出质量的衡量，是物流系统的第二大系统特征要素，正确的物流质量其定义应该为：在正确的时间内，以正确的价格，将正确数量和正确质量的货物，送往正确的地点。这里所说的质量包括数量的正确、质量的正确、时间的正确、地点的正确以及价格的正确这五个质量指标，反映物流系统评价时间的准确性(采购周期、供货周期和发货故障平均处理时间等)、数量的正确性(计划完成率、供货率、订货率等)和工作的完善性(用户问询响应率、用户满意率、特殊回复和售后服务完善程度等)等基本特征。

3) 物流系统量化指标

(1) 运输。运输的质量标志有"完好，正点，运力"。衡量完好的指标通常用"物品损坏率"，衡量正点的指标通常用"正点运输率"，衡量运力的指标通常用"运力利用率"。

$$物品损坏率 = \frac{年货损总额}{年货运总额} \times 100\%$$

$$正点运输率 = \frac{年正点运输次数}{年运输总次数} \times 100\%$$

$$运力利用率 = \frac{年实际运输量(t \cdot km)}{年运输能力(t \cdot km)} \times 100\%$$

运输部分常见的生产率指标有：运费占产值的百分比、运费预算比、t·km 运费、装载率、时间利用率；质量指标则主要有：物品损坏率、正点运输率。

(2) 仓储。仓储一般可按大宗原料、燃料库、辅助材料、中间在制品和成品仓库来分析和衡量其生产率和质量，同样，每种仓库又可分为外用与自备两大类。

外用仓库类型有：原材料库、辅助材料库、中间库和成品库。生产率指标有：年仓储费用(元)/年物品周转量(t)、年仓储费用(元)/年储备资金总额(万元)、仓储费用/预算。质量指标有：物品完好率、物品盈亏率和物品错发率。

自备仓库类型和质量指标都与外用仓库一样。生产率指标则有：年仓储费用(元)/年储备资金总额(万元)、人年均物品周转量(t)、设备时间利用率、仓容利用率、仓库面积利用率。

(3) 物品完好率、物品盈亏率和仓容利用率的计算公式。

$$物品完好率 = \left(1 - \frac{年物品损坏变质金额}{年储备总金额}\right) \times 100\%$$

$$物品盈亏率 = \frac{年物品盘盈额 + 物品盘亏额}{年物品收入总额 + 物品发出总额} \times 100\%$$

$$仓容利用率 = \frac{年储存物品实际数量或容积}{年可储存物品数量或容积} \times 100\%$$

(4) 库存管理。库存管理可划分为原材料、辅助材料、中间产品和成品库存管理，其主要衡量指标的计算公式为：

$$库存结构合理性 = \left(1 - \frac{一年以上无需求动态物品额 + 积压物品额}{库存物品总额}\right) \times 100\%$$

$$在制品库存定额 = 生产周期 \times 日产量$$

$$供应计划实现率 = \frac{实际供应额}{计划供应额} \times 100\%$$

$$物流中断率 = \frac{后阶段物料需求量 - 前阶段物料供应量}{后阶段物料需求量} \times 100\%$$

$$销售合同完成率 = \frac{实际按期供货额}{合同供货额} \times 100\%$$

上述指标中，供应计划实现率、物流中断率和销售合同完成率是反映库存管理的质量指标，是研究物流水平的重要参数。

(5) 生产计划与控制。生产计划与控制的常用生产率指标与质量评价指标有下列各点。

① 生产率指标。

$$费用预算比 = \frac{生产费用}{预算}$$

$$产能利用率 = \frac{年实际产值}{年可能产值} \times 100\%$$

$$劳动生产率 = \frac{年总产值}{生产工人平均数} \times 100\%$$

此外还有在制品储存量/预算、在制品周转天数、生产资金占用/预算以及生产资金占用产值的百分比等。

② 质量指标。

$$生产计划完成率 = \frac{年实际产值}{年计划产值} \times 100\%$$

$$生产均衡率 = \frac{年完成产量计划天数}{年生产天数} \times 100\%$$

5. 物流系统评价

1) 评价的三原则

(1) 要保证评价具有客观性，评价的目的是正确地做出决策，对于系统的生产率指标和质量指标要保证客观，要注意人为因素造成的负面影响及参加评价人员的组成是否具有代表性。

(2) 要保证评价方案具有可比性，特别是基本功能，不要以个别功能取代整体功能。

(3) 评价指标要注意系统的有机结合，评价的重心应放在各项指标相互关联以及对系统的综合效果上，注重整体效益，减少片面成分。

2) 评价的三步骤

(1) 明确目的，整体把握物流系统现状，准确对待各个元素对物流系统的影响，寻找系统的薄弱环节，明确实际与预定目标的差距。

(2) 建立合理的评价指标体系，对评价体系的建立，着重点是注重整体系统的发展，系统功能的改善情况及薄弱环节与历史数据相比较等。

(3) 选择可行的评价方案并建立合适的评价模型,这可以使评价更加公正和切合实际。

3) 物流系统综合评价指标体系

(1) 供应物流。供应物流生产率指标,包括万元产值耗用原材料、百元产值占用储备资金、储备资金周转天数、物流费用率、人均供应额等指标。供应物流质量指标,包括采购不良品率、仓储物品盈亏率、采购计划实现率和供应计划实现率。

(2) 生产物流。生产物流生产率指标,包括生产费用占产值的百分比、劳动生产率、在制品资金周转天数、生产资金占产值的百分比等。生产物流质量指标,包括生产计划完成率和生产均衡率两项。

(3) 销售物流。销售物流生产率指标,包括成品资金周转天数和销售物流费用率。销售物流质量指标,包括合同完成率和发货差错率。

(4) 回收、废弃物流。生产率指标包括废弃回收利用率和主副产品产值比率。

对于物流系统的评价,一是要有整体观念;二是要有综合分析,注重客观,注重实际,减少人为影响,正确应用综合评价体系;对公式的应用也要注意各项指标间的关联度及悖反原则,不要局限于个别指标的波动,关键是注意各项评价指标对整个系统的影响程度以及整体系统对外输出的整体表现,以性能、时间、费用、可靠性、适应性能等权重指标来进行重点分析;应用现代科学技术将系统的概念具体化,应用逻辑推理、数学运算、定量处理系统内部的关系等一整套系统分析方法进行综合评价。

6. 系统工程

随着系统分析技术的发展,将系统作为一项工程,用系统工程科学的方法分析系统可以将现有的科学技术手段应用于系统分析和评价之中。

所谓系统工程,就是研究系统的工程技术,其目的就是要在改造系统这一工程过程中,按照要实现的目标,采用最优化方法,以期使目标达到最佳值。也就是说,系统工程是从系统的观点出发,跨学科地考虑问题,运用工程的方法去研究和解决各种关系问题。

系统工程是一门技术,它有一套方法,正是以这套方法处理系统问题,才能使它具有广阔的试用范围。它解决的问题涉及自然科学、社会科学以及一切能够形成系统的领域。随着系统思想和定量技术的发展以及计算机技术的广泛应用,促使系统工程由一般的工程技术向软技术发展。因此,从这种意义上讲,系统工程是一项管理软技术,它运用系统的思想、现代化的科学管理方法和最新手段,将分散的、各自为政的局部利益,巧妙地连接成一个有机整体,使其发挥最大的效率,从而克服了过去只注意局部和部分的设计,而对总体设计草率从事的缺点。它强调运用多学科知识,注重各个部分的组合以及组合方式,以达到整体效益最佳。系统工程一开始就着眼于新系统的创造和改进,不像一般工程技术以产品分析为中心而形成某种局限性。

可以采用三维结构(见图1-6)来进一步说明系统工程的概念。采用系统工程方法分析解决问题的过程可分为七个阶段(时间维),实施过程有七个步骤(逻辑维),为此需要运用各方面的专业知识(知识维)。这里表示了系统工程的基本思想方法,也表明系统工程科学是运用各种知识,以求得整体最优为目的的科学方法。

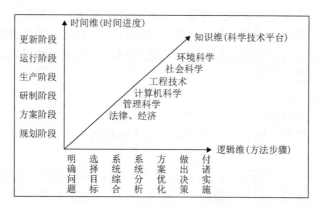

图 1-6　系统工程三维结构

1) 系统分析的基本步骤

系统工程的核心就是用科学的方法进行系统分析，而系统分析的过程大致要经过以下几个基本步骤。

(1) 划定问题的范围。进行系统分析，首先要明确问题的性质，划定问题的范围。通常，问题是在一定的外部环境作用和系统内部发展的需要中产生的，这不可避免地带有一定的本质属性并限定了其存在范围。只有明确了问题的性质范围后，系统分析才能有可靠的起点。其次，还要研究问题要素、要素间的相互关系以及同环境的关系等，进一步划清问题界限。

(2) 确定目标。为了解决问题，要确定出具体的目标。目标一般通过某些指标来表达，系统分析是针对所提出的具体目标而展开的，由于实现系统功能的目标是靠多方面因素来保证的，因此系统目标也必然有若干个。如物流系统的目标包括物料费用、服务水平，即以最低的物流费用获得最好的服务水平，以确保物流系统整体效益最大。总目标是通过各子系统的功能活动来实现的。在多目标情况下，要考虑各项目标的协调，防止发生抵触或顾此失彼，同时还要注意目标的整体性、可行性和经济性。

(3) 收集资料并提出方案。建立模型或拟订方案，都必须有资料作为依据，方案的可行性论证更需要有精确可靠的数据，为系统分析做好准备。收集资料通常是进行全面的调查、实验、观察、记录以及引用外国资料等。

(4) 建立模型。所谓建立模型，就是找出说明系统功能的主要因素及其相互关系并选择适当的分析模式。由于表达方式和方法的不同，模型有图式模型、模拟模型、数字模型等。通过模型的建立，可确认影响系统功能和目标的主要因素及其影响程度。确认这些因素相关程度总目标和分目标的达成途径及其约束条件。

(5) 系统的最优化。系统的最优化是运用最优化的理论和方法，对若干替代方案的模型进行模拟和优化计算，求出几个替代解。

(6) 系统评价。根据最优化所得到的有关解答，考虑前提条件、假定条件和约束条件后，在结合经验和知识的基础上决定最优解，从而为选择最优系统方案提供足够的信息。对于复杂的系统，系统分析并非进行一次即可完成。为完善修订方案中的问题，有时需要根据分析结果对提出的目标进行再探讨，甚至重新界定问题范围后再做系统分析。

2) 物流系统分析的模型化

物流系统模型化就是将系统中各个组成部分的特征及变化规律数量化、组成部分之间的关系解析化。为了实现物流系统合理化，需要在物流系统的规划与运行过程中不断做出科学的决策。由于物流系统结构与行为过程的复杂性，只有综合运用定性、半定量与定量分析方法，才能建立恰当的物流系统模型，进而求得最佳的决策结果。因此，物流系统模型化是物流合理化的重要前提。

(1) 物流系统模型化的意义。

① 由于物流系统中物流过程的实现非常复杂，难以或根本无法用常规的方法做试验，而模型化则提供了一种科学的方法，通过建立易于操作的模型，能帮助人们深刻地认识物流过程。

② 将需要解决的系统问题，通过系统分析，明确其内部构成、系统特征和形式，针对系统的规律和目标，用数学的分析原理，从整体上说明系统之间的结构关系和动态情况。

③ 模型化能把非常复杂的物流系统的内部和外部关系，经过恰当地抽象、加工、逻辑整理，变成可以进行准确分析和处理的结构形式，从而得到需要给出的结论。采用模型化技术可以大大简化现实物流系统或新的物流系统的分析过程。物流系统模型化还提供了计算机协同操作的连接条件，为计算机辅助物流管理系统(CALM)的建立做了理论准备，从而可加速系统分析过程，提高系统分析的有效性。

(2) 系统模型分类。

模型按结构形式可分为实物模型、图式模型、模拟模型和数学模型。

① 实物模型：实物模型是现实系统的放大或缩小，它能表明系统的主要特性和各个组成部分之间的关系，如桥梁模型、电机模型、城市模型、风洞试验中的飞机模型等。这种模型的优点是比较形象，便于共同研究问题；它的缺点是不易说明数量关系，特别是不能揭示要素的内在联系，也不能用于优化。

② 图式模型：图式模型是用图形、图表、符号等把系统的实际状态加以抽象的表现形式，如网络图(层次与顺序、时间与进度等)、物流图(物流量、流向等)等。图式模型是在满足约束条件下目标值的比较中选取较好值的一种方法，它在选优时只起辅助作用。当维数大于 2 时，该种模型作图的范围受到限制。其优点是直观、简单；缺点是不易优化，受变量因素的数量限制。

③ 模拟模型：用一种原理上相似，而求解或控制处理容易的系统，代替或近似描述另一种系统，前者称为后者的模拟模型。它一般有两种类型：一种是可以接受输入并进行动态表演的可控模型，如对机械系统的电路模拟，可用电压模拟机械速度，电流模拟力，电容模拟质量；另一种是用计算机和程序语言表达的模拟模型，例如物资集散中心站台数设置的模拟，组装流水线投料批量的模拟等。通常用计算机模型模拟内部结构不清或因素复杂的系统是行之有效的。

④ 数学模型：数学模型是指对系统行为的一种数量描述。当把系统及其要素的相互关系用数学表达式、图像、图表等形式抽象地表示出来时，就是数学模型。它一般可分为确定型和随机型，连续型和离散型。

3) 物流系统建模的方法

(1) 优化方法。优化方法是指运用线性规划、整数规划、非线性规划等数学规划技术来描述物流系统的数量关系，以便求得最优决策。由于物流系统庞大而复杂，建立整个系统的优化模型一般比较困难，而且用计算机求解大型优化问题的时间和费用太大，因此优化模型常用于物流系统的局部优化，并结合其他方法求得物流系统的次优解。

(2) 模拟方法。模拟方法是指利用数学公式、逻辑表达式、图表、坐标等抽象概念来表示实际物流系统的内部状态和输入输出关系，以便通过计算机对模型进行试验，通过试验取得改善物流系统或设计新的物流系统所需要的信息。虽然模拟方法在模型构造、程序调试、数据整理等方面的工作量很大，但由于物流系统结构复杂，不确定因素较多，所以模拟方法仍以其描述和求解问题的能力优势，成为物流建模的主要方法。

(3) 启发式方法。启发式方法是指针对优化方法的不足，运用一些经验法则来降低优化模型的数学精确程度，并通过模仿人的跟踪校正过程求取物流系统的满意解。启发式方法能同时满足详细描绘问题和求解的需要，比优化方法更为实用；其缺点是难以知道什么时候良好的启发式解已经被求得。因此，只有当优化方法和模拟方法不必要或不实用时，才会使用启发式方法。

除了上面三种主要方法外，还有其他的建模方法，如用于预测的统计分析法、用于评价的加权函数法、功效系统法及模糊数学方法。一个物流决策课题通常有多种建模方法，同时一种建模方法也可用于多个物流决策课题。物流决策课题与物流建模方法的多样化，构成了物流系统的模型体系。

4) 对所建立模型的要求

(1) 保持足够的精度。模型应把本质的东西反映进去，把非本质的东西去掉，但又不能影响模型反映现实的真实程度。

(2) 简单实用。模型既要精确，又要力求简单。若模型过于复杂，一则难以推广，二则求解费用较高。

(3) 尽量借鉴标准形式。在模拟某些实际对象时，如有可能应尽量借鉴一些标准形式的模型，这样可以利用现有的数学方法或其他方法，有利于问题的解决。

用系统的观点看待物流，有助于全面地分析和评价物流活动，这是真正实现物流是第三利润源的根本。分析物流现象，探讨物流如何为客户增值的问题，是物流业应该完成的课题。

1.3　物流系统的规划与设计

1.3.1　物流系统规划概述

1. 规划的含义

规划(Planning)是一个带有模糊性的词，对于不同的行业和不同的层次，规划的内涵有所不同，因此，要给规划下一个准确的定义是很困难的。一般可以这样理解，规划是组织或个人为未来一定时期内的行动目标和方式在时间上和空间上所做出的安排，是为实现既定目标而对各有关行动所做出的构思。

规划，意即进行比较全面的长远发展计划，是对未来整体性、长期性、基本性问题的思考、考量和设计未来整套行动的方案。提及规划，部分政府部门工作同志及学者都会视其为城乡建设规划，把规划与建设紧密联系在一起。因此，提及规划，就要考虑土地征用、规划设计图纸等一系列问题。其实，这是对规划概念以偏概全的理解。

规划需要准确而实际的数据以及运用科学的方法进行从整体到细节的设计。依照相关技术规范及标准制订有目的、有意义、有价值的行动方案。其目标应具有针对性，数据应具有相对精确性，理论依据应具有翔实及充分性。

规划的制订从时间上需要分阶段，由此可以使行动目标更加清晰，使行动方案更具可行性，使数据更具精确性，使经济运作更具可控性以及收支合理性。

合理的规划要根据所要规划的内容，整理出当前有效、准确及翔实的信息和数据。并以其为基础进行定性与定量的预测，而后依据结果制定目标及行动方案。所制订的方案应符合相关技术标准，更应充分考虑实际情况及预期能动力。

规划是实际行动的指导，因此目标必须具备确定性、专一性、合理性、有效性及可行性。其作为实际行动的基础，更应充分考虑实际行动中的可能情况以及对未知的可能情况制订具体的预防措施，以降低规划存在的漏洞或实际行动中可能情况的发生所产生的不可挽回的后果或影响。

尽管规划的主体和形式多种多样，但任何规划都是为了实现一定时期内的既定目标而编制的，因此，在制订规划时往往都把战略目标当作规划目标，并为在一定时期内实现战略目标而对规模、结构、功能、运动状态等做出前瞻性的构思。其中，结构是规划的核心问题，包括数量结构、空间结构、功能结构和组织结构的糅合和优化，不同类型的规划，都必须考虑这四大结构的协调，只不过是侧重点及表现形式不同而已。例如城镇规划，主要考虑功能用地的空间布局，但这种空间布局本身就有数量关系，功能用地的大小及其比例关系，本身就是数量结构，各种功能用地的协调也就是组织结构的问题，所以城镇规划虽然是以解决空间结构和功能结构为主，但也包含了数量结构和组织结构；又如经营管理规划，虽然表面上看是以数量结构、组织结构为主，但涉及各个部门，实际上也就隐含了空间结构和功能结构。所以，从系统的角度，可以认为规划的实质，就是为实现一定时期的战略目标，对未来的系统数量结构、空间结构、功能结构、组织结构而做的整合、协调和优化工作。

规划一般具有约束和指导双重目的。所谓约束是指一定的管理职能，政府规划一般具有一定的法律效力，主要表现在：首先通过审批制度实现上级部门对下级部门规划的约束作用；其次约束财政性投资；最后是约束相关政策的制定和执行。所谓指导是对规划对象的发展及其行为主体进行的引导，在宏观规划方面突出表现为政府的规划对于企业的投资、生产、销售行为具有导向性的作用。

2. 规划的类别

从经济社会发展的角度来说，规划可分为产业规划和形态规划两种类别，两者的关系是相辅相成的。

1) 产业规划是形态规划的前提和基础

经济社会如何发展，最核心的不是厂房、道路、绿地、景观等系统的工程建设，而是如何从当地资源能源禀赋及经济发展基础条件出发，设计主导产业、优势产业、特色产业，研究产业链条，并从空间和时间两个方面，对区域产业发展做出科学、合理、可操作性强的产业发展规划。只有如此，区域经济才有可能获得健康、快速发展，才需要有相应的在产业规划基础上并与产业规划相配套的形态规划(平面建设规划)。所以说，产业规划如人的内在修养和知识，形态规划如人的外衣。轻重缓急是显而易见的。

2) 形态规划会促进或影响产业规划

正如好的衣服可以提升人的整体表现一样，一个好的形态规划会极大地促进产业规划的实施，反之则会限制或制约产业规划的有效实施。这也正是科学研究的意义与专家存在的价值所在。国家经济社会发展规划的编制，必然是建立在大量的科学研究基础上的。前些年，许多地方简单盲目地从形态规划入手，投入很大资金建设开发区、高新区，结果造成有楼无市、有房无人的后果。

3. 规划与计划

规划与计划在英语中做动词时可以用同一单词(plan)，故在一些译文中，也没有做出严格的区分，而在汉语中是有区别的，"计"有"计算""定计"的含义，而"规"有"规定""规矩"的含义，同时"规"又是一种量度工具。因此，可以这样理解：计划是以计算为主要手段，对未来做出安排，以文字和指标等形式表达为主，有较强的文字和数字逻辑，有较高的准确性；规划则以量度为主要手段，对未来做出安排，以数字和空间的逻辑为主，有较强的轮廓性。

规划与计划基本相似，不同之处在于：规划具有长远性、全局性、战略性、方向性、概括性和鼓动性。具体区别有以下三点。

(1) 规划的基本意义由"规(法则、章程、标准、谋划，即战略层面)"和"划(合算、刻画，即战术层面)"两部分组成，"规"是起，"划"是落；从时间尺度来说侧重于长远，从内容角度来说侧重于(规)战略层面，重指导性或原则性；在人力资源管理领域，一般用作名词，英文一般为 program 或 planning。

(2) 计划的基本意义为合算、刻画，一般指办事前所拟定的具体内容、步骤和方法。从时间尺度来说侧重于短期，从内容角度来说侧重于(划)战术层面，重执行性和操作性；在人力资源管理领域，一般用作名词，有时用作动词，英文一般为 plan。

(3) 计划是规划的延伸与展开，规划与计划是一个子集的关系，即"规划"里面包含着若干个"计划"，它们既不是交集的关系，也不是并集的关系，更不是补集的关系。

规划与计划虽然同样都是对未来的安排，但规划的目标时段较长，往往都在三年以上，而计划的目标时段较短，往往都在五年以下，甚至以年度、季度、月份、数天为期限。近期规划的时段多数与长期计划的时段相吻合。如过去我们所熟悉的"国民经济与社会发展五年计划"，如今已经正式改称为"国民经济发展五年规划"。

4. 规划与设计

规划是带有轮廓性、全局性、长期性的安排。而规划的实施则需要按期限、按部就班，把规划蓝图变成现实，因此需要逐步把每一个局部内容进行细化，达到可操作的程度，以实现规划的要求，这个过程称为设计。所以设计是规划的深化、细化和程序化，是规划实施过程的开始。规划和设计都是实现对未来安排的关键环节，但设计主要解决近期需要安排的内容。例如，按照城市规划的深度要求，修建性详细规划的要求应与初步设计(或总体布置)的要求衔接，因此，往往都以"规划设计"这种复合术语来表达。如城市规划中的修建性详细规划应当包括的内容中，就有"做出建筑、道路和绿地等的空间布局和景观规划设计，布置总平面图""道路交通规划设计""工程管线规划设计""竖向规划设计"等。其主要区别有两点。

(1) 规划与设计关注事物的深度不同。规划更多关注为了满足业务需求，应该有哪些功能、组成、参数要求、发展路线图、建设指导意见等，关注的顺序是"业务战略→总体战略"；设计则对应规划中的功能组件，根据已定义的设计指导意见，具体给出这些组件内部如何搭建、适当进行概念验证，并给出设备列表，设计的顺序是"总体战略→功能实现"，而设计后续的实施顺序是"功能实现→功能部署"。

(2) 规划与设计关注事物的重点不同。规划应更多关注功能架构如何与业务架构对齐，阐明功能架构应如何满足业务需求，为业务带来的收益，并应强调对后续设计的指导意义；而设计则更多关注功能组件内部各种结构的选择以及参数选择等内容，为后续实施提供指导意见。

所以，要明显地区分开规划做哪些事情、设计做哪些事情的确比较难，因为有些任务是贯穿整个规划、设计、实现阶段的，只是在深度(详细程度)和重点上不同。

5. 规划与战略

战略(strategy)一词最早是军事方面的概念，指军事将领指挥军队作战的谋略。在现代"战略"一词被引申至政治和经济领域，其含义演变为泛指统领性的、全局性的、左右胜败的谋略、方案和对策。而规划指的是进行比较全面的长远发展计划，是对未来整体性、长期性、基本性问题的思考、考量和设计未来整套行动方案。

战略是方向，规划是步骤。一个企业有什么样的发展战略，必然会制订出实现这一战略的发展规划。规划是为战略服务的。从理论上来讲，战略和规划是有联系的，即规划是战略的具体实施和具体操作。但在实际操作中，规划往往沦落为分割利益的工具，与战略没有什么关系。

战略与规划按照不同的标准有不同的分类，范围较广，企业层面战略与规划的主要区别与联系有以下几个方面。

(1) 含义方面。企业战略是指企业在激烈竞争的市场环境中，为求得生存和发展而做出的长远性、全局性规划以及为实现企业远景规划和使命而采取的竞争行动和管理业务的方法。企业规划是确定企业宗旨、目标以及实现企业目标的方法、步骤的一项重要经营活动。

(2) 特点方面。企业战略是为实现目标而进行的总体性、指导性谋划，属于宏观管理范畴，具有指导性、全局性、长远性、竞争性、系统性、风险性六大主要特征；而规划则具有长远性、全局性、战略性、方向性、概括性、指导性和鼓动性。

(3) 企业战略可分为三个层次。公司战略、业务战略或竞争战略和职能战略，三个层次的战略都是企业战略管理的重要组成部分，但侧重点和影响的范围有所不同。规划主要通过对战略目标的实现在实践和时间上予以体现。

(4) 企业的战略和规划都是对未来的一种设想性行为。企业战略是企业发展的路线和原则、灵魂与纲领，一般停留在理念和概念层面上。而企业规划需要结合实际情况和主要矛盾，给出切实可行的具体安排，为实现这些战略目标，完成特定的工作任务，是一种能力和行为，具有实际性、可操作性以及效应性。企业战略指导企业规划，企业规划落实企业战略。

(5) 企业的战略与规划都是为企业发展目标服务的。企业战略贵在谋略，规划重在筹划和实施；战略讲究点，规划讲究面；战略只定性，规划要定量。

(6) 企业在制订发展战略时，一定包括长期、中期和近期规划，而在制订规划时，也一定会先确定企业的发展战略。因此，规划是为战略服务的。

1.3.2　物流规划的含义

物流规划理论在国际上是一个非常活跃的研究领域，但是在我国的发展还相对滞后，基本处于研究的起步阶段，没有形成科学的方法体系，不能为区域物流系统和物流园区规划提供足够的决策支持和理论依据，导致我国物流建设过程中出现了诸多问题，比如重复建设、设施冗余、服务瓶颈等。提高我国物流系统规划和建设的科学性，加快区域物流系统和物流园区规划理论的研究，形成科学的、操作性强的决策方法是我国物流理论与方法研究的当务之急和重点研究方向。

1) 物流规划的产生

在经济全球化的背景下，加入 WTO 之后的机遇与挑战，使我们需要认真思考总体经济结构的问题，正确处理生产、流通、消费的相互关系和结构层次。规划物流就是在这个前提下提出的。

中国物流从起步期已开始进入发展期，因此能动地部署，全面发展，是发展初期应当做的主要工作。

中国物流的起步期，大约经历了二十年，在物流的起步期，主要工作是引进、学习和研究，由点到面地进行科学普及，并且在物流的局部领域(例如配送)，在个别地区(例如 20 世纪 90 年代初在石家庄、无锡市的配送试点)和个别部门(例如物资部门、商业部门)进行探索性的推动。应该说，二十年时间虽然长了一些(日本引进物流概念之后的起步期，大约是十年)，但是，这二十年左右的时间，为我们现在的发展奠定了一个比较坚实的基础。起步期的探索往往是盲目和无序的，不断否定前面的探索，再重新回到起点寻找新的路子，这是起步期很正常的事情。在中国物流从起步期进入发展期之后，如果保持起步期的习惯思维和习惯运作方式，不但会造成资源的极大浪费，更重要的是会延误中国现代物流的发展进程。

很明显，进入发展期后，必须强调能动、有序、有计划地发展。必须有明确的目标、正确的发展路线和有效的组织运作措施。在大规模发展之后，就不能允许有大的失误，更不能允许用巨大的投资去进行失败的运作。小的错误不可避免，小的调整也是随时需要进行的，但是全面否定和推倒重来，是绝对要避免的。

要做到这一点，需要在多方面采取措施，包括尽快促成对现代物流分割的体制进行改革，改革是有难度的，并且需要时日，但是，发展不能等待，在现行体制下，寻找促进发展的方法，显得更为重要。物流规划的问题就是在这样的前提下提出来的。

2) 物流系统规划的内涵

(1) 物流系统规划是对物流的发展进行规划和设计，是对物流进行比较全面的、长远的发展计划，是对未来整体性、长期性、基本性问题的思考、考量和对未来整套行动方案的设计。

(2) 物流规划是对大范围、大规模、长时间的物流信息与资源开发总方向和大目标的设想蓝图，是一种战略性的全局部署方案，要求运用系统思想、统筹全局和权衡利弊来编制发展规划，不能简单地理解为是对物流用地的规划。

(3) 物流规划是指国家或地区长远的物流发展计划，是对今后物流发展一个较长时期的指导性纲要和组织实施策略。它包括国家物流规划、省物流规划、市物流规划、县物流规划、集团物流规划、乡镇物流规划、企业物流规划等。

1.3.3 物流规划的内容

物流规划主要解决做什么、何时做和如何做的问题，涉及三个层面：战略层面、策略层面和运作层面。它们之间的主要区别在于计划的时间跨度。战略规划(Strategic Planning)是长期的，时间的跨度通常超过一年。策略规划(Tactical Planning)是中期的，一般短于一年。运作计划(Operational Planning)是短期决策，是每个小时或者每天都要频繁进行的决策。决策的重点在于如何利用战略性规划的物流渠道快速、有效地运送产品。表 1-2 说明了不同规划期的若干典型问题。

表 1-2　战略、策略和运作决策举例

决策类型	决策层次		
	战略层次	策略层次	运作层次
选址	设施的数量、规模和位置	库存定位	线路选择、发货、车
运输	选择运输的方式	服务的内容	确定补货数量和时间
订单处理	选择和设计订单录入系统	确定处理客户订单的顺序	发出订单
客户服务	设定标准		
仓储	布局、地点选择	存储空间选择	订单履行
采购	制定采购政策	洽谈合同、选择供应商	发出订单

各个规划层次有不同的视角。由于时间跨度长，战略规划所使用的数据常常是不完整、不准确的。数据也可能经过平均，一般只要在合理范围内接近最优，就认为规划达到要求了。而在另一个极端，运作计划则要使用非常准确的数据，计划的方法应该既能处理大量数据，又能得出合理的计划。

由于物流战略规划可以用一般化的方法加以探讨，所以我们将主要关注战略规划。运作计划和策略性规划常常需要对具体问题做深入了解，还要根据具体问题采用特定方法。

物流规划主要解决四个方面的问题：客户服务目标、设施选址战略、库存战略和运输战略，如图 1-7 所示。除了设定所需的客户服务目标外(客户服务目标取决于其他三方面的战略设计)，物流规划可以用物流三角形表示。这些领域是相互联系的，应该作为整体规划。虽然如此，分别进行规划的例子也并不少见。每一领域都会对系统设计产生重要影响。

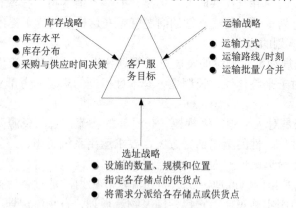

图 1-7　物流决策的三角形

(1) 客户服务目标。企业提供的客户服务水平比任何其他因素对系统设计的影响都要大。服务水平较低，可以在较少的存储点集中存货，利用较廉价的运输方式。服务水平高则恰恰相反。但当服务水平接近上限时，物流成本的上升比服务水平上升更快。因此，物流战略规划的首要任务是确定适当的客户服务水平。

(2) 设施选址战略。存储点及供货点的地理分布构成了物流规划的基本框架。其内容主要包括确定设施的数量、地理位置、规模，并分配各设施所服务的市场范围，这样就可确定产品到市场之间的线路。好的设施选址应考虑所有的产品移动过程及相关成本，包括从工厂、供货商或港口经中途存储点然后到达客户所在地的产品移动过程及相关成本。通过不同的渠道来满足客户需求，如直接由工厂供货、供货商或港口供货，或经选定的存储点供货等，会影响总的分拨成本。需求成本最低的需求分配方案或利润最高的需求分配方案是选址战略的核心所在。

(3) 库存战略。库存战略是指管理库存的方式。将库存分配(推动)到储存点与通过补货自发拉动库存，代表着两种战略。其他方面的决策内容还包括产品系列中的不同品种分别选择在工厂、地区性仓库或基层仓库存放以及运用各种方法来管理永久性存货的库存水平。由于企业采用的具体政策将影响设施选址决策，所以必须在物流战略规划中予以考虑。物流管理中，人们需要考虑的问题往往包括供应计划、需求计划、采购、供应商管理等，这些决策都发生在供应渠道中。

(4) 运输战略。运输战略包括运输方式、运输批量和运输时间以及路线的选择。这些决策受仓库与客户以及仓库与工厂之间距离的影响，反过来又会影响仓库选址决策。库存水平也会影响运输批量和运输决策。

1.3.4 物流规划的指导原则

物流系统本身的范畴和物流系统设计的核心都是关于效益悖反(Trade-off)的分析，并由此引出总成本的概念。成本悖反就是指各种物流活动成本的变化模式常常表现出相互冲突的特征。解决冲突的办法是，平衡各项活动以使其整体达到最优。如图 1-8 所示，在选择运输服务的过程中，运输服务的直接成本与承运人不同的运输服务水平对物流渠道中库存水平的影响就会带来间接成本之间的互相冲突。最优的经济方案就在总成本最低的点，即图 1-8 中虚线所指的点。

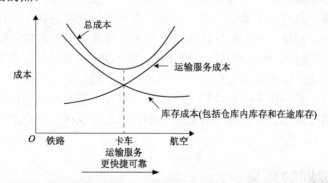

图 1-8 运输成本和作为运输服务函数的库存成本之间的普遍冲突

总成本概念不仅可运用于运输服务的选择，还可以运用于以下方面，如图 1-9 所示。

(1) 客户服务水平与物流成本的效益悖反。图 1-9(a)中的例子是确定客户服务时存在的问题，随着客户得到更高水平的服务，由于缺货、送货慢、运输不可靠、订单履行错误造成失去客户的可能性就越小。换言之，随着客户服务水平的提高，机会成本就会下降。机会成本相对应的是维持服务水平的成本。客户服务的改善往往意味着运输、订单处理和库存费用更高。

(2) 库存—运输综合成本与客户服务水平之间的效益悖反。图1-9(b)所示的是确定物流系统内仓库的数量时要考虑的基本经济因素。如果客户小批量购买，存储点大批量补货，从存储点向外运出的运费就高于运进的内向运输费率。这样，运输成本会随着存储点的增加而减少。但是，随着存储点数量的增加，整个系统的库存水平上升，库存成本会上升。此外，客户服务水平也受该策略的影响。此时，该问题就变成在库存—运输的综合成本与客户服务水平带来的收益之间寻求平衡点的问题。

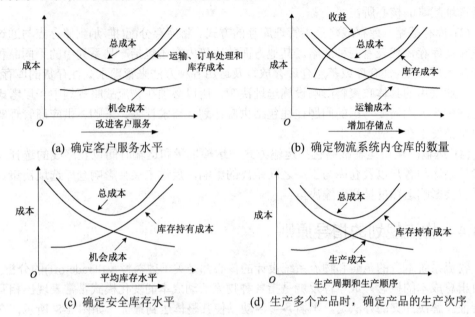

(a) 确定客户服务水平 (b) 确定物流系统内仓库的数量

(c) 确定安全库存水平 (d) 生产多个产品时，确定产品的生产次序

图1-9　物流系统中其他成本与效益悖反示意图

(3) 库存水平与客户服务水平之间的效益悖反。图1-9(c)说明的是确定安全库存水平的问题。因为安全库存提高了平均库存水平，并通过客户发出订单时的存货可得率来影响客户服务水平。这样，机会成本就会下降。平均库存水平的提高会使库存持有成本上涨，而运输成本不受影响。同样，我们要在这些相互冲突的各项成本之间找到平衡。

(4) 生产多个产品时，确定产品的生产次序。图1-9(d)给出的是生产多个产品的情况下生产调度的基本问题。生产成本受产品生产次序和生产运作周期的影响，随着生产次序的改变，库存成本会上升，因为收到订单的时间与补充存货的最佳时间往往不一致，结果导致平均库存水平的提高。在生产和库存总成本的最低点可以找到生产次序和生产周期的最优点。

1.3.5　物流规划的意义

这些年的发展表明，人们对物流规划的重要性有了共识。就物流领域而言，规划更具有重要的意义，这和物流本身的特殊性有关。

(1) 物流的涉及面非常广泛，需要有共同遵循的规划。物流涉及军事领域、生产领域、流通领域、消费及后消费领域，涵盖了几乎全部社会产品在社会上与企业中的运动过程，是一个非常庞大而且复杂的领域。仅以社会物流的共同基础设施而言，我国相关的管理部门，就有交通、铁道、航空、仓储、外贸、内贸等六大领域，更有涉及这些领域的更多行业。实际上，这些领域和行业在各自的发展规划中，都包含有局部的物流规划。这些规划，由于缺乏沟通和协调，更多是从局部利益考虑，再加上局部资源的有限性，往往不可避免地破坏了物流大系统的有效性，必然会给今后的物流发展留下诸多的后遗症。所以，必须有一个更高层次的、全面的、综合的物流规划，才能够把我国的现代物流发展纳入有序的轨道。

(2) 物流过程本身存在"悖反"现象，需要有规划的协调。物流过程往往是一个很长的过程，这个过程经常由诸多环节组成，物流系统的一个重要特性，就是这些环节之间往往存在"效益悖反"现象，如果没有共同的规划制约，各个环节各自独立去发展，就很可能使"悖反"现象强化。

(3) 物流领域容易出现更严重的低水平重复建设现象，需要有规划的制约。物流领域进入的门槛比较低，而发展的门槛比较高，这就使物流领域容易出现在低水平层次上的重复建设现象，尤其最近几年的"物流热"引发一定的"寻租"问题，加剧了物流领域低水平的重复建设。这种低水平重复建设的问题，在配送中心、一般物流中心和小型物流节点方面可能有突出的表现。

(4) 物流领域的建设投资，尤其是基础建设的投资规模巨大，需要有规划的引导。物流领域大规模建设项目的规划尤其应当引起我们的重视。这是因为，就我国而言，这种项目的数量相当多，仅深圳市就规划了六个规模比较大的物流园区，如果再加上港口、车站、货场等基础设施，一个城市大型物流项目就会有十几个甚至几十个。投资规模巨大，如果没有有效的规划，就不能有效地利用资源，可能造成巨大的浪费。

(5) 要跨越低水平发展阶段，实现我国物流跨越式发展，需要有规划的指导。我国物流系统建设刚刚起步，已经与发达国家有了几十年的差距，要迅速追赶，需要跨越发达国家曾经用几十年时间走过的低水平发展阶段。就我国的技术水平和管理水平而言，实现这一跨越是完全有可能的。但是，如果缺乏规划引导和制约，任其行事，那么必然会有相当多的地区和企业，要从头走起，重复低水平发展阶段，白白地消耗我们的资源、时间。

(6) 就生产企业而言，在暴利时代结束之后，"轻资产"运行的新型企业，需要改变过去大量投资于生产能力的旧的投资方式，而将大量制造业务外包。这样就必须建立诸如"供应链"之类的物流系统，形成以联盟为新的组织形式的、虚拟的企业。这就必须对物流系统重新构筑，或者对企业的整个流程从物流角度进行"再造"。所以，规划物流的问题对于生产企业也是一个非常重要的问题，它是在经济全球化背景下，在新的竞争格局的压迫下，生产企业转型变形以求生存的问题和求发展的问题。社会上存在一种误解，以为规划物流问题是宏观的问题而不是企业的问题，这显然是低估了物流对于企业发展的重要意义。

1.4 企业物流系统规划相关理论的发展概况

1.4.1 设施规划与设计

1. 设施规划与设计的概念

设施规划与设计起源于早期制造业的工厂设计，是工业工程的重要分支。18 世纪 80 年代产业革命后，工厂逐步取代了小手工作坊，管理工程师开始关心制造厂的设计工作。

在早期，工厂设计的活动主要是三项，即：操作法工程(Methods Engineering)，研究的重点是工作测定、动作研究等工人的活动；工厂布置(Plant Layout)，就是机器设备、运输通道和场地的合理配置；物料搬运(Material Handling)，就是对从原料到制成产品的物流的控制。操作者工程涉及的是人，而工厂布置、物料搬运涉及的是人、机、物的结合。19世纪50年代以后，随着工厂的规模和复杂程度的增大，工厂设计从传统的只涉及较小的系统发展到大而复杂的系统，而且涉及市场、环境、资金、法律、政策等诸多因素。因此，工厂设计除了注重人、机、物的结合外，发展到了与资源、能源、环境、信息、资本等要素相结合。

早期工厂设计的方法，主要通过调查、试验、测定，更多依靠经验和定性的方法。随着二战后运筹学、统计数学、概率论广泛地应用到生产建设，系统工程、电子计算机普遍得到运用，工厂设计开始逐渐运用系统工程的概念和系统分析的方法，日益显示出现代的特征。同时，工厂设计的原则和方法逐渐扩大到了非工业领域，包括各类服务设施，如机场、医院、超级市场等。"工厂设计"一词逐步被"设施规划""设施设计"所代替。

所谓设施，是指生产系统或服务系统运行所需的固定资产。对一个工厂或生产系统来说，设施包括占用的土地、建筑物和构筑物、机器设备、辅助设备，还包括维修、储运、动力等设施和实验室、办公室等。工厂的运行，投入的是原材料和外购品，产出的是产品。对一个服务设施来说，设施包括土地、建筑物、设备、公用设施、办公室等。以医院为例，投入的是病人和药品，产出的是经过治疗的患者。

各种文献对设施规划与设计定义的表述不尽一致，但都把它定性为一个生产系统或服务系统进行全面的、系统的安排。其对象是整个系统而不是其中的个别环节(如某项工艺技术)。这种安排是有目标的，就是要确定合理的投入，使设施得到优化配置，以支持整个系统实现有效运营，获得期望的产出。要达到这个目的，必须考虑众多的因素，不仅要满足企业的要求，也要适应市场、社会和国民经济发展的需要。本书根据上述特征，将设施规划与设计定义为：设施规划与设计是为新建、扩建或改建的生产系统或服务系统，综合考虑相关因素，进行分析、构思、规划、论证、设计，做出全面安排，使资源得到合理配置，使系统能够得到有效运行，达到预期目的。

2. 现代设施规划的目标、原则和方法

1) 目标

设施规划是有目标的活动，不论是新设施的规划还是旧设施的再规划，必须有本身的目标作为整个规划活动的中心。总的目标是使人力、财力、物力和人流、物流、信息流得到合理、经济、有效的配置和安排。典型的具体目标有以下6个。

(1) 简化加工过程。

(2) 有效地利用人员、设备、空间和能源。

(3) 最大限度地减少物料搬运。

(4) 缩短生产周期。

(5) 力求投资最低。

(6) 为职工提供方便、舒适、安全和卫生的条件。

这些目标实际上不可能都达到最佳，有时甚至相互矛盾，要用恰当的指标对每一个方案进行综合评价，达到总体目标最佳。

2) 原则

为了达到上述目标，现代设施规划重视以下一些原则。

(1) 减少或消除不必要的作业,在时间上缩短生产周期,空间上减少占用量,物料上减少停留、搬运和库存,保证投入资金最少、生产成本最低。

(2) 以流动的观点作为出发点,并贯穿在规划设计的始终,因为企业的有效运行依赖于人流、物流、信息流的合理化。

(3) 运用系统的概念、系统分析的方法求得系统的整体优化。同时也要注意把定量分析、定性分析和个人经验结合起来。

(4) 重视人的因素。工作地的设计,实际上是人—机—环境的设计,要考虑环境因素对人的工作效率和身心健康的影响。

(5) 规划设计要从宏观(总体方案)到微观(每个子系统),又从微观到宏观,反复评价、修正。

3) 方法

设施规划设计人员的工作对象是复杂的生产系统或服务系统,需要进行调查、预测、分析、综合、模拟、计算、绘图、制表、评价等作业和活动,需要运用广泛的知识和规划设计的方法和技术。经过工业工程师的不断探索,在场址选择、布置设计、物流分析等方面发展了许多行之有效的现代方法,包括阶段结构、系统分析、数学模型、图解技术以及计算机辅助设计等。

场址选择是对可供选择的地区和具体位置的有关因素进行分析和评价,达到场址的最佳化。场址选择问题,可以是单一设施的场址选择,根据确定的产品(或服务)、规模等目标为一个独立的设施选择最佳位置。也可以是复合设施的场址选择,就是为一个企业的若干个下属的工厂、货栈、销售点或服务中心,选择各自的位置,使这些设施的数目、规模和位置达到最佳化。其方法有加权因素法、重心法、线性规划法等。

布置设计是对建筑物、设备、通道、场地等按照物流、人流、信息流的合理需要,进行有机组合和合理配置。工厂布置设计的方法和技术一直是不断探索的问题,发展了作业相关图法,从制表试验法、块状中心作图法等以及计算机辅助工厂布置。在众多的布置方法中,物流处于重要地位,把寻求最佳物流作为解决布置问题的主要目标。工厂布置的程序和方法,以 1961 年理查德·缪瑟(R. Muther)提出的系统布置设计(System Layout Planning, SLP)最为著名,应用十分普遍。这是一种条理性很强的物流分析与作业单位关系密切程度分析相结合、求得合理布置的技术。

工厂物流系统分析是把物流全过程所涉及的装备、器具、设施、路线及其布置作为一个系统,运用现代科学和方法,进行设计、管理,达到物流合理化的综合优化技术。对物流分析,有许多图表化的分析方法可以运用,如流程图表、物流进出表、搬运路线表、物流图、坐标指示图等。理查德·缪瑟提出的系统搬运分析(System Handling Analysis, SHA),是一种有条理的分析方法,它从物料的分类开始,进行物料流程分析,运用各种图表检验物流的合理性,对平面布置进行改进,合理选择搬运设备,形成搬运方案。工厂布置与搬运系统设计具有相互制约、相辅相成的关系,被称为是一对伙伴。SLP+SHA 是两者相结合的方法。运筹学中的运输问题、库存问题、排队问题等许多数学模型,有助于定量地分析物流系统中的重要问题,求得最优的设计方案。

20 世纪 60 年代以来,由于计算机技术的飞速发展,在设施规划设计领域的应用也日益广泛,在市场预测、项目数据库的建立等方面已经有了成熟的工具软件。计算机辅助布置设计,不仅能加快方案优化的速度,而且可以启发设计人员的思想,选择最佳方案。最初使用的程序有两类：一类是以 CRAFT 和 COFAD 为代表的改进型程序，是在原有布置方案上求得改进，得到一个以降低物料搬运成本乃至考虑搬运设备及成本评价的布置方案；另一类是以 CORELAP 和 ALDEP 为代表的新建型程序，是将 SLP 运用于计算机，为新建的设施寻求一个使各作业单位间密切度最佳的方案。在物流系统分析中，广泛应用计算机仿真技术，包括从原材料接收到仓库、制造、后勤支持系统的仿真、仓储系统运行分析评价的仿真。至于计算机辅助图形系统，由于微机的推广应用，已被广泛应用于规划设计的各个阶段，达到了有条件甩掉图板和计算机的程度。

1.4.2 工业工程

1. 工业工程的概念

工业工程(Industrial Engineering，IE)起源于 20 世纪初泰勒的科学管理，它要解决的核心问题是采用系统与科学的方法提高生产效率。多年来对于美国等发达国家的经济与社会发展发挥了不可磨灭的作用。工业工程 20 世纪 80 年代末期被正式引入中国，30 多年来其应用不断向纵深发展，对于我国国民经济建设，尤其是中国制造业的迅速崛起，发挥了巨大的作用。

工业工程是一门结合了技术与管理的多学科综合性交叉学科。虽然不同的国家对 IE 的内涵定义各有不同，但其宗旨内涵却是一致的，以美国工业工程师协会(AIIE)1955 年所修正的定义为代表，该定义指出，工业工程是研究整个生产过程，包括人、资源、设备、能源与信息等构成的综合性系统的设计、完善与设置的工程技术，运用工程分析与设计的方式方法，结合自然科学与社会科学等专业知识技术，对整个综合系统进行确定、预测与评价。

日本 IE 协会(JIIE)对工业工程的定义是在美国 AIIE 于 1955 年定义的基础上略加修改而制订的。其定义是："工业工程是对人、材料、设备所集成的系统进行设计、改善和实施。为了对系统的成果进行确定、预测和评价，在利用数学、自然科学、社会科学中的专门知识和技术的同时，还采用工程上的分析和设计的原理和方法。"此后，根据美国工业工程学会的修改和补充，又在"人、材料、设备"上加上了信息和能源。日本 IE 协会根据工业工程长期(特别是二战后)在日本应用所取得的成果和广泛的应用，IE 不论在理论上和方法上都取得了很大的发展。故对 IE 重新定义："IE 是这样一种活动，它以科学的方法，有效地利用人、财、物、信息、时间等经营资源，优质、廉价并及时地提供市场所需要的商品和服务，同时探求各种方法给从事这些工作的人们带来满足和幸福。"这个定义简明、通俗、易懂，不仅清楚地说明了 IE 的性质、目的和方法，而且还特别将对人的关怀也写入定义中，体现了"以人为本"的思想。这也正是 IE 与其他工程学科的不同之处。

由上所述，工业工程的主要核心目标就是实现成本的降低，提高生产质量与生产效率，其应用过程注重人的作用与因素，是一门综合性的应用知识体系与系统优化技术。工业工程的主要特征体现在以下几个方面。

(1) 工业工程综合了自然社会科学、科技与管理技术等学科，该综合特征要求工业工程设计师必须是综合性、复合型的人才。

(2) 由于工业工程的工程属性，依据其工程分析与设计的原理方法，在技术手段实施上特别强调定量方法。

(3) 工业工程的管理特征决定了其追求的是人力、资源、设备、科技与信息等所有生产要素的整体效益。

(4) 现代工业工程不仅包含了工程技术的全部内容，而且还将其提升到哲理的高度，强调人在整个系统中的作用，因此工业工程方法常常运用到组织设计、人员评价以及员工激励的研究过程中。

2. 工业工程的内容

工业工程(IE)面向企业经营管理的全过程，以规模化工业生产及工业经济系统为研究对象，以运筹学和系统工程为理论基础，以计算机为手段，是一门系统优化技术学科。工业工程强调的是系统整体的优化，最终追求的是系统整体效益最佳。

工业工程一般可分为传统工业工程(或经典工业工程)和现代工业工程两个阶段。传统工业工程的主要工作是研究理论，包括时间研究(Time Study)和动作研究(Motion Study)。现代工业工程指的是第二次世界大战以后，工业工程与统计学、运筹学、行为科学、系统工程、计算机等理论、方法相结合而发展起来的一门学科，包括工作研究、设施规划与设计、物流系统分析、工程经济分析、生产计划与控制、人机工程、质量控制、成本控制、价值工程和工作评价与考核等内容，研究的是单个工厂系统的整体效益问题。

进入 21 世纪，随着市场经济的飞速发展、科学技术的进步和生产力水平的提高，制造业也从传统的制造技术、方法和系统向 21 世纪先进的制造技术和系统转移。现代工业工程已经成为一门现代科学技术，特别是信息、网络和计算机的综合技术。它跳出了传统的只是面向企业内部的圈子，成为面向企业内、外部及其生存的"工业生态环境"的一门工程学科。而且工业工程的研究对象不再局限于制造业，已经拓展到了服务业等非制造行业，推动了社会的发展。作为现代工业工程基础理论的系统科学，理论方法不断发展并被融入工业工程研究中，形成了对制造过程物质流、能量流和信息流三个方面构成的制造系统更完整的认识，进一步推动了现代 IE 理论和技术方法的大发展。系统化、柔性化、智能化、集成化成为现代工业工程的特点，形成了柔性生产(Flexible Manufacturing)、智能制造(Intelligent Manufacturing)、人机一体化系统(Humachine Systems)、并行工程(Concurrent Engineering)、虚拟现实制造(Virtual Reality Manufacturing)、精益生产(Lean Production)、订制化生产经营模式(Customization Production Management Model)等理论和方法。

3. 工业工程发展趋势

1) 工业工程技术将被广泛应用于非制造领域

现代工业工程主要技术与主要应用领域之间的关系如图 1-10 所示，可以看出，工业工程不但应用于制造领域，在服务业、非营利性组织等非制造领域也具有广阔的应用前景。

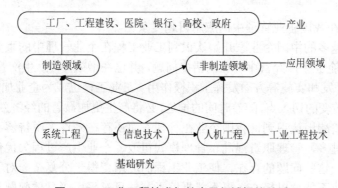

图 1-10 工业工程技术与其应用领域间的关系

近年来，服务业蓬勃发展，无论是就业人口数还是产值均大幅上升。面对服务业时代的来临，如何将工业工程在制造业中的经验及技术转换到服务业等非制造领域，成为目前工业工程应用的主要课题之一。在我国台湾地区，长庚医院就应用了许多工业工程的技术方法来进行医院的日常管理，在保证医疗服务水准的同时，有效降低了医疗成本。

可以预见，虽然目前制造现场和制造领域仍是我国工业工程技术应用的主体，但随着经济的发展，在流通、商贸、服务业等非制造领域，工业工程技术也会得到广泛应用。例如，可以将工业工程技术运用在公共卫生体系的建立上。在这些领域运用其所产生的示范作用将会促进社会发展，并推动工业工程学科的自身建设。

2) 新的工业工程思想与信息技术紧密融合

目前，制造业已从单一规格的大规模批量生产发展到根据不同用户的具体需求生产的柔性制造系统，这是制造业或加工业发展的最高阶段。通过应用先进的信息通信技术，实现柔性制造，这也是我国工业工程发展的方向之一。用户需求与柔性制造系统获知此类信息之间的时延是影响柔性制造系统响应能力的主要因素之一，进而也会影响到柔性制造系统其他优势性能的充分发挥。如果不能及时、准确获取有效的需求信息，"柔性制造"就成了一句空话。

随着信息通信技术的迅猛发展，Internet 已经把个人和单位有机地组成一个小小的地球村，成为制造企业及时、准确获取需求信息的最佳手段。它为柔性制造系统提供了新的发展机会。用户可以通过网络迅速、准确地将自己的需求传递给柔性制造系统，企业迅速设计、研制出合格的个性化产品以满足用户的需求，使"个性化可定制"的策略充分实现。

3) 新的工业工程研究手段不断涌现

随着计算机技术的不断发展，人们可以使用个人计算机进行许多高级的数字仿真。数字仿真技术为实际系统的描述、分析和性能预测提供了一种定量化的手段。传统的数字仿真只能得到用数字表示的仿真结果以及相应的二维图像，其应用深度受到很大的限制。而最新的仿真技术可以将仿真与虚拟现实技术相结合，将设计者置于虚拟现实的环境中，使其能够如"身临其境"般地发现潜在的问题，从而降低制造成本，缩短实施时间。香港理工大学的虚拟现实(Virtual Reality，VR)技术就实现了上述功能。

此外，其他学科领域发展起来的一些新方法，如模糊逻辑、遗传算法和神经网络等，也不断被引入工业工程的研究之中。模糊逻辑可用于项目评价、机加工参数的智能化选择以及企业的决策支持等工作。遗传算法是近年来发展较为迅速的一种用于系统优化的人工智能方法，被用于求解双目标运输问题、设施布局设计等。神经网络被运用于研究、开发CAPP 和并行工程等。

4) 工业工程在我国企业管理中的应用日趋复杂化

今天，越来越多的中国企业家开始认识到工业工程在企业管理中的重要性。他们开始运用 IE 技术解决企业生产经营中存在的诸多问题，并已在增效降耗、生产管理、质量保证、现场管理、项目开发和实施等方面发挥了积极作用。工业工程已成为企业加强科学管理、实现经济增长方式转变的切入点，随着时间的推进，必将产生更加显著的经济效益和社会效益。

但是，应当清醒地认识到，我国企业在管理方面还存在着许多亟待解决的问题，主要表现在管理层次过多、管理职责混乱、管理模式粗放、企业生产过程欠优化、企业生产系统集成功能不强。这些问题的存在，使工业工程的应用变得十分复杂。对于工业工程应用的复杂性，我们决不能掉以轻心，更不能畏缩不前，只有采用"具体问题具体分析"的方法，才能推动工业工程在中国的深入推广与发展。

1.4.3 物流技术

1. 物流技术的概念

21 世纪以来，国家曾多次出台政策鼓励和支持物流业发展。十年来物流业的快速发展直接拉动了我国对先进物流技术装备的需求，极大促进了物流技术装备行业的发展。专业化的新型物流装备和新技术物流装备系统不断涌现。客户需求和科技进步将推动物流技术不断向前发展。虽然与发达国家相比我国的物流技术水平还比较落后，但已经基本能够适应我国物流企业的发展需求，提高了物流作业效率。

物流技术一般是指与物流要素活动有关的所有专业技术的总称，可以包括各种操作方法、管理技能等，如流通加工技术、物品包装技术、物品标识技术、物品实时跟踪技术等，此外，还包括物流规划、物流评价、物流设计、物流策略等。物流技术包括两个方面，即物流硬技术和软技术。

物流硬技术是指物流设施、装备和技术手段。传统的物流硬技术主要指材料(集装、包装材料等)、机械(运输机械、装卸机械、包装机械等)、设施(仓库、车站、码头、机场等)。典型的现代物流技术手段和装备即电子商务物流技术，主要包括计算机、互联网、数据库技术、条形码技术，同时还有电子数据交换(Electronic Data Interchange，EDI)、全球卫星定位系统(Global Positioning System，GPS)、地理信息系统(Geographic Information System，GIS)、电子订货系统(Electronic Ordering System，EOS)、销售时点信息系统(Point of Sale，POS)。

物流软技术是指为组织实现高效率的物流所需要的计划、分析、评价等方面的技术和管理方法等，它包括物流系统化、物流标准化、各种物资设备的合理调配使用、库存、成本、操作流程、人员、物流路线的合理选择以及为物流活动高效率而进行的计划、组织、指挥、控制和协调等。物流软技术又称物流技术应用方案，主要包括运输或配送中的路线规划技术、库存控制技术，物流过程中的可视化技术以及供应链管理、顾客关系管理、快速反应、准时制生产等。

2. 现代物流技术类型

1) 运输技术

运输是物流最重要的环节之一，是物流中的"流"。运输技术包括车辆技术和运输管理技术。

在车辆技术方面，为提高运输效率和服务质量，载货汽车的发展方向是大型化、专用化和集装化，大力发展拖挂和甩挂运输车辆。在车身方面，为了装货和卸货的方便，发展低货台汽车，特别是用于配送的箱式货车，它不仅装货和卸货方便，而且车辆自重大大降低，从而提高了运输效率。此外，各种专用货运车辆的发展也十分迅速；如专门运油及粉状货物的罐装车、冷冻冷藏车、牲畜运输车、家具运输车、垃圾废料运输车等。

在运输管理技术方面，随着计算机技术以及光导纤维通信技术等的采用，运输管理开始向自动化管理系统发展，如 GPS 车辆跟踪定位系统、CVPS 车辆运行线路安排系统等，使运输等管理实现了自动化、科学化。

2) 仓储技术

仓储在物流系统中起着调节、平衡的作用，是物流的另一个中心环节，特别是作为配送中心，大量的货物在这里分类、拣选、存储、配送，使配送中心成为促进各物流环节平衡运转的货物集散中心。仓储技术包括仓储设备和库存管理技术。在仓储设备方面，高层货架仓库是当前发达国家普遍采用的一种先进仓库，货架高可达 30～40m，具有 20 万～30 万货格，大大提高了仓容利用率。在仓库管理方面，随着电子计算机的使用，仓库的许多环节都用计算机进行集中管理，控制商品入库、储存、出库配送以及资金结算、资料积累、信息交流等，大大提高了仓库管理效率。

3) 装卸搬运技术

装卸搬运联结着保管与运输，物流活动各个环节的转换要通过搬运和装卸来完成。因此，装卸搬运技术成为物流高效率作业的重要环节。在物流系统中，装卸搬运具有劳动密集型、作业发生次数多的特点。通常，装卸搬运的对象大体上可分为原材料和成品。对于成品的装卸通常使用单元化装载。单元化装载是指把许多分立的小货箱集中到一个大托盘上，以提高装卸搬运的效率。托盘化是物流集装化的一种重要形式，它是实现物流过程中装卸、存储等作业机械化的基本条件。

4) 包装技术

包装技术是指使用包装设备并运用一定的包装方法，将包装材料附着于物流对象，使其更便于物流作业。包装技术主要包括包装设备、包装方法和包装材料三部分。对包装材料的要求是：比重轻，机械适应性好；质量稳定，不易腐蚀和生锈，容易清洁；能大量生产，便于加工；价格低廉等。目前常用的包装材料有纸与纸制品、纤维制品、金属制品、塑料制品以及防震材料等。包装设备方面，传统的包装方法以人工为主，目前出现了各种包装机械与包装容器的自动生产线，使包装的技术水平得到很大提高。包装还涉及防震、防潮、防水、防锈、防虫等技术。

5) 配送技术

配送是按用户的订货要求，在物流点进行分货、配货工作，并将配好的货物送交收货人。它是适应顾客多品种、小批量消费，满足生产者"零库存"的需要，提高运输效率而发展起来的一种现代化物流技术。它在全面配货的基础上，完全按用户的要求运送，是运输与分货、配货、配装等活动共同构成的有机结合体。

随着物流业的发展，用户要求的改变，配送技术也在不断改进。近年来各种电子信息技术已在配送领域内广泛运用，特别是 DRP 技术。

6) 信息技术

信息技术(Information Technology，IT)，是现代物流极为重要的部分，也是物流技术中发展最快的领域。一般来说，信息技术包括计算机技术、数据处理技术、通信技术以及机器人技术等。利用信息技术可以对物流中大量的、多变的数据进行快速、准确、及时的采集、分析和处理等，从而加快了信息反应速度，增强了供应链的透明度，改善了控制管理能力和客户服务水平，进而提高了整个物流系统的效益。

1.4.4　制造系统工程和先进制造技术

1. 制造系统工程的概念

制造系统工程(Manufacturing Systems Engineering，MSE)是制造领域内的系统工程，它

从系统的角度，运用系统的理论和方法来研究和处理制造过程中的有关问题。MSE 是国际上近年来迅速发展起来的一门综合性交叉学科，是一门系统工程的理论和方法与现代制造技术有机结合的工程技术学科，被西方一些发达国家的著名学者称为制造业的第二次革命。

1) 制造系统工程的发展过程

制造业是一门传统的行业，许多技术似乎已经定型，一些人认为这些技术已经走到了尽头。正是在这种观点支配下，制造业掉进低谷，不能很好地适应市场的需要。然而市场呼唤制造业，顾客越来越高的需求迫使制造业向高层次发展，新产品接踵而来，新技术层出不穷。机电一体化的产品和技术依赖于机、电、计算机等多学科知识的有机结合，涉及大量的系统理论和系统工程方法。计算机集成制造系统(CIMS)就是用系统工程的理论和方法，把工厂生产的全部活动，包括市场信息、产品开发、生产准备与组织管理、产品制造装配及检验、产品销售等，用计算机控制系统和管理系统有机地集成起来，形成一个有机的整体。在激烈的市场竞争中，谁注意到系统工程的应用，谁优先采用了各种先进制造技术，谁就可能占领市场，取得主动。制造业在一些国家重新获得了生机，成了这些国家的支柱产业，正是在这种背景下，日本京都大学教授人见胜人于 20 世纪 70 年代末提出了"制造系统工程"的概念，80 年代中期以后，西方国家对 MSE 的理论、方法和技术、应用进行了大量的研究，制造系统工程逐步发展成为一个正宗的学科体系。

2) 制造系统工程的内容

(1) MSE 是用系统的理论和方法研究和处理制造过程的有关问题，从整体和系统的角度来研究制造过程中的综合性技术问题及相关的管理问题，这个制造过程涉及产品的研究、规划、设计、制造、调试、管理、运筹和评价等。

(2) MSE 以整体最优为目的，通过规划和协调系统内各要素之间的联系和制约关系来组织系统的层次结构和网络结构等，使系统内的要素、单元、子系统或模块按照综合性能最优的原则配置并发挥作用。

(3) MSE 跨越技术科学、自然科学和社会科学，是一门综合性科学，它致力于多门学科知识的融会贯通，强调不同种类信息的综合处理和应用，是与机械工程、电气工程等专门工程技术相区别的一门软科学。

3) 制造系统工程的特点

(1) 全局性。MSE 强调站在全局的高度分析和处理制造工程中的相关问题，它实际上代表着工厂最高层领导人的意图。过去往往搞"局部最优"，某一个或几个部门搞自动化，但总体上缺乏协调，这些局部最优无法达到总体最优，甚至它们之间彼此冲突，相互抵消。

(2) 综合性。MSE 强调思维的综合和学科的综合，即考虑问题时要把所涉及的环境因素及动态过程等各方面综合起来予以思考，最大限度地发挥计算机、通信、机械加工、管理等多学科的特长，把它们有机地融合到 MSE 中去。

(3) 优化性。MSE 力求用系统的观点来优化原系统，从组织机构、管理、设计和生产过程等各个环节来消除臃肿、冗余，达到彼此协调融合，始终从优化的角度出发，使工厂这一系统适应外界环境动荡不定的变化，以便最大限度地发挥总体的效率和效益。

2. 先进制造技术

先进制造技术(Advanced Manufacturing Technology，AMT)是由美国首先提出的。相当

长一段时期以来，美国政府只对基础研究、卫生健康和国防技术提供经费支持，而对制造业技术放任自流，不予支持。20 世纪 70 年代，美国部分学者不断鼓吹美国已进入"后工业化社会"，希望将经济重心由制造业转向服务业，结果吃了苦头。美国产品在市场上的竞争力不断下降，市场份额不断让位给日本、德国等国，二、三产业的比例失调，物质生产基础严重削弱。尝尽了苦头之后，美国政府和学者重新将注意力转向制造业。1991 年，美国白宫科学技术政策办公室发表了《美国国家关键技术》的报告，克林顿政府上台后，于 1993 年在硅谷发表了以"促进美国经济增长的技术——增强经济实力的新方向"为题的报告，明确地提出了 AMT。接着欧洲、日本以及亚洲新兴工业化国家都相继做出反应，从而将 AMT 推向了高潮。

1) 先进制造技术的定义和内容

先进制造技术是指微电子技术、自动化技术、信息技术等先进技术给传统制造技术带来的种种变化与新型系统。具体地说，就是指集机械工程技术、电子技术、自动化技术、信息技术等多种技术为一体所产生的技术、设备和系统的总称。主要包括：计算机辅助设计、计算机辅助制造、集成制造系统等。先进制造技术是制造业企业取得竞争优势的必要条件之一，但并非充分条件，其优势还有赖于能充分发挥技术威力的组织管理，有赖于技术、管理和人力资源的有机协调和融合。

先进制造技术主要包括主体技术群、支撑技术群和制造技术环境等三个技术群。

(1) 主体技术群。这是先进制造技术的核心，它又包括两大部分，如表 1-3 所示。其中的"面向制造的设计技术群"指用于生产准备的工具群和技术群，而"制造工艺技术群"是指用于物质产品生产的过程及设备。

表 1-3　AMT 的主体技术群

面向制造的设计技术群	制造工艺技术群
(1) 产品、工艺过程和工厂设计	(1) 材料生产工艺
—计算机辅助设计 CAD	(2) 加工工艺
—适于加工和装配的设计	(3) 连接与装配
—工艺过程建模和仿真	(4) 测试与检验
—工艺规程设计	(5) 环保技术
—系统工程的集成	(6) 维修技术
—工作环境的设计	(7) 其他(工厂设备维修、喷漆和光整加工包装)
(2) 快速样板成型技术	
(3) 并行工程	

(2) 支撑技术群。支撑技术群是指支持设计和制造工艺两方面取得进步的基础性核心技术。基本的生产过程需要一系列的支撑技术，诸如：测试和检验、物料搬运、生产(作业)计划的控制以及包装等。它们也是用于保证和改善主体技术协调运行所需的技术，是工具、手段和系统集成的基础技术。支撑技术群包括以下内容。

① 信息技术：接口和通信、数据库技术、集成框架、软件工程人工智能、专家系统和神经网络、决策支持系统。

② 标准和框架：数据标准、产品定义标准、工艺标准、检验标准、接口框架。

③ 机床和工具技术。

④ 传感器和控制技术：单机加工单元和过程的控制、执行机构、传感器和传感器组合、生产作业计划。

⑤ 其他。

2) 先进制造技术的特点

(1) 先进制造技术是制造技术的最新发展阶段，是面向 21 世纪的技术，制造业是社会物质文明的保证，是与人类社会一起动态发展的，因此，制造技术必然也将随着科技进步而不断更新。先进制造技术是由传统的制造技术发展而来，保持了过去制造技术中的有效要素；但随着高新技术的渗入和制造环境的变化，已经产生了质的变化，先进制造技术是制造技术与现代高新技术结合而产生的一个完整的技术群，是一类具有明确范畴的新的技术领域，是面向 21 世纪的技术。

(2) 先进制造技术是面向工业应用的技术，先进制造技术应能适合于在工业企业推广并可取得很好的经济效益，先进制造技术的发展往往是针对某一具体制造业(如汽车工业、电子工业)的需求而发展起来的适用的先进制造技术，有明显的需求导向特征。先进制造技术不是以追求技术的高新度为目的，而是注重产生最好的实践效果，以提高企业的竞争力和促进国家经济增长和综合实力为目标。

(3) 先进制造技术的主体应具有世界水平。但是，每个国家的国情也将影响到从现有的制造技术水平向先进制造技术的过渡战略和措施。中国正在以前所未有的速度进入全球化的国际市场，开发和应用适合国情的先进制造技术势在必行。

1.4.5 运筹学

1. 运筹学起源

运筹学(Operation Research，OR，又译作业研究)作为一门现代科学，是在第二次世界大战期间首先在英美两国发展起来的，有的学者把运筹学描述为就组织系统的各种经营做出决策的科学手段。莫尔斯(Morse)与金博尔(Kimball)在他们的奠基作中给运筹学下的定义是："运筹学是在实行管理的领域，运用数学方法，对需要进行管理的问题统筹规划，做出决策的一门应用科学。"另一种运筹学的定义是："管理系统中的人为了获得关于系统运行的最优解而必须使用的一种科学方法。"它使用许多数学工具(包括概率统计、数理分析、线性代数等)和逻辑判断方法，研究系统中人、财、物的组织管理、筹划调度等问题，以期发挥最大效益。

现代运筹学的起源可以追溯到几十年前，在某些组织的管理中最先试用科学手段的时候。但现在学界普遍认为，运筹学的活动是从第二次世界大战初期的军事任务开始的。当时迫切需要把各项稀少的资源以有效的方式分配给各种不同的军事运作及在每一运作内的各项活动，所以美国及随后美国的军事管理当局都号召大批科学家运用科学手段来处理战略与战术问题，实际上这便是要求他们对种种(军事)运作进行研究，这些科学家小组正是最早的运筹小组。

第二次世界大战期间，OR 成功地解决了许多重要的作战问题，为 OR 后来的发展铺平了道路。

当二战后的工业恢复繁荣时，由于组织内与日俱增的复杂性和专门化所产生的问题，使人们认识到这些问题基本上与战争中所曾面临的问题类似，只是具有不同的现实环境而已，运筹学就这样潜入工商企业和其他部门，在20世纪50年代以后得到了广泛的应用。对于系统配置、聚散、竞争的运用机理进行深入的研究和应用，形成了比较完备的一套理论，如规划论、排队论、存储论、决策论等，由于其理论上的成熟，电子计算机的问世，又大大促进了运筹学的发展，世界上不少国家已成立了致力于该领域及相关活动的专门学会，美国于1952年成立了运筹学会，并出版期刊《运筹学》，世界其他国家也先后创办了运筹学会与期刊，1959年成立了国际运筹学协会(International Federation of Operations Research Societies，IFORS)。

2. 运筹学的内容

运筹学的具体内容包括：规划论(包括线性规划、非线性规划、整数规划和动态规划)、库存论、图论、排队论、可靠性理论、对策论、决策论和搜索论等。

1) 规划论

数学规划即上面所说的规划论，是运筹学的一个重要分支，早在1939年苏联的康托洛维奇(Kahtopob)和美国的希奇柯克(Hitchcock)等人就在生产组织管理和制订交通运输方案方面首先研究和应用了线性规划方法。1947年旦茨格等人提出了求解线性规划问题的单纯形方法，为线性规划的理论与计算奠定了基础，特别是电子计算机的出现和日益完善，更使规划论得到迅速的发展，可用电子计算机来处理成千上万个约束条件和变量的大规模线性规划问题，从解决技术问题的最优化，到工业、农业、商业、交通运输业以及决策分析部门都可以发挥作用。从范围上来看，小到一个班组的计划安排，大至整个部门，以至国民经济计划的最优化方案分析，它都有用武之地，具有适应性强，应用面广，计算技术比较简便的特点。非线性规划的基础性工作则是在1951年由库恩(Kuhn)和塔克(Tucker)等人完成的，到了20世纪70年代，数学规划无论是在理论上和方法上，还是在应用的深度和广度上都得到了进一步的发展。

数学规划的研究对象是计划管理工作中有关安排和估值的问题，解决的主要问题是在给定条件下，按某一衡量指标来寻找安排的最优方案。它可以表示成求函数在满足约束条件下的极大极小值问题。

数学规划和古典的求极值问题有本质上的不同，古典方法只能处理具有简单表达式和简单约束条件的问题。而现代的数学规划中，问题目标函数和约束条件都很复杂，而且要求给出某种精确度的数字解答，因此算法的研究特别受到重视。

这里最简单的一种问题就是线性规划。如果约束条件和目标函数都呈线性关系就叫线性规划。要解决线性规划问题，从理论上讲都要解线性方程组，因此解线性方程组的方法以及关于行列式、矩阵的知识，就是线性规划中非常必要的工具。

线性规划及其解法——单纯形法的出现，对运筹学的发展发挥了重大的推动作用。许多实际问题都可以化成线性规划来解决，而单纯形法又是一个行之有效的算法，加上计算机的出现，使一些大型复杂的实际问题的解决成为可能。

非线性规划是线性规划的进一步发展和继续。许多实际问题如设计问题、经济平衡问题都属于非线性规划的范畴。非线性规划扩大了数学规划的应用范围，同时也给数学工作者提出了许多基本理论问题，使数学中的如凸分析、数值分析等也得到了发展。还有一种规划问题和时间有关，叫作"动态规划"。近年来在工程控制、技术物理和通信的最佳控制问题中，已经成为经常使用的重要工具。

2) 库存论

库存论是一种研究物质最优存储及存储控制的理论，物质存储是工业生产和经济运转的必然现象。如果物质存储过多，则会占用大量仓储空间，增加保管费用，使物质过时报废从而造成经济损失；如果存储过少，则会因失去销售时机而减少利润，或因原料短缺而造成停产。因而如何寻求一个恰当的采购、存储方案就成为库存论研究的对象。

3) 图论

图论是一个古老的但又十分活跃的理论，它是网络技术的基础。图论的创始人是数学家欧拉(Euler)。1736 年他发表了图论方面的第一篇论文，解决了著名的哥尼斯堡七桥难题，相隔一百年后，在 1847 年基尔霍夫(Kirchhoff)第一次应用图论的原理分析电网，从而把图论引进工程技术领域。20 世纪 50 年代以来，图论理论得到了进一步发展，将复杂庞大的工程系统和管理问题用图描述，可以解决很多工程设计和管理决策的最优化问题，例如，完成工程任务的时间最少，距离最短，费用最省等。图论受到数学、工程技术及经营管理等各方面越来越广泛的重视。

4) 排队论

排队论又叫随机服务系统理论。最初是从 20 世纪初由丹麦工程师艾尔朗(A.K.Erlang)关于电话交换机的效率研究开始的，在第二次世界大战中为了对飞机场跑道的容纳量进行估算，它得到了进一步的发展，其相应的学科更新论、可靠性理论等也都发展起来。1930 年以后，开始更为普及化的研究，取得了一些重要成果。1949 年前后，开始了对机器管理、陆空交通等方面的研究，1951 年以后，理论工作有了新的进展，逐渐奠定了现代随机服务系统的理论基础。排队论主要研究各种系统的排队队长、排队的等待时间及所提供的服务等各种参数，以便求得更好的服务。它是研究系统随机聚散现象的理论。

排队论又叫作随机服务系统理论。它的研究目的是要回答如何改进服务机构或组织被服务的对象，使某种指标达到最优的问题。比如一个港口应该有多少个码头，一个工厂应该有多少维修人员等。

因为排队现象是一个随机现象，因此在研究排队现象的时候，主要采用的是研究随机现象的概率论作为主要工具。此外，还有微分和微分方程。排队论把它所要研究的对象形象地描述为顾客来到服务台前要求接待。如果服务台已被其他顾客占用，那么就要排队。另一方面，服务台也时而空闲、时而忙碌，这就需要通过数学方法求得顾客的等待时间、排队长度等概率分布。

排队论在日常生活中的应用是相当广泛的，比如水库水量的调节、生产流水线的安排，铁路分成场的调度、电网的设计，等等。

5) 可靠性理论

可靠性理论是研究系统故障，以提高系统可靠性问题的理论。可靠性理论研究的系统一般分为两类。

(1) 不可修系统，如导弹等，这种系统的参数是寿命、可靠度等。

(2) 可修复系统，如一般的机电设备等，这种系统的重要参数是有效度，其值为系统的正常工作时间与正常工作时间加上事故维修时间之比。

6) 对策论

对策论也叫博弈论，田忌赛马就是典型的博弈论问题。作为运筹学的一个分支，博弈论的发展也只有几十年的历史。系统地创建这门学科的数学家，现在一般公认为是美籍匈牙利数学家、计算机之父——冯·诺依曼(John von Neumann)。

最初用数学方法研究博弈论是由国际象棋比赛引起的，旨在用来如何确定取胜的算法。由于是研究双方冲突、制胜对策等问题，所以这门学科在军事方面有着十分重要的应用。数学家还对水雷和舰艇、歼击机和轰炸机之间的作战、追踪等问题进行了研究，提出了追逃双方都能自主决策的数学理论。随着人工智能研究的进一步发展，对博弈论提出了更多新的要求。

7) 决策论

决策论研究决策问题。所谓决策就是根据客观可能性，借助一定的理论、方法和工具，科学地选择最优方案的过程。决策问题是由决策者和决策域构成的，而决策域又由决策空间、状态空间和结果函数构成。研究决策理论与方法的科学就是决策科学。决策所要解决的问题是多种多样的，从不同角度有不同的分类方法，按决策者所面临的自然状态确定与否可分为：确定型决策、不确定型决策和风险型决策；按决策所依据的目标个数可分为：单目标决策与多目标决策；按决策问题的性质可分为：战略决策与策略决策以及按不同准则划分成的种种决策问题类型。不同类型的决策问题应采用不同的决策方法。决策的基本步骤如下。

(1) 确定问题，提出决策的目标。

(2) 发现、探索和拟订各种可行方案。

(3) 从多种可行方案中，选出最满意的方案。

(4) 决策的执行与反馈，以寻求决策的动态最优。

如果决策者的对方也是人(一个人或一群人)双方都希望取胜，这类具有竞争性的决策可称为对策或博弈型决策。构成对策问题的三个根本要素是：局中人、策略与一局对策的得失。对策问题一般可分为有限零和两人对策、阵地对策、连续对策、多人对策与微分对策等。

8) 搜索论

搜索论是由于第二次世界大战中战争的需要而出现的运筹学分支。主要研究在资源和探测手段受到限制的情况下，如何设计寻找某种目标的最优方案，并加以实施的理论和方法。搜索论是在第二次世界大战中，同盟国的空军和海军在研究如何针对轴心国的潜艇活动、舰队运输和兵力部署等进行甄别的过程中产生的。搜索论在实际应用中也取得了不少成效，例如 20 世纪 60 年代，美国寻找在大西洋失踪的核潜艇"打谷者号"和"蝎子号"以及在地中海寻找丢失的氢弹，都是依据搜索论获得成功的。

3. 运筹学应用重点

运筹学的应用重点如下所述。

(1) **市场销售**。在广告预算和媒体的选择、竞争性定价、新产品开发、销售计划的制订等方面。如美国杜邦公司在 20 世纪 50 年代起就非常重视将作业研究用于研究如何做好广告工作、产品定价和新产品的引入。通用电力公司开始对某些市场进行模拟研究。

(2) 生产计划。在总体计划方面主要是从总体上确定生产、储存和劳动力的配合以适应变动的需求计划，主要用线性规划和仿真方法等。此外，还可用于生产作业计划、日程表的编排等。还有在合理下料、配料问题、物料管理等方面的应用。

(3) 库存管理。存货模型将库存理论与计算器的物料管理信息系统相结合，主要应用于多种物料库存量的管理，确定某些设备的能力或容量，如工厂的库存、停车场的大小、新增发电设备容量大小、计算机的主存储器容量、合理的水库容量等。

(4) 运输问题。这里涉及空运、水运、公路运输、铁路运输、捷运、管道运输和厂内运输等。包括班次调度计划及人员服务时间安排等问题。

(5) 财政和会计。这里涉及预算、贷款、成本分析、定价、投资、证券管理、现金管理等。用得较多的方法是：统计分析、数学规划、决策分析。此外，还有盈亏点分析法、价值分析法等。

(6) 人事管理。这里涉及六方面。①人员的获得和需求估计；②人才的开发，即进行教育和训练；③人员的分配，主要是各种指派问题；④各类人员的合理利用问题；⑤人才的评价，其中有如何测定一个人对组织、社会的贡献；⑥薪资和津贴的确定等。

(7) 设备维修、更新和可靠度、项目选择和评价。如电力系统的可靠度分析、核能电厂的可靠度以及风险评估等。

(8) 工程的最佳化设计。在土木、水利、信息、电子、电机、光学、机械、环境和化工等领域皆有作业研究的应用。

(9) 计算机和信息系统。可将作业研究应用于计算机的主存储器配置，研究等候理论在不同排队规则对磁盘、磁鼓和光盘工作性能的影响。有人利用整数规划寻找满足一组需求档案的寻找次序，利用图论、数学规划等方法研究计算机信息系统的自动设计。

(10) 城市管理。包括各种紧急服务救难系统的设计和运用。如消防队救火站、救护车、警车等分布点的设立。美国曾用等候理论方法确定纽约市紧急电话站的值班人数。加拿大也曾研究一城市警车的配置和负责范围，事故发生后警车应走的路线等。此外，诸如城市垃圾的清扫、搬运和处理；城市供水和污水处理系统的规划，等等。

本 章 小 结

随着世界经济的快速发展和现代科学技术的进步，现代物流业作为现代经济的重要组成部分和工业化进程中一种经济合理的综合服务模式，正在全球范围内得以迅速发展。特别是我国加入 WTO 以后，物流业作为国民经济中一个新兴的产业，已经成为我国经济发展的重要产业和新的经济增长点。因此，如何对物流进行合理的规划，使企业立于不败之地，无疑是企业家和学者们努力研究的方向。

由于物流系统是社会经济系统的组成部分，其构成相当复杂，本章从系统的基本理论入手，介绍了物流系统的含义、模式、功能、要素和特征。揭示了物流规划的含义、指导原则和规划意义。同时对物流规划体系进行了全面分析。通过本章的学习，读者可以对物流规划的基本内容和规划体系有一定的了解，为研究和实施物流规划提供理论指导。

思考与练习

1. 系统的含义是什么？
2. 物流系统的含义是什么？
3. 简述物流系统分析的方法。
4. 规划的含义是什么？
5. 物流规划的含义是什么？
6. 简述物流规划的意义。
7. 论述物流规划体系。

第2章 物流系统规划理论与规划方法

【学习目标】

- 熟悉物流系统规划早期理论。
- 掌握物流客户服务理论。
- 掌握物流系统规划选址方法。
- 掌握运输网络规划设计方法。
- 掌握设施优化布置方法。
- 掌握物流通道系统方法。
- 掌握物流预测方法。

随着现代科学技术的迅猛发展，全球经济一体化的趋势正在日益加强，各国都面临着前所未有的机遇和挑战。现代物流作为一种先进的组织方式和管理技术，被广泛认为是降低物资消耗、提高劳动生产率以外的重要利润源泉，在国民经济和社会发展中发挥着重要作用。因此，如何确切地理解物流系统设计理论和方法、物流组织管理理念及物流合理化等问题是十分重要的。在我国理论界，物流系统规划设计方面的探讨很多，也确实取得了一些研究成果，但是很多理论较为零散，不成系统，可复用性不强。本章在研究前人理论和全面理解物流网络内涵的基础上，较为系统地介绍了物流网络规划的理论与方法，提出了一些较为实用的方法和模型。

2.1 物流系统规划理论基础

2.1.1 物流系统规划理论早期研究

1. 典型物流系统优化设计理论和方法

关于物流系统的优化设计理论和方法的研究，许多国内外专家做了很多很好的工作。这里我们所说的物流系统设计是指物流系统优化的数学模型，其主要内容包括目标函数、约束条件及优化模型和算法。

1) 目标函数：总费用函数=固定费用+运行函数

(1) 典型的固定费用是物流中心个数 N 的单调上升函数。最简单的情况是线性函数 $f(N)=CN$，其中 C 是建设一个物流中心的费用，N 是物流中心的个数。

(2) 最典型的运行函数是各物流中心到其每个用户距离的单调上升函数，最简单的情况是线性函数 $G(P_{ij}, D_{ij}) = \sum C_i P_{ij} D_{ij}$。其中，$C_i$ 为常数，指第 j 个物流中心的第 i 个用户的每吨·千米运输费用，P_{ij} 指第 j 个物流中心的第 i 个用户的运量，$D_{ij} = ((X_i - X_{Dj})^2 + (Y_i - Y_{Dj})^2)^{1/2}$，指第 j 个物流中心的第 i 个用户到物流中心的直线距离，(X_i, Y_i) 为常数，是第 j 个物流中心的第 i 个用户的坐标；(X_{Dj}, Y_{Dj}) 是物流中心的位置，为决策变量。

(3) 最典型的总费用函数：$\text{Min} = f(N) + \sum C_{ij} P_{ij} D_{ij}$。在这个典型的模型中，运行费用

仅仅包括运输费用。但是,从物流的整体运作来看,总费用还包括装卸费用、搬运费用及管理费用。

2) 约束条件:服务水平、能力和需求的限制

这是一个典型的布局/分配问题,难度较大。其中确定物流中心位置的问题,称为布局问题;确定第 j 个物流中心的第 i 个用户的运量,或第 i 个用户由哪一个物流中心配送的问题,称为分配问题。

3) 物流系统设计传统优化模型和算法

(1) 在分配问题给定的情况下确定物流中心的位置。

上面已经提到什么是分配问题,当已经确定各用户由哪一个物流中心分配时,即分配问题已经确定,此时,有以下两种方法可以确定物流中心位置。

近似算法:其中以重心法最为典型,近似地用重心代替最佳物流中心位置的布局。数学上可以证明,这类方法目标函数中的费用自变量实质上不是距离 D_{ij},而是距离的平方。目前常用于物流中心选址时的初始解的位置。

一般优化的方法:这种模型和方法的困难在于,当物流中心位置趋于其用户时,目标函数的导数将会趋于无穷大。当最优的物流中心位置与某需求点一致时,给求解带来很大困难。

(2) 物流系统设计的布局/分配问题。

整数规划法:用线性规划方法求最优解。根据不同的目的,可细分为 0～1 规划、纯整数规划和混合整数规划。此类方法目标明确,能更准确地反映实际情况,但算法较复杂,计算时间较长。

鲍姆尔-沃尔夫法(Baumol-Wolf):采用分阶段逐次逼近(向最优解收敛)的方法。首先,按照运输问题求解运输费用和发送费用;然后,求管理费用函数的微分,使边际费用最小;再进一步解运输问题。按此顺序反复进行。

剖分/选点法:该方法采用剖分/选点反复进行优选计算。剖分是确定每个流通中心的送配区域;选点是求出各送配区域物流中心的位置。这种方法在理论上可以证明,每次剖分/选点都是逐步下降的,但不能保证能够达到最优点。

以上一般解法是采用分段迭代的算法,即求对偶的算法。

2. 物流系统模型的分类

对于物流系统模型,按其结构形式可以分为实物模型、图式模型、模拟模型和数学模型等类型。还可根据物流系统的目标、要求、需要费用预算等情况进行选择,用于不同层次的物流系统分析。

1) 实物模型

实物模型可以实现系统的放大或缩小,它能够表明物流系统中的各个基础设施分布、作业场地分布、基本建设的布局、物流工艺流程等的规划、布局与设计是否合理、是否便于整个物流系统的运行。实物模型的特点是直观形象,能参与研究讨论的人员较多,便于研究共同问题、集思广益分析和完善有关系统。但是,实物模型描述物流系统一般比较粗糙,数量关系和一些细节不易搞清楚,有关要素的内在联系也不易表述清楚,一般情况下,不宜用于物流系统优化。

2) 图式模型

图式模型是用图形、图表、符号等把系统的实际状态加以抽象表现的形式。如网络计划图可以表示物流相关作业内容、作业逻辑顺序、作业时间与进度、各种时差及关系，是一种较为理想的图式模型。图式模型是在满足约束条件下寻求实现目标值满意方案的一种方法。图式模型要视其复杂程度以及包含的内容与关系是否能用图形表示清楚来决定是否采用，较理想的图式模型也可以用作优化的辅助工具。图式模型的优点是简洁、清晰、直观。但是，对于复杂的图式模型，需要借用计算机进行计算和优化，当变量维数较大时图式模型的应用就会受到限制。

3) 模拟模型

模拟模型是根据同构成或同态系统之间可以进行模拟的原理，所建立的一种便于求解、控制或处理的分析系统，或可用相似模型代替或近似描述原系统的另一系统。模拟模型一般有如下两种。

(1) 可以接收输入、进行动态演示的可控模拟图形。

(2) 用计算机程序语言表达的模拟模型。例如，物流中心(物流枢纽)站台数量的模拟。对于一些内部结构不清或因素复杂的系统，这种模型往往是行之有效的。

典型的物流系统模拟方法如下。

(1) 克莱顿希尔模型。它的特点是服务水平最高，物流费用最小，信息反馈最快。克莱顿希尔模型采用逐次逼近的方法来求解决策变量：流通中心的数目；对用户的服务水平；流通中心首发货时间的长短；库存分布；系统整体的优化。

(2) 哈佛大学的物流系统模拟。具体要确定的问题是：流通中心的数目和地点选择、流通中心的装卸设备选择、运输和发送手段的选择。

4) 数学模型

通过数学手段建立描述实际系统的一种模型。数学模型一般是将物流系统的要素和相关关系用数学表达式、图像和图表等抽象地表达出来，往往需要计算机求解。一般可将数学模型划分为确定型和随机数学模型，或划分为连续型和离散型数学模型。所建立的数学模型在多数情况下可以优化，或可以取得近似优化的结果，但是在数学模型的建立过程中，往往会舍去一些次要因素和少数难以描述或无法描述的因素，所以，取得的优化结果往往是假设条件下的理论上最优或较优。

3. 建立物流系统一般模型的要求

(1) 满足功能和精度分析要求。能反映特定物流系统的本质问题，在除去非本质问题的基础上，能反映物流系统现实的真实度。

(2) 借鉴标准模型形式。尽可能借鉴一些标准模型构建物流系统，这样有利于用现有数学方法和其他方法解决问题。

(3) 简单实用，便于求解。物流系统模型既要满足精度要求，又要力求简单、便于分析应用、便于推广、求解费用低、节约时间和费用。

2.1.2　物流客户服务理论

从物流角度来看，客户服务是一切物流活动或供应链的产物。企业提供的客户服务水平比任何其他因素对系统设计的影响都要大，因而，在物流系统的设计之初，就应该确定物流客户服务标准，因为不同的服务标准决定了物流系统框架的规划设计。物流客户服务必然是企业所提供的总体服务中的一部分，客户服务是能够对创造需求、保持客户忠诚度产生重大影响的首要变量。物流服务质量管理既是物流企业营销的基础，也是物流企业营销的核心，深刻理解和认识服务质量，对于物流企业开展营销活动具有重要的意义。

1. 物流客户服务基本理论

1) 客户服务的概念

物流客户服务是企业所提供的总体服务中的一部分，它是发生在买方、卖方及第三方之间的过程，使交易中的产品或服务实现增值。同时，这种增值意味着通过交易，各方都得到了价值的增加。因而，从过程管理的观点看，客户服务是通过节省成本费用为供应链提供重要附加价值的过程。

不同的群体对客户服务这一概念往往有不同的理解，而且客户服务的内涵与外延十分广泛，有着不同的表达方式。

美国凯斯威顿大学巴罗(Ballou)教授提出的交易全过程论，将客户服务分为交易前、交易中和交易后三个阶段，每个阶段又有不同服务内涵，如图 2-1 所示。

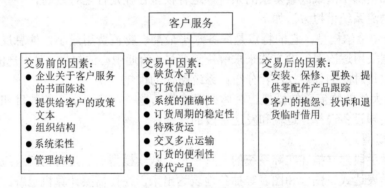

图 2-1　客户服务的构成因素

日本神奈川大学瑭泽丰教授提出客户服务可以划分为营销服务、物流服务和经营技术服务三大类的观点，这三大类分别具有一些相应的可度量或不可度量的要素，如图 2-2 所示。

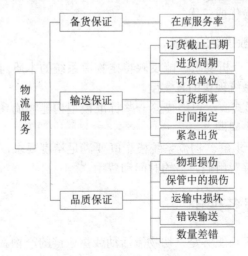

图 2-2　物流客户服务构成要素

2) 客户感知的物流服务质量

物流客户服务是与客户相互交流、相互影响的交易过程，因而客户服务应该从客户的角度出发，去了解客户，确定企业合理的客户服务标准也以此为依据。

虽然企业和它的客户对客户服务这一概念的解释有所不同，但大多数人都认为良好的客户服务包括三个主要的方面：产品的可得性、交易的便利性和获得相关信息的及时性。也就是说，客户在购买某项产品时，总是期望在确定的时间，在确定的地点，以良好的状态得到所需要的产品，客户还期望交易手续最简便，若供应商不能按时交货或订单不能按时配齐，则客户期望能立即得到通知。

研究物流企业的质量管理，如以工业企业质量管理理论为指导，势必不符合物流企业是一种服务型企业的客观事实，而服务型企业提供的服务与工业企业提供的产品相比，具有无形性、不可储存性、差异性和不可分离性等特点，两类企业无论在经营上，还是营销中，都存在着很大的差别。

顾客对服务质量的认识取决于他们的预期同实际所享受服务水平的对比。如果服务质量满足了顾客的期望，即期望质量，那么可感知质量就是上佳的；如果顾客期望未能实现，即使实际质量以客观标准衡量确实不错，整体可感知质量仍不是最佳的。顾客感知服务质量如图 2-3 所示。

图 2-3　顾客感知服务质量

期望质量是一系列因素的综合，如企业与顾客的市场沟通，企业形象、口头传播、顾客需求水平等。市场沟通是企业可以直接控制的，形象和口头传播则不为企业所直接控制，虽然企业的内部因素对它们会有所影响，但它们基本上由企业以往的业绩所决定。此外，顾客的需求水平对顾客的期望也有一定影响。而顾客所经历的服务质量，包括技术性质量与功能性质量两个方面。技术性质量是企业为顾客提供的服务结果，是顾客能比较客观地评估的质量属性；功能性质量是服务过程的质量，它不仅与服务时间、服务地点、服务人员的服务态度有关，也与顾客的个性特点、态度、行为方式等因素有关。即它是顾客在企业提供服务时相互接触的刹那间，对企业服务的印象，是顾客对服务质量的一种较为主观的判断。企业形象是个"过滤器"，它影响着顾客对企业服务质量的认识，如果形象良好，企业又提供优质服务，那么顾客对服务质量的认识就会好上加好；倘若形象不佳，企业任何细微的失误都会给顾客造成很坏的印象。顾客的感知服务质量就取决于期望质量和实际质量之间的差距。根据服务型企业的感知服务理论，可进行如下的探讨。

(1) 物流服务质量是顾客感知的对象。物流服务质量不能由企业单方面决定，它必须适应顾客的需求和愿望。另外，物流服务质量不是完全用客观方法制定的，它可能更多的是顾客主观上的认识。

(2) 物流服务质量离不开生产的交易过程。物流服务生产产生的结果，只是顾客认识的物流服务质量的一部分，顾客在与企业员工面对面接触时的真实瞬间，是买卖双方的相互作用过程，它是顾客感知质量的一个关键因素。因此，质量的设计和计划必须体现在这个时刻中。

(3) 每个员工对服务质量都可做出贡献。一方面物流服务质量是在买卖双方相互作用的真实瞬间产生和实现的，处理顾客关系和为顾客服务的一线员工参与了质量的形成。另一方面，这些与顾客接触的前台员工工作的完成，要依赖于后台人员的支持。这些后台的"支持者"对顾客感知的质量，也负有责任。如果某个与顾客直接接触的员工或处在企业与顾客联系层面的员工，对服务处理不当，质量就会因此一招不慎而满盘皆输。

(4) 物流服务质量管理必须与企业外部营销融为一体。顾客感知的质量是一个期望质量和实际经历的函数，无论是期望质量还是实际经历的质量都要受到外部营销的影响。比如，在营销沟通活动中对顾客做出的物流服务承诺大于实际做到的，顾客的期望就难以得到满足，尽管按客观实际标准衡量质量确实不错，但顾客感知的质量却可能较差，因此企业营销沟通活动的计划应与质量改进过程协调起来，统筹规划。

3) 物流服务质量评估标准

既然物流服务质量的高低是由顾客对感知服务质量评估所决定的，那么，服务质量的测定就应围绕"顾客"这一中心而展开，但顾客的感知是受到各种无形因素制约的，很难用固定的标准来评估，如何解决服务质量评估这一难题呢？

解决这一难题可以从内部顾客和外部顾客两个角度评估服务质量。当物流服务过程发生在企业内部，是为企业中的其他员工或部门提供服务时，此类接受服务的顾客称为内部顾客，而处于企业组织外部的顾客则统称为外部顾客。显然，对于内部顾客而言，服务质量的评估可以比较客观。对于外部顾客而言，情况就比较复杂了。事实上，我们在讨论服务质量难以评估时，也主要是基于企业外部顾客对企业物流服务质量的评价。目前，尚未发现一种有效的方法来解决这个问题，但美国营销学家派拉索拉曼(Para-suraman)、泽塞莫尔(Zeithaml)和贝里(Berry)提出的服务质量模型(SERVQUAL 模型)对解决这一问题不无启发。他们在对信用卡、零售银行、证券经纪和产品维修与保护等各个服务行业进行考察和比较研究时，发现顾客在评价服务质量时主要是从下述五个方面进行考虑的。

(1) 可感知性。可感知性是指服务产品的"有形部分"，如各种设施、设备以及服务人员的服饰等。由于服务是一种行为过程而不是某种有形的实体，所以顾客只能借助这些可视的有形证据来把握服务的实质。

(2) 可靠性。可靠性是指企业准确无误地完成所承诺的服务。可靠性实际上是要求企业避免在服务过程中出现差错，因为服务差错给企业带来的，不仅是直接意义上的经济损失，而且还可能意味着失去很多潜在的顾客。

(3) 反应性。反应性是企业准确为顾客提供快捷、有效服务的意愿程度。对于顾客提出的各种要求，企业是否予以及时满足，表明了企业的服务导向。

(4) 保证性。指企业服务人员的知识、技能和礼节能使顾客产生信任感。服务人员的友好态度和胜任能力二者是不可或缺的，服务人员态度粗鲁自然会让顾客感到不快，而他们对专业知识和技能的缺乏，也会令顾客失望。

(5) 移情性。移情性不仅仅是指服务人员的态度问题，而是指企业要真诚地为顾客着想，了解他们的实际需要，关心顾客，为顾客提供个性化服务，使服务过程富有人情味。

4) 物流服务质量分析

顾客实际享受的物流服务，是由物流企业的一系列经营管理决策和经营管理活动所决定的。企业管理人员往往根据自己对顾客期望的理解，确定本企业的服务质量标准，并要求员工按照这些标准为顾客服务。在服务过程中，由于涉及多个主体自身的复杂性，往往难以充分达意和有效实施，从而造成服务传递过程中的种种差距，影响服务质量，图 2-4体现了影响物流服务质量的五种差距，查明各类差距产生的原因，分析各类差距对服务质量的影响，企业管理人员就能采取适当的措施，改进物流服务质量管理工作。

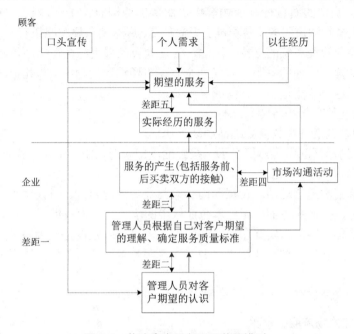

图 2-4　物流客户服务质量差距模型

差距之一是管理人员认识的差距。产生的原因如下所述。

(1) 对市场研究和需求分析的信息不准确。

(2) 对期望的解释信息不准确。

(3) 没有进行市场需求分析。

(4) 服务人员未向管理人员反映或未向管理人员精确地反映顾客的期望。

(5) 企业组织架构中管理层次过多，阻碍或改变了在顾客联系中所产生的信息等。对此，管理人员应通过市场调研，深入地了解顾客的需要和愿望，并改进企业内部信息沟通渠道，减少管理层次以缩短差距。

差距之二是质量标准差距。产生的原因如下所述。

(1) 物流服务质量设计工作失误或服务质量设计程序不够完善。

(2) 企业未确定明确的目标。

(3) 高层管理人员对服务质量设计工作不够重视。

如果管理人员不了解顾客的期望，就无法制订正确的服务质量标准，但即使在顾客期望的信息充分和正确的情况下，质量标准的制订也会失败，这主要是由于管理层指导思想的偏差和对质量的重要性认识不足所致。

差距之三存在于服务实绩与实施标准之间，产生的原因如下所述。

(1) 标准过于复杂或太苛刻。

(2) 员工不愿自觉接受标准的约束。

(3) 标准与现有的企业文化不相适应。

(4) 服务操作管理不善。

(5) 内部营销不充分或根本未开展内部营销活动。

(6) 企业的技术设备或经营管理系统不适应标准的需要。

可能出现的问题是多种多样的，很少只有一个原因在单独起作用，一般说来，员工无法按照管理人员确定的质量标准为顾客提供服务的原因有：①管理和督导方面的问题；②员工与管理人员对物流服务质量标准、规章制度、顾客的需要和愿望有不同的理解；③企业缺乏技术和经营管理系统的支持。因此，管理人员应采用综合性措施消除差距。

差距之四是营销沟通的差距。表现为企业在市场沟通活动中所做出的承诺与实际提供的服务不一致。这类差距是由以下问题引起的。

(1) 营销沟通计划与服务能力没有统一。

(2) 传统的营销活动和物流处理活动缺乏协作。

(3) 在营销沟通活动中虽然提出了一些标准，却未能在服务工作中执行。

(4) 夸大其词，过度承诺。

因此，在营销沟通活动中，营销部门必须与业务部门合作，以便精确、客观地介绍各企业的服务情况，促使业务部门履行本企业做出的承诺，并力戒虚假、夸大的宣传。

差距之五是顾客期望与实获服务之间的差距，这个差距被定义为服务质量，它是前四类差距引起的，是它们的综合和结果。做好物流服务差距分析工作。管理人员可发现各类质量问题产生的原因，以便采取必要的措施，缩小并最终消除这些差距，使物流服务实绩符合顾客期望，提高顾客的满意度，并进而加强顾客的忠诚度。

2. 确定最优的物流服务水平

物流服务和市场运营的成功是密不可分的。若物流工作能提供适当的服务水准并能满足客户的需求，就能增加企业的销售额和市场份额，并最终提高企业的盈利能力，促进企业发展。反之，则会使企业盈利下降。这是在许多行业中就物流服务工作所做的一项近十年的调查得出的结论。这项调查研究旨在识别给定供应商以后，分析能造成买方(最终购买者或中间采购代理)订货量增减的特别客户服务要素。该研究特别表明了以下两点。

(1) 通过有选择地实施优良服务，供应商可提高市场份额。

(2) 分销服务的关键部分可以识别，它们对销售额的影响是可以测定的。

这两个事实实际上就是企业建立服务战略的基础。然而，企业要提高优良的客户服务是要付出代价的，故后勤管理人员所要解决的问题就是建立服务方程或成本方程，使费用支出和所得收益的差值最大。

因为客户服务对销售额的影响可以测定，就如同提供这种服务的成本可计算一样，再加上计算机化的评价分析可识别能产生最大利润的优质服务方式，故服务的价值可以确定，分销及分销所提供的客户服务，主要目的是向客户提供某种价值，最终扩大销售和市场份额，提高企业盈利能力和全面发展。如果实物分配仅被看成是一项成本支出，那么管理工作可以将其降到最低。但最低成本的分销计划往往不能提供适宜的服务水准，且可能给企业经营带来一连串的问题。

实践证明，每个企业都可确定它的最优物流服务水平，而且可在每个市场方向上确定。在每个地区，针对每种客户类型、产品系列、每个季节和促销方式来确定自己的客户服务标准体系，以便制订最好的服务策略和设计最适合的分销系统。服务水平的确定主要取决于客户的基本需求。买方通常是从如下几个方面来评价供应商的服务的。

(1) 订货周期。

(2) 按时交货率。

(3) 交货的可靠性和一贯性。

(4) 订单完成率(包括产品结构、数量)。

(5) 对紧急需求的响应能力。

(6) 促销期间的服务。

(7) 对客户咨询和抱怨的反应。

(8) 订货准确性。

(9) 存货服务水准。

(10) 交货时产品性状。

(11) 市场形象。

(12) 量价结构(最小订货量、批量价格分级)。

当然，不能要求上述所有的方面都一样。有些方面的要求太高会导致成本的大幅上升，如紧急需求的响应和存货服务水准等，故各服务要素的水平确定要适当。实际上，确定上述要素的合理组合是设计最优分销服务计划的关键。

良好的服务水准对产品的销售具有直接和间接影响。直接影响比较明显，表现为市场份额和销售额的提高。间接影响则在于买方选择供应商的优先考虑。若是经常缺货或不按时发贷，则会造成零售脱销和企业存货积压。脱销会造成销售额下降，而且有长期负效应。

1) 成本与服务的关系

必须指出，虽然一般来说有效地提高分销服务水平能增加销售额，但随着服务水平的提高，服务成本也会迅速上升。在服务水平超过一定程度后，销售利润的增加将被服务成本的增加全部吃掉，故服务水平的提高实际上是有限的。必须在服务水平和服务成本之间实现某种平衡，即尽可能使发生的服务成本与获得的受益之差最大。

随着物流活动水平的提高，企业虽然可以提高客户服务水平，但是成本也会加速增长。在大多数经济活动中，只要活动水平超出其效益最大化的点，人们就能观察到这种现象。销售—服务关系中的边际递减和成本—服务曲线的递增将导致利润曲线出现如图 2-5 所示的形状。

不同服务水平下收入与成本之差就决定了利润曲线。因为利润曲线上有一个利润最大化点，所以规划物流系统就是要寻找这一理想的服务水平。该点一般在服务水平最低和最高的两个极端点之间。

一旦已知各服务水平下的收入和物流成本，我们就可以确定使企业利润最大化的服务水平，用数学方法来找这个最大利润点。

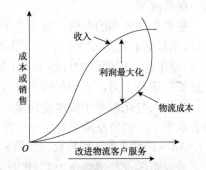

图 2-5　不同物流客户服务水平下
成本—收入悖反关系示意图

2) 计算最优点的原理和方法

假设企业目标是利润最大化，即与物流有关的收入与物流成本之差最大化。在数学上，最大利润在收入变化量与成本变化量相等的点上实现，也即边际收入等于边际成本之时。我们可以举例说明，假设已知销售—服务(收入)曲线为 $R = 0.5\sqrt{SL}$ (根据销售—服务曲线性状假设，具体规划中可根据历史数据，做出散点图，求出曲线的近似函数)，其中 SL 表示服务水平，假设表示订货周期时间为五天的订货单所占的百分比。相应的成本曲线假设已知为 $C = 0.00055SL^2$。最大化利润(收入减成本)的表达式就是

$$P = 0.5\sqrt{SL} - 0.00055SL^2 \tag{2-1}$$

式中：P——利润。

用微积分，可求出方程(2-1)的利润最大化点。这样，利润最大化条件下，服务水平的表达式为

$$SL^* = \left[\frac{0.5}{4(0.00055)}\right]^{2/3}$$

因此，$SL^* = 37.2$，也就是约 37%的订单应该有五天的订货周期，如图 2-6 所示。应用上述原理解决某生产商的库存服务水平问题，我们只选择了一种产品 A，但该方案同样适用于仓库中所有其他产品。

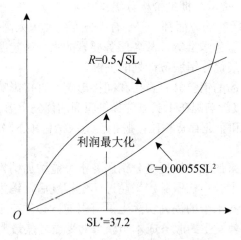

图 2-6　假想收入、成本曲线的利润最大化点

已知产品 A 的库存量很大，其服务水平超过 99%，通过分析计算我们将确定此产品的客户服务水平。

根据公司内部的经验，服务水平每变化 1%，毛收入就变化 0.1%。仓库每周向零售店补货，所以客户服务水平可以定义为补货提前期内仓库有存货的概率。销售毛利是每箱 0.55 美元,每年经仓库销售的量是 59904 箱。每箱标准成本是 5.38 美元,年库存成本估计为 25%。补货提前期是 1 周，平均每周销量为 1152 箱，标准差为 350 箱。

当收入变化量等于成本变化量，即 $\Delta R = \Delta C$ 时，可以得到最优服务水平。由于在所有服务水平下，销售反应系数是一个常量，所以收入变化量为

ΔR = 销售毛利×销售反应系数×年销售量 = $(0.55 \times 0.001 \times 59904)$美元 = 32.95美元

表示服务水平每变化 1%，年收入变化 32.95 美元。

各个服务水平下需要保持的不同安全库存量会引起成本变化。安全库存是为防止需求和补货提前期的变化而持有的额外库存。已知安全库存的变化是

ΔC = 年库存持有成本×标准产品成本×ΔZ×订单周期内的需求标准差

其中，Z 是现货供应概率的正态分布曲线系数(称为正态偏差，Normal Deviate)。对每个 ΔZ 年成本的变化为

$$\Delta C = 0.25 \times 5.38 \times 350 \times \Delta Z = 470.25\Delta Z$$

对应不同 ΔZ 值的安全库存成本的变化如表 2-1 所示。

表 2-1　对应不同 ΔZ 值的安全库存成本的变化

服务水平的变化 SL(%)	Z 的变化 ΔZ^*	安全库存成本的变化(美元/年)
87～86	1.125-1.08=0.045	21.18
88～87	1.17-1.125=0.045	21.18
89～88	1.23-1.18=0.05	23.54
90～89	1.28-1.23=0.05	23.54
91～90	1.34-1.28=0.06	28.25
92～91	1.41-1.34=0.07	32.95
93～92	1.48-1.41=0.07	32.95
94～93	1.55-1.48=0.07	32.95
95～94	1.65-1.55=0.10	47.08
96～95	1.75-1.65=0.10	47.08
97～96	1.88-1.75=0.13	61.20
98～97	2.05-1.88=0.17	80.03
99～98	2.33-2.05=0.28	131.81

*：这些 Z 值可以从正态分布表中查得。

将 ΔR 和 ΔC 的值描在图 2-7 中可以得出最优服务水平 (SL*)93%，即 ΔR 和 ΔC 曲线的交点。

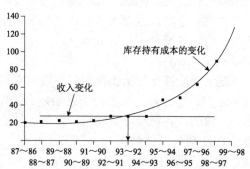

图 2-7　确定食品加工厂某产品的服务水平

以上通过一个算例介绍了如何确定最佳的客户服务标准。由此可见，物流客户服务的标准并不是越高越好，而是应该根据实际情况，从物流服务的利润最大化为出发点进行物流系统的规划。

3) 如何保持有效的客户服务

最有效的客户服务是向客户提供一贯的、符合需求的服务。因此必须很好地管理物流客户服务水平，这就要求必须及时地对物流网络系统进行必要的调整。

(1) 整地区性仓库布局可使销售潜力最大化。

(2) 在选定的存货点增加存货的可得性，以提高一次性交付订货的能力和适应新的服务水准要求。这样，在扩大销售的同时可消除区域性的交叉发货而降低运输成本。

(3) 尽可能减少产品的存放点，以减少存货成本。

(4) 不同规模的订货选用不同的发货点，尽可能由工厂直接发货，以减少网点上的存货量。

(5) 科学地监测和评价销售额和成本对新的物流服务战略每个要素的反应。服务战略的每次调整都应增加企业盈利能力并为将来的决策提供更多的信息。

对客户服务工作进行适当的监测和评价，并及时进行适当调整是企业保持服务领先的重要手段，也是企业参与市场竞争的重要手段之一。

2.2 物流系统规划方法

2.2.1 物流系统规划选址方法

物流设施的选址在整个物流网络规划设计中是一个十分重要的决策问题，它决定了整个物流系统的模式、结构和形状。反之，物流系统的设计又限定了物流系统运作中可选用的方法及其相关成本。选址决策包括确定物流设施的数量、位置和规模。这些设施包括网络中的各个节点(如工厂、港口、供应商、仓库、零售店和服务中心)，这些节点是物流网络内货物运往最终消费者过程中临时经停的各点。

1. 物流设施选址的早期研究

许多关于选址问题的早期理论是由土地经济学家和区域地理学家提出的，比如杜能(Johan Heinrich von Thunnen)、阿尔弗雷德·韦伯(Alfred Weber)、帕兰德(T.Palander)、埃德加·胡佛(Edgar Hoover)、沃尔特·艾萨德(Walter Isard)等。运输成本在选址决策中的重要作用是贯穿所有这些早期研究共同的主题。尽管大多数研究是在农业社会和早期工业社会条件下进行的，但是他们所提出的许多概念一直沿用至今。

1) 地租出价曲线(Bid-Rent curves)

杜能认为，任何经济开发活动能够支付给土地的最高地租或利润是产品在市场内的价格与产品运输到市场的成本之差。他的理论形象地将之表述为平原上孤立的城邦(市场)，城邦附近的土地肥沃程度是一致的，各种经济活动将根据其支付地租的能力分布在城邦周围。在农业经济中，农业生产活动就可能如图 2-8 所示那样从市场向外布局。如今，我们观察围绕城市中心环形分布的零售、居住、生产制造和农业区时，会发现这一观点仍然适用。那些能够支付最高地租的经济活动将分布在距离城市中心最近的地区和主要运输枢纽的周边地带。

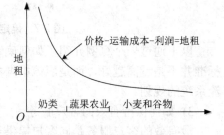

图 2-8　杜能的地租曲线

2) 韦伯的工业分类

韦伯提出了从农业社会到工业社会的区位理论。韦伯的理论系统由吨·千米(t·km)运输成本和与之相联系的分布在一个地区的许多消费地点组成。韦伯发展了一项意在将大多数原料按广布的和地方的原则分类的计划。分布原料是在所有地方均可使用的，因而它们不能用来吸引工业设施的原料。地方原料是由仅在选择性的地区发现的矿藏组成的。按照他的分析，原料指数就是地方原料与制成品重量的比例。每一类工业都能够根据原料指数分配到一个区位重量。

韦伯认识到原材料在生产过程中所起的作用及其对选址的影响如图 2-9 所示。他观察到，有些生产过程是失重(Weight Losing)的，例如炼钢，即原材料的重量之和大于成品的重量。由于生产过程中存在毫无用处的副产品，所以重量损失了。因此，为了避免将副产品运到市场，这些生产过程趋向于接近原材料产地，以使运输成本最小。

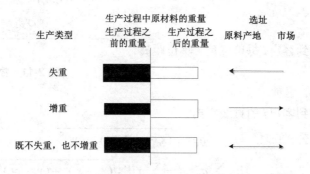

图 2-9 生产过程前后的产品重量对比工厂选址的影响

另一方面，有些生产过程则可能增重(Weight Gaining)。通常，当普遍存在的要素进入生产过程时会发生这种情况。韦伯认为，普遍存在的要素包括在任何地方都可以获得的原材料，如空气和水。要尽可能缩短普遍要素的运输距离以使运输成本最小，生产过程就应该尽量靠近市场。

最后，还有一些生产过程的原材料与成品重量相同。装配线生产是这一类的典型代表，其成品重量是装配过程中使用的所有零部件重量之和。韦伯认为，这类生产过程既不必趋近原材料产地，也不必趋近市场。即在原料地和市场之间的任何地点定位，企业内向运输和外向运输成本的总和都是一样的。

韦伯指出，当工业产品在制造过程中是"增重"的，就应在消费点建立设施；而当产品在制造过程中是"失重"的，则必须在接近原料产地建立设施。最后，如果制造过程既不"增重"也不"失重"，则公司可以在中间的方便处选择工厂位置。

3) 胡佛的递减运输费率

胡佛(Edgar Hoover)观察到：运输费率随着距离的增加，增幅下降。如果运输成本是选址的主要决定因素，要使内向运输与外向运输的总成本最小，位于原料产地和市场之间的设施必然可以在这两点之中找到运输成本最小的点。如图 2-10 所示，如果定位在这两点之间，经济上是不稳定的。因为 Y 在成本曲线上的位置比 X 低，因此应该定位在 Y 点。

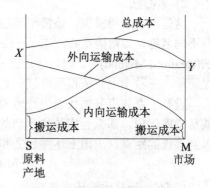

图 2-10 递减费率使选址趋向原料产地或趋向市场

2. 单个物流设施选址方法

接下来介绍较现代的关于物流设施选址的方法。随着应用数学和计算机的普及，这些方法就不再是理念上的方法，而更多是数学上的方法。首先介绍单个物流设施选址的两种方法，分别是数值分析法和重心法。

1) 数值分析法

数值分析法主要以运输费用最小化为目标，如图 2-11 所示，设有 n 个客户，分布在不同坐标点 (x_i, y_i) 上，假设物流设施的位置在 (x_0, y_0) 处，c_i 记为从配送中心到客户 i 的运输费用，则运输费总额为 $H = \sum_{i=1}^{n} c_i$。设：

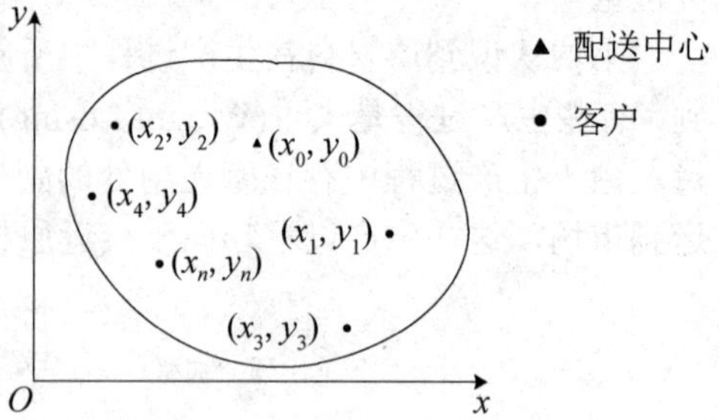

a_i 为配送中心到客户 i 每单位量、单位距离所需运输费；

图 2-11　数值分析法

W_i 为到客户 i 的运量；

d_i 为发送中心到客户 i 的直线距离。

根据两点距离公式：
$$d_i = \sqrt{(x_0 - x_i)^2 + (y_0 - y_i)^2}$$

则总运输费 H 为：
$$H = \sum_{i=1}^{n} a_i W_i d_i = \sum_{i=1}^{n} a_i W_i \sqrt{(x_0 - x_i)^2 + (y_0 - y_i)^2}$$

希望求到 H 值为最小的配送中心地 $(x_0 + y_0)$，使 $\Delta H / \Delta x_0 = 0$，$\Delta H / \Delta y_0 = 0$

$$\Delta H / \Delta x_0 = \sum_{i=1}^{n} a_i W_i (x_0 - x_i) / d_i = 0$$

$$\Delta H / \Delta y_0 = \sum_{i=1}^{n} a_i W_i (y_0 - y_i) / d_i = 0$$

可得 (x_0, y_0) 的解：

$$x^* = \frac{\sum_{i=1}^{n} a_i W_i x_i / d_i}{\sum_{i=1}^{n} a_i W_i / d_i} \qquad y^* = \frac{\sum_{i=1}^{n} a_i W_i y_i / d_i}{\sum_{i=1}^{n} a_i W_i / d_i}$$

虽然求出了 (x_0, y_0) 的解，但在等式的右边仍有含未知数 (x_0, y_0) 的 d_i 项，故一次求不出 (x^*, y^*)。实际上，从确定初次解，一直求到使运输费用最小的解，要反复进行递减计算。

2) 重心法

这是一个常用模型，该模型可用来为工厂、车站、仓库或零售/服务设施选址。该模型有不同名称，如精确重心法(Exact Center-of-gravity Approach)、网格法(Grid Method)和重心法(Centroid Method)等。因为选址因素只包括运输费率和该点的货物运输量，所以这个方法很简单。在数学上，该模型可被归为静态连续选址模型。

设有一系列点分别代表生产地和需求地，各自有一定量货物需要运向位置待定的仓库，或从仓库运出，那么仓库该位于何处呢？我们以该点的运量乘以到该点的运输费率，再乘以到该点的距离，求出上述乘积之和(即总运输成本)最小的点。即

$$\text{MinTC} = \sum V_i R_i d_i \tag{2-2}$$

式中：TC——总运输成本；

V_i——i 点的运输量；

R_i——到 i 点的运输费率；

d_i——从位置待定的仓库到 i 点的距离。

解两个方程，可以得到工厂位置的坐标值。其精确重心的坐标值为

$$\bar{X} = \frac{\sum V_i R_i X_i / d_i}{\sum V_i R_i / d_i} \tag{2-3}$$

$$\bar{Y} = \frac{\sum V_i R_i Y_i / d_i}{\sum V_i R_i / d_i} \tag{2-4}$$

式中：$\bar{X}$，$\bar{Y}$ ——位置待定的仓库的坐标；

X_i，Y_i ——产地和需求地的坐标。

距离 d_i 可以由下式估计得到：

$$d_i = K\sqrt{(X_i - \bar{X})^2 + (Y_i - \bar{Y})^2} \tag{2-5}$$

式中 K 代表一个度量因子，将坐标轴上的单位指标转换为更通用的距离度量单位，如千米或米。解的过程包括下列七个步骤。

(1) 确定各产地和需求地点的坐标值 X，Y，同时确定各点货物运输量和运输费率。

(2) 不考虑距离因素 d_i，用重心公式估算初始选址点：

$$\bar{X} = \frac{\sum V_i R_i X_i}{\sum V_i R_i} \tag{2-6}$$

$$\bar{Y} = \frac{\sum V_i R_i Y_i}{\sum V_i R_i} \tag{2-7}$$

(3) 根据式(2-5)，用步骤(2)得到的 $\bar{X}$，$\bar{Y}$，来计算 d_i (此时无须使用度量因子 K)。

(4) 将 d_i 代入式(2-3)和式(2-4)，解出修正的 $\bar{X}$，$\bar{Y}$ 的坐标值。

(5) 根据修正的 $\bar{X}$，$\bar{Y}$ 坐标值，再重新计算 d_i。

(6) 重复步骤(4)和步骤(5)直至 $\bar{X}$，$\bar{Y}$ 的坐标值在连续迭代过程中都不再变化，或变化很小，继续计算没有意义。

(7) 如果需要，利用式(2-2)计算最优选址的总成本。

精确重心法的连续选点特性和其简单性使其不论是作为一个选址模型，还是作为更复杂方法的子模型都很受欢迎。精确重心模型有许多推广模型，其中主要有：考虑客户服务和收入，解决多设施选址问题，引入非线性运输成本等。

除重心模型外，其他的单设施选址方法包括图标技术法(Graphical Techniques)和近似法(Approximating Methods)。这些方法体现现实情况的程度、计算的速度和难度、得出最优解的能力都各不相同。显然，没有任何模型具有某一选址问题所希求的所有特点，也不可能由模型的解能够直接导出最终决策。因此，这些模型可以提供指导性解决方案。有效利用这些模型不仅需要我们充分认识其优势，还需要了解其缺陷。

这些单设施选址模型的优点是显而易见的——它们有助于寻找选址问题的最优解，而且因为这些模型能够真实地体现实际问题，因而问题的解对管理者是有意义的。模型的缺点则不那么明显，需要加以注意。任何模型在运用于实际问题时都会表现出一定的缺陷，但并不意味着模型没有使用价值。重要的是选址模型的结果对失实问题的敏感度。如果简化假设条件(比如假定运输费率呈线性)，对模型设施选址的意义很小或根本没有影响，那么可以证明简单的模型比复杂的模型更有效。

以下列出了单设施选址模型的一些简化的假设条件。

(1) 模型常常假设需求集中于某一点，而实际上需求来自分散于广阔区域内的多个消

费点。市场的重心通常被当作需求的聚集地，而这会导致某些计算误差，因为计算出的运输成本是到需求聚集地而非到单个的消费点。

(2) 单设施选址模型一般根据可变成本进行选址。模型没有区分在不同地点建设仓库所需的资本成本以及与在不同地点经营有关的其他成本(如劳动力成本、库存持有成本、公共事业费用)之间的差别。

(3) 总运输成本通常假设运价随运距成比例增加，然而，大多数运价是由不随运距变化的固定部分和随运距变化的可变部分组成。起码运费(Rate Minimums)和运价分段统一(Rate Blanketing)，则会更进一步扭曲运价的线性特征。

(4) 模型中仓库与其他网络节点之间的路线通常假定为直线。实际上这样的情况很少，因为运输总是在一定的公路网络，在既有的铁路系统中或在直线环绕的城市街道网络内进行的。我们可以在模型中引入一个比例因子把直线距离转化为近似的公路、铁路或其他运输网络的里程。

(5) 对这些选址模型人们还有某些其他顾虑，如不是动态的。即模型无法找到反映未来收入和成本变化的解。

3. 多设施选址方法

在大多数情况下，问题往往是必须同时决定两个或多个设施的选址，虽然问题更加复杂，却更加接近实际情况。多设施选址问题很普遍，除了非常小的系统外，绝大多数物流系统中都涉及多个物流设施。由于不能将这些物流设施看成是经济上相互独立的，而且可能的选址布局方案相当多，因而问题相当复杂。

物流设施选址问题一般可以归纳为这样几个基本问题。

(1) 物流网络中应该有多少个仓库？

(2) 这些仓库应该有多大规模？

(3) 仓库应位于什么位置？

下面我们介绍多设施选址方法(Multifacility Location)。

1) 多重心法(Multiple Center-of Gravity Approach)

如果我们在多点布局时使用精确重心法，就可以发现多设施选址问题的特点。我们知道精确重心法是一种以微积分为基础的模型，可以用来找出起讫点之间使运输成本最小的中间设施的位置。如果要确定的点不止一个，就有必要将起讫点预先分配给位置待定的仓库。这就形成了个数等于待选仓库数量的许多起讫点群落。随后，找出每个起讫点群落的精确重心点。针对仓库进行起讫点分配的方法很多，尤其是在考虑多个仓库及问题涉及众多起讫点时。方法之一是把相互间距离最近的点组合起来形成群落，找出各群落的重心位置，然后将各点重新分配到这些位置已知的仓库，找出修正后各群落新的重心位置，继续上述过程直到不再有任何变化。这样就完成了特定数量仓库选址的计算。该方法也可以针对不同数量的仓库重复计算过程。

随着仓库数量的增加，运输成本通常会下降。与运输成本下降相对应的是物流系统中总固定成本和库存持有成本的上升。最优解是使这些成本最小化。如果能够评估所有分配起讫点群落的方式，那么该方法是最优的。尽管如此，就实际问题的规模而言，在计算上却是不现实的。即便预先将大量顾客分配给很少的几个仓库，也是一件极其庞杂的工作。因此还需要使用其他方法。

2) 混合—整数线性规划(Mixed-Integer Linear Programming)

为寻求解决选址问题的有效方法，数学家们已经付出了多年努力。他们希望求解方法对问题的描述足够宽泛，使其在解决物流网络设计中常见的大型、复杂的选址问题时具有实际意义，同时可以得到数学上的最优解。数学家们尝试使用先进的管理科学技术来丰富分析方法，或者提供寻求最优解的改进方法。这些方法包括目标规划法(Goal Programming)、树形搜索法(Tree Search Approach)、动态规划法(Dynamie Programming)及其他方法。其中最有前景的当属混合—整数线性规划法。

混合—整数线性规划法的显著优点(其他方法通常没有)是，它能够把固定成本以最优的方式考虑进去。此种优化法虽然很吸引人，但其代价也很大。除非利用个别问题的特殊属性，否则计算机运行的时间很长，需要的内存空间也非常巨大。

仓库选址有多种不同的形式。使用整数规划法的研究者们对物流设施(仓库)问题的描述如下：找出物流网络中仓库的数量、规模和位置，使通过该网络运送所有产品的固定成本在下列条件约束下降至最低。

(1) 不能超过每个工厂的供货能力。

(2) 所有产品的需求必须得到满足。

(3) 各仓库的吞吐量不能超过其吞吐能力。

(4) 必须达到最低吞吐量仓库才可以开始营运。

(5) 同一消费者需要的所有产品必须由同一仓库供给。

该问题可以用一般整数线性规划的计算机软件包来求解。从历史上看，即便使用最先进的计算机，也无法对这类问题进行求解。然而，现在研究者运用这样一些方法，比如，将一个多产品问题按产品类别分解成若干问题，去掉与解无关的部分，然后估计出近似的数据关系，弥补前面解法的缺陷，从而使计算机运行时间和所需内存空间限制在可以让人接受的范围。

3) 模拟法(Simulation Methods)

模拟设施选址模型是指以代数和逻辑语言做出的对物流系统的数学表述，在计算机的帮助下人们可以对模型进行处理。经济或统计关系的现实表述已定，就可以使用模拟模型来评估不同布局方法的效果。

算术模型寻求的是最佳的仓库数量、最佳的位置、仓库的最佳规模，而模拟模型则试图在给定多个仓库、多个分配方案的条件下反复运用模型找出最优的网络设计方法，分析结果的质量和效率取决于使用者选择分析地点时的技巧和洞察力。

当前用于仓库选址的经典模拟模型是为美国亨氏公司(H. J. Heinz Company)开发的，后来用于雀巢公司的分拨问题。该模型为基本的物流设施选址问题(数量、地点、仓库的需求分配等)提供了答案，且可以涉及多达 4000 个客户、40 个仓库以及 10~15 个工厂。与许多算术模型相比，本模型的适用范围更广。亨氏公司模型中的主要分拨成本要素包括客户、仓库、工厂、运输成本和配送成本。

(1) 客户。客户影响分拨成本的因素有四个方面。

① 客户的位置。

② 年需求量。

③ 购买的产品类型。不同的产品属于不同的货物等级，从而会有不同的运价要求。当产品组合存在地区差异时，就不能对所有产品按平均价进行计算。

④ 订单大小的分布。运输批量规模不同，也会导致适用不同的效率。

(2) 仓库。仓库影响成本的因素有三个方面。

① 公司对自有仓库的固定投资。有些喜欢选择公共仓库，这样固定投资就相对较少。

② 年固定运营和管理成本。

③ 存储、搬运、库存周转和数据处理方面的可变成本。

(3) 工厂。工厂的选址和工厂的产品供应能力是影响分拨成本的最大因素。工厂内的某些仓库和搬运费用对分拨成本也可能有一定影响，但这些成本大部分与仓库位置分拨无关，可以不做分析。

(4) 运输成本。产品从工厂运到仓库生产的费用成本被称为运输成本，它取决于工厂、仓库的位置、运输批量的大小、产品的货物等级。

(5) 配送成本。产品从仓库运到客户手中的成本被称为配送成本，它取决于运输批量的大小、仓库和客户的位置、产品的货物等级。

亨氏公司在应用模拟模型时，输入数据的处理过程分为两个部分。首先，预处理程序把通过仓库就能履行的客户订单与那些货量足够大，由工厂履行更经济的订单区分开。然后，测试(或主要)程序计算出经纬坐标系里客户到仓库和工厂到仓库的距离。

选择向客户供货指定仓库时要先检验最近的五家仓库，然后选择从仓库到客户的配送成本、仓库的搬运和储存成本、工厂到仓库的运输成本最低的仓库。在仓库系统产品流向已知，测试程序读入地理信息的条件下，用计算机运行必要的计算来评估特定的仓库布局方案。还要利用线性规划求解工厂生产能力的限制。

需要评估多少个仓库布局方案，就需要重复多少次测试。模型运行的流程图如图 2-12 所示。

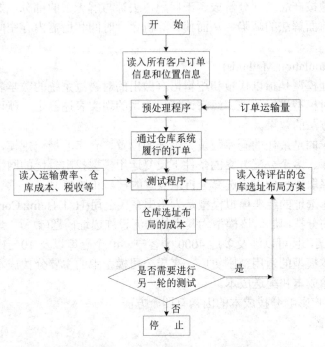

图 2-12　亨氏公司开发的仓库选址模拟程序流程

4) 启发法(Heuristic Methods)

库恩(Kuehn)和汉泊格(Hamburger)建立的启发法是一种用于仓库选址问题的经典方法，

一直沿用至今，已成为仓库选址中的常用方法。

选址问题实际就是对与选址有关的成本进行的一种权衡，这些成本主要包括：①生产/采购成本；②仓储和搬运成本；③仓库固定成本；④仓库订单和客户订单处理成本；⑤仓库内向、外向运输成本。

每一成本类别都会反映出地理位置的差异、货物数量和运输批量的特征、政策的差异、规模经济的特点。

成本悖反规律的性质如图 2-13 所示。库存、仓储和固定成本与入库运输成本之间存在着直接的悖反关系。生产成本和订单处理成本之间也存在着悖反关系，但在该图中没有充分反映出来。选址模型的任务就是在给定客户服务水平和其他实际条件的限制下，找出使总的相关成本最低的仓库和最优工厂布局。

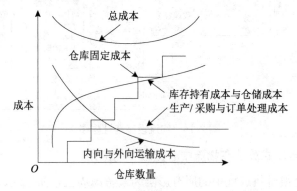

图 2-13　设施选址问题中的一般成本悖反规律

图 2-13 显示运输成本随分拨系统内仓库数量的增加而下降。这一点比较符合实际，因为到达仓库的内向运输通常比离开仓库的外向运输批量更大，费率更低。当系统内仓库数量增多时，仓库距顾客必定更近，因而内向运输成本上升，而外向运输成本下降的比例更大。这样运输成本曲线就会持续下降，直到系统内仓库数量过多以至于实际上无法保证到达所有仓库的运输都达到整车批量。从该点开始，运输成本曲线会上升。

如图 2-13 所示，随着系统内仓库数量的增加，库存持有成本和仓储成本曲线上升的速度渐趋缓慢。仓库数量增多，系统中安全库存量就会成倍增加，如果仓库是企业自有的或租赁的，每个仓库每年都会产生一笔固定费用。这样，系统总成本也会随仓库数量的增加而上升。

这种模型非常有用，也可以多次重复用于各种形式的物流网络设计，且能提供规划所需的细节；适用的成本不高，因而适用带来的收益远远超出其应用成本；模型要求的数据信息在大多数企业都很容易获得。从土地经济学家的早期模型开始，这些模型已经经历了漫长的发展过程，从而更具有代表性。

然而，这些模型还没有完全发挥作用。首先，库存政策、运输费率结构和生产/采购规模经济中会出现非线性的、不连续的成本关系，如何准确和高效地处理这些关系仍然是数学上的难题。

设施选址模型应该得到进一步的发展，应该更好地解决库存和运输同步决策的问题，即这些模型应该是真正一体化的网络规划模型，而不应该分别以近似的方法解决各个问题。

在网络设计过程中应该更多地关注收入效应，因为一般来讲，模型建议的仓库数量多于将客户服务作为约束条件、成本最小化时决定的仓库数量。

建立的模型应该便于管理人员和规划者使用,这样模型才能经常被用于策略性规划、预算,而不是仅仅用于偶尔为之的战略规划。

总之,尽管各种模型的适用范围和解法不同,但是任何模型都可以由具备一定技能的分析人员用来得出有价值的结论。在物流设施选址问题上,很多学者取得了许多非常有效的研究成果,典型的物流设施选址问题的程序如图 2-14 所示。使现有技术更易于使用,更便于决策者利用,必然成为未来的发展方向。

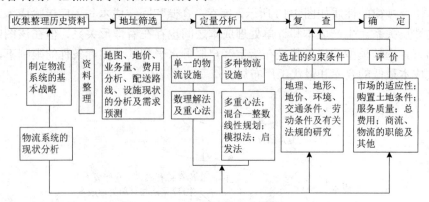

图 2-14　物流设施选址程序

4. 模糊排序及启发式算法在物流中心选址中的应用

前述的选址研究很难将选址中的所有影响因素考虑周全,如地理、地形、交通、劳动、建设规模、功能水平、城市发展及环境问题等。即使想把这些因素考虑进去,也很难量化模型形成过程中的约束条件。因而在此基础上进一步研究建立一种新的评价体系十分必要。

1) 模型的基本思路及选址过程

(1) 模型的基本思路。费用依然是非常重要的评价指标,先用一种启发式算法对各物流中心选址方案的费用进行比较,淘汰一批在费用上不可接受的方案。然后,综合考虑其他影响因素,即建立对整个物流中心选址的评价体系并对其划分层次,应用模糊理论得到各方案对应于某项评价指标隶属度向量。然后,利用层次分析法计算指标体系的权重 W_i,即确定评价指标体系中最底层的评价指标相对高层次乃至最高层次(总目标)各种评价指标之间的相对重要性或相对优劣次序的排序。再应用模糊贴近度对各个方案进行排序,得到最优方案。

(2) 物流中心的选址过程。通过分析所在区域的自然、社会、经济特点和区域经济水平及发展规划,按照区域物流要求,确定物流中心的具体功能和选址原则。分析所在区域高速公路出入口,主要干道的位置、数目及规划发展情况,并考虑各种因素初步确定若干可选为物流中心的位置,拟定多个地址作为被选方案。建立选址模型进行运输与物流总费用选址计算(即总费用最省),用量化的方法初步确定选址方案。利用模糊数学及层次分析法(AHP)对各指标进行量化,通过模糊贴近度对各方案进行排序得到最佳方案。

优选地址之前需要进行一些必备数据的收集。

① 掌握物流量大小。

a. 供货方向综合物流中心发送的物流量。

b. 综合物流中心向收货方发送的物流量。

c. 综合物流中心保管的数量。

② 掌握各种费用。

a. 供货方与综合物流中心之间的配送费用。

b. 综合物流中心与收货方之间的配送费用。

c. 利用各种运输方式运的费用。

d. 货物保管费用。

e. 与设施、土地有关的费用以及人工费、业务费。

2) 模型的算法过程

(1) 应用奎汉•哈姆勃兹(Huehn-Hamberger)模型进行初步比选。

奎汉•哈姆勃兹模型是多个物流中心选址的典型方法。此法是一种启发式算法,即以逐次求近似最佳解的方法对模型进行求解。奎汉•哈姆勃兹模型按下列公式确定它的目标函数和约束条件。其中,启发式算法的目标函数为费用最省,约束条件①表示顾客需要的数量与工厂提供的数量平衡;②表示顾客需要的数量不大于工厂的生产能力;③表示各工厂经由仓库向所有顾客配送产品的最大库存定额不超过仓库储存能力。

$$f(x) = \sum_{hijk}(A_{hij} + B_{hij})X_{hijk} + \sum_{j}F_jZ_j + \sum_{hj}S_{hj}(\sum_{ik}X_{hijk}) + \sum_{hk}D_{hk}(T_{hk})$$

$$\sum_{ij}X_{hijk} = Q_{hk}$$

$$\sum_{jk}X_{hijk} \leqslant Y_{hi}$$

$$I_j(\sum_{hjk}X_{hijk}) \leqslant W_j$$

式中: h ——产品 $(1,\cdots,p)$;

$\quad i$ ——工厂 $(1,\cdots,r)$;

$\quad j$ ——仓库 $(1,\cdots,s)$;

$\quad k$ ——顾客 $(1,\cdots,s)$;

$\quad A_{hij}$ ——从工厂 (i) 到仓库 (j) 运输产品 (h) 时的单位运输;

$\quad B_{hjk}$ ——从仓库 (j) 到顾客 (k) 之间配送产品 (h) 时的单位运输费;

$\quad X_{hijk}$ ——从工厂 (i) 经过仓库 (j) 向顾客 (k) 取运输产品 (h) 的数量;

$\quad F_j$ ——在仓库 (j) 期间的平均固定管理费;

$\quad Z_j$ ——当 $\sum_{hik}X_{hijk} > 0$ 时取 1,否则取 0;

$\quad S_{hj}(\sum_{ik}X_{hijk})$ ——在仓库 (j) 中,为保管产品 (h) 而产生的部分可变费用(管理费、保管费、税金以及投资的利息等);

$\quad D_{hk}(T_{hk})$ ——向顾客 (k) 配送产品 (h) 时,因为延误时间 (T) 而支付的损失费;

$\quad Q_{hk}$ ——顾客 (k) 需要的产品 (h) 数量;

$\quad W_j$ ——仓库 (j) 的能力;

$\quad Y_{hi}$ ——生产产品 (h) 的工厂 (i) 的能力;

$\quad I_j(\sum_{hjk}X_{hijk})$ ——各工厂经由仓库 (j) 向所有顾客配送(产品)的最大库存定额,通过目标规划法、逐渐逼近法可求出最小费用。

(2) 各个评价指标层次划分及其评价值的确定。

由上述计算可比较各方案的费用,但在物流中心选址的过程中不可避免地要涉及社会、经济、人文,甚至政治因素。因而,我们应综合考虑各指标,建立评价指标体系并对其划分层次。项目规划方案综合评价的指标体系一般可分为三个层次:总体评价层、评价因素层和评价指标层。图 2-15 中评价层 $B_i(i=1,2,\cdots,m)$ 为 m 个分项评价因素；评价层 $C_{ij}(i=1,2,\cdots,m;\ j=1,2,\cdots,n)$ 为第 i 个评价因素的第 j 个评价指标。

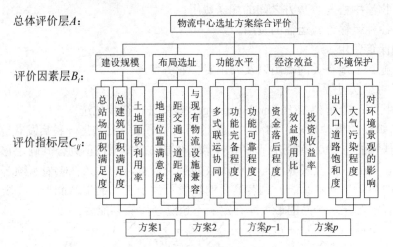

图 2-15　评价指标体系结构

（3）各评价指标评价值的确定。

为了对各指标进行定量评价，可引入模糊隶属函数和隶属度的概念。

定义：设给定论域 U，U 到[0,1]闭区间的任一映射：$U_A:U\to[0,1]$，$U\to U_A(u)$ 都确定一个模糊集 $\tilde{A}$，U_A 称为 A 的隶属函数，$U(u)$ 称为 u 对 $\tilde{A}$ 的隶属度。

模糊隶属度的确定在规划方案评价中具有突出的地位，如果确定得当，可以大大降低对评价对象的模糊性，取得准确的刻画数值。结合已有的理论成果，对模糊集隶属度的确定有如下方法：模糊统计法、德尔菲法、对比排序法、综合加权法、选择适当的隶属函数、集合套法。

在此建立一个基于综合评价的模糊排序专家系统，假设物流中心被选地址集为 $X=\{x_1,x_2,\cdots,x_p\}$，评审专家集 $S=\{s_1,s_2,\cdots,s_k\}$。对任意的排序样本 $x\in X$，有排序指标集 $U=\{u_1,u_2,\cdots,u_n\}$，排序评语集 $V=\{v_1,v_2,\cdots,v_p\}$。$U\times V$ 上的普通关系或模糊关系为 R，$R(u_i,v_j)=r_{ij}$ 表示专家对任意排序对象 x，抉择了 u_i 属于 v_j 的确定性程度($r_{ij}\in\{0,1\}$)或者模糊程度 $r_{ij}\in[0,1]$。$R=(r_{ij})_{n\times p}$ 是 $n\times p$ 阶排序矩阵。(X,S,U,V,R) 构成了专家排序空间，是一个模糊排序专家系统。

确定专家的模糊评价关系 R：当任一专家 $s_i(s_i\in S)$ 对任一排序对象 $x(x\in X)$ 的排序指标 $u_i(i=1,2,\cdots,n)$ 给定了一个且仅为一个 V 上的一个肯定性评语 $v_j(j\in\{1,2,\cdots,p\})$ 时，其评价矩阵为普通矩阵 $R_t(t=1,2,\cdots,k)$，将它变换为一个模糊矩阵 $R=(r_{ij})_{n\times p}$，按下述方法确定 r_{ij}。

考虑到每个专家的学术权威性，对专家排序评审意见进行"加权"处理确定评价矩阵 $R=(r_{ij})_{n\times p}$。

$$r_{ij}=\frac{\sum_{t=1}^{k}a_t r_{ij}^{(t)}}{\sum_{t=1}^{k}a_t}\qquad i=1,2,\cdots,n;\ j=1,2,\cdots,p \tag{2-8}$$

其中，$r_{ij}^{(t)}$ 为第 t 个专家 s_t 对排序指标 u_i 给予评语 v_j 的评价值，即为隶属度，$r_{ij}^{(t)}\in\{0,1\}$，

对 $R = (r_{ij})_{n \times p}$，使 $\sum_{j=1}^{p} r_{ij} = 1$。$a_t$ 为第 t 个专家的权重，一般来说，可使 $a_t \in \{0, 1\}$。显然 $r_{ij} \in [0, 1]$。

当专家 s_t 对任一排序对象 $x (x \in X)$ 的排序指标 $u_i (i = 1, 2, \cdots, n)$ 给定了 V 中评语 $v_j (j = 1, 2, \cdots, p)$ 的一个可能程度 $r_{ij}^{(t)} (r_{ij}^{(t)} \in [0, 1])$，那么就有一个模糊矩阵 $R_t (t = 1, 2, \cdots, k)$，并使 $\sum_{j=1}^{m} r_{ij}^{(t)} = 1$。综合所有 k 个专家的评价结果，那么 $R_t (t = 1, 2, \cdots, k)$ 变换为一个模糊矩阵 $R = (r_{ij})_{n \times p}$。其中，$r_{ij}^{(t)} \in [0, 1]$，$a_t$ 为第 t 个专家的权重，$a_t \in [0, 1]$。

一般地，权重较大的专家，其评价意见就越重要。若不考虑专家之间的学术权威性，每个专家按"等权"处理，此时令式(2-8)的 $a_t (t = 1, 2, \cdots, k)$。

(4) 指标体系的权重确定。

评价指标的权重分析，就是通过某种途径或方法，确定图 2-15 所列评价指标体系中最底层的评价指标相对高层次乃至最高层次(总目标)各评价指标之间的相对重要性或相对优劣次序的排序。采用层次分析法(AHP)确定评价指标的权重，其步骤如下。

① 对指标体系中各层各组指标构造判断矩阵。引用常用的 1~9 的标度准则对各指标分别建立评价因素层对总体评价的判断矩阵 $B = (b_{ij})_{m \times m}$，以及评价指标层各指标对应评价因素的判断矩阵 $C = (c_{ij})_{n \times n}$。其中 b_{ij} 表示对 A 而言，B_i 和 B_j 相对重要性的数值表现，c_{ij} 表示对 B_i 而言，c_i 和 c_j 相对重要性的数值表现。

② 由矩阵理论可分别得到方阵 B，C 的最大特征值 $\lambda_{b\,max}$，$\lambda_{c\,max}$ 及其所对应的特征向量 $W_{B_i} = [W_{b_1}, W_{b_2}, \cdots, W_{b_m}]$ 和 $W_{C_{ij}} = [W_{C_1}, W_{C_2}, \cdots, W_{C_n}]$，则向量 W_{B_i}、$W_{C_{ij}}$ 即为相应评价因素层和评价指标层的相对权重。

③ 判断矩阵的一致性及误差分析。

设置一致性指标：
$$C.I. = \frac{\lambda_{max} - n}{n - 1}$$

当判断矩阵 B、C 不能保证完全一致时，相应的判断矩阵的特征根亦发生变化，可用判断矩阵的特征根的变化来检验矩阵一致性的程度。$C.I.$ 的值越大，则表明判断矩阵偏离一致性越远，反之则说明判断矩阵越接近完全一致。一般 $C.I. \leqslant 0.1$ 即可接受。

④ 其指标相对总体目标组合权重的确定。

采用层次分析法计算 C 层次对于 A 层次总排序权值，其方法如下。

若层次 B 包含 m 个评价指标：$B_1, B_2, \cdots, B_m$，其相对于上一层次 A 的总排序权值分别为 $b_1, b_2, \cdots, b_m$；若层次 B 的下一层次 C 包含 n 个评价指标：$C_1, C_2, \cdots, C_n$，各个指标对于上一层次 B 中的因素 B_j 的层次单排序权值分别为：$c_{1j}, c_{2j}, \cdots, c_{nj} (j = 1, 2, \cdots, m)$，但 C_k 与 B_j 无关时，$c_{kj} = 0$；那么，C 层次对于 A 层次的总排序权值为 $W_i = \sum_{j=1}^{m} b_j c_{1j}$，且有 $\sum_{i=1}^{n} W_i = 1$。

(5) 运用模糊贴近度对各方案进行排序选优决策。

由前面几个步骤，可得到基本指标评价如表 2-2 所示。

表 2-2　基本指标评价表

指　标	权	方　案			
		a_1	a_2	...	a_p
c_1	w_1	$r(1,1)$	$r(1,2)$	...	$r(1,p)$
c_2	w_2	$r(2,1)$	$r(2,2)$	...	$r(2,p)$
⋮	⋮	⋮	⋮	...	⋮
c_n	w_n	$r(n,1)$	$r(n,2)$	...	$r(n,p)$

　　根据目标规划思想，如果选址方案与理想方案越接近，则该方案越好。这样方案的排序可根据各方案与理想方案的贴近度加以确定。下面我们首先引入度量两模糊集接近程度这个概念。

　　定义：设 $F(U)$ 是论域 U 上模糊集合全体，映射 $N:F(U)\times F(U)\to[0,1]$。满足条件：

$$N(\tilde{A},\tilde{B})=N(\tilde{B},\tilde{A})\,;\quad N(\tilde{A},\tilde{A})=1\,;$$

$$|u_{\tilde{A}}(u)-u_{\tilde{B}}(u)|\leqslant|u_{\tilde{A}}(u)-u_{\tilde{C}}(u)|\,,\ \forall u\in U$$

$$\Rightarrow N(\tilde{A},\tilde{C})\leqslant N(\tilde{A},\tilde{B})\,,\ \tilde{A},\tilde{B},\tilde{C}\in F(U)$$

则称 N 为 $F(U)$ 的贴近度，$N(\tilde{A},\tilde{B})$ 为 $\tilde{A}$、$\tilde{B}$ 的贴近度。

　　显然，如果指标各评价值均为 1，则该选址方案为理想方案，事实上这个方案并不存在，我们只是以此为参考方案，在评价指标空间中计算各方案到理想方案的贴近度，并按其大小进行排序。在集合 U 离散情况下，可采用下面两种常用贴近度确定各个方案与理想方案的贴近度。

　　第一种：Hamming 贴近度

$$N(j)=1-\sum_{i=1}^{m}W_i[1-r(i,j)]\quad j=1,2,\cdots,g$$

　　第二种：Euclid 贴近度

$$N(j)=1-\left[\sum_{i=1}^{m}W_i(1-r(i,j)^2)\right]^{1/2}\quad j=1,2,\cdots,g$$

　　根据上述计算得到 $N(j)$ 的值，对各方案间进行优劣排序，其原则是距理想方案最近为最优方案。

　　以上通过对物流中心选址进行系统的讨论，在计算总费用后将其作为一项重要的评价指标，嵌入到评价体系中去，并运用模糊理论将其他各个指标量化、综合比选，得到最佳方案。

　　(6) 应用的关键环节。

　　应用模糊排序和层次分析法时有两个关键环节。

　　首要环节是物流选址规划方案评价指标体系的设计，一般情况下，物流选址项目评价指标体系及评价指标设计要满足如下要求。

　　① 评价目标明确。所有项目评价因素及评价指标的设置、设计目标必须十分清晰。每一个评价指标都要能反映物流项目规划方案的某一侧面或某一侧重点以及对实现规划方案总目标的满足或满意程度。

② 评价指标的全面性。评价指标体系要能覆盖物流选址项目评价对象的各个方面。

③ 指标内容清晰。各个评价指标都要有清晰的内涵，易于理解、认识，便于进行描述与评价。

④ 指标间相互独立。各评价指标要能独立地反映物流项目规划方案的一个方面，相互间不覆盖、不干扰。

⑤ 方法容易操作。评价指标设计要易于描述和进行数据处理。

其次，评价指标的量化。无论是定性还是定量评价指标的隶属度量化处理都要科学合理。一方面要采取定性与定量分析相结合的方法准确地进行评价指标隶属度的描述；另一方面要注意不同评价指标隶属度在量级上的一致性与可比性。

2.2.2　运输网络规划设计方法

运输决策是物流决策中的关键，运输网络规划在整个物流系统中占有非常重要的地位。设计和优化网络规划方案是物流系统的关键领域，其主要包括运输方式选择、运输路线规划、车辆调度等项内容。

在进行物流配送网络优化时所涉及的因素较多，评价目标具有综合性。因此，系统具有数据量大、数据种类多、数据之间关系复杂的特点，致使手工进行有效的物流配送路径安排非常困难。尤其是在运输节点多，交通网络发达或发生配送物品数量突变、交通条件发生变化等情况下显得尤其突出。这时对物流配送的路径规划采用优化方法进行辅助决策就显得非常重要。

路径优化是配送运输路径规划中的第一步。其目的就是要从现有的交通运输网络中寻找到配送中心到各个客户的最佳运输路径，并确定配送点的顺序。交通运输网络是一个网状结构，如果把分布于这个网状结构中的各配送中心简化为一个个数学上的点，把各配送中心间的运输线路简化为一条条带"权"的线，那么，路径优化问题就转化为在一个个以许多"点"和"线"组成的"图"中找出各点与点间的最短路径。待选好路径后，再进行车次的优化，其主要是基于已得到的最佳路径，再根据现有的车次运行情况来确定它们的链接关系，并由相应的评价指标(模型)和专家来确定其优劣次序。

下面将建立一个模型来说明优化运输网络(运输路径和运输顺序的安排)。假设一个配送中心(Distribute Center，DC)将为 13 个客户进行配送服务，每一个客户在运输网络模型中由一个质点来代表，位置以 (X_i, Y_i) 表示，客户的需求用 a_i 表示。客户的位置和批量如表 2-3 所示。

表 2-3　客户的位置和批量

	X 轴	Y 轴	批量大小
仓库	0	0	
客户 1	0	12	48
客户 2	6	5	36
客户 3	7	15	43
客户 4	9	12	92
客户 5	15	3	57

续表

	X轴	Y轴	批量大小
客户 6	20	0	16
客户 7	17	−2	56
客户 8	7	−4	30
客户 9	1	−6	57
客户 10	15	−6	47
客户 11	20	−7	91
客户 12	7	−9	55
客户 13	2	−15	38

配送中心共有 4 辆卡车，每辆卡车的承载能力是 200 个单位。显然，运输费用与卡车运输总距离密切相关，并且运输方案有多种组合，对于不同的组合，运输的总距离不同，运输费用不同。运输路线规划设计的任务就是从中选出运输距离最短的路线，有两种不同的方法可以解决这个问题。

1. 节省矩阵法

节省矩阵是一个分配客户车次、运输路线选择的运算工具，主要步骤如下。

(1) 建立距离矩阵。

(2) 建立节省矩阵。

(3) 分配车次和路线。

(4) 将客户排序。

运算中前面三步主要是安排车次，第四步则安排路线顺序以使运输的总距离最短。

1) 建立距离矩阵

距离矩阵可以确定点与点之间的距离，包括各点到仓库的距离和各点之间的距离。两点之间的距离用下列公式计算：

$$\text{Dist}(A,B) = \sqrt{(X_A - X_B)^2 + (Y_A - Y_B)^2} \tag{2-9}$$

由此，我们可以得到距离矩阵，如表 2-4 所示。

表 2-4 距离矩阵

	DC	1	2	3	4	5	6	7	8	9	10	11	12	13
1	12	0												
2	8	9	0											
3	17	8	10	0										
4	15	9	8	4	0									
5	15	17	9	14	11	0								
6	20	23	15	20	16	6	0							
7	17	22	13	20	16	5	4	0						
8	8	17	9	19	16	11	14	10	0					
9	6	18	12	22	20	17	20	16	6	0				

	DC	1	2	3	4	5	6	7	8	9	10	11	12	13
10	16	23	14	22	19	9	8	4	8	14	0			
11	21	28	18	26	22	11	7	6	13	19	5	0		
12	11	22	14	24	21	14	16	12	5	7	9	13	0	
13	15	27	20	30	28	22	23	20	12	9	16	20	8	0

2) 建立节省矩阵

如果一辆卡车把两个点的货物压缩到一条路线运送，自然要比分别运送一个点后返回 DC，再去运送第二个点的货物更节省，这样节省矩阵就生成了。即把路线 DC-A-DC 和 DC-B-DC 合并成 DC-A-B-DC，这将节省卡车的送货距离，可以由公式求得：

$$S(A, B) = \text{Dist}(DC, A) + \text{Dist}(DC, B) - \text{Dist}(A, B) \tag{2-10}$$

从而可以得到节省矩阵，如表 2-5 所示。

表 2-5　节省矩阵

	1	2	3	4	5	6	7	8	9	10	11	12	13
1	0												
2	11	0											
3	21	15	0										
4	18	15	28	0									
5	10	14	18	19	0								
6	9	13	17	19	29	0							
7	7	12	14	16	27	33	0						
8	3	7	6	7	12	14	15	0					
9	0	2	1	1	4	6	7	8	0				
10	5	10	11	12	22	28	29	16	8	0			
11	5	11	12	14	25	34	32	16	8	32	0		
12	1	5	4	5	12	15	16	14	10	18	19	0	
13	0	3	2	2	8	12	12	11	12	15	16	18	0

3) 安排车次和路线

距离矩阵和节省矩阵求出后，不同的车次和路线的组合安排会发生不同的费用，这里主要阐述优化各种路径的方法，以求出合理的车次安排。

这里有一个反复循环的过程，首先每个客户被安排在不同的路线，如果两条路线的载重量不超过卡车的载重量，就可以将两条路线合并起来，若合并第三条路线时，也没有超过卡车的载重量时，将第三条路线与刚才的合并路线重新合并成新的路线，如此反复，直至不能合并为止，或超过了卡车的载重量。

从上述矩阵中可以得到，合并路线 6 和路线 11 可以节省 34，是其中最大的节省量。我们将这两条路线合并起来，如表 2-6 所示。

表 2-6　由节省矩阵得到的修正路线 1

路线		1	2	3	4	5	6	7	8	9	10	11	12	13
1	1	0												
2	2	11	0											
3	3	21	15	0										
4	4	18	15	28	0									
5	5	10	14	18	19	0								
6	6	9	13	17	19	29	0							
7	7	7	12	14	16	27	33	0						
8	8	3	7	6	7	12	14	15	0					
9	9	0	2	1	1	4	6	7	8	0				
10	10	5	10	11	12	22	28	29	16	8	0			
11	6	5	11	12	14	25	34	32	16	8	32	0		
12	12	1	5	4	5	12	15	16	14	10	18	19	0	
13	13	0	3	2	2	8	12	12	11	12	15	16	18	0

　　因为路线 6 和路线 11 的载重之和为 16+91=107，小于卡车的载重量 200，合并这两条路线是可行的，34 被排除后，节省量最大的是 33，即将客户 7 合并到路线 6 中，可以节省 33，这也是可行的，因为客户 7 的载重量为 56，107+56=163，仍然低于 200。因此客户 7 可以合并到路线 6 中，如表 2-7 所示。

表 2-7　由节省矩阵得到的修正路线 2

路线		1	2	3	4	5	6	7	8	9	10	11	12	13
1	1	0												
2	2	11	0											
3	3	21	15	0										
4	4	18	15	28	0									
5	5	10	14	18	19	0								
6	6	9	13	17	19	29	0							
7	6	7	12	14	16	27	33	0						
8	8	3	7	6	7	12	14	15	0					
9	9	0	2	1	1	4	6	7	8	0				
10	10	5	10	11	12	22	28	29	16	8	0			
11	6	5	11	12	14	25	34	32	16	8	32	0		
12	12	1	5	4	5	12	15	16	14	10	18	19	0	
13	13	0	3	2	2	8	12	12	11	12	15	16	18	0

　　下一个最大节省量为 32，即把客户 11 合并到路线 6 中(我们不必考虑客户 7 和客户 11 合并之后的节省量，因为这两个点已经在路线 6 中了)。但是，这是不合理的，因为客户 10

的载重量为 47，47+163>200，而下一个最大节省量是 29，即把客户 5 或客户 10 合并到路线 6 中，继续反复以上过程可以得到最终路线合并矩阵，如表 2-8 所示。即可以得到{1,3,4}、{2,9}、{6,7,8,11}、{5,10,12,13}组合，每一个路线由一辆卡车运输。下一步确定卡车访问客户的顺序。

表 2-8　由节省矩阵得到的最终路线

路线	1	2	3	4	5	6	7	8	9	10	11	12	13
1	0												
2	11	0											
3	21	15	0										
4	18	15	28	0									
5	10	14	18	19	0								
6	9	13	17	19	29	0							
7	7	12	14	16	27	33	0						
8	3	7	6	7	12	14	15	0					
9	0	2	1	1	4	6	7	8	0				
10	5	10	11	12	22	28	29	16	8	0			
11	5	11	12	14	25	34	32	16	8	32	0		
12	1	5	4	5	12	15	16	14	10	18	19	0	
13	0	3	2	2	8	12	12	11	12	15	16	18	0

4) 线路中访问客户的顺序安排

我们知道，在一条路线中，卡车运送货物给不同的客户时，访问客户的顺序不同，所运输的距离是不同的，例如，在组合{5,10,12,13}中，如果运送的顺序是(5,10,12,13)，那么总路程为 15+9+9+8+15=56(距离可由表 2-4 得到)，然而，运送的顺序为(5,10,13,12)，运输总路程为 15+9+16+8+11=59。我们的目标就是通过合理安排不同客户的访问顺序以使卡车的运输距离最小化。初始运送顺序是开始得到的最初路径，经过优化处理得到最佳路径。

以组合{5,10,12,13}为例来阐述优化路径的方法。其中包括最远插入法、最近插入法、最近相邻法和扫描法。

(1) 最远插入法。以配送中心(DC)为中心，选取离配送中心最远的点(客户)为插入路径，以此为顺序排列路线中的路径。

在{5,10,12,13}中，这 4 个点中 5 离 DC 的距离为 15，即 DC-5-DC 的路程为 30，点10 为 32，点 12 为 22，点 13 为 30。遵循最远插入的原则，先插入 10 得到一个新的路径DC-10-DC。下一步，如若插入客户 5，则路线为 DC-10-5-DC，总路程为 40；插入 12 为DC-10-12-DC，总路程为 36；插入 13 总路程为 46。根据最远插入法的原则，插入客户 13，得到新的路径 DC-10-13-DC。剩下还有客户 5 和客户 12 未被插入。对于插入客户 5 最小运输里程路径为 DC-5-10-13-DC，总路程为 55；而插入客户 12 的最小运输里程路径为DC-10-12-13-DC，总路程为 48，因此插入客户 5 得到路径 DC-5-10-13-DC，最后插入客户12，其最小增加运输里程的路径为 DC-5-10-12-13-DC，总路程为 56。

(2) 最近插入法。与最远插入法相反，最近插入法是选取插入的点是增加运输里程最少的点，如此反复直到所有的点都被插入。还是以上述组合为例，选择离 DC 最近的点是 12，即插入客户 12 得到 DC-12-DC 总路程为 22。下一步，插入客户 5，路径总路程为 40。以最近插入法的原则，得到路径 DC-5-10-12-13-DC，总路程为 56。

(3) 最近相邻法。与最近插入法不同的是，最近相邻法是选取离运输所在点最近的相邻的点插入。

对于组合 {5,10,12,13}，离 DC 最近的点是客户 12，即插入客户 12 得到 DC-12，离客户 12 最近的点是 10，插入客户 10。以此类推可以得到路径 DC-12-10-5-13-DC，总路程为 66。

(4) 扫描法。扫描法的原理比较简单，在坐标系中，假设一条射线从正 Y 轴开始顺时针扫描，每扫到一点，此点即被插入。用此方法可以得到路径 DC-5-10-12-13-DC，总路程为 56。

以上四种方法的路径和总路程如表 2-9 所示。

表 2-9　用不同方法得到的路径最初路线

路径排序方法	路　径	总　路　程
最远插入法	DC-5-10-12-13-DC	56
最近插入法	DC-5-10-12-13-DC	56
最近相邻法	DC-12-10-5-13-DC	66
扫描法	DC-5-10-12-13-DC	56

5) 路线优化

得到上述路径后，要对这些路径进行路线的优化，进一步缩短运输线的里程。下面将应用两种优化方法对上述得到的运输路线进行优化。

(1) 2-OPT 法。2-OPT 法是将得到的路径在某一点切断，使之一分为二，再将其组合起来形成新的路径，计算得到的每个新路径的总路程，取最小的路径作为选定方案。

例如，由最近相邻插入法得到路径 DC-12-10-5-13-DC，可以分成 13-DC 和 12-10-5，将这两个路径重新组合成 DC-5-10-12-13-DC，总里程缩短了。

(2) 3-OPT 法。3-OPT 法与 2-OPT 法相似，只是将原有路径分为三段，再将其重新组合，分别计算得到的新路径的总路程，取最小的路径作为选定方案。

例如，路径 DC-5-10-12-13-DC 可以分成三段路径，分别是 DC，5-10，12-13。进行不同方式的组合，分别为 DC-12-13-5-10-DC，总路程为 61；DC-12-13-10-5-DC，总路程为 81；DC-13-12-5-10-DC，总路程为 61。这里 3-OPT 法似乎并没有起到作用，因为目前的路径就是最短路径，但这并不是说 3-OPT 法无效。通过上述方法我们可以得到每一辆卡车的路径、总路程和装载量。如表 2-10 和图 2-16 所示。

表 2-10　由节省矩阵法得到的车次及路径规划

卡　车	路　径	总　路　程	装　载　量
1	DC-2-9-DC	32	93
2	DC-1-3-4-DC	39	183
3	DC-8-11-6-7-DC	49	193
4	DC-5-10-12-13-DC	56	197

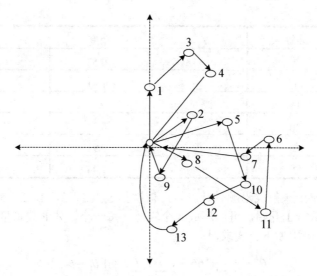

图 2-16　由节省矩阵法得到路径顺序

2. 广义分配法

广义分配法比节省矩阵法更复杂,但是在约束条件较少的情况下可以得到更佳的方案。广义分配法车次安排和路径规划的步骤如下。

(1) 计算母点(Seed Point)的位置。

(2) 对于每个顾客计算插入的费用。

(3) 把顾客分配到不同的路径。

(4) 在路径中安排顾客访问的顺序。

前三个步骤是分配顾客到不同的车次,第四步是确定每条路径访问顾客的顺序,以得到最佳路线,即总里程最小的路线。

1) 计算母点的位置

(1) 计算平均载重量。对于 13 个顾客,配送中心需要配送的总载重量为 666(见表 2-3),那么对于每辆卡车平均载重量为 $L_{seed} = 666 / 4 = 166.5$。

(2) 计算每一个点在坐标系的角度。可由表 2-3 的坐标值计算每个点的正切值,即 $\theta_t = \tan^{-1}(y_i / x_i)$,如表 2-11 所示。

表 2-11　客户的角度位置及订货批量

	X 轴	Y 轴	角度	订货批量
DC	0	0		
1	0	12	1.57	48
2	6	5	0.69	36
3	7	15	1.13	43
4	9	12	0.93	92
5	15	3	0.20	57
6	20	0	0.00	16
7	17	-2	-0.12	56

	X 轴	Y 轴	角度	订货批量
8	7	-4	-0.52	30
9	1	-6	-1.41	57
10	15	-6	-0.38	47
11	20	-7	-0.34	91
12	7	-9	-0.91	55
13	2	-15	-1.44	38

(3) 从 DC 发出一条射线沿顺时针旋转，依次扫过点 1，3，4，2，5，6，7，11，10，8，12，9 和 13。从点 1 开始，可以形成 4 个锥体，每一个锥体的载重量为 166.5。那么每个锥体母点的位置可用如下公式求得：

$$\theta' = \theta_k - [(166.5 - \sum_{i=1}^{k} L_i / L_{k+1})][\theta_k - \theta_{k+1}]$$

$$a_{ci} = (\theta' + \theta_{c1}) / 2$$

$$d_{ci} = \text{Max}(d_1, d_2, \cdots, d_k)$$

其中，a_{ci} 为第 i 个锥体的母点，d_{ci} 为母点离 DC 的距离，即为所扫过的点中离 DC 最远的点；k 为射线扫过所有点的总载重 $\sum_{i=1}^{k} L_i < 166.5$ 的点，$k+1$ 为扫描过程中 k 的下一个点。L 为载重量，θ_{c1} 为扫描形成锥体的起始边所在的角度，θ' 为锥体末边所在的角度。

以计算第一个锥体为例，如图 2-17 所示，射线从点 1 开始，客户 1 和客户 3 的总载重量为 91，那么 166.5-91=75.5，即还需 75.5 的载重量。当射线经过客户 4 时，载重量为 92>75.5，因此，第一个锥体只能旋转到 3 和 4 之间的点，即为客户 3 和客户 4 之间夹角的 75.5/92。客户 3 的位置是 1.13，客户 4 的位置是 0.93，二者夹角 0.20，因此第一个母点旋转到超过客户 3 的角度位置(75.5/92)×0.20 的角度，即 1.13-(75.5/92)×0.20=0.97，第一个锥体的母点参数位置为 $a_{c1} = (1.57 + 0.97)/2 = 1.27$，$d_{c1} = d_3 = \sqrt{(7-0)^2 + (15-0)^2} \approx 17$。故可以得到母点在坐标轴中的位置为

$$X_{c1} = d_{c1} \cos(a_{c1}) = 17\cos(1.27) = 5, \quad Y_{c1} = d_{c1} \sin(a_{c1}) = 17\sin(1.27) = 16$$

由上面的方法可以依次得到 S_2、S_3 和 S_4，如表 2-12 所示。

表 2-12 母点的坐标位置

母 点	X 轴	Y 轴
S_1	5	16
S_2	18	9
S_3	19	-5
S_4	9	-12

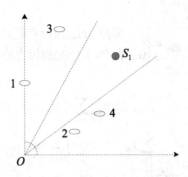

图 2-17　确定母点 1 的位置

2) 计算插入每一个顾客产生的费用

我们首先假设已有一路径 $DC\text{-}S_k\text{-}DC$，对于每一个母点 S_k 和任一客户 i，插入 i，形成新的路径 $DC\text{-}i\text{-}S_k\text{-}DC$，所产生的费用 c_{ik} 是由所增加的路程计算的，即 $c_{ik} = \mathrm{Dist}(DC, i) + \mathrm{Dist}(i, S_k) - \mathrm{Dist}(DC, S_k)$。

以点 1 插入母点 1 所产生的费用为例，计算如下：

$$c_{11} = \mathrm{Dist}(DC, 1) + \mathrm{Dist}(1, S_1) - \mathrm{Dist}(DC, S_1) = 12 + 10 - 17 = 5$$

依此所有点的插入费用可以得到表 2-13。

表 2-13　插入路径费用

客户	母点 1	母点 2	母点 3	母点 4
1	5	10	18	23
2	2	0	5	10
3	2	9	20	29
4	4	4	15	24
5	15	2	5	16
6	25	9	5	21
7	22	8	1	15
8	11	5	0	1
9	12	9	4	1
10	24	11	1	10
11	32	17	4	18
12	20	12	4	0
13	30	24	15	8

3) 分配车次

将客户合理分配给 4 辆卡车，以使总的插入费用最小，并且不超过卡车的载重量。这个问题属于整数规划的问题，需要以下数据：

c_{ik}=将客户 i 插入母点 k 的费用

a_i=客户 i 的订货批量

b_k=卡车 k 的载重量

定义如下决策变量：

$$y_{ik} = \begin{cases} 1 & 客户i分配到母点k \\ 0 & 客户i未分配到母点k \end{cases}$$

由整数规划可得到：

目标函数：
$$Min\sum_{k=1}^{K}\sum_{i=1}^{n}c_{ik}y_{ik}$$

约束条件：
$$\sum_{k=1}^{K}y_{ik}=1 \quad i=1,2,\cdots,n$$

$$\sum_{i=1}^{K}a_{i}y_{ik}\leqslant b_{k} \quad k=1,2,\cdots,K$$

$$y_{ik}=0\ 或\ 1$$

每个客户的运输批量、插入费用和卡车的载重量都已知，通过 Excel 计算可以得到车次安排和路径分配及每辆卡车的载重量如表 2-14 和图 2-18 所示。

表 2-14 由广义规划法得到的车次和路径分配

车　次	路　径	总 路 程	载 重 量
1	DC-1-3-4-DC	39	183
2	DC-2-5-6-DC	43	109
3	DC-10-7-11-DC	47	194
4	DC-8-12-13-9-DC	36	180

由表 2-14 可知 4 辆卡车的总路程为 165，而用节省矩阵法得到路径总路程为 176，可见由广义归纳法得出的方案优于节省矩阵法的方案，但是广义归纳法的运算过程较复杂，并且当约束条件较多时很难用广义归纳法的配送计划方案。如果约束条件较少时，则用此法；节省矩阵法简单实用，并在约束条件较多时，其功能比较强大。

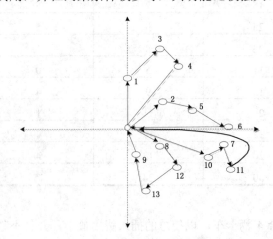

图 2-18 由广义规划法得到的路径顺序

2.2.3 设施优化布置方法

目前物流中心的设施布局规划方法主要是引用工业工程学中的设施布置理论。1961 年美国的理查德·缪瑟(Richard Muther)提出了具有代表性的系统布置设计(System Layout Planning，SLP)和系统搬运分析(Systematic Handling Analysis，SHA)理论，运用关系图和关系表来分析设施间的相关程度，从而确定各设施的相对位置。缪瑟的设计技术条理清晰，考虑完善，简明适用，所以在物流中心内部设施布局设计中仍被广泛采用。近年来，随着计算机科学的发展，设计各种计算机算法对物流中心进行优化布局的研究成果很多。利尔(Lee)和莫尔(Moore)等以设施之间的密切度最大为目标，确定一个设施加入到区域中的顺序矢量和相对位置的方法，设计了 CORELAP(Computerized Relationship Layout Planning)布局法和 ALDEP(Automated Layout Design Procedure)布局法的构造型算法。伯法(Buffa)等人则以总搬运费用最少为目标，通过将设施的位置两两交换的方法对一个给定的布局方案进行逐步改进，设计了名为 CRAFT(Computerized Relative Allocation of Facilities Technique)布局法和 MultiPLE(Multi-floor Plant Layout Evaluation)布局法的改进型算法。此外还有用遗传算法、网络覆盖算法、蚁群算法、数据包络算法等来确定设施的最优布局。以下就几种常用的布局方法做简单的介绍。

1. 系统布置设计法

1) 系统布置设计法(SLP)的阶段结构

系统布置设计法是一种逻辑性强、条理清楚的布置设计方法，一般可分为确定位置、总体区划、详细布置及安装实施四个阶段，如图 2-19 所示，在总体区划和详细布置两个阶段采用相同的 SLP 设计程序。

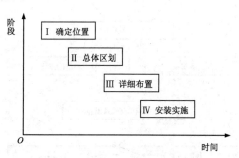

图 2-19　设施布置阶段结构

(1) 阶段 I 确定位置。

在新建、扩建或改建工厂或车间时，首先应确定新厂房坐落的地区位置。在这个阶段中，要首先明确拟建工厂的产品及其计划生产能力，参考同类工厂确定拟建工厂的规模，从待选的新地区或旧有厂房中确定可供利用的厂址。

(2) 阶段 II 总体区划。

总体区划又叫区域划分，就是在已确定的厂址上规划出一个总体布局。在这个阶段，应首先明确各生产车间、职能管理部门、辅助服务部门及仓储部门等作业单位的工作任务与功能，确定其总体占地面积及外形尺寸，在确定了各作业单位之间的相互关系后，把基本物流模式和区域划分结合起来进行布置。

(3) 阶段 III 详细布置。

详细布置一般是指一个作业单位内部机器及设备的布置。在详细布置阶段，要根据每台设备、生产单元及公用、服务单元的相互关系确定各自的位置。

(4) 阶段Ⅳ安装实施。

在完成详细布置设计以后，经上级批准，可以进行施工设计，需绘制大量的详细施工安装图和编制搬迁、施工安装计划。必须按计划进行土建施工和机器、设备及辅助装置的搬迁、安装施工工作。

在系统布置设计过程中，上述四个阶段按如图2-19所示顺序交叉进行。在确定位置阶段就必须大体确定各主要部门的外形尺寸，以便确定工厂总体形状和占地面积；在总体区划阶段就有必要对某些影响重大的作业单位进行较详细的布置。在整个设计过程中，随着阶段的进展，数据资料逐步齐全，从而能发现前期设计中存在的问题，通过调整修正，逐步细化、完善设计方案。

在系统布置设计四个阶段中，阶段Ⅰ与阶段Ⅳ应由其他专业技术人员负责，系统布置设计人员应积极参与。阶段Ⅱ和阶段Ⅲ由系统布置设计人员来完成，因此，我们常说工厂布置包括工厂总平面布置(总体区划)及车间布置或车间平面布置(详细布置)两项内容。

2) 系统布置设计法(SLP)的程序模式

依照系统布置设计思想，阶段Ⅱ和阶段Ⅲ可采用相同的设计步骤——系统布置设计程序，如图2-20所示。

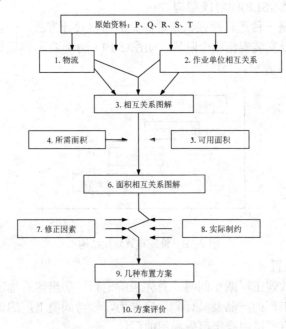

图2-20　系统布置设计程序模式图

在SLP程序中，一般必须经过下列步骤。

(1) 准备原始资料。在系统布置设计开始时，首先必须明确给出基本要素——产品P、产量Q、生产工艺过程R、辅助服务部门S及时间安排T等原始资料，同时也需要对作业单位的划分情况进行分析，通过分解与合并，得到最佳的作业单位划分状况。所有这些均可作为系统布置设计的原始资料。

(2) 物流分析与作业单位相互关系分析。针对某些以生产流程为主的工厂，物料移动是工艺过程的主要部分时，如一般的机械制造厂，物流分析是布置设计中最重要的方面。对某些辅助服务部门或某些物流量小的工厂来说，各作业单位之间的相互关系(非物流联系)

对布置设计就显得更重要了，介于上述两者之间的情况，需要综合考虑作业单位之间物流与非物流的相互关系。

物流分析的结果可以用物流强度等级及物流相关图来表示。非物流作业单位之间的相互关系可以用量化的关系密级及相互关系图来表示。在需要综合考虑作业单位之间物流与非物流的相互关系时，可以采用简单加权的方法将物流相关图及作业单位之间相互关系图综合成综合相互关系图。

(3) 绘制作业单位位置相关图。根据物流相关图与作业单位相互关系图，考虑每对作业单位之间相互关系等级的高或低，决定两作业单位相对位置的远或近，得出各作业单位之间的相对位置关系，有些资料上也称之为拓扑关系。这时并未考虑各作业单位具体的占地面积，从而得到的仅是作业单位相对位置，称为位置相关图。

(4) 作业单位占地面积计算。各作业单位所需占地面积与设备、人员、通道及辅助装置等有关，计算出的面积应与可用面积相适应。

(5) 绘制作业单位面积相关图。把各作业单位占地面积附加到作业单位位置相关图上，就形成了作业单位面积相关图。

(6) 修正。作业单位面积相关图只是一个原始布置图，还需要根据其他因素进行调整与修正。此时需要考虑的修正因素包括物料搬运方式、操作方式、储存周期等，同时还需要考虑实际限制条件如成本、安全和职工倾向等方面是否允许。

考虑了各种修正因素与实际限制条件以后，对面积图进行调整，可得出数个有价值的可行工厂布置方案。

(7) 方案评价与择优。针对得到的数个方案，需要进行技术、费用及其他因素评价，通过对各方案比较评价，选出或修正设计方案，得到布置方案图。

依照上述说明可以看出，系统布置设计法(SLP)是一种采用严密的系统分析手段及规范的系统设计步骤进行布置设计的方法，具有很强的实践性。

2. 关系表布局法

如果已知各物流设施的作业量、作业面积及作业流程，要在一个给定的区域内合理布置这些设施的位置和形状，使物流园区(物流中心、配送中心)内的作业流程顺畅，可以采用此方法。

在系统布置设计法(SLP)中，由关系图生成空间关系图是采用试错法完成的。该方法定量性不强，往往需经过多次尝试。汤普金斯(Tompkins)的一种由相互关系图生成空间关系图的布局方法，称为关系表(Relationship Diagramming)布局法，该方法可以按照一定的逻辑关系进行布局，其主要步骤如下：将物流与作业设施相互关系图转化为关系表；选择 A 级关系最多的设施作为第一设施优先进行布置；选择与第一设施具有 A 级关系的设施作为第二设施进行布置；按照与第一、第二设施为 AA，AB，AC，AD 的排列顺序选择第三设施；依次选择直至结束；根据面积进行实际面积的布置。

3. CORELAP 布局算法

计算机化关系布置规划(Computerized Relationship Layout Planning，CORELAP)布局算法，是利尔(Lee)和莫尔(Moore)于 1967 年发明的一种优化算法。

1) 算法思路

与关系表布局法类似，CORELAP 布局算法也是一种构造型方法。算法首先按一定规则生成一个设施顺序矢量，依照这个矢量的顺序逐个将设施加入到区域中，并尽量使新加入的设施与已有的设施在相对位置上保证关系最密切。布置方案完成后，对其质量指标进行评估。CORELAP 算法在设施顺序矢量的确定、相对位置的选择以及质量指标的计算方面，都是针对设施间的关系程度的衡量，即 CORELAP 算法的出发点是设施之间的关系图(Relation-Chart)，布置的目标是实现设施之间最大的密切度。

2) 布局质量指标

为了对布局方案进行优化，首先需量化两个设施间的关系程度，可将不同的关系等级转换成不同的关系值，关系等级越高，所对应的关系值就应该越大。为简便起见，一般可根据对应规则进行转换。

优化的目标函数值可通过计算任意两设施间的关系值乘以这两设施间最短距离的总和来求得，即

$$Z = \sum r_{ij} d_{ij} \quad i < j$$

式中：r_{ij}——设施间的关系值；

d_{ij}——设施间的距离，一般可采用设施中心间的折线距离。

Z 值越小，布局方案越优，因此，根据该值可以比较不同方案的优劣。

4. ALDEP 布局算法

自动布局设计算法(Automated Layout Design Procedure，ALDEP)与 CORELAP 法类似，也是一种构建型布局算法，其布置基础也是关系图，算法思路也是每次选择一个设施加入布置图，按一定规则寻找其适当的位置，并对方案进行评估。只是设施的选择次序、位置的确定方法和方案评估的指标不相同。

1) 优化目标

设一个物流节点(物流园区、物流中心或配送中心等)由 n 个物流设施组成，已知各物流设施的作业面积需求及各设施间的关系等级。需确定一个设施布局方案 p_0，使各相邻设施的关系值总和达到最大。

从以上问题可以注意到 ALDEP 与 CORELAP 的区别是优化的目标不同。ALDEP 的评估思想是寻求相邻设施关系总和最大的布置为最后布置方案。为强调相邻设施的相互关系，ALDEP 法在将关系转换成关系值时，拉大了不同等级之间数值的差距。

2) 布置设施顺序的确定

为优化布置结果，扩大选择范围，在 ALDEP 中，第一个布置设施的选择方法是随机选取一个设施。之后的选择方法是根据与第一个设施的关系进行排队，直到排到设定的最低关系密切度 TCR。所谓 TCR，这里是指一个关系代码，比如说 TCR=B，则选择与布置设施具有 A、B 关系的设施进入布置排列。对于与先布置设施均为 A 或 B 的布置设施，则随机选择进入布置。

5. CRAFT 布局算法

计算机辅助规划技术(Computerized Relative Allocation of Facilities Technique，CRAFT)是伯法(Buffa)等人于 1964 年提出的。

CRAFT 法是一种改进型的布局算法，对一个初始可行布置方案，它给出一个使总搬运费用减少的调整方法，并保证调整后的方案仍是可行布置方案。

1) 设施交换条件

CRAFT 法中对可行布置方案是将若干个满足一定条件的设施进行交换，为使调整后的布置方案仍然可行，交换的设施需满足具有公共边或面积相等的条件。这种交换条件不是可行交换的必要条件，它是为了使相交换的设施，位置互换后不至于引起其他设施位置的变化。这种交换通常是以两两交换的方式进行的，也可以采用三个设施交换的交换方式，交换的最大次数小于 $n(n-1)/2$。

2) 优化目标函数

CRAFT 的优化目标函数是使总物料搬运费用最少，即

$$\min Z = \sum q_{ij}d_{ij}c_{ij} \qquad i,j = 1,\cdots,n, \text{ 且} i \neq j$$

式中：q_{ij}——设施间的物流量；

d_{ij}——设施间的距离，一般采用设施中心间的折线距离；

c_{ij}——设施间搬运货物单位距离成本。

6. MultiPLE 布局算法

多层厂房设施布置设计(Multi-floor Plant Layout Evaluation，MultiPLE)是类似于 CRAFT 的一种改进型布局算法。

MultiPLE 与 CRAFT 的已知条件(输入数据)相同，都是设施间的物流量矩阵；目标函数也相同，都是使内部搬运成本最少，所不同的是对初始方案进行调整的方法不同。

1) 设施交换方法

MultiPLE 设施间的交换在每次迭代中，选择布置成本下降最大的方案。MultiPLE 与 CRAFT 的区别在于 MultiPLE 的交换可以不局限于两相邻设施之间。这一点主要是通过空间填充曲线 SFC 来实现的。所谓空间填充线 SFC，是指填充一定空间的一条折线。

在曲线 SFC 中，对图中的每个单元只访问一次，恰好能游历整个单元。该曲线事实上确定了布置方案的设施放置位置和形状。若对换两个设施，就是对换这两个设施的放置顺序，从而生成一个新的布置顺序矢量，各设施就可根据自己的面积，沿着 SFC 曲线进行放置，直至生成整个布置。

2) MultiPLE 算法步骤

MultiPLE 算法的思路是对初始布置方案任意进行设施交换，生成新的布置矢量，然后根据 SFC 生成调整后的布置，并计算各设施中心间的直线距离，计算物流费用。循环往复，直至寻找到最低物流费用的布置方案。MultiPLE 算法的计算结果较好，但运算次数是随着设施数的增加而呈指数型增加，故算法只适合对中心规模的设施布局问题进行设计计算。

7. 流程分析布局法

一个企业设施的物料流程是否通畅，关系着该企业的经营绩效，由于收料、制造、装配、仓储至出货等一连串的活动，都是通过物料搬运系统来连接其物料流程，其系统生产效率高低则视物料流程通过工厂的迅速、平稳和流畅程度而定，并且物料的周转率也是企业盈亏的重要指标之一。设施内物料流程的分析与部门间活动关联性分析的重要性均不可忽视，规划者必须了解其个别优缺点，再依设施内部的不同需求特征加以组合运用。

1) 流程动态分析

流程动态分析是使用流程改善的技巧，例如将流程相似的零部件或产品归为一类，尽

量使用类零部件经由相同的流程来移动，或是利用设备使零部件在工厂内自动移动，不需要重复移动等，以使机器、工作站以及各部门得到最有效的安排，提升公司的营运绩效。

设施规划者可针对一般物料管理系统及实体分销系统等宏观流程的内容和系统内物料发生移动的始末，即流程类型进行描述，以确定整体流程的范围和途径。常见流程类型有工作站内流程、部门内流程和部门间流程。

流程分析所需考虑的因素很多，相关的资料又是千头万绪，如何将这些繁复的资料加以系统地整理、分析，让管理对于操作程序、物料流程与活动间的相互关系有一个清晰明确的概念，是物料流程规划的重点，而有关物料流程分析的方法，可分为计量方法和传统方法两种。

计量分析法是使用数学和统计的方法，将流程的流动量、成本或相关系数等变量量化，并建立一个通用的数学模式，再利用作业研究的技术求出各流程的位置，一般会配合计算机来完成复杂的分析计算工作。

传统分析方法以各种图表表示物料所经过的制造程序和作业流程，以作为分析的工具。

2) 整体设施的流程分析

整体设施的流程分析需考虑产品的零件加工装配以及包装等阶段，一般使用三种技术：操作程序图、流程程序图和流程图。

3) 活动关联性分析

设施布局设计是针对企业内部不同部门或不同设备的配置进行安排，使其生产流程能顺利运行而不受干扰。在一个设施内除了生产部门还有其他单位，有些单位也需要良好的流程安排，其中包括：物料流程，由验收、储存、加工到装运出厂；信息流程，指在不同部门间的信息流动；人员流程，工作人员由一个地方移动到另一个地方。活动关联性的分析图形有活动关系图和活动相关线图。

2.2.4 物流通道规划方法

通道规划，首先要分析影响道路交通发展的外部环境，从社会政治、经济发展；有关政策的制定和执行；建设资金的变化等方面，确定道路交通发展的目标和水平，预估未来通道的货流量和流向，确定通道的布局、规模和位置等。物流系统通道应满足货运需求和人流的安全畅通，同时还应满足市政工程管线铺设、日照通风、救灾避难等要求，而且要做到"功能分明、层次清楚、系统连续"，充分发挥道路在物流系统建设和发展中的重要作用。

1. 物流通道的含义

尽管学术界对物流通道的定义尚未统一，但一条完整的物流通道应包括三个方面的含义：一是物理通道，包括由航空、铁路、公路、水运和管道线路及其物流节点设施组成的系统；另一个是服务通道，包括有航班、车次、班列、班轮组成的系统。它是完成物流服务的实物载体；最后是信息通道，通过数据库、互联网以及卫星通信等技术，实现物流节点之间的信息交流，同时掌握与通道中各物流活动的相关信息，为物流活动的管理与决策提供支持。

物流通道与运输通道是两个既相互联系又相互区别的概念，二者在功能和内容上存在交叉。首先，从服务对象上看，运输通道既服务于货物运输，又服务于旅客运输，即运输通道包括客运和货运通道，从这一点上来说，运输通道的范围大于物流通道。其次，从功能上看，物流通道除运输功能外还包括仓储、包装、装卸、搬运、流通加工和信息管理等功能，而除运输功能以外的其他物流功能大多在作为货物收与发节点的物流中心或枢纽内进行，所以物流通道实现的物流功能要远不止运输通道所实现的货物运输功能，从这点上说，物流通道的范围要大于运输通道。

根据以上分析可以得出这样的结论：物流通道是用于满足货物流动的服务设施的总称。具体而言，物流通道除应具有货物运输通道的一般功能和结构特征外，还应包括实现货物的包装、装卸、搬运、流通加工及信息处理功能的物流节点，这些节点即通常所说的物流枢纽或物流中心。

物流通道是指连接物流园区、物流基地、物流中心之间以及它们和外部交通基础设施(包括铁路、公路、水运、航空等货运站场)之间的货运道路系统。物流通道主要是构建快速畅通的货运道路体系，保证物流中心与物流园区、物流节点等各节点之间的各项物流功能顺利实施，达到货畅其流的目的。物流通道结构如图 2-21 所示。

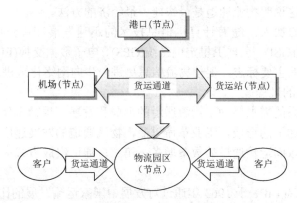

图 2-21　物流通道结构图

2. 物流通道的特征

(1) 物流通道是交通运输网的骨干，具有全局意义。因为它承担着区际货物运输联系的大部分或全部任务，物流通道是否畅通对于运输网整体的效益具有决定性作用。

(2) 运输量大而集中。运量包括区际(省、市际)运量、过境运量、地方运量。在这三部分运量中，物流通道主要是满足区际运量需求。

(3) 信息化程度高。物流通道中的信息交流和管理方式都通过采用先进的技术、设备来实现。

(4) 有一定层次性。高层次的物流通道由多种运输方式组成，通过能力大。能适应各种货物运输需求。低层次的则由单一方式组成或以某一方式为主。并非所有低层次运输通道都可以发展为高层次通道，因为影响通道发展的因素很多。

(5) 联系区域具有扩展性。除直接联系和经过的区域外，物流通道对货运量的吸引还影响到非相邻区域。

3. 物流通道的形成机理与过程

1) 物流通道形成的机理

通过深入研究物流通道的发展，其形成的机理主要有以下几方面。

(1) 产业形成和发展的集聚效应。宏观经济的空间分布是不断发展变化的，区域经济的发展是在少数有利地点首先发展，又从集中至扩散，如此不断向前发展。其结果是，区域分工越来越细，协作也越来越密切。一方面，产业向中心城市集中，进而形成中心城市带、城市连绵区和经济集聚区；另一方面，城市腹地不断扩大形成了相对独立的空间分布格局。经济集中和扩散的结果又致使运输设施不断集聚，成为工业集聚的轴线。

(2) 区际分工与联系。区际产业分工是产生运输联系的主要原因。随着经济的发展，工业化进程逐步加快，不同区域的产业分工更加细化，商品交流规模扩大化、交流方向复杂化。货物交流的流量随之增加，流向更加广阔，运输距离逐步延伸。同时居民的收入水平逐步增加，出行次数和距离随之增加。运输联系的增强首先促使运输干线和通道更加繁忙。国内区际交流如此，国际交流也是同样的趋势。

(3) 运量集中化规律。有研究发现，无论任何国家或地区的交通运输网络，都存在着交通流集中于若干主干线路的现象。这是由运输组织的规律所决定的。因为主干线能力大，行车(驶)密度高、成本低、速度快；承担大批量的货物运输，运输经济效益高，因此为运输组织工作所采用。这说明物流通道是最快捷、最经济的方法。

(4) 信息化管理的加入。随着计算机信息技术的迅速发展和广泛应用，条形码系统(POS)、地理信息系统(GSI)、全球卫星定位系统(GPS)、电子数据交换(EDI)等信息网络技术已成为物流信息革命的主要标志，促使物流信息更进一步向网络化迈进。

2) 物流通道形成的过程

区域货物运输联系的需求推动了物流通道的形成和发展。尽管古代运输联系量小且不频繁，但是仍有物流通道的形成。工业革命以后，物流通道的发展速度加快，表现出三种明显趋势：第一，区域间运输通道的数量增多；第二，通道组成方式多样化；第三，通道的能力不断增强。

美国地理学家泰弗(Taffe)于1963年通过对发展中国家运输发展的比较分析，得到交通发展的典型模式。这也可借以说明物流通道的形成过程。这种模式把运输发展划分为六种序列状态，即六个阶段。

阶段一：分散的天然小港口阶段。在平直海岸线沿海地带，均匀分布着无差异的小港口，这些港口只与其周围的陆地组成一个个封闭的自然经济系统(完成渔业生产)。

阶段二：内地的中心与主要港口的交通连接形成阶段。某些港口由于内地交通线路深入，使这些港口由单纯渔港变成商港，腹地规模决定着商港的规模，而商港的规模经济将吸引附近的港口向其集中，故有交通线深入的港口将逐渐变成运输枢纽。而没有交通线，又距集中港口远一些的港口仍然为分散分布。

阶段三：在内陆伸向港口的交通干线上大力发展支线阶段。通过交通线有效地开发腹地，在交通干线上将按"1/2"效应分布的原理形成小城镇，并由此发展支线。

阶段四：腹地中的交通线顶端之间的交通连接形成阶段。小港口也因沿海港口之间的交通运输开始转移到陆上而减少。这是因为小规模的运输在陆上进行快速、方便且经济。

阶段五：腹地中城镇间交通联系完善阶段。腹地内组成准完全网络，主要港口、内陆大城市以及重要城镇间都有直达交通线。沿海港口间的交通运输完全转移到陆上。

阶段六：经济发展更快并且实现一体化。所有主要中心和一些次要中心直接联系在交通网系统中。同时一些运量大、条件好的交通线或组合发展成为物流通道，这些物流通道连接着主要的大中心，并刺激沿通道的经济加快了发展速度。

物流通道形成模式见图 2-22 所示。泰弗的理论模式，虽然来自对殖民地国家运输发展的研究，但较典型地反映了通道的形成过程；在其他国家或地区，物流通道的形成多数也出于同样的模式。

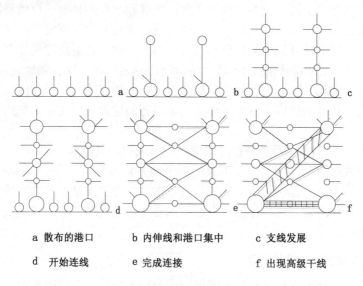

a　散布的港口　　　b　内伸线和港口集中　　　c　支线发展

d　开始连线　　　　e　完成连接　　　　　　　f　出现高级干线

图 2-22　物流通道形成模式图

4. 物流通道形成影响因素分析

从物流通道的形成、发展过程可以看出，物流通道的形成受到自然地理、经济活动模式、人口分布密度、生产力布局、人为规划以及政治等多种因素的影响。

1) 交通基础设施是物流通道形成与发展的前提条件

现代经济活动，尤其是工业活动对运输及其他基础设施的依赖性越来越严重，物流通道的大能力、高速度，能从根本上解决交通问题，然而建设投资也是巨大的。交通运输基础设施和大型物流园区都具有建设周期长、投资量大、涉及面广等特点，这就决定了个人无力全面举办。一个国家或地区在交通基础设施建设上的投资大小受其综合实力及投资决策等诸多因素的制约。然而，只要有巨大的运输需求，就能产生相当大的交通量，通道的建设无疑具有很高的经济效益。

2) 产业的发展与壮大是物流通道发展壮大的主要动力

在通道的发展过程中，沿线的经济因素是主导因素。沿线经济发展水平与特点决定着货运量生成的大小、构成和流向，而货运量又是物流通道形成与发展的基础，具体表现在质与量两个方面。从量上，沿线经济发展诱发的城际、区际运输量需要一条大运能的通道；从质上，沿线生产力水平的提高，对运输的时间性、便利性提出了更高的要求，特别是许多高价值制成品的运量也会增加，这也需要一条快速化、服务水平高的通道。几乎所有的运输通道都会沿通道形成产业带和城镇带，它们反过来又促进通道的发展。

3) 物流节点是物流通道发展的重要依托

物流节点是物流系统的重要组成部分，是组织各种物流活动、提供物流服务的重要场所。商品就是通过这些节点的收入和发出，并在中间存放保管，实现物流系统时间效益，克服生产和消费时间上的分离，促进贸易的顺利运行的。同时，物流节点因其具有的物流服务功能影响着产业布局以及通道空间方位结构。例如，政府圈地建立物流园区等，必然吸引新的企业入驻，由此新的产业布局就会形成，随之为了满足新布局下的物流活动需求，新的物流通道将建立和完善。

4) 自然条件是物流通道发展的物质基础和约束条件

自然条件包括自然资源；地质、地貌条件；气候和水文条件等。自然资源的种类、数量、质量、分布、开发利用条件及地域组合状况直接决定着地区开发的时序、经济发展的状况及该地区在全国地域分工中的地位和作用。另外，物流通道的建设像其他多种交通线路和场站建设一样，受到自然条件不同程度的影响。这种影响反映在物流通道的线路走向、运输方式的构成、站场与港址的选择，也反映在通道的通行能力、限制区段等各个方面。需要指出的是随着科技的进步，自然条件在物流通道的建设与发展中的制约作用正在逐步下降。

5) 各种运输方式的技术经济特性是物流通道形成的关键因素

每种运输方式都包括线路、运载工具、牵引动力、枢纽(站、场、港)等。各种运输方式对于不同类型的物流，提供的运输服务是有差别的。为了满足不同物流的需求，建设物流通道时往往是几种运输方式进行组合，而物流通道由哪几种运输方式组成，取决于各运输方式的不同特性。

5. 物流通道规划技术评价方法

物流通道规划的技术评价是从技术因素方面分析网络的内部结构和功能，以验证规划方案的合理性，为优化和决策提供技术依据。

技术评价的指标可以分为两类：第一类指标反映网络自身的技术状况，而与是否满足运输需求无关，如通道连通度、路网密度、路网覆盖形态等，这些指标能够从网络的连续性、通达性、分布密度、布局等方面描述网络的状况；第二类指标则反映路网对社会经济需求的适应程度，既与网络的能力有关，又与对网络的需求有关，如饱和程度、负荷均匀性等，这些指标可以从网络能力适应需求的程度等方面描述网络的状况。技术评价方法的主要指标和数学模型有以下几种。

1) 通道的连通度 D_n

通道连通度反映的是各节点间的连接程度。其计算公式如下：

$$D_n = \frac{L_n / \varsigma}{\sqrt{AN}} \qquad (2\text{-}11)$$

式中：D_n ——通道连通度；

$\quad L_n$ ——通车总里程；

$\quad A$ ——区域面积；

$\quad N$ ——区域内的节点数；

$\quad \varsigma$ ——变形系数(反映线路的弯曲程度)，通常取 $11\sim13$。

考虑到多种运输方式，式(2-11)可修正为

$$D_{zn} = \sum_{i=1}^{m} \frac{L_i / \varsigma_i}{\sqrt{AN}} \qquad (2\text{-}12)$$

式中：D_{zn} ——综合通道连通度；

$\quad L_i$ ——第 i 种运输方式的通车总里程；

$\quad \varsigma_i$ ——第 i 种运输方式的变形系数；

m ——运输方式的种类数。

2) 通道的可达性

可达性是指在规划区内某一点出发抵达任一目的地的行程距离、行程时间或费用的大小。它反映的是各节点间交通的便捷程度。

路网中某一节点 i 的可达性,可由该节点开始至其他各节点的平均行程时间 T_i 或距离 D_i 表示如下:

$$T_i = \frac{\sum_{i=1}^{N} t_{ij}}{N} \quad i = 1, 2, \cdots, N \tag{2-13}$$

$$D_i = \frac{\sum_{i=1}^{N} d_{ij}}{N} \quad i = 1, 2, \cdots, N \tag{2-14}$$

式中: t_{ij} ——网络中从节点 i 至节点 j 的最短平均行程时间;

　　　d_{ij} ——网络中从节点 i 至节点 j 的最短平均行程距离;

　　　N ——区域内的节点数。

于是,整个路网的可达性,可用所有节点的可达性的均值来表示:

$$\bar{T} = \frac{\sum_{i=1}^{N} T_i}{N} \tag{2-15}$$

$$\bar{D} = \frac{\sum_{i=1}^{N} D_i}{N} \tag{2-16}$$

3) 通道的连续性

连续性指标有两方面的含义。其一是指"运输方式的连续性";其二是指"服务水平的连续性"。运输方式的连续性十分重要。若不同的运输方式不能连续,对运输时间、运输费用、运输质量等诸方面均会产生很大的不利影响。服务水平的连续性主要用于公路网络,不同等级的交通设施具有不同的服务水平,从使用较高服务水平的交通设施(如高速公路)转换到较低服务水平的交通设施(如低等级公路)时,一般将增加交通事故发生率,因此通常要求高速公路网不能有支线端,即使其某些部分交通量很小,也应考虑设置连线,使高速公路能与较高等级的干线公路连接。

4) 通道起讫点之间线路的效率 E

线路效率 E 是一个较为微观的指标,它是在起讫点给定的情况下,最短路线的行程时间(或距离)与实际行程时间(或距离)之比值。这里的最短路线行程时间(或距离)通常可定义为航空线路的时间(或距离)或者某条实际存在的最短路线的时间(或距离)。它反映的是各起讫点之间的交通状况与最佳状况的差距。其计算公式如下:

$$E = \frac{d \sum_{k=1}^{k} f_k}{\sum_{k=1}^{k} d_k f_k} \tag{2-17}$$

式中: E ——某起讫点之间的线路的效率;

　　　f_k ——该起讫点间线路 k 上的交通量;

　　　d_k ——该起讫点间线路 k 的行程时间(或距离);

d ——该起讫点间航空线路的行程时间(或距离)。

如果规划在一些起讫点间增加新线路，设这些起讫点的确定有若干个方案。则用上式可计算出各个方案实施后的线路效率 E'，在某起讫点间增加新线路相对于在其他起讫点间增加新线路的重要程度(等级) W 为

$$W = \frac{\sum_{K=1}^{K} f_k}{E'} \qquad (2\text{-}18)$$

上式表明，在某起讫点间增加新线路的重要程度，与该起讫点间的交通量成正比，与该起讫点间的线路效率成反比。这就是说，该起讫点间的交通量越大，越需增加新线路；效率越低，越需增加新线路。

利用起讫点间的线路效率指标，可考察在该起讫点间增加新连线的规划方案是否提高了线路效率以及新线路的重要等级，从而对方案进行精细的改进及调整。

5) 通道适应性 α 与 β

适应性就是通道规划方案所能达到的运输能力对国土、人口和经济适应状况的指标。适应性可用通道适应系数 α 和通道适应度指标 β 来表示。其计算公式如下：

$$\alpha = \frac{L}{\sqrt{SP}} \qquad (2\text{-}19)$$

或

$$\alpha = \frac{L}{\sqrt[3]{SPQ}}$$

以及

$$\beta = C/Q \qquad (2\text{-}20)$$

式中： α ——通道适应系数；

β ——通道适应度指标；

L ——通道总长度，km；

P ——人口数量，万人；

S ——区域面积，km²；

Q ——运输量，万吨；

C ——运输能力，万吨。

通道适应系数 α 反映网络对于区域面积、人口与运输需求的适应状况，通道适应度指标 β 则表示运输能力适应运输需求的程度。

6) 通道路网饱和程度 V/C

饱和程度又称通道路网能力适应度，它是公路网特有的指标，反映公路网的能力适应需求的程度，也反映出公路网的拥挤程度。饱和程度等于运网上的实际交通量与设计容量的比值。其计算公式如下：

$$V/C = \frac{\sum_{i=1}^{n} V_i l_i}{\sum_{i=1}^{n} C_i l_i} \qquad (2\text{-}21)$$

式中： V_i ——第 i 条道路(包括公路、铁路、航道)的交通量；

C_i ——第 i 条道路(包括公路、铁路、航道)的容量；

l_i ——第 i 条道路(包括公路、铁路、航道)的长度；

V/C ——饱和程度；

n——道路的总数。

饱和程度是一个十分重要的指标，用饱和程度 V/C 可以对公路网给出一个直观的、综合性的评价结论。据我国交通部公路科学研究所的研究成果，将公路干线网的状况采用如下评语集：{超前，适应，基本适应，不适应，很不适应}，其评价标准如下。

当 $V/C \leqslant 0.7$ 时，超前(指干线路网的能力超前于需求)，这时所有路段的 V/C 均小于 1，且有较多路段的交通量远未达到其通行能力；

当 $0.7 < V/C \leqslant 0.85$ 时，适应，这时基本上所有路段的 V/C 均小于 1；

当 $0.85 < V/C \leqslant 1$，基本适应，这时除少数路段外，大多数路段的 V/C 均小于 1；

当 $1 < V/C \leqslant 1.5$，不适应，这时有相当多的路段的 V/C 均大于 1；

当 $1.5 < V/C$，很不适应，这时几乎所有路段的 V/C 均大于 1。

7) 通道负荷的均匀性 η

通道负荷均匀性也是公路网特有的评价指标，它反映区域内各线路上拥挤状况的差异程度。其计算公式如下：

$$\eta = \sqrt{\frac{1}{n}\sum_{i=1}^{n}(V_i/C_i - V/C)^2} \tag{2-22}$$

式中：η——负荷均匀性指标；

n——道路总数；

V_i——第 i 条道路的交通量；

C_i——第 i 条道路的设计容量；

V/C——饱和程度。

8) 通道铺面率 PR

铺面率是公路特有的指标，它是指路面道路里程占公路总里程的比重。这里的"有路面"的道路包括具有高级、次高级、中级和低级所有经过人工适当处理的路面的道路。铺面率反映道路的质量，如行车的全天候性问题(即晴雨通车问题)、扬尘与颠簸问题等。其计算公式如下：

$$PR = \frac{\sum_{k=1}^{k}L_k^f}{\sum_{i=1}^{I}L_i} \tag{2-23}$$

式中：PR——铺面率；

L_k^f——第 k 条有路面的道路的长度；

L_i——第 i 条道路的长度；

k——有路面的道路的总数；

I——道路的总数。

铺面率的超前与否也有一定的判断标准。据我国交通部公路科学研究所的研究成果，将公路铺面率状况采用如下评语集：{超前，适应，基本适应，不适应，很不适应}，其评价标准如下：

当 $95\% \leqslant PR$ 时，超前；

当 $90\% \leqslant PR < 95\%$ 时，适应；

当 $80\% \leqslant PR < 90\%$ 时，基本适应；

当 60%≤PR <80%时，不适应；

当 PR <60%时，很不适应。

9) 通道路网密度 HD

路网密度描述区域内路网的密集程度，它等于平均单位国土面积上的道路里程长度。其计算公式如下：

$$HD = \frac{\sum_{i=1}^{n} l_i}{A} \tag{2-24}$$

式中，l_i 为第 i 条道路(包括铁路、公路、航道)的长度；A 为区域土地面积。

路网密度也可定义为区域内每万人口或每万元产值所拥有的道路长度。一般认为，通道路网密度越大越好，但通道路网密度越大，意味着需要的建设资金越多，对环境等影响也越大，因此通道路网密度应当有一个合理的量。通道路网密度反映了交通运输网络建设的总体规模与水平。通过不同地区或国家之间的横向比较，可以评价通道路网密度的宏观规模的合理性。一般来说，一个国家的路网密度与该国的经济发展水平和人口密度的关系最为密切，经济发展水平和人口密度越高，对交通运输的需求就越大，因而路网密度也越高。这一关系可由下述数学模型表示：

$$HD = K \cdot PD^{\alpha} \cdot PG^{\beta} \tag{2-25}$$

式中：HD——路网密度，km / km^2；

PD——人口密度，人/km^2；

PG——人均国民生产总值，美元；

K，α，β——参数。

分别将世界上发达国家、发展中国家、国内其他地区的有关数据作为样本，用回归分析法确定上式中的参数，建立不同的回归模型，可以将待评价区域的路网密度与发达国家、发展中国家、国内其他地区进行横向比较，判断出本区域现状网络与规划网络是否适应社会经济发展及其处于何种水平。

10) 路网平均技术车速

路网平均技术车速是一个评价公路网的指标，它是以各路段的长度为权重得到的整个路网的平均技术车速。其计算公式如下：

$$V = \frac{\sum_{i=1}^{m} V_i L_i}{\sum_{i=1}^{m} L_i} \tag{2-26}$$

式中：V——路网平均技术车速，km / h；

V_i——第 i 条路段的平均技术车速，km / h，根据该路段的道路等级获得；

L_i——第 i 条路段的长度；

m——路网中路段的总数。

合理的路网平均技术车速应高于汽车的燃油经济车速。对于水运网，可用平均航速来反映这一指标。

上述 10 个指标是描述交通运输网络的主要指标。在应用时，不必对每个指标都进行计算，而应突出重点，根据具体情况选择其中的几项指标进行计算、分析与评价。在这 10 个指标中，一般认为饱和程度 V/C、负荷均匀性 η、通道连通度 D_n、通道可达性、通道路网密度 HD 是较为重要的指标。

2.2.5　物流预测方法

对很多企业来说，需求变得越来越多样化和不确定，这有时可归因于终端顾客的喜好变化非常快，但是供应链本身也是需求不确定的来源。在这一形势下，物流量的预测对于物流企业的战略化发展就显得更为重要。但是，由于我国物流企业还处于起步阶段，对于预测所需要的历史数据，统计还很不完整，也很不科学。在这种情况下，如何提高物流量预测的精度，就显得尤为重要。同时对交通量进行科学预测也是完成物流规划的基础性工作。因此，选择合适的预测方法对预测目标进行预测是保证预测准确的先决条件。

1. 物流量定性预测方法

定性预测在人们的社会活动中应用最为广泛，在科学技术还不发达的时代，人们就是依靠着定性预测的方法来预测事物的未来，从而指导人们的生产活动。所谓定性预测就是人们根据自己掌握的实际情况、实践经验、专业水平，利用判断、直觉、调查或比较分析等方法，对经济发展前景的性质、方向和程度做出的判断，有时在对事物分析的基础上也可以给出数量估计。

1) 定性预测方法的优势

定性预测方法的优势是需要的数据少、能考虑无法定量的因素、简便易行，在缺乏足够统计数据和原始资料的条件下，可以根据经验做出一些定性估计和得到从资料上不能直接得到的信息，这种预测方法很大程度上取决于政策和专家的努力，而不是技术基础，因此，它是一种不可缺少的灵活的经济预测方法。

2) 定性预测方法的劣势

定性预测方法的劣势是人的主观因素影响太大，方法很难标准化，准确性很难把握。

3) 定性预测方法的适用范围

在掌握的数据不多、不够准确或主要影响因素是难以量化的、模糊的、主观的情况下，常采用定性预测方法。当经济环境、系统结构发生大的变化，或建立新的系统时，如新产品需求预测、新技术的影响等，这是无法用定量预测方法进行预测的，而这时定性预测就是一种行之有效的方法。系统中一些无法定量的因素，只能通过判断，进行定性分析及预测。如：党和国家方针政策的变化与消费者心理的变化对市场供需变化的影响等。另外，在进行定量预测时也需要进行定性分析及定性预测。如确定预测问题的影响因素、对预测值的修正、对突变因素影响的预测等。由于物流量预测本身的特点，在物流量预测中定性预测在整个预测工作中，更是不可缺少的预测方法。

4) 应用定性预测方法时注意的问题

(1) 由于定性预测的特点，其受人的主观因素的影响较大。因此，在预测时专家的选择非常重要。

(2) 在进行市场调查研究及收集资料时，应尽量使定性分析的结果数量化。

(3) 要提高经济预测的质量，应注重定性预测和定量预测相结合。

5) 定性预测方法举例

(1) 头脑风暴法。

头脑风暴法又叫智暴法(Brain Storming Method)，是由奥斯本(Osborn)于 1939 年首次提出，1953 年正式发表的，并很快就得到了广泛的应用。在我国是在改革开放以后才引入的，但很快就得到了重视。它应用的基本原理是通过一组专家共同开会讨论，进行信息交流和互相启发，从而诱发专家们发挥其创造性思维，促进他们产生"思维共振"，以达到互相补充，并产生"组合效应"的预测方法。它既可以获取所要预测事件的未来信息，也可以弄清问题，形成方案，搞清影响，特别是一些交叉事件的相互影响。

头脑风暴法可分为创业头脑风暴和质疑头脑风暴两种。前者是组织专家对所要解决的问题开会讨论，各持己见地、自由地发表意见，集思广益，提出所要解决问题的具体方案；后者是对已经制订的某种计划方案或工作文件，召开专家会议，由专家提出疑问，去掉不合理或者不科学的部分，补充不具体或不全面的部分，使报告或计划趋于完善。

它应用的原则有以下几点。

① 对象一致。专家的选择要与预测的对象一致，而且要有一些知识渊博、对问题理解较深的专家参加。一般来说，要有以下几个方面的专家参加会议，即方法论学者，也就是预测专家；设想产生者，也就是专业领域内的专家；分析者，指专业领域内的高级专家；演绎者，指有较高思维推断能力的专家。

② 互不相识。被挑选的专家最好彼此互不相识。如果是彼此相识，应从同一职称或级别中挑选。在会议上不公布专家所在的单位、年龄、职称或职务，让专家们认识到与会者一律平等、一视同仁。

③ 环境条件。要为头脑风暴法创造良好的环境条件，以便专家高度集中注意所讨论的问题。就是要有一个真正自由发言的环境，会议主持者要说明政策，使专家没有顾虑，做到知无不言，言无不尽。如果没有这种环境，就难以产生共振。

④ 综合比较。顾虑参加者对已经提出的设想进行改进和综合，为修改自己设想的专家提供优先发言的机会。

⑤ 思维共振。主持会议者在会议开始时要有诱发性发言，尽量启发专家的思路，引导专家产生思维共振。

⑥ 专家负责。对头脑风暴会议的领导工作，最好委托预测专家负责。预测专家不仅熟悉预测程序和处理方法，而且对所提的问题和科学辩论均有充足的经验。

(2) 德尔菲法。

德尔菲法(Delphi Method)又称为专家调查法，是由美国兰德公司的达尔基(Dalkey)和赫尔默(Helmer)于 1964 年正式提出的。在正式提出此法后，很快就在世界上盛行起来。在初始阶段，大多数预测案例都是科技预测的内容，因而该法被许多人误解为只是科技预测的一种方法，但实际上并非如此。现在，此法的应用遍及社会、经济、科技等各个领域，而且应用频率较高。

德尔菲法的应用过程是由主持预测的机构确定预测的课题并选定专家，人数多少视具体情况而定，一般是 10～50 人。预测机构与专家联系的主要方式是函询，专家之间彼此匿名，不发生任何横向联系。通过函询收集专家意见，加以综合、整理后，再反馈给各位专家，征求意见。这样反复经过 4～5 轮，尽管每个专家发表的意见各有差异，但由于参加讨论的专家人数较多，会出现一种统计的稳定性，使专家的意见趋于一致，作为最后预测的根据。它主要步骤有如下几个。

① 第一轮函询调查。一方面向专家寄去预测目标的背景材料，另一方面提出所需预测的具体项目。这轮调查，任凭专家回答，完全没有框框。专家可以以各种形式回答有关问

题，也可向预测单位索取更详细的统计材料。预测单位对专家的各种回答进行综合整理，把相同的事件、结论统一起来，剔除次要的、分散的事件，用准确的术语，进行统一的描述，然后反馈给各位专家，进行第二轮函询。

② 第二轮函询。要求专家对与所预测目标有关的各种事件发生的时间、空间、规模大小等提出具体的预测，并说明理由。预测单位对专家的意见进行处理，统计出每一件事可能发生日期的中位数，再次反馈给有关专家。

③ 第三轮评价。各位专家再次得到函询综合统计报告后，对预测单位提出的综合意见和论据进行评价，重新修正原先各自的预测值，对预测目标重新进行预测。

上述步骤，一般通过四轮，预测的主持者应要求各位专家根据提供的全部预测资料，提出最后的预测意见。若这些意见趋同或者基本一致，即可以此为根据进行预测。

挑选的专家必须要对预测目标比较了解，并有丰富的实践经验或较高的理论水平，对预测目标有一定的见解。专家既可以是教授、理论研究人员或工程师，也可以是有一定工龄的工人或管理人员。专家可以由本单位专家推荐，也可以从报刊上视其研究成果来挑选，还可以通过上级部门介绍、查询专家档案数据库等方法来进行挑选。

特别需要注意的是专家函询调查表的设计。应该根据预测目标，设计出合适的调查表。不同的课题应该有与之对应的函询表，设计表格时应该遵守一些共同的原则。首先，要把调查预测的问题讲清楚，尽量避免模糊语言，时间、数量的指标都要一清二楚，不要含糊不清、模棱两可；其次，表格要力求简明，提出的问题不能太多，使填表者不致因填表而厌烦；最后，提出的问题不要脱离预测目标，也不要对专家的回答提出任何附加条件，要让专家自由、心情舒畅地回答问题；表中要明确专家寄回表格的最晚时间。

随着我国社会、经济、科技的进一步发展，德尔菲法的应用也越来越广泛。我国结合自己的具体情况，对它做了一些改进，进一步拓广了德尔菲法的应用范围。例如，采用书面调查与会议调查相结合的方法，部分取消匿名性，部分考虑专家的权威性，对专家的答卷数据采取加权处理。根据课题的难易和经费、时间的充足性程度，可适当减少反馈的次数，有时又可以在专家反馈一至二次后，再召集一小批专家面对面进行讨论，做出预测结果。这种方法我们称为广义的德尔菲法。

除以上常用的方法之外，还有市场调查法、专家评估法、主观概率法、交叉影响法等，这些方法的应用要根据具体的预测问题灵活地掌握。

2. 物流量定量预测方法

定量预测的方法有很多，据统计，至少有一百多种，比如指数平滑预测模型、灰色预测模型、回归预测模型等。前二者属于时间序列预测模型。由于物流量预测自身的特点，在用到这些具体的定量预测方法时，尤其要注意预测目标的历史数据应如何进行处理，如何选择适当的预测模型。

1) 时间序列预测模型

时间序列预测法是利用预测目标历史数据的统计规律来进行预测。

(1) 时间序列预测方法的优点。

① 不需要了解预测目标的影响因素，它认为所有的影响因素都归在时间序列数据的波动之中。这样对历史数据的要求仅仅局限在预测目标上，而不必考虑其他影响因素的历史数据。也就是说，历史数据的收集和整理的工作量远远小于回归模型。

② 预测模型的建立较回归模型容易。时间序列预测模型的建立只需要考虑一组数据的

变化趋势，这样比考虑多个因素、多组数据要容易得多。

③ 短期预测精度较高。

(2) 时间序列预测模型的劣势。

无法揭示系统内各因素之间的关系，它仅仅将时间作为预测目标的影响因素。但预测的目的是在了解未来的基础上，对系统进行规划和控制。物流系统的发展必须了解影响系统发展的主要因素。而时间序列预测方法并不具备此项功能。

(3) 时间序列预测模型的适用范围。

① 当预测目标相关因素的历史数据难以收集时。

② 仅需要了解预测目标的发展趋势。

③ 预测目标的历史数据较完整。

(4) 应用时间序列预测模型必须注意的问题。

时间序列预测模型有许多种，由于每一种时间序列预测模型都有它的针对性和适用范围，在采用时间序列预测模型进行预测时应对每一种模型的特点有一定的了解，否则盲目地选择某一种预测方法，很难保证预测精度。

2) 回归预测方法

(1) 回归预测模型的优势。

建立回归模型，必须进行系统中各主要因素的相关分析，通过系统的相关分析能了解系统中各要素之间相互依存紧密程度的定量描述，通过系统的回归分析可以揭示预测目标在发展过程中与其主要影响因素之间的定量关系，一旦回归模型建立，只要知道预测目标的影响因素(自变量)的值，就能通过模型直接得到预测目标(因变量)的值。因此，回归模型既可以作为预测模型，又能对系统的结构进行描述和分析，使决策者能从模型中了解到影响预测目标值的主要原因，从而能做出更为科学的决策。

(2) 回归预测模型的缺陷。

① 历史数据质量要求高。由于系统因素之间的相关分析及回归预测模型的建立需要充分而完整的数据，如果没有足够的历史数据作为基础，就无法有效地建立回归模型。

② 系统结构要求稳定。由于因素之间的数量关系是由系统的结构所决定的，一旦进行技术改造等影响系统结构的环境发生变化，则系统中各因素之间的数量关系就会发生变化，仅靠历史数据建立起来的回归模型，其预测精度就会受到很大的影响。

③ 回归模型的建立难度较大。回归模型的理论模型的建立往往是首先描绘历史数据因素之间关系的散点图，分析散点图曲线与什么理论函数接近。然后对其进行检验，选择描述这些变量之间关系较理想的函数形式来近似地表示历史数据所描述的因素之间的关系。由于影响因素可能很多，并且随机因素对系统的影响往往很难用一个确定的函数来描述或者是多个函数的叠加和组合，因此需要有较强的数学建模水平。人们为了计算简单，常常采用线性回归法进行预测。但是，真正的实际问题是因素之间的关系往往是非线性的关系，那么用线性模型代表非线性的问题，其误差可想而知。非线性问题的复杂性给建模带来了很大的难度。

(3) 回归预测模型的适用范围。

由回归模型的优劣势的分析可知，当系统及预测内容具有下述特性可采用相关回归预测模型进行预测。

① 当系统预测所需要的历史数据较完整时。

② 当需要了解各因素之间的关系时。

③ 在系统较稳定的情况下。

(4) 应用回归预测模型时必须注意的问题。

① 对回归模型中的自变量和因变量必须做相关分析。了解其因素之间的相关程度到底有多大，因为回归分析是对具有因果关系的影响因素(自变量)和预测目标(因变量)所进行的数理统计分析。自变量与因变量的相关程度，影响到预测值有效性的大小。实际上，只有在分析了自变量与因变量之间的相关性以后，我们才能最终确定因变量的主要影响因素，并进行回归分析。

② 回归模型的函数形式一定要符合历史数据的规律。也就是自变量与因变量之间的函数关系描述得是否准确直接影响预测的精度。

③ 模型参数估计的方法选择。对于回归模型的参数估计其方法有多种，特别是非线性回归模型的参数估计，方法的选择是否恰当直接影响预测结果。在选择参数估计方法时要了解该方法所产生的误差特性。

3. 物流量组合预测方法

人们对于组合预测方法的研究范围很广，有关于各种定量预测方法结合起来运用的组合预测方法，也有关于将定性预测方法与定量预测方法结合起来运用的组合预测方法。我们这里的组合预测方法是指前者。

在做预测时，对同一预测对象常采用不同的预测方法。不同的预测方法由于所使用的数据、信息不同，或者由于其本身预测特性的不同，其预测精度往往也不尽相同。如果简单地根据各种预测方法的误差将预测误差较大的一些方法舍弃掉，将会造成预测方法的片面化、单一化，其预测结果可能会出现较大的偏差。目前流行的一种较为科学的做法是：将不同的预测方法进行适当组合，利用各种方法不同的预测特性，尽可能地提高预测精度。

目前对组合预测方法的研究主要集中在关于各个预测方法权重的确定上。一般来说，可把组合权重分为两种，一种是定常权重，一种是时变权重。定常权重研究较早，确定方法较为成熟，但由此构成的组合预测方法的权重不随时间的变化而变化，所以预测精度较差；时变权重的研究虽然起步较晚，确定方法仍处于探讨阶段，但由此构成的组合预测方法的权重会随着时间而改变，所以预测精度明显高于定常权重组台预测方法，但是因为变权函数是随时间的变化而变化的函数，所以它的确定比较困难。

目前关于定量预测的模型有很多，估计达 100 多种，常用的模型主要有指数平滑模型、灰色系统模型、回归模型以及神经网络模型等。根据这些预测模型得出各个预测值之后，就要根据组合预测来确定预测目标的最终预测值。

1) 定常权重的确定

如果某预测问题在时刻 1 到时刻 n 的实际观察值分别为 $y_1 \sim y_n$，记为 $y_i\,(i=1,2,\cdots,n)$，而对此预测问题有 m 种预测精度较好的预测方法，其预测值分别记为 $f_{ij}\,(i=1,2,\cdots,n$；$j=1,2,\cdots,m)$。设对这 m 种预测方法的加权系数为 $w_j\,(j=1,2,\cdots,m)$，$\hat{y}_i$ 为该预测问题在时刻 i 的预测值，由此我们可以把这一组合预测模型描述为：

$$
\begin{cases}
\hat{y}_i = \sum_{j=1}^{m} w_i f_{ij} & i=1,2,\cdots,n \\
\sum_{j=1}^{m} w_j = 1
\end{cases}
\tag{2-27}
$$

w_j 应该满足归一化的条件，而它的计算方法有多种，对于定常权重的确定我们有如下方法。

(1) 算术平均法。

这种方法也称为等权平均法，它不考虑各模型预测效果的差别，而是直接对各个模型的预测值进行算术平均。由于这种方法的计算比较简单，所以是一种比较常用的计算权重的方法。如果有 m 个预测模型，那么各个预测模型的权重 w_j 都为 $1/m$。

(2) 方差倒数法。

这种方法是根据各个模型方差的大小来确定权重的，方差越大，权重越小。我们设第 j 个预测模型的方差为 D_j，则 $D_j = \dfrac{1}{n}\sum_{i=1}^{n}(y_i - f_{ij})^2$，进行归一化处理，那么此模型的权重：

$$w_j = D_j^{-1} \bigg/ \sum_{j=1}^{m} D_j^{-1} \tag{2-28}$$

(3) 均方差倒数法。

顾名思义，这种方法是与上面的方差倒数法类似，以各个模型均方差的大小来确定权重，第 j 个模型的权重：

$$w_j = D_j^{-\frac{1}{2}} \bigg/ \sum_{j=1}^{m} D_j^{-\frac{1}{2}} \tag{2-29}$$

(4) 专家确定法。

由于受外界多种因素的影响，有些模型虽然预测的拟合度不如另外一些模型好，但它更能准确地反映预测对象的发展规律，但这些因素的影响是无法从数学上直接计算出来的。那么我们可以咨询专家意见或者运用特尔菲法来确定各种预测模型的权重。

除以上这些方法之外，还有二项式系数法、简单加权法等确定权重的方法。

2) 时变权重的确定

对于时变权重的确定有如下方法。

首先做一些必要的符号说明：设对于同一预测问题，我们有 n 种预测模型，并假设

$Y(t)$：第 t 期的实际观察值（$t = 1, 2, \cdots, N$）；

$\widehat{Y}(t)$：第 i 个预测模型预测的第 t 期的值；

$w_i(t)$：第 i 个预测模型在第 t 期的加权值；

满足
$$\begin{cases} \sum_{i=1}^{n} w_i(t) = 1 & t = 1, 2, \cdots, N \\ w_i(t) \geq 0 & i = 1, 2, \cdots, n \end{cases} \tag{2-30}$$

$\widehat{y}(t) = \sum_{i=1}^{n} w_i(t)\widehat{y}_i(t)$，变权组合预测模型的第 t 期预测值。

我们记 $\widehat{e}_t = \dfrac{\widehat{y}(t) - y(t)}{y(t)}$（$1 \leq t \leq N$），$z = \max(|\widehat{e}_t|)$ 基于决策论中极大极小原则，即要使 z 的值达到最小。其中 $\widehat{y}(t) = \sum_{i=1}^{n} w_i(t)\widehat{y}_i(t)$；$\sum_{i=1}^{n} w_i(t) = 1$；$t = 1, 2, \cdots, N$；$w_i(t) \geq 0$。

然后我们可以用 $u_i = \dfrac{|e_t| + e_t}{2}$，$v_t = \dfrac{|e_t| - e_t}{2}$（当 $e_t \geq 0$ 时，$u_t = e_t$，$v_t = 0$；当 $e_t < 0$ 时，$u_t = 0$，$v_t = -e_t$）来替换 e_t，则有 $|e_t| = u_t + v_t$，$e_t = u_t - v_t$，从而可建立如下的线性规划模型：

$$\min z \begin{cases} z - u_t - v_t \geqslant 0 \\ \overline{e}_t - u_t + v_t = 0 \\ \sum_{i=1}^{n} w_i(t) = 1 \\ z \geqslant 0, \ u_t \geqslant 0, \ v_t \geqslant 0, \ w_i(t) \geqslant 0 \qquad i = 1, \cdots, n; \ t = 1, \cdots, N \end{cases} \tag{2-31}$$

这里

$$\overline{e}_t = \sum_{i=1}^{n} w_i(t) \frac{\widehat{y}_i(t) - y(t)}{y(t)} = \sum_{t=1}^{n} w_i(t) \frac{\widehat{y}_i(t)}{y(t)} - 1$$

$$= \left(\frac{\widehat{y}_i(t)}{y(t)}, \cdots, \frac{\widehat{y}_n(t)}{y(t)} \right) (w_1(t), \cdots, w_n(t))^{\mathrm{T}} - 1$$

我们令

$$\overline{Y}_i = (\widehat{Y}_i(t)/y(t), \cdots, \widehat{Y}_n(t)/y(t)) \quad w_i = (w_1(t), \cdots, w_n(t))^{\mathrm{T}}$$

然后把以上模型整理可以得到：

$$\min z \begin{cases} z - u_t - v_t \geqslant 0 \\ \overline{Y}_i w_i - u_t + v_t = 1 \\ \sum_{i=1}^{n} w_i(t) = 1 \\ z \geqslant 0; \ u_t \geqslant 0; \ v_t \geqslant 0; \ w_i(t) \geqslant 0 \qquad i = 1, 2, \cdots, n; \ t = 1, 2, \cdots, N \end{cases} \tag{2-32}$$

以上线性规划模型含有 $nN + 2N + 1$ 个未知量，有 $3N$ 个约束条件，可以通过其对偶问题求得其最优解，从而得到最佳的变权重系数 $w_i(t)$（$i = 1, 2, \ldots, n$；$t = 1, 2, \ldots, N$）。

除了这种方法以外，计算时变权重的方法还有以绝对误差和达到最小法、以误差平方和达到最小的方法以及模糊组合预测方法等。

3) 评价指标

任何预测都必须以一定的标准来检验它的预测效果，即预测精度。我们可以用以下指标来评价组合预测方法的好坏。

(1) 平方和误差。

$$\mathrm{SSE} = \sum_{i=1}^{n} (\widehat{y} - y_i)^2 \tag{2-33}$$

(2) 平均绝对误差。

$$\mathrm{MAE} = \frac{1}{n} \sum_{i=1}^{n} |y_i - \widehat{y}_i| \tag{2-34}$$

(3) 均方误差。

$$\mathrm{MSN} = \frac{1}{n} \sqrt{\sum_{i=1}^{n} (\widehat{y}_i - y_i)^2} \tag{2-35}$$

(4) 平均绝对百分比误差。

$$\mathrm{MAPE} = \frac{1}{n} \sum_{i=1}^{n} \frac{|y_i - \widehat{y}_i|}{y_i} \tag{2-36}$$

(5) 均方百分比误差。

$$\mathrm{MSPE} = \frac{1}{n} \sqrt{\sum_{i=1}^{n} \left(\frac{\widehat{y} - y_i}{y_i} \right)^2} \tag{2-37}$$

4) 存在的问题

由于组合预测方法的研究起步比较晚，参考有关的文献资料以及分析方法，目前关于组合预测的研究主要存在以下问题。

(1) 对于负权重的看法。

目前预测界对于负权重问题还存在着一些争议。有人提出了一种最优组合预测方法，它根据过去一段时间内组合预测误差最小的原则来求取各个单项预测方法的权重系数向量，那么这样就有可能产生负权重。但有些人对负权重持否定态度，因为权重表示对某种方法的偏重程度，而负权重并没有实际的物理意义，从理论上说不通。

(2) 预测精度的确定。

部分组合预测方法在求取组合预测精度时，根据已知的时刻 1 至时刻 n 的实际观察值 y_i（$i=1,2,\cdots,n$）和各单项预测值 f_{ij}（$i=1,2,\cdots,n$；$j=1,2,\cdots,m$），求出权重 w_j（$j=1,2,\cdots,m$），然后又将 w_j 与时刻 1 至时刻 n 的单项预测值 f_{ij} 相乘，得出组合预测值 $\hat{Y}_i$，再计算出预测精度。这种做法是错误的。因为 w_j 是根据各实际观察值与预测值得出的，不能再反代入时刻 1 至时刻 n 来求预测精度。我们求出的权重应该代入 $n+1$ 时刻的单项预测值，得出 $n+1$ 时刻的组合预测值，再结合 $n+1$ 时刻的实际值，进一步求出预测精度。

(3) 对组合预测权重的看法。

组合预测方法并不一定会比单项预测方法更为准确；同样，时变权重组合预测方法也并不一定会比定常权重预测方法准确。因为我们是以先前的已经过去的时刻 1 至时刻 n 的观察值以及在此时间段内各单项预测值的误差作为标准来确定组合预测方法中各单项预测方法的权重的，有可能某单个预测方法的误差虽然比较大，但预测对象未来的发展趋势更接近此单个预测方法。

组合预测方法是预测学理论研究的重要内容，它在我国已经得到了一定的发展，并且在许多方面的应用取得了比较好的效果，但由于它的起步比较晚，所以在理论上还很不完善。

4. 物流量定性与定量预测结合方法

在许多预测中，人们往往只重视定量预测，片面追求使定量预测的误差达到最小，从而忽视了定性预测。由于定量预测有其自身的局限性，比如时间序列预测模型是根据惯性原则而对未来进行的递推，而预测对象未来不一定就会按照以前的趋势发展；回归模型中自变量之间的相关关系以及它们的发展趋势也可能较难确定。特别对于物流系统内的物流量预测来说，我们必须结合当前预测对象所处环境的变化趋势以及影响预测对象各种因素的变化趋势，参考相关专家的意见等，看预测值是否合理，是否需要进行调整，从而确定最终的预测值。

我们先比较一下定性预测与定量预测的特点。

(1) 定量预测不能识别预测趋势的转折，比如有时受政策影响，物流量的增长呈现波动式或者跳跃式，这时定量预测就不能体现这种变化。而这种转折点究竟是暂时的还是长期的，必须依赖于定性判断。

(2) 定量预测不能充分运用历史数据所包含的信息。比如：有些时间序列方法比较容易忽视较早的历史数据所包含的信息，而过分依赖近期数据。与此相反，回归预测模型则轻视近期数据所包含的信息，它赋予所有历史数据相同的权重。定性预测可以充分利用各种信息，包括有关预测环境的信息、过去类似的信息等，使预测工作者可以充分利用经验，结合各种信息做出判断。

(3) 定量预测的最大优点在于它的客观性。只要选择好适当的模型，任何人应用同样的数据都会得到相同的预测结果。定性预测则不一样，根据同样的信息，不同的人可以得出完全不同的结论，它受预测者的性格、经验、阅历方面的影响较多。

关于定性预测与定量预测的结合运用，主要有三种方法。

1) 定量修正定性的方法

这种方法即先做定性预测，然后用定量的方法修正定性的预测结果。因为定性预测结果很大程度上是受预测者知识水平和经验等的影响，定性预测结果可能存在系统偏差和回归偏差。在做出定性预测后，再用定量方法来对定性预测所产生的这些偏差进行修正。

我们把一个预测结果的均方差分成三个部分：

$$M = (\bar{Y} - \bar{F})^2 + (S_F - \rho S_Y)^2 + (1 - \rho)^2 S_Y^2 \tag{2-38}$$

其中 $\bar{Y}$ 和 $\bar{F}$ 分别表示实际值和预测值的均值，S_F 和 S_Y 分别表示预测值和实际值的标准差(即各个值与均值的差的平方和，开方后再平均)，ρ 表示预测值和实际值的相关系数。

在式(2-38)中，$(\bar{Y} - \bar{F})^2$ 代表均值的偏差，这是预测值的整体偏差，或者称为系统偏差。$(S_F - \rho S_Y)^2$ 代表回归偏差，表示预测值未能追踪实际值的程度。$(1 - \rho)^2 S_Y^2$ 代表预测中的随机误差。根据最小二乘法，可以利用历史数据把均值偏差和回归偏差去除，这需要应用到一个优化线性方程，形式如下：

$$Y_t = \hat{a} + \hat{b} F_t \tag{2-39}$$

其中，Y 是 t 时刻的实际值，F 是 t 时刻的预测值。

假设我们在 1 至 n 时刻的实际值为 $y_1, y_2, \cdots, y_n$，预测值为 $f_1, f_2, \cdots, f_n$，那么我们就可以根据这两组数据，用最小二乘法得出它们的关系式，然后我们对 $n+1$ 时刻的定性预测值用此公式来进行修正，就可以得出更为准确的 $n+1$ 时刻的预测值。

2) 定性预测的量化的方法

这种方法即将定性预测结果作为定量模型的一部分。有些人研究了把独立的定量预测和主观定性预测合成统一模型的预测效果。可能是因为这样可以充分利用有价值的信息，所以一般的结论都是提高了预测的效果。甚至有些研究结果还表明仅仅是定量预测和主观定性预测简单平均就能明显地提高预测效果。有学者认为当数据趋势不稳定时，由于难以确定定性预测和定量预测权重的分配方法，这种情况下简单平均就是最合适的方法。

合成预测的误差方差与定量预测的误差方差以及主观定性预测误差方差有如下关系：

$$\sigma_t^2 = 0.25(\sigma_s^2 + \sigma_j^2 + 2\gamma \sigma_s \sigma_j) \tag{2-40}$$

其中，σ_s^2 是定量预测的误差方差，而 σ_j^2 是主观预测的误差方差，γ 是两种预测误差之间的相关系数。

当 $\dfrac{\sigma_j}{\sigma_s} > \dfrac{\gamma + (\gamma^2 + 3)^{0.5}}{3} = \phi$ 或 $\dfrac{\sigma_j}{\sigma_s} < \dfrac{1}{\phi}$ 时，合成预测的误差方差小于主观预测的误差方差。

在上面的合成预测中，如果实际值的均值和主观预测值的均值存在系统偏差，则合成预测的效果要打折扣。如果主观预测和统计预测的均值误差分别用 v 和 w 表示，则合成预测的均方差为：

$$M = 0.25 \left[(\sigma_s^2 + \sigma_j^2 + 2\gamma \sigma_s \sigma_j) + (v + w)^2 \right] \tag{2-41}$$

如果统计预测是无偏估计，则主观预测的均值偏差是 v^2。

3) 定性修正定量的方法

这种方法即先用定量方法做预测，然后用定性的方法修正定量预测结果。先假定事物的发展趋势不会发生变化，用定量的方法进行预测，然后再采用定性预测方法修正，判断其趋势走向，然后再做综合预测分析。用定性预测修正定量预测不是用定性预测取代定量预测，而定量预测的修正要谨慎处理。如果影响预测目标的外部环境和内部因素比较稳定，将来不会有特别事件发生，仅用定量预测方法就能获得很好的效果；但当外部环境和内部各因素发生变化时，或者会有特别事件发生时，就必须用定性方法来对定量预测进行修改。对于物流量预测来说，由于物流量的多少易受各种相关因素的影响，所以更需考虑用定性方法对定量结果进行修正。同时，为了避免对定量预测频繁地进行修正，预测者应该仔细考虑以下三个问题。

(1) 是否需要修改。预测者在面对定量预测结果时首先就要考虑这个问题，考虑这个问题的目的就是要尽量避免随便修改定量预测结果。

(2) 调整的理由。考虑这个问题的目的也是尽量减少不必要的调整，通过对调整理由的逐项分析，使预测者的思路更加清晰、系统化。

(3) 需要调整的幅度。预测者应该认真分析各种影响因素可能会对定量预测结果产生不同的影响，尽量把各种影响因素的影响效果量化，从而得到最可能出现的结果。

5. 物流交通量的预测方法

物流系统所产生的交通量包括货运流动与人员流动两方面产生的交通量，其中以货运交通量为主，人员流动包括园区内企业职员的上下班、相关公务出行、物流需求客户的集散。由于货运交通量与非货运交通量的产生机理不同，需分别进行预测。

1) 货运流动产生交通量的预测

对于货运交通量，首先在明确物流园区功能布局的情况下，根据各个区域的货运量或仓储量，结合该区域的货运特征进行预测。

方法一：综合参数法，首先预测各小区产生的交通量，再根据货物空间分布特征将其加载到各路段，高峰小时货运产生当量交通量计算公式如下：

$$N = A_B / i / a / h_x \beta \tag{2-42}$$

式中：N——货车高峰小时交通吸引量，pcu(标准车当量数)；

A_B——日吞吐量；

i——折减系数，一般 $i = 2$，以每天进货量和出货量大致相等为基础进行预测，可以根据作业性质调整；

a——货物重量与标准车转换系数，根据仓储及运输性质取值，一般每载货 5 吨按一辆标准中型货车计算；

h_x——每天平均有效运营时间，小时；

β——不均衡系数，包含货运量时间的不均衡以及日进货和日出货车辆的不均衡，一般取 2~4。

在得到高峰小时货运产生当量交通量的基础上进行交通分配，即将前面预测的各区的交通量分配到具体的通道上去，在物流系统的交通量分配时重点考虑货流的方向。一般情况下物流系统面积较大，有多处出入口，需要根据各个区域货运通道进行分析，结合该区域货运方向进行分别加载。

假设货运量产生区域为i，共i个小区，将同区周边路网分为j个流向，即j个路段，根据物流与人员流动方向，将i个小区的交通量加载到通道中。

最后得出各路段的货运产生交通总量为：

$$Q_j = \sum_{i=1}^{I} q_{ij} \tag{2-43}$$

其中：Q_j——路段j上总的交通量；

q_{ij}——小区i在路段j上的交通量。

方法二：运量分担法，首先依据物流量的空间分布将小区物流量分配到各路段上，再根据每个路段上各小区的车辆出行比例、满载率、不同车型的运量等因素，得到小区在路段上的车辆出行总数，再根据车辆转换系数，计算出路段标准交通量。

假设有i个小区与j个路段，则i小区在路段j上的物流量(吨)为：

$$q_{ij} = Q_i \gamma_{ij} \tag{2-44}$$

其中：q_{ij}——小区i在路段j上的物流量；

Q_i——小区i总的物流量；

γ_i——小区i在路段j上的物流量的空间分布比例。

然后再将各路段上的货运量转化标准交通量，即根据小区i在j路段的不同车型的出现比率、满载率以及运载能力，即：

$$q_{ij} = \sum_{n=1}^{N} X_{ij} A_{ijn} B_{ijn} C_n \tag{2-45}$$

其中：X_{ij}——小区i在路段j上的出行车辆总数；

A_{ijn}——小区i在j路段上第n种车辆出行比例向量；

B_{ijn}——小区i在j路段上第n种车辆的满载率；

C_n——第n种车型的载运量，吨数。

得出小区i在路段j上的出行车辆总数后，根据每种车型比例与该车型车辆换算系数计算出小区i在该路段j上的标准交通量，最后将各小区在某路段上的交通量进行叠加，得到每条路段上的新增交通量。

将综合参数法与运量分担法对比可以发现，两种方法虽然都是基于分区预测的思想，但是预测思路不同。方法一虽然考虑了各小区在不同路段上的货物空间分布，但是没有考虑车辆在该区域的运行特征。方法二弥补了方法一的缺点，但相比较而言，方法二所需的数据更加难以获得，但是如果能够获得较为准确的数据，预测则较为贴切实际。

2) 人员流动产生交通量的预测

对于人员产生的交通量的预测是根据办公区建筑面积、作业量采用吸引发生率法，其重点是选择合适的吸发率数据。国内目前还没有对这方面进行系统的统计，规划人员往往根据不同项目，选择一些与拟建项目类型相同的建筑物对其交通发生和吸引情况进行调查，并且综合考虑进行适当的修改，确定交通产生率。相比之下，美国机械工程师学会(American Society of Mechanical Engineers，ASME)出版的《出行发生》(*Trip Generation*)已经推出至第七版，在4250个实例调查和分析的基础上，得出了所有类型建设项目的吸发率数据，保证了交通生成预测的准确性。其中部分开发类型的吸发率数据如表2-15所示。

表 2-15　ITE 规定的部分开发类型的吸发率数据

具体开发类型	开发类型编码	吸发率(1 工作日)/100m² (建筑面积)
一般轻工业	110	7.50pcu
一般重工业	120	1.61pcu
工业园	130	7.50pcu
制造业	140	4.41pcu
仓库	150	5.25pcu

随着国内物流的发展，数据的获取已变得更可行，可以通过多家相似的物流系统的作业数据进行多元线性回归模型来预测新增交通量。首先调查其他的发生、吸引原单位指标，由实测高峰小时非货运交通量与办公服务建筑面积之比算得，然后建立多元回归模型：

$$y = a + bx_1 + cx_2 + dx_3 + ex_4$$

其中：y——高峰小时非货运交通量，pcu；

$\quad\quad x_1$——正式职工数，人；

$\quad\quad x_2$——办公服务建筑面积，m^2；

$\quad\quad x_3$——日均吞吐量，吨；

$\quad\quad x_4$——日交易额，万元。

根据实际情况可以选定具体不同的参数，由调查数据计算得出非货运车辆吸引多元线性回归模型和非货运车辆发生多元线性回归模型，从而得出较准确的数据。实际上，这种方法与美国 ITE 所做的数据整理的原理相似。

同理，将非货运产生的交通量加载到路网中，该类交通量主要流向为市区及基地住宅区。最后将货运与非货运交通量进行叠加，即可得到整个路网新增交通量。

本 章 小 结

很多传统的物流规划项目都是仅凭决策者的主观意志和经验确定的，造成了很多决策上的失误。一些依赖于理论计算的规划决策方法，结果也往往不尽如人意，实践中由于各种规划论证的失误所造成的损失不计其数，其中很多问题就出在理论方法本身，所以物流规划理论的研究已刻不容缓。

物流规划的模型化方法中，存在很多难题，其中最主要的就是对不确定性问题的描述。本书作者认为，我们应该突破传统数学模型的框架，运用各有关学科的最新成果，采用学科交叉的方式，开发符合我国物流本身特点的研究方法和思路，将我国物流规划的理论水平提高到一个新的层次，为我国物流规划工作提供切实可行的理论工具。

本章主要从物流系统规划理论基础入手，通过介绍物流系统规划的早期理论，引申出物流客户服务理论，再相对物流系统规划选址、运输网络规划、设施优化布置、物流通道系统、物流预测等主要方法进行了分析。通过本章的学习，读者可对物流系统早期的基本理论与物流客户服务理论有一个初步的认识，同时可以掌握与物流系统规划相关的技术方法。

思考与练习

1. 典型物流系统优化设计理论和方法有哪些？
2. 客户服务的概念是什么？
3. 简述系统布置设计法(SLP)的阶段结构。
4. 简述通道规划的含义。
5. 简述定性预测方法的优势与劣势。

第 3 章　物流节点规划与设计

【学习目标】

- 掌握物流网络的概念及构成。
- 熟悉物流网络结构的类型。
- 掌握物流节点的概念及功能。
- 熟悉物流节点规划与设计的原则及内容。
- 熟悉物流节点选址规划决策的目标及影响因素。
- 熟悉物流节点选址时应注意的问题。
- 掌握物流节点规划模型的构建及求解。

物流网络由交通线路和物流节点两种元素组成，实际上物流活动也是在交通线路和物流节点上进行的。在交通线路上进行的物流活动主要是运输。而其他物流活动，如储存、装卸、搬运、包装、流通加工、配送、信息处理等，都是在物流节点上完成的。因此，如何确定物流节点体系、规模及分布选址，对优化整个物流网络起着重要作用，是整个物流网络的核心所在。

3.1　物流网络与物流节点

3.1.1　物流网络概述

1. 物流网络的概念与内涵

关于网络的概念，我国《辞海》(1989 年版)定义为"路或其一部分的总称"。《现代汉语词典》(2002 年增补本)解释为"①网状的东西；②指由许多互相交错的分支组成的系统；③在电的系统中，由若干元件组成的用来使电信号按一定要求传输的电路或其中的一部分"。

《朗文现代英汉双解词典》(1996 年版)将 network 定义为："①a large system of lines，tubes，wires，etc，that cross or meet one another，网状组织；②a group or system whose members are connected in some way，有某种关联的一群人；③a group of radio or television stations in different places using many of the same broadcasts，广播网、电视网；④a large company producing material for broadcasting by such a group，(制作节目供此种广播网的)广播公司。"

在现实经济生活中，网络的概念已普及渗透到各行各业，广泛应用于各种系统构建的实践中。在交通经济学中，网络是指一定地域内各种交通线路与交通设施所构成的交通体系，一系列相互联结的交通要素的集合，已成为经济社会空间中要素发展到较高阶段的产物。在计算机技术中，网络是指在一定的区域内两个或两个以上计算机通过连接介质，按照要求进行的连接，以供用户共享文件、程序、数据等资源的一种组织形式。在运筹学图论中，网络是指用若干条线段(有方向与数值的度量)把若干个点(有等级的差别)连接在一起的总体或连通图，可用来研究各种空间实体内在联系的状态、变化与趋势。在区域经济学中，网络是节点和线路的结合体，节点是网络的心脏，线路则是构成节点之间、节点与域面、域面与域面之间功能联系的通道。网络是区域经济社会空间的"脉络"，点、线、面空间结构要素之间客观上存在着几何学和物理学上相互必然的转换关系，即连点成线、交线成网和扩网成面。在物流活动的过程中，网络作为物资流通空间结构的一种形态，不仅表示物流的地域联系，而且还表示这种联系的各种依托。

因此，物流网络系统中的"网络"主要包括以下三层含义。

(1) 网络表示经济社会空间联系的通道(channels)。这种通道在空间上表现为交织成网的交通和通信等线状基础设施、铁路网和公路网等组成网络的物质结构，各种形式的"流"(如信息流等)则组成网络的非物质结构。流的起点与终点、集聚点与扩散点以及流向、流径、流量等组合在一起形成了物流网络。在经济社会活动中，沟通节点与域面、节点与节点之间的经济联系，必须依托于物流基础设施网络和物流信息网络。现代物流网络既是经济社会活动中不可缺少的必要条件，又是经济社会结构发展变化的内在动力因素。

(2) 网络表示经济社会空间联系的系统。这种系统的基础构成是节点之间、域面之间以及节点与域面之间的物流关系。物流网络一般表现为经济社会的物资和信息等交流与联系，反映了经济社会和物流系统发展的一种有序结构。"网络系统"的形成虽然依托于"通道"，但是有"通道"并不一定能形成"网络系统"，还需要整体最优化的目标，才能形成一个有序"网络系统"。

(3) 网络表示经济社会空间联系的组织。这种组织的基本构成可分为两种形式：一种是反映多层次、多形式的空间经济网络联系的管理和运作机构，如地方政府、市场中介和企业；另一种是为完善经济网络联系所形成的要素流动的市场机制。物流网络系统既是经济社会联系的组织形态，也是社会分工的必然产物，具有能动性的组织作用、丰富性的组织内容和平等性的组织关系等特点。

通道、系统和组织反映了现代物流系统空间结构中网络的内涵。在物流网络系统化过程中，不同时空条件下的三种网络含义虽然体现出程度上的差异，但是始终存在着复杂的内在联系，彼此密不可分。随着社会分工的加强和经济社会活动的高度化、一体化，物流网络系统的合理构建对于保证商品流通和信息交换、加强经济联系、优化经济结构等都发挥着非常重要的作用。

2. 物流网络的构成

物流网络是多个收发货的"节点"和它们之间的"连线"构成的物流抽象网络以及与之伴随的信息网络的有机整体。包括连接点、连接线、连接工具，如图 3-1 所示。

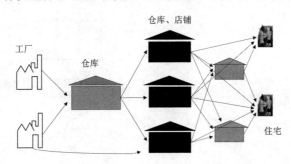

图 3-1　物流网络节点

"节点"是指工厂、仓库、店铺、住宅等，其在物流网络中起着越来越重要的作用，所以区域物流系统是否合理，物流节点选址、节点规模的确定等都至关重要。商品就是通过这些节点的收入和发出，并在中间存放保管，实现物流系统时间效益，克服生产和消费时间上的分离，促进贸易的顺利运行。设施选址是物流规划中的一个重要环节，它决定了整个物流系统的模式、结构和形状。选址决策包括确定设施的数量、位置和规模，这些设施包括网络中的各种节点(如工厂、港口、供应商、仓库和服务中心)，它们是物流网络内货物运往最终消费者过程中的临时经停点。

连线指连接上述众多收发货节点间的运输，如各种海运航线、铁路线、飞机航线以及海、陆、空联运航线。这些连线是库存货物运输轨迹的运动形式；每一对节点有许多连线表示不同的运输路线和不同产品的各种运输服务；各节点表示存货流动暂时停滞，是为了更有效的移动；信息流动网的连线包括国内外的邮件，或电话、电传、电报以及 EDI 等电子媒介，信息网络的节点是各种物流信息汇集及处理点。物流网与信息网并非独立存在，它们之间是紧密相连的。

连接工具指车辆、船舶、飞机等运输工具。现代物流网络中的物流节点对整个物流网络起着重要作用。实际上，物流线路上的活动也是靠节点组织和联系的，如果离了节点，物流线路上的运动必然陷入瘫痪。从发展来看，物流节点不仅可执行一般的物流职能，而且还越来越多地担负着指挥调度、信息等神经中枢的职能，是整个物流网络的灵魂所在，因而越来越受到人们的重视。

物流网络研究的中心问题是确定货源点(或货源基地)和消费者的位置、各级仓库及中间商批发点(零售点的位置)、规模和数量，从而决定物流网络系统的合理布局和合理化问题。在合理布局的前提下，完善和优化物流网络，有利于发挥企业的竞争能力和成本优势。建立和完善物流网络应注意的问题如下所述。

(1) 在规划网络内节点数目、地点及规模时都要紧紧围绕商品交易计划。

(2) 明确各级节点的供应范围、分层关系及供应或收购数量，注意各层节点之间的衔接，保证物流畅通，少出现或不出现某一层仓储过多、过长的不均衡状态。

(3) 物流网点规划要考虑现代物流技术的发展，留有余地，以备将来扩建。

3．物流网络系统类型

1) 从地理条件、区位基础与经济社会发展特点进行划分

不同的地理条件、区位基础与经济社会发展特点，可以形成不同的内在动力、形式、等级、规模、空间结构的物流网络系统类型，如图 3-2 所示。

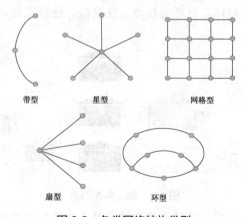

图 3-2　各类网络结构类型

(1) 走廊型网络。走廊型网络又称为带型网络，这一模式是沿着一条连续的交通走廊或经济发展轴线形成物流网络系统，适合国土辽阔、交通输送网主要在海岸线，内陆输送网尚不发达的国家(地区)，如中国、俄罗斯等。

(2) 极核型网络。极核型网络又称为星型网络，这一模式是物流网络系统效率极高的一种类型，拥有富有活力的、密集的交通网络体系，从中心区辐射出数条主要交通线，次中心设在沿线并互有一定间距，适合经济发达、国土平坦但不辽阔的国家(地区)，如英国、德国和法国等。

(3) 多中心网络。多中心网络又称为网格型网络，这一模式是区域经济互补性较强、区域之间运输条件等同、彼此共同组成的物流网络系统，适合国土辽阔、经济发达、拥有纵横交叉的现代交通运输体系的国家(地区)，如美国等。

(4) 扇型网络。这一模式一般以港口为枢纽，由此向外展开多条交通线的物流网络系统，适合节点位于主要运输干线的中途或终端，节点的商品流向与干线运输方向一致的国家(地区)，如新加坡、中国香港等。

(5) 环型网络。这一模式是枢纽节点分布在海岸线、主要工商业经济区集中在沿海地区、内陆经济较不发达的物流网络系统，适合四周环海、输送网围绕海岸线的国家(地区)，如日本、韩国和中国台湾等。

2) 从网络的层次特性上划分

物流网络的构造涉及零售商、制造厂、仓库的规划和网络中原材料等在制品和产成品之间的流动。它们是供应链网络中的设施规划，既要考虑供应商，又要考虑顾客，还要考虑产品分销。总的原则应该是设施选址使整个供应链的成本最低。对于供应商、制造厂、仓库、销售商的物流网络的构造涉及合理的数量、地理位置、规模、能力等。

(1) 一对多网络结构。如图 3-3 所示，一对多网络模型在工厂—配送中心或者在单个的配送中心—客户的关系当中最为常见。该模型的特点是货物从物流总部 HQ(如工厂等)分发配送到多个下一级单位，而货物的流经层数可以有多层。

图 3-3 中，HQ 代表物流总部，ROC 代表相对于 HQ 的下一级单位(如一级配送中心或区域配送中心)。

(2) 多对一网络结构。如图 3-4 所示，多对一网络模型在生产企业的供应渠道中最为常见，例如，多个供应商同时对一个工厂供应原材料或者多个分厂同时为一个总装厂提供零部件等。

图 3-4 中，S 代表上一级供应商或分厂，P 代表下一级生产企业或总装厂。

(3) 多对多网络结构。多对多网络模型在实际当中更为常见，如图 3-5 所示。在多对多物流网络模型中，还可以细分成一级物流网络、二级物流网络和多级物流网络。大批量的生产和销售之间多采用这种网络结构，这种结构可以避免中间不必要的库存等过程，从而可以大大降低物流费用。

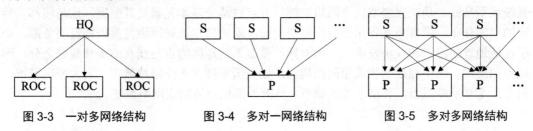

图 3-3　一对多网络结构　　　图 3-4　多对一网络结构　　　图 3-5　多对多网络结构

3) 从网络空间结构特性上划分

根据物流网络系统的空间结构，物流网络系统可分为增长极网络结构、点轴网络结构、多中心多层次网络结构和复合型网络结构。

(1) 增长极网络结构。增长极是指经济社会集中在一点形成的经济增长点，也是经济集聚与扩散相互协同形成的一种地域经济社会结构。一般而言，这种增长极网络系统必须以优越的内外物流联系为条件，而且物流条件是其形成过程中的重要条件。这是由于物流基础设施为其在空间上的高度集聚提供了条件，充分利用周围地区的资源，使之与市场有紧密的联系，保证优良的外部联系环境。在这种情况下，物流网络系统的空间结构大多表现为以一点为核心，呈放射状分布。星型和扇型网络是其呈现的两种典型结构形式。直观上可以用一对多网络结构来理解。

(2) 点轴网络结构。点轴系统是指消费者大多产生和聚集于一点，形成大小不等的市场，而相邻节点间的相互作用力并不是各个方面平衡辐射，而是沿交通线、动力供应线、水源供应线等辐射。以点轴为核心的经济社会系统呈现沿干线线状分布为主，物流网络在沿线重要交通站点及枢纽呈放射状分布格局。通常较大的基础设施，能力和规模也较大，由于物质能量交换频繁，产业有较大接触优势，导致新中心的产生和发展，成为产业带和发展轴线。沿重要基础设施形成的点轴系统是一种物流网络系统发展类型，为经济活动提供的空间关联环境是其空间形态形成和演变的首要条件，重要交通干线作为物流的主要通道是点轴系统网络结构的一个基本特征。带型和环型网络是其呈现的两种典型网络结构形式。

(3) 多中心多层次网络结构。多中心多层次网络结构是不同地域之间相互联系、密切合作所构成的一种物流空间结构形式，是生产社会化和社会分工协作发展的必然结果，也是物流经济发展的客观趋势。网格型网络就是它的典型形式。直观上可以用多对多网络结构来理解。全社会经济联合与物流经济发展有着内在的一致性，物流经济发展是经济社会分工合作的保障。经济社会分工合作可以带来多方面的效益，最主要的是分工协作可以产生新的社会生产力。因此，物流网络系统的空间结构特征表现为不同地域范围内形成多中心多层次的物流网络结构，以满足经济社会分工协作的需求。

(4) 复合型网络结构。复合型网络结构是由两种或两种以上的物流网络形态综合而成的一种物流空间结构形式。当经济发展到一定阶段，物流基础设施提供了更为充分的关联环境，多极相互作用的条件已经具备，物流活动在空间上以地域为单元的协同趋势已是客观要求。因此，物流网络系统与经济社会在地域上相互作用产生的复合型网络结构是空间经济形态的必然结果，形成经济社会系统生产专业化，促进经济区域协作网络的进一步优化。这种协同式复合型网络结构在合理配置社会资源、协调经济社会平衡发展方面发挥着特别重要的作用，是经济社会高速发展的一种适应形式。

综上所述，在物流网络系统中，物流的全部活动是在链和节点之间进行的。物流网络系统水平高低、功能强弱取决于网络中链与节点这两个基本元素及其配置。点与线都有特定的空间分布，两者相互作用形成网络结构面，即被特定流通网络覆盖的物流服务圈。由于区域地理的特点和经济发展水平的差异，覆盖不同地区的点与线有多少和疏密之分，形成不同层次、纵横相连的物流空间结构网，如美国东部大西洋沿岸城市、五大湖区城市、日本太平洋沿岸城市，英格兰城区城市，欧洲西部城市等物流网络系统。

3.1.2　物流节点概述

1. 物流节点的概念

物流节点是指物流网络中物流线路的连接处，又称物流接点或物流结点。物流节点是物流系统中从事物资储存保管、运输、配送、装卸搬运、包装及流通加工的场所。具体来讲就是指仓库、车站、码头、港口、配送中心、货运站、包装公司、加工中心等。这些作业场所是物流活动的节点，也是物流网络中线路的起点和终点。

物流节点是物流系统的重要组成部分，物流效率的发挥依赖于物流节点的位置和功能配置。而物流节点在空间的配置形式，在很大程度上决定着物流的线路、流向和流程。实际上，物流线路上的活动也是靠节点组织和联系的。离开物流节点，物流线路上的运动必然陷入瘫痪。物流过程按其运动状态来看，有相对运动的状态和相对停顿的状态。货物在节点上处于相对停顿的状态，在线路上处于相对运动的状态。节点和线路结合起来便构成物流的网络结构。节点和线路的相互关系和配置形成物流系统的比例关系，这种比例关系就是物流系统的结构。

2. 物流节点的功能

现代物流活动是在供应链和节点之间进行的。在物流网络系统中，通过物资的停顿促进物资规模化、有序化的流动，是提高物流网络系统效益的必要手段。

在现实经济生活中，物流节点不仅管理着社会的流动资产，也管理着社会上许多固定资产。以传统的观点来看，物流节点仅被认为是一个仓库、产品放置储存点。随着现代物流的发展，库存的流动性渐渐受到重视，成为物流网络系统有效运作的支柱，可促使物流节点功能多样化。一般来讲，物流节点具有以下几个物流功能。

1) 衔接功能

物流节点将各个物流线路联结成一个系统，使各个线路通过节点变得更为贯通而不是互不相干，这种作用称之为衔接作用。在物流未成系统之前，不同线路的衔接很困难。物流节点利用各种技术的、管理的方法可以有效地起到衔接作用，将中断转化为通畅。物流节点的衔接作用可以通过多种方法实现，主要有：①通过转换运输方式衔接不同运输手段；②通过加工衔接干线物流及配送物流；③通过储存衔接不同时间的供应物流和需求物流；④通过集装箱、托盘等集装处理衔接整个"门到门"运输，使之成为一体。

2) 储存和保管功能

物流节点一个最基本的功能就是存储物资，并对存储的物资实施保管和控制。物流节点通过储存、保管功能，可以平衡生产和保证供货。物流节点的储存功能可以说是物流时间的控制开关，通过储存的时间调整，可使物资按市场需求的节奏进行流动，平衡生产与销售的需要。

3) 配送和装卸功能

物流节点不仅具备储存、保管货物的设备，而且还增加了分袋、配套、捆装、移动等设施。即扩大物流节点的经营范围，实现物流资源的有效配置，既方便了消费者，又提高了服务质量。

4) 流通加工功能

流通加工是将产品加工工序从生产环节转移到物流过程中的作业活动。对处在停滞状态物流节点上的物资进行流通加工，既不影响商品的流通速度，又能满足市场消费多元化、个性化的需求。

5) 货物运输能力的调节功能

各种运输工具的运输能力差别较大，需要不同规模和类型的物流节点与之有机结合，形成各种流通中心网络系统。

6) 信息传递功能

物流节点是整个物流系统与节点相接物流的信息传递、收集、处理、发送的集中地，这种信息作用在现代物流系统中起着非常重要的作用，也是复杂物流诸单元能联结成有机整体的重要保证。企业在处理有关物流节点各项物流业务时需要及时而准确的物流节点信息，如物流节点的利用水平、进出货频率、运输情况、顾客需求状况以及人员配置等。在现代物流系统中，每一个节点都是物流信息的一个点，若干个这种类型的信息点和物流系统的信息中心结合起来，便成了指挥、管理、调度整个物流系统的信息网络，这是一个物流系统建立的前提条件。

7) 管理功能

物流系统的管理设施和指挥机构往往集中设置于物流节点之中。实际上，物流节点大都是集管理、指挥、调度、信息、衔接及货物处理为一体的物流综合设施。整个物流系统运转的有序化和正常化，整个物流系统的效率和水平取决于物流节点管理职能实现的程度。

3. 物流节点的类型

现代物流已经渗透到了几乎所有的经济领域，发展为若干类型的节点，在不同领域发挥着不同的作用。但是，由于以下两个主要原因导致物流节点分类标准难以形成。其一是许多节点有同有异，难以明确区别；其二是各种节点尚在发展过程中，其功能、作用、结构、工艺等尚在探索，使分类难以明朗化。在不同的物流系统中，节点发挥着不同的作用，但随着整个系统目标不同以及节点在网络中的地位不同，节点的主要作用往往不同。根据其作用的不同可分成转运型物流节点、储存型物流节点、流通型物流节点、加工型物流节点、综合型物流节点五大类型。

1) 转运型物流节点

转运型物流节点是以接连不同运输方式为主要职能的节点。铁道运输线上的货站、编组站、车站，不同运输方式之间的转运站、终点站；水运线上的港口、码头；空运中的空港等都属于此类节点。一般而言，由于这种节点处于运输线上，又以转运为主，所以货物在这种节点上停滞的时间较短。随着物流服务的快速、准时、低成本成为发展趋势，转运型物流节点已成为物流服务目标实现与否的关键。

2) 储存型物流节点

储存型物流节点是以存放货物为主要职能的节点，货物在这种节点上停滞的时间较长。在物流系统中，储备仓库、营业仓库、中转仓库、货栈等都是属于此种类型的节点。尽管不少发达国家仓库职能在近代发生了明显的变化，一大部分仓库已转化成为不以储备为主要职能的流通仓库甚至流通中心。但是，现代世界上任何一个有一定经济规模的国家，为了保证国民经济的正常运行，保证企业经营的正常开展，保证市场的流转，以仓库为储备的形式仍是不可缺少的，总还是有一大批仓库仍会以储备为主要职能。在我国，这种类型的仓库还占主要成分。

3) 流通型物流节点

流通型物流节点是以组织物资在系统中运动为主要职能的节点，在社会系统中则以组织物资流通为主要职能。现代物流中常提到的流通仓库、流通中心、配送中心就属于这类节点。

4) 加工型物流节点

加工型物流节点是以加工货物为主要职能的节点。流通加工是将产品加工工序从生产环节转移到物流过程中的作业活动。对处于停滞状态的物流节点上的物资进行流通加工，既不影响商品的流通速度，又能满足市场消费多元化、个性化的需求。

5) 综合型物流节点

综合型物流节点是在物流系统中，集中于一个节点全面实现两种以上主要功能，并且在节点中并非独立完成各自功能，而是将若干功能有机地结合于一体，成为完善设施、有效衔接和协调工艺的集约型节点。这种节点是适应物流大量化和复杂化，适应物流更为精密准确，在一个节点中要求实现多种转化而使物流系统简化、高效的要求出现的，是现代物流系统中节点发展的方向之一。

综上所述，在各种以主要功能为分类的节点上，都可以执行其他职能，而不完全排除其他职能。如在转运型物流节点中，往往设置有储存货物的货场或站库，从而具有一定的储存功能。但是，由于其所处的位置，其主要职能是转运，所以按照主要功能，只能将其归入到转运型物流节点之中。

4. 物流节点的作用

在现代物流的组织与管理中，物流节点是作为物品运输、储存保管、装卸搬运、包装、流通加工和物流信息处理的节点，使商品能够按照顾客的要求，完成附加值，并且克服在其流动过程中所产生的时间和空间障碍。因此，在物流活动中，物流节点起着协调组织、调度控制和执行主要职能的中心枢纽作用。其具体作用表现在以下几个方面。

1) 物流调节作用

由于物流节点集中储存了批量的物品，具有一定的储存能力，从而降低了其他物流实体的零散储存，减少无效储存，提高了储存设施利用率，降低了储存成本。同时，通过物流节点，又便于进行制造、供应和销售等方面的调节，提高了物流效率和效益。而且还能够调整时间差异和进行价格调整，因为一般情况下，生产和消费之间存在时间差，如季节生产、全年消费的农产品，通过存储可以克服商品在产销时间上的不平衡，如在供大于求时，储存货物以待价格回升。

2) 物流衔接作用

物流节点可以实现物流的"无缝"衔接，加快物流速度。首先，衔接不同运输方式，如空运、海运、铁路运输、汽车运输等。通过散装整车转运、集装箱运输等，减少了装卸次数、暂存时间，降低了货物破损和消耗，加快了物流速度。其次，衔接不同的包装。物流节点根据运输、储存和销售的需要，进行拆箱、拆柜等变换包装形式和数量的作业，从而可以减少客户接货过多和反复倒装之苦。最后，衔接产出和需求的数量差异。产、需之间不仅有时间、空间的差异，而且还存在数量的差异。物流节点既可以通过集货，积少成多，集零散为批量，又可以进行分货，将批量拆零，以便分散供应，更好地解决产需矛盾，满足不同形式的生产与需求。

3) 利益共享作用

物流系统的目的在于以速度、可靠和低费用的原则实现以最少的费用提供最优质的物流服务。物流节点是高效益的供货枢纽和保证。它可以促进生产、满足消费与降低成本，实现最少环节、最短距离、最低费用和最高效率，从而获得最大经济效益。

4) 信息汇集作用

物流节点是整个物流系统的信息传递、收集、处理和发送的集中地，它不仅是物流聚集中心，而且是信息汇集中心。由于物流节点连接产、供、销各环节，涉及实体多，辐射范围广，必须具有极强的信息收集、处理和反馈功能，因此应建立指挥、管理、调度整个物流系统的信息网络，为物品流通提供决策依据，对物流全程进行指挥和监控，为客户提供优质的信息服务。

5) 整合协调作用

物流节点利用现代信息手段，整合制造商、供应商、分销商、零售商和服务提供商的物流资源，使商品尽量按市场需求进行准确生产，并在规定的时间配送到正确的地点，从而达到整个物流网络的成本最小化。物流节点通过建立集成化的物流管理信息系统，可使整个物流网络各成员做到关键信息共享、物流实时控制，以压缩物流流程时间，提高供货、需求预测精度，节省交易时间和费用，提高物流效率和服务质量。

3.2　物流节点规划与设计的原则及内容

3.2.1　物流节点规划与设计的原则

物流节点的规划关系到经济结构的正常运行，关系到城市建设的整体布局，甚至可以影响城市未来的发展定位。为了实现物流网络节约社会资源、提高物流效率的目标，在进行物流节点规划与设计时要遵循一些必要的原则。

1. 科学选址原则

随着城市功能的完善，物流服务水平的提高，物流节点的物流量将会占到城市总物流量的百分之九十以上。物流节点规划建设既要符合未来综合物流服务发展的需要，又要满足城市未来的需求。因此，物流节点科学选址对城市未来的发展十分重要。科学选址原则主要按照以下各点来确定。

(1) 位于城市中心区的边缘地区，一般在城市道路网的外环线附近。

(2) 位于内外交通枢纽中心地带，至少有两种以上交通运输方式连接，特别是铁路和公路。

(3) 位于土地资源开发较好的地区，用地充足，成本较低。

(4) 位于城市物流的节点附近，现有物流资源基础条件较好，一般有较大的物流量产生，且可利用和规划现有的物流资源。

(5) 有利于整个地区物流网络的优化和信息资源的利用。

(6) 兼顾规划的超前性和实施的可行性，按统一规划、远近结合、新旧兼容、分期实施的原则，合理利用资源。

(7) 考虑绿化、生态、环保、环境因素，力求降低对城市居民生活的干扰，改善城市交通和物资流通的条件。

2. 统一规划原则

物流节点功能的发挥，需要很多政策、社会等宏观因素和条件，这些职能都必须由政府出面积极推动并实施。政府在物流节点的规划建设中应当扮演好基础条件的创造者和运作秩序维护者的角色。建设物流节点需从宏观经济出发，对国内外市场的发展和货物流通量等情况进行认真的调查分析和预测，依据长期和近期的货物流通量，确定物流节点长远和近期的建设规模。对物流企业、交通运输设施等的分布和发展现状也要做好调查，在充分掌握基础材料的条件下，搞好物流节点的规划。

3. 市场化运作原则

物流节点的规划建设，既要由政府统一规划和指导协调，又要坚持市场化运作的原则。应该按照"政府搭台，企业唱戏，统一规划，分步实施，配套完善，搞好服务，市场运作"的企业主导型市场化运作模式进行规划，政府要按照市场经济要求转变职能，强化服务，逐步建立与国际接轨的物流服务及管理体系。物流节点的运作应以市场为导向，以企业为主体。在物流节点功能的开发建设，企业的进驻和资源整合等方面，都要依靠优良的基础设施、先进的物流功能、健康的生活环境和有效的企业服务来吸引物流企业和投资者共同参与，真正使物流节点成为物流企业公平、公开和公正竞争经营的舞台。

4. 高起点现代化原则

现代物流节点是一个具有关联性、整合性、集聚性和规模性的总体，其规划应该是一个高起点、高质量的中长期规划，并且具有先进性和综合性。因此，现代物流节点规划建设必须瞄准世界物流发展的先进水平，以现代化物流技术为指导，坚持高起点现代化。应以市场为导向，以物流信息管理系统的建设为重点，以第三方物流企业为主体，成为现代物流技术研发、应用或转化的孵化基地。

3.2.2 物流节点规划与设计的内容

1. 物流节点和线路的统一与协调

线路与节点的相互关系、相对配置以及其结构、组成、联系方式的不同，形成了不同的物流网络。物流系统的水平高低、功能强弱则取决于两个基本元素的配置和两个基本元素本身。

物流全部活动是在线路和节点进行的。其中，在线路上进行的活动主要是运输，包括集货运输、干线运输、配送运输等，而包装、装卸、保管、分拣、流通加工等，都是在节点上完成的。实际上，物流线路上的活动也是靠节点组织和联系的。如果离开了节点，物流线路上的运动必然陷于瘫痪。因此，要依据线路和节点的不同功能，进行有效的分工和协调，形成统一的、一体化的运作系统，以保障物流系统输出的功能最大化。

2. 物流网络设计

物流网络规划与设计就是确定产品从供货点到需求点流动的结构，包括决定使用什么样的节点、节点的数量、节点的位置、如何给各个节点分派产品和客户、节点之间应使用什么样的运输服务以及如何进行服务。

产品流动网络可以由基层仓库供给，也可以直接由工厂、供应商或港口供给。而基层仓库又由地区仓库供给，或直接由供货点供给，网络结构可以有多种形式，根据流经网络的产品不同，企业的物流网络可以更复杂或者更简单，甚至可能存在完全不同的结构。换句话说，一个企业的产品流动可以有不止一个物流网络设计方案。

这种网络设计的问题既包括空间设计问题，也包括时间设计问题。空间或地理设计问题指决定各种节点(如工厂、仓库和零售点)的平面地理位置。确定各种节点的数量、规模和位置时则要在以地理特征表示的客户要求和成本之间寻求平衡。这些成本包括生产采购成本、库存持有成本、节点成本和运输成本。

物流网络规划的时间性或时期问题是一个为满足客户服务目标而保持产品可得率的问题。通过缩短生产/采购订单的反应时间或者通过在接近客户的地方保有库存，可以保证一定水平的产品可得率。这里首要的考虑因素是客户得到产品的时间，在满足客户服务目标的同时平衡资金成本、订单处理成本和运输成本，将决定产品流经物流网络的方式。以时间为基础的决策也会影响节点的选址。

对高层管理者来讲，网络结构问题非常重要。重新规划设计物流网络往往能使物流总成本每年节省 5%～15%。惠而浦公司是一家重要的家电生产商，每年的物流成本高达 15亿美元，一年节省 10%就是 1.5 亿美元。从该数字不难看出为什么网络重组在规划设计问题中位居前列。除降低成本外，网络规划设计也有助于改善客户服务，提高企业竞争力。

物流网络规划与设计就是使物流利润最大化和服务最优化的途径。战略性物流网络规划通常需要解决以下几方面的问题：计划区域内应该建立的物流网络节点数；节点的位置；每个物流节点的规模；各物流节点的进货与供货关系，即与客户和供应商的关系；物流服务质量水平以及信息网络的连接方式等。

3.3 物流节点选址规划决策分析

3.3.1 物流节点选址决策的目标

物流节点选址在物流系统规划中占有重要的地位，选址的合理与否直接关系到物流节点未来的发展。因此，在进行物流节点选址规划决策前，首先应该确定物流节点选址的目标。只有明确了选址的目标之后才能在其指导下确定物流节点选址的原则、影响物流节点选址规划的因素等问题，进而进行物流节点选址规划的决策。物流节点选址的目标有效益最大化、服务最优化、物流量最大化和发展空间最大化等，如图 3-6 所示。下面对这四个目标进行详细的阐述。

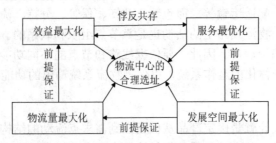

图 3-6　物流节点选址目标

1. 效益最大化

创造良好的经济效益和社会效益是物流节点建设与发展的主要原因,因此效益最大化就成为物流节点选址的首要目标。如果不能满足这个目标,物流节点也就失去了存在的意义。社会效益最大化主要表现为物流节点在区域经济发展中的增长极作用,具体表现为对相关产业的推动、城市交通压力的缓解、就业机会的增加等。经济效益最大化有两种实现途径:一种是物流服务价格的提高;另一种是物流服务成本的降低。根据"效益悖反"原则,即物流的若干功能要素之间存在着损益的矛盾,某一个功能要素的优化和利益发生的同时,必然会存在另一个或另几个功能要素的利益损失,反之也如此。所以,效益最大化和服务最优化的目标有时候又存在冲突,因此在物流节点选址的过程中企业应该根据自身的发展战略,寻求二者的最佳结合。

2. 服务最优化

为制造企业、商业企业和物流企业提供优质高效的物流服务是物流节点利润的源泉,物流节点的选址在很大程度上影响着物流服务的质量,例如物流节点距离供应商、分销商或零售商的远近会影响货物配送的响应性和及时性;物流节点附近交通的便利性会影响货物的可达性等。因此,为了在保持物流系统总成本最小化的同时提供最优的物流服务,在进行物流节点的选址时必须充分考虑与公路网、铁路网、港口和机场等的衔接程度,临近供应商和分销商或零售商的程度等因素,否则就会在空间上造成物流服务进一步提高的瓶颈,进而影响到物流节点的发展。

3. 物流量最大化

物流量的大小是评价物流节点经营绩效的关键性指标,而物流量的大小受到附近制造企业、商业企业和物流企业数量、规模以及物流节点所在区域经济发展的影响。因此,物流节点的选址应该充分考虑物流市场需求状况、附近制造企业和商业企业的数量与规模等因素,使建成后的物流节点物流量最大,物流节点内部的各种物流设施得到最大限度的利用。

4. 发展空间最大化

随着经济的发展,物流的需求量也将会越来越大,已有的仓库等物流设施将不能满足日益增长的物流需求,这就要求物流节点必须在原来物流设施规模的基础上进行扩展,因此在物流节点选址的过程中要为物流节点将来的拓展留有足够的空间,只有这样才有利于物流节点的可持续发展,所以发展空间最大化应作为物流节点选址的目标之一。

以上四个目标紧密相连。如图 3-6 所示,发展空间最大化是服务最优化和物流量最大化的前提保证;而物流量最大化恰恰是效益最大化的前提保证;效益最大化和服务最优化这两个目标之间有时会发生冲突,效益最大化并不是意味着各种成本都最小,一种成本的降低或者服务水平的提高难免会增加其他的成本。因此,在物流节点选址的过程中企业应该根据自身的发展战略,找准两个目标之间的结合点,要在满足顾客服务要求的基础上实现效益最大化。只有这样才能使物流节点获得持续的竞争力。

3.3.2 物流节点选址决策的影响因素

影响物流节点选址规划决策的因素除了传统的自然条件、交通条件、土地条件和基础设施条件外，还有客户的分布、供应商的分布、竞争者状况、经济因素、政策环境和社会文化等，这些因素在物流节点选址中往往被忽略。实践证明，这些因素对物流节点选址具有重要的影响。下面依次就这些因素对物流节点选址规划决策的影响进行具体的分析。

1. 客户状况

物流节点选址时首先要考虑的就是所服务客户的分布、客户的素质、客户的经营状况等，这些因素将会影响物流节点未来的经营绩效和竞争性。例如，对于零售商型物流中心，其主要客户是超市和零售店，这些客户大部分分布在人口密集的地方或大城市，为了提高服务水准及降低配送成本，物流节点多建在城市边缘接近客户分布的地区。而对于转运型物流节点，其客户主要是外贸公司，这种公司大都临近港口或者机场。因此，为了实现多式联运、降低运输成本和交易成本，这种类型的物流节点应该建在多种运输方式相交处，并临近港口和机场。

2. 供应商状况

物流节点的选址应该考虑的因素还有供应商的分布、供应商的素质、供应商的可选择性、供应商之间的竞争性、供应过程的本质(系统的可靠性)和供应商的供应速度和响应性。因为流通中的商品全部是由供应商所供应的，所以这些因素在一定程度上可以影响物流节点商品的安全库存水平和其在物流市场中的竞争性。

3. 竞争者状况

竞争者的状况对物流节点的选址决策也有重要的影响。在进行物流节点的选址时要考虑所选择地点周边有没有物流节点或者拟建中的物流节点，如果有则要清楚这些物流节点的功能定位和服务内容，从而确定自己的功能定位和服务模式，进而相应地对物流系统进行合理的规划。

4. 自然条件

在物流用地的评估当中，自然条件是必须考虑的，事先了解当地自然环境有助于降低建设的风险。例如，在自然环境中有湿度、盐分、降雨量、台风、地震、河川等几种自然现象，有的地方靠近山边湿度比较高，有的地方湿度比较低，有的地方靠近海边盐分比较高，这些都会影响商品的储存品质。另外，降雨量、台风、地震及河川等自然灾害，对于物流节点的影响也非常大，必须特别留意并且避免被侵害。

5. 交通条件

交通条件是影响物流配送成本及效率的重要因素之一，交通运输的不便将直接影响配送车辆的运行。因此必须考虑对外交通的运输条件以及未来交通与邻近地区的发展状况等因素。地址宜紧临重要的运输线路，以方便配送运输作业的进行。一般物流节点应尽量选择在交通方便的高速公路、国道及快速道路附近等地方，如果以铁路及轮船来当运输工具，则要考虑靠近火车站、港口等地方。

6. 基础设施条件

由于物流节点具有的特殊属性，因此要求城市的道路、通信等公共设施必须齐备，必须有充足的供电能力，且场区周围要有污水、固体废弃物处理能力。这样既可保证物流作业安全，生活等方面的需要，又能保证商品品质。

7. 政策环境

政策环境条件也是物流节点选址评估的重点之一，尤其是在物流用地难以取得的现在，如果有政府政策的支持，则更有助于物流业的发展。政策环境条件包括企业优惠措施(土地提供、减税)、城市规划(土地开发、道路建设计划)、地区产业政策等。最近在许多交通枢纽城市，如深圳、武汉等地都在规划设置现代物流园区，其中除了提供物流用地外，也有关于税赋方面的减免，政策支持有助于降低物流业的营运成本。

8. 土地条件

对于土地的使用，必须符合相关法规及城市规划的规定，尽量选在物流园区或经济开发区。建设用地的形状、长宽、面积与未来扩展的可能性，则与规划内容有密切的关系。另外，还要考虑土地大小与地价，在考虑现有地价及未来增值状况下，配合未来可能扩展的需求程度，决定最合适的使用面积。

9. 社会环境和文化因素

社会环境和文化因素对物流节点的选址也有重要的影响，主要包括社会稳定性、居民的消费偏好、居民的语言和风俗习惯、居民的生活水平、当地社团组织对物流节点存在的态度等因素。这些因素将会对物流节点在该地区的发展产生重要的影响。

10. 人力资源条件

在仓储配送作业中，最主要的资源需求为人力资源。由于一般物流作业仍属于劳力密集的作业形态，在物流节点内部必须要有足够的作业人力，因此在决定物流节点位置时必须考虑劳工的来源、技术水准、工作习惯、工资水准等因素。人力资源的评估条件有附近人口、交通条件、薪资水准等几项。如果物流的选址位置附近人口不多且交通又不方便时，则基层的作业人员不容易招募；如果附近地区的薪资水准太高，也会影响基层作业人员的招募。因此，必须调查该地区的人力、交通条件及薪资水准。

3.3.3   物流节点选址决策标准的确定

影响物流节点选址决策的因素很多，因此，决策物流节点选址时，应三思而行。为了提高决策的准确性，降低决策的风险，根据影响物流节点选址决策的因素确定物流节点选址决策的标准是非常必要的。结合物流节点选址决策的目标以及影响因素，可把它们分为五大类，即经济合理性、政策环境稳定性、交通便利性、竞争性和可持续性。这五大类标准又包括了许多具体的标准，下面就对这些标准进行具体的介绍。

1. 经济合理性标准

1) 物流服务需求情况

物流服务是物流节点的核心业务，因此物流节点所在区域的物流需求状况将会影响物流节点的进一步发展。如果有效需求不足，不仅会造成物流节点设施设备能力的浪费，而且会影响物流节点的经营效益。目前我国的物流市场中普遍存在有效需求不足的情况。因此，在筹建物流节点之前对物流节点所在区域物流服务需求现状、潜在的需求以及可能对需求造成影响的因素进行调研和分析是非常必要的。只有在明确了物流服务需求现状的基础上，制订相应的物流中心建设和发展策略，才能避免资金的浪费。

2) 现有物流设施的利用程度

在物流节点选址时应尽量利用现有的设施设备，如闲置的仓库、搬运机械等，这样就避免了重复建设而造成的无谓浪费，提高了物流节点的经济效益和社会效益。因此，对现有设施的利用程度也是物流节点选址方案评价的重要指标。

3) 土地资源的可得性

土地资源的可得性是指物流节点在所选区域获得用地的难易程度。购买土地是物流节点建设过程中一项较大的资金投入，因此物流节点所在区域土地资源的利用程度、土地的价格、房地产市场的走势等都成为物流节点选址所要考虑的因素，这不仅是因为这些因素会影响到物流节点初期的效益，而且还会影响到物流节点未来的发展。

4) 劳动力资源的可得性

随着物流节点的建设，许多大规模的物流企业聚集在一起，现代化的运作需要机械化、自动化、电子化的处理设备，拥有一定数量和素质的劳动力也就成为影响物流节点区位选择的重要因素。

5) 成本效益的合理性

成本效益的合理性指与物流节点位置有关的服务收益、运输成本、建造成本等项目的合理性。以最低的成本为顾客提供满意的服务并实现效益最大化是物流节点经营的主要目标。因此，物流节点在选址过程中应该充分考虑供应商、分销商、顾客以及自身的需求。位置的选取不仅要有利于自身成本的节约，而且也要从供应商、分销商和顾客角度出发，有利于他们成本的降低和收益的获取。

2. 政策环境稳定性标准

1) 政治政策稳定性

政治政策稳定性是指物流节点所在区域的社会治安稳定性、恶性犯罪事件发生的频率或者物流节点所在国家发生政变、暴乱的可能性等。这些因素作为物流节点正常运营的外部环境将会影响到物流节点长期正常的运转以及利润目标的实现。因此，政治政策稳定性是物流节点选址的标准之一。

2) 区域经济政策的稳定性

区域经济政策的稳定性是指物流节点所在区域的宏观经济发展政策、物流业发展政策、对物流业发展的优惠支持政策的稳定性和一致性。物流业涉及多种行业，因此经济政策的稳定性以及政府对于发展物流业的政策对物流业的发展是至关重要的。

3) 税收政策的稳定性

税收政策的稳定性也是影响物流节点成本和效益的重要因素。特别是在物流节点的发展初期，由于初期资金投入大，许多物流节点往往是在负债运营，在这种情况下如果政府没有税收上的支持或者税收政策不稳定，对于物流节点的正常运营和发展无疑是雪上加霜。因此，所在区域政府税收政策的稳定性也应该成为物流节点区域选择所必须考虑的因素。

3. 交通便利性标准

1) 与公路网衔接程度

与公路网衔接程度是指物流节点备选地点附近公路线路的数量、质量、公路的通达性以及公路线车流量等问题。对于主要以公路运输为主要运输方式的物流节点而言，与公路网衔接的程度将会显著地影响到物流节点的成本效益。因此，与公路网的衔接程度是物流节点选址的标准之一。

2) 与铁路网衔接程度

与铁路网衔接程度是指物流节点备选地点离火车站点的距离、火车站点线路的数量、铁路线路的通达性等。对于主要是以长途货运为主的物流节点，靠近通达性良好的站点将有效增加物流节点货物的流通量，提高物流节点的经济效益。所以，与铁路网衔接的程度也被认为是物流节点选址不可缺少的标准。

3) 与城市交通网衔接程度

所谓与城市交通网衔接的程度是指物流节点附近通往城市中心的公路、铁路的数量、质量以及物流节点与城市交通圈的距离等。对于配送型物流节点而言，与城市交通网的衔接程度将会明显地影响配送的成本、配送的及时性、配送的准确性等。因此，把配送型的物流中心建在城市交通网节点上将是最为明智的选择。

4) 与港口衔接程度

与港口衔接的程度主要是针对港口型物流节点、以对外贸易业务为主的物流中心以及综合性的物流节点来说的。临近港口不仅有利于货物的装卸搬运、包装和流通加工，而且有利于经由物流节点进行多种运输方式的联运。因此许多物流节点往往建在港口附近。

5) 与机场衔接程度

随着顾客对运输服务时间性要求的不断增加，与机场衔接的程度也逐渐成为物流节点选址的重要影响因素。特别是对于以贵重商品快递为主要业务的物流节点而言，临近机场将会极大地减少运输的时间，提高运送的速度，满足顾客的需求。

4. 竞争性标准

竞争性标准是指物流节点临近上游供应商、下游分销商、竞争者的程度；与供应商、分销商的合作关系；与竞争者服务项目的竞争性程度等。目前，我国物流中心在选址过程中很少考虑竞争性标准，这不仅是因为许多企业被蓬勃发展的物流业热昏了头，而且是因为我国物流业还处于发展的初期，具有一定规模的物流中心比较少，所以在选址过程中很少考虑竞争性因素。但是从战略的角度来看，竞争性标准将会成为物流中心选址规划决策中最为重要的因素。

5. 可持续性标准

减轻物流对城市交通的压力、减少物流对城市环境的不利影响、促进城市可持续发展是国外发达国家建设大型物流节点的主要原因之一。我国目前物流业发展的水平还较低，物流节点大型化还只是未来的发展趋势，但是可持续的城市发展原则已要求我们在规划建设中要尽量满足环境发展的要求。另外，在评价物流节点选址时，物流节点建成后自身的可持续发展也应是重要的影响因素，在选址时就应该为物流节点的发展保留足够的空间。

以上所述的选址标准并不一定适合所有的物流节点，并且在不同的物流企业这些标准在选址过程中的优先顺序也是不同的。因此，物流企业在进行物流节点选址规划时应该结合企业自身的发展战略，确定合适的选址标准。

3.3.4 物流节点选址中的政府调控

1. 政府在物流中心选址中的主要调控工作

企业的物流节点选址规划主要由地方政府负责制订。为此，推进现代物流的发展需要积极制订政府规划，发挥政府主管部门和行业主管部门的组织推动和市场管理作用，统一协调，形成合力。地方政府首先要以宏观规划为指导，按其确定的本地最高物流节点建设级别，构建本地具体的物流节点层次体系，确定物流节点的交通选址区位，此外，地方政府还要负责物流中心前期有关的基础服务设施建设，负责物流节点运作所需的诸如海关、金融、信息等配套服务部门的入驻和招商引资工作等。地方政府需要分别处理好与上级政府和与基层企业单位的工作协调关系。在与企业的关系协调中，地方政府不能采用强制的行政命令手段，而应该采用经济的、法律的调控手段，在物流节点选址中的土地、资金、税收等方面制定优惠政策，通过培育竞争有序的市场环境，依靠当地优良的基础设施、先进物流功能、优良生产生活环境、优惠的各项政策和周到的配套服务，吸引企业入驻。

2. 政府引导下的企业物流中心选址

在物流中心选址过程中，在政府的引导下，企业在建设物流基础设施时，应尽量避免建设在城市生活区和工业产业、企业集中区域，而是应该主动建在政府规划的物流基础设施技术范围内，进行社会化服务。物流中心应该布置在特殊的企业集聚区附近。市场之间在地理上存在的大量差异，影响区域现代物流系统资源配置，尤其是资源布局规划问题。例如：美国最大的 50 个大都市市场占所有产品销售量的 55% 以上，因而在全美范围内进行营销的企业，均将物流能力确立在为这些最基本的市场服务上。类似的市场环境的地理空间差异还存在于原材料和零部件的来源地点。这就要求物流资源的布局首先要与市场需求的空间分布相适应，在此基础上才能分析物流资源在一定空间范围内的设备设施造型与数量优化问题。近年来，随着经济集聚趋势的加强，全球包括我国在内的许多地方都形成了享有特殊政策的工业区、高新技术产业区、出口加工区、保税区等。这些各类制造企业的集聚区是大量货物的始发地和终到地，物流资源基础较好，这些地区往往是物流服务需求的集中地区。物流中心选址在这类区位上，有利于降低作业成本，方便与客户作业协调，提高物流中心运作效率和经营效率。

总之，物流节点选址工作是一项系统工程，一方面，政府在规划物流节点的区位选择时要充分考虑企业的选址要求；另一方面，企业在进行物流节点的选址分析时需要将政府的物流节点布局规划纳入到选址分析的方案中来。

3.3.5 物流节点选址问题分析

在建立一个选址模型之前，首先要考虑选址的对象、选址的目标区域、选址目标、成本函数以及选址约束等问题。根据这些问题的不同，选址问题可以被归为相应的类型，根据不同的类型就可以建立选址模型，进而选择相应的算法进行求解，这样就可以得到该选址问题的解决方案。基于不同的分类标准，可以将选址问题分为下面几类。

1. 选址问题目标区域的特征

按照选址问题目标区域的特征，可以将选址问题分为连续选址、离散选址、网格选址三类。

(1) 连续选址。待选区域是一个平面，不考虑其他结构，可能选址位置的数量是无限的。选址模型是连续的，而且通常也可以被相当有效的分析。典型的应用是一个企业的物流节点初步选址。

(2) 离散选址。待选区域是一个离散的候选位置的集合。候选位置的数量通常是有限的而且非常少。这种模型是最切合实际的，然而相关的计算和数据收集成本非常高。实际的距离可以在目标函数和约束中使用，还可以包含有障碍和不可行区域的复杂地区。典型的应用是一个企业物流中心的详细选址设计。

(3) 网格选址。待选区域是一个平面，可被细分成许多通常是面积相等的正方形区域。候选地址的数量虽然有限，但是也相当大。典型的应用是一个仓库中不同货物的存储位置的分配。

2. 选址成本

根据选址成本可以将选址问题分为以下六类：是寻求可行成本方案还是寻求最优成本方案、是寻求总成本的最小化还是成本最大值的最小化、是固定权重还是可变权重、是确定性的还是随机性的、被定位设施间有无相互联系、是静态的还是动态的选址问题。

1) 可行成本方案/最优成本方案

对于许多选址问题来说，首要的目标是得到一个可行的解决方案，也就是一个满足所有条件的解决方案。可行方案得到以后，下一步的目标是找到一个更优的解决方案，也就是关于目标函数的优化问题。

2) Minisum 目标函数/Minimax 目标函数

Minisum 目标函数寻求整个设施选址的成本总和最小。目标是优化全部或者平均性能。这种目标通常在企业问题中应用，所以被称作"经济效益性"，这种问题也被称作网络上的中值问题。

Minisum 问题的目标函数通常用式(3-1)表述

$$\operatorname*{Min}_{x}\left\{\sum_{j} C_{j}(X)\right\} \tag{3-1}$$

式中：X——新的待定位设施物体的坐标；

　　　j——已存在而且位置固定的物体的编号；

　　　$C_{j}(X)$——对于已经存在的物体 j，新物体定位在 X 时的成本。

Minimax 目标函数是由已存在的设施的单个成本最大的部分组成。目标是优化最坏的情况。这种目标通常在军队、紧急情况和公共部门中使用，称作"经济平衡性"。这种问题也被称作网络上的中心问题。

Minimax 问题的目标函数通常用式(3-2)表述

$$\operatorname*{Min}_{x}\left\{\operatorname*{Max}_{j} C_{j}(X)\right\} \tag{3-2}$$

3) 固定权重与可变权重

如果新设施和已经存在的设施间的关系与新设施的位置无关，而是固定的，选址问题就是具有固定权重的选址问题，这种问题也称作"单纯选址问题"。如果新设施和已经存在的设施间的关系与新设施的位置相关，那么这些权重本身就会成为变量，这种问题被称作"选址—分配问题"。例如，将顾客到最近物流节点的分配问题，如果删除一个物流节点，不仅增加了顾客的距离，同时还会将这个顾客分配到另外一个物流节点。

4) 被定位设施间有无相互联系

选址问题的一个重要的区别标准是，被定位设施间有相互联系，还是仅仅与已存在物体间有相互关系。如果选址问题包含多个有相互关系的新设施，它的目标函数常常是一个二次或更高次的函数。在一个设施设计项目中，在一个块状区域内布置二维部门的选址问题就是一个典型的二次目标函数。

5) 确定性与随机性

如果选址成本或参数的值是确定的，那么这个问题就是确定性的。如果选址的成本或参数是一个随机分布的概率值，那么这个问题就是随机性的。在物流系统的设计中，客户需求通常是随机性的，但是它往往被近似成确定的平均值。

6) 静态与动态

如果选址的成本或参数不随着时间的变动而变动，那么这个问题就是静态的。相反，如果选址的成本或参数随着时间的改变而改变，这个问题就是动态的。

3. 选址约束

根据选址问题的约束种类，可以分为有能力约束的选址问题和无能力约束的选址问题以及有不可行区域与无不可行区域的选址问题。

(1) 有能力约束和无能力约束。如果新设施的能力没有限制，那么选址问题就是无能力约束的选址问题；反之，就是有能力约束的选址问题。

(2) 不可行区域约束。如果在目标区域内有些区域不适合作为选址地点，那么这个选址问题就包含了不可行区域的约束。例如，在天津市进行物流中心选址时，海河和渤海湾就是不可行区域。

3.3.6 物流节点选址时应注意的问题

1. 不同类型物流节点选址时的注意事项

(1) 转运型物流节点。大多经营倒装、转载或短期储存的周转类商品，大都使用多式连用方式，因此一般应设置在城市边缘地区的交通便利地段，以方便转运和减少短途运输。

(2) 储备型物流节点。主要经营国家或所在地区的中期、长期储备物品，一般应设置在城镇边缘或城市郊区的独立地段，而且必须具备直接而方便的水陆运输条件。

(3) 综合型物流节点。这类物流节点经营的商品种类繁多，可根据商品类别和物流量，选择设置在不同的地段。例如与居民生活关系密切的生活型物流节点，若物流量不大又没有环境污染问题，可选择接近服务对象的地段，但应具备方便的交通运输条件。

2. 经营不同商品的物流节点选址时的注意事项

(1) 果蔬等易腐物品物流节点。经营新鲜水果、蔬菜等易腐物品的物流节点应选择在入城干道处，以免运输距离拉得过长，商品损耗过大。

(2) 冷藏品物流节点。冷藏品物流节点应选择在屠宰场、加工厂、毛皮处理厂附近，因为有些冷藏品物流节点会产生某些特殊气味、污水、污物，而且设备及运输噪声较大，可能会对所在地环境造成一定的影响，所以大多选择在郊区。

(3) 建筑材料物流节点。通常建筑材料物流节点的物流量大，占地面积大，可能会产生某些环境污染问题，有严格的防火等安全要求，应选择在城市边缘交通运输干线附近。

(4) 易燃材料物流节点。石油、煤炭及其他易燃材料物流节点应满足防火要求，选择城郊的独立地段。在气候干燥、风速较大的城镇，还必须选择大风季节的下风位或者侧风位。特别是油品物流节点，选址应远离居住区和其他重要设施，最好选在城镇外围的地形低洼处。

3.4　物流节点布局规划模型构建及应用

3.4.1　问题描述

物流节点的布局规划是物流发展规划中的重要内容之一，各个省市或是区域在制订各时期的物流发展规划时，都需要对该区域范围内的物流节点进行布局规划。而所谓的物流节点布局规划，其目的就是要在区域范围内明确所需物流节点的数量、具体位置和规模大小，从而形成一个能够有效服务于区域社会经济发展和物流需求的物流节点系统。

合理的区域内物流节点的布局规划对于满足区域内的社会经济活动和物流需求具有非常重要的意义。其具体体现在以下几个方面。

首先，物流节点的布局将直接影响社会物流活动的总成本。假设物流节点没有修建在货物运输的主要方向上，而为了满足对货物的处理，需将货物先运至物流节点内，送样货物运输过程就会发生绕行和空载的情况，这些运输不仅毫无意义，而且还增加了物流成本。其次，物流节点的具体修建位置将影响物流节点的修建成本。由于地价和建设规模上的差异，不同地点修建物流节点所需花费也是不同的，也就是说不同的布局情况对建设成本的影响是非常大的，继而影响到社会物流活动的总成本。另外，在修建有物流节点的地点，由于物流节点的出现，会对其交通状况和生活环境产生不同程度的影响。最后，由于物流节点布局的不同，在后期使用过程中，为社会所带来的使用效用也会随之不同。

区域物流节点的布局规划问题，具体而言，就是要在能够满足区域物流需求的前提下，将物流节点在区域内进行空间配置，明确各个物流节点的具体规模和位置。在明确了各物流节点的具体位置之后，会将该位置作为自身的发展平台，该位置的交通区位条件、经济发展水平等因素会直接影响到物流节点的发展。比如通常需要修建在交通区域条件较好的地方。由此看来，物流节点在进行选址时，对空间是具有选择性的，并非每个地方都可成为物流节点的备选点，也不是任何地方都可以修建物流节点。只有该特定地域空间内的各方面条件都满足物流节点的修建条件时，在该点修建物流节点才是正确的选择，同时由此所形成的物流节点布局系统才更加合理完善，从而更好地服务于该区域内的经济活动。

在进行物流节点布局规划时，规划者希望在满足区域内物流需求的前提下，使布局投入尽可能小，与此同时还希望该物流节点布局能获得最大的使用效用。其根本目的就是通过物流节点的布局规划，提高物流节点系统运行效率，降低物流运作成本，最大化物流节点的使用效用。

由此可得，进行区域物流节点布局规划时主要需要解决以下几个方面的问题：规划区域内物流节点的数量多少、节点的具体位置以及修建规模。具体而言，又可以细分为以下几个优化问题。

(1) 规划区域内需要设置几个物流节点才能满足该区域内的物流需求。

(2) 每个物流节点的规模大小，即物流节点所需土地规模的大小，这主要由该物流节点所需处理的物流需求量所决定。

(3) 物流节点在规划区域内的具体位置。

3.4.2　模型构建

1. 模型假设

针对上述物流节点布局规划所需解决的问题，以最小化物流节点的布局总成本和最大化该物流节点布局的使用效用为目标，构建一个多目标物流节点布局规划模型非常重要。在模型建立前，可对问题做出如下几个假设。

(1) 物流需求被统一定义为一种需求，不存在区别，且需求量已知。

(2) 物流需求点的位置和备选节点的位置已知。

(3) 物流节点的处理量不能超过其最大处理量，同时要达到最小处理量才能修建该节点。

(4) 区域内的物流需求量全部由物流节点进行中转。

(5) 物流节点的建设成本由其地价和建设规模决定，变动成本取决于仓储量。

(6) 各个物流需求点到物流备选节点的距离已知。

(7) 备选节点的地价、运输费率及仓储费率均已知，且仓储费用受到物流节点规模影响。

2. 模型符号及定义

1) 集合

i，物流需求点，$i \in I$。

j，物流节点备选点，$j \in J$。

2) 参数

ψ_i 表示物流需求点的物流需求量。

l_j 表示物流节点所在地的地价。

c_{ij} 表示从点 i 到点 j 单位货运单位距离的运输成本。

d_{ij} 表示点 i 和点 j 之间的距离。

p_j 表示单位处理成本。

α 表示单位处理量的用地参数，可取 $40 \sim 60\,\mathrm{m^2/t}$。

θ 表示规模经济效应因子，通常而言，其越小，规模效应越大，可取 $0 \leqslant \theta \leqslant 1$。

u_{ij} 表示物流需求点 i 在使用物流节点 j 时所能获得的效用。

A_j 表示物流节点 j 的质量或是吸引度。

β 表示距离敏感系数，取 $[1,2]$。

q_j 表示交通区位条件。

g_j 表示备选点的经济总量。

ω_1、ω_2、ω_3 表示权重系数。

$h_{\min}$ 表示物流节点最小处理量。

$h_{\max}$ 表示物流节点最大处理量。

3) 决策变量

x_{ij} 表示物流需求点 i 到物流节点 j 的货物流量。

Y_j 为 0,1 变量，表示是否在该备选点修建物流节点。

3. 模型分析

在构建物流节点布局规划模型时，主要应从两个方面来考虑，物流节点布局的总成本最低，即物流运输费用、物流节点的建设费用以及物流节点的处理费用之和最小；另外，还需要考虑该物流节点布局规划下所能获得的使用效用。

首先需要分析的是第一个方面，也就是物流节点布局规划的总成本。总成本主要由三部分组成，即：

总成本=物流节点建设费用+物流运输费用+物流节点的处理费用

1) 物流节点的修建成本

物流节点的修建成本主要是其土地使用费，这又主要与物流节点所在地的地价以及物流节点的用地规模有关，因此在考虑物流节点的建设费用时，假定不考虑其修建成本，只考虑其土地使用成本，那么物流节点的建设费用可以用物流节点所在地的地价和该节点建设规模的乘积来表示，即：

$$F_1 = \sum_{j \in J} l_j \cdot \alpha \frac{\sum_{i \in I} x_{ij}}{365} \cdot Y_j$$

2) 物流运输费用

物流需求点在选择不同的物流节点满足其物流需求时，需要将货物运至物流节点内，这个过程就会产生运输费用。运输费用主要与单位运输费用和它的运距以及运价有关。因此，运输费用可表示成以下公式：

$$F_2 = \sum_{j \in J} \sum_{i \in I} c_{ij} d_{ij} x_{ij} Y_j$$

3) 物流节点处理费用

物流节点的处理费用是由单位处理成本与物流量的乘积计算的，另外，还需考虑规模经济效益，即物流节点的处理量越大，它的规模处理成本就可能会下降。因此在计算物流节点的处理费用时，引入了常数 θ 为仓储规模效应因子，一般而言，θ 越小，集聚效应越大，且 $0 < \theta < 1$。由此可得物流节点的处理费用为：

$$F_3 = \sum_{j \in J} p_j \left(\sum_{i \in I} x_{ij} \right)^{\theta} Y_j$$

综上，可得物流节点布局规划的第一个目标函数，即规划总成本最小。

$$\min F = \sum_{j \in J} l_j \cdot \alpha \frac{\sum_{i \in I} x_{ij}}{365} \cdot Y_j + \sum_{j \in J} \sum_{i \in I} c_{ij} d_{ij} x_{ij} Y_j + \sum_{j \in J} p_j \left(\sum_{i \in I} x_{ij} \right)^{\theta} Y_j$$

其次，需要考虑的是使物流节点在统一的布局规划下能够获得最大的使用效用，这里的最大使用效用指的是所有物流需求点在使用物流节点时所获得的总效用最大。那么物流需求点 i 在使用物流节点 j 满足其物流需求时所能获得的效用为 u_{ij}。它是和物流节点 j 的"质量" A_j，也可以说是吸引力，以及物流需求点和物流节点之间的距离所决定的。应用文献 *Parameter estimates for multiplicative competitive interaction models-least square approach*

(M. Nakanishi,L. G. Cooper)中的模型来表示物流节点的使用效用，可以将使用效用表示为：

$$u_{ij} = A_j(d_{ij}+1)^{-\beta}$$

该效用函数说明，物流需求点的效用会随着物流节点距离的增加而减小，同时，物流节点 j 的"质量"或是吸引力会决定物流需求点在使用该物流节点时所能获得的效用。

下面对物流节点 j 的"质量"做如下定义。这里假设物流节点的质量 A_j 主要取决于物流节点的规模、区位交通条件和所在区域的经济总量 3 个主要因素。其中区位交通条件可以根据《县域综合交通可达性与经济发展水平测度及空间格局研究》中的评价方法及评分标准得出具体的区位交通条件指数。因此，可将物流节点的"质量"用以下公式来表示：

$$A_j = \left(\omega_1 \frac{\sum\limits_{i \in I} x_{ij}}{\sum\limits_{j \in J}\sum\limits_{i \in I} x_{ij}} + \omega_2 \frac{q_j}{\sum\limits_{j \in J} q_j} + \omega_3 \frac{g_j}{\sum\limits_{j \in J} g_j} \right) \cdot Y_j$$

其中括号内第一项表示的是物流节点规模对该节点质量的贡献值，第二项表示的是物流节点所在地区的区位交通条件对该节点质量的贡献值，第三项表示的是物流节点所在地区的经济总量对该节点质量的贡献值。ω_1、ω_2、ω_3 为权重系数，且 $\omega_1 + \omega_2 + \omega_3 = 1$，其数值可由 AHP 法确定。

综上，可以得出在进行区域物流节点布局规划时的第二个目标函数，即最大化物流节点的使用效用，可以用以下公式表示：

$$\max U = \sum_{j \in J}\sum_{i \in I} u_{ij} = \sum_{j \in J}\sum_{i \in I} A_j(d_{ij}+1)^{-\beta}$$

$$= \sum_{j \in J}\sum_{i \in I} \left(\omega_1 \frac{\sum\limits_{i \in I} x_{ij}}{\sum\limits_{j \in J}\sum\limits_{i \in I} x_{ij}} + \omega_2 \frac{q_j}{\sum\limits_{j \in J} q_j} + \omega_3 \frac{g_j}{\sum\limits_{j \in J} g_j} \right) \cdot Y_j(d_{ij}+1)^{-\beta}$$

4. 模型建立

$$\min F = \sum_{j \in J} l_j \cdot \alpha \frac{\sum\limits_{i \in I} x_{ij}}{365} \cdot Y_j + \sum_{j \in J}\sum_{i \in I} c_{ij} d_{ij} x_{ij} Y_j + \sum_{j \in J} p_j \left(\sum_{i \in I} x_{ij} \right)^{\theta} Y_j \tag{3-3}$$

$$\max U = \sum_{j \in J}\sum_{i \in I} u_{ij} = \sum_{j \in J}\sum_{i \in I} A_j(d_{ij}+1)^{-\beta}$$

$$= \sum_{j \in J}\sum_{i \in I} \left(\omega_1 \frac{\sum\limits_{i \in I} x_{ij}}{\sum\limits_{j \in J}\sum\limits_{i \in I} x_{ij}} + \omega_2 \frac{q_j}{\sum\limits_{j \in J} q_j} + \omega_2 \frac{g_j}{\sum\limits_{j \in J} g_j} \right) \cdot Y_j(d_{ij}+1)^{-\beta} \tag{3-4}$$

$$\sum_{j \in J} x_{ij} = \psi_i, \quad (\forall i \in I) \tag{3-5}$$

$$h_{\min} \leqslant \sum_{i \in I} x_{ij} \leqslant h_{\max}, \quad (\forall j \in J) \tag{3-6}$$

$$Y_j = \{0,1\}, \quad (\forall j \in J) \tag{3-7}$$

$$x_{ij} \geqslant 0, \quad (\forall i \in I, j \in J) \tag{3-8}$$

对各个表达式的具体解释如下。

式(3-3)为第一个目标函数，表示物流节点布局规划的总成本最小，其中第一项表示物流节点的建设成本，第二项表示运输成本，第三项表示物流节点的处理成本。

式(3-4)为第二个目标函数，表示所有的物流需求点在选择物流节点来满足其物流需求时所能获得的总效用最大。

式(3-5)表示物流供需平衡，即物流需求点的物流需求能够被完全满足。

式(3-6)表示物流节点处理量的上下限，即在修建物流节点时，需要满足其最小处理量，同时又不能超过其最大处理量。

式(3-7)表示决策变量为 0,1 变量，若取值为 1，表示在该物流节点备选点修建物流节点；若取值为 0，表示在该物流节点备选点不修建物流节点。

式(3-8)表示物流节点和物流需求点间的流量为非负。

3.4.3　模型求解

如果所构建的物流节点布局规划模型是一个多目标，混合整数优化模型。在此情况下，要求两个目标同时都实现最优往往是很难的，直接对该模型进行求解也是比较困难的。因此，求解思路应采用化多为少的方式，首先将该多目标规划问题转化为较容易求解的单目标问题，然后再运用 Lingo 软件对该模型进行求解。

1. 将模型转化为单目标

该模型属于多目标规划问题，因此在将多目标函数转化为单目标问题时，可采用以下方法。

1) 主要目标法

主要目标法是解决主要问题的同时，适当考虑其他要求。该方法就是将多目标中的一个主要目标作为目标函数求解，使其尽可能好，再将其作为约束条件代入其他目标，让其他目标达到一定要求即可。

针对以上所构建的模型，可以首先将其看成是成本最小化的单目标规划问题，暂时不考虑其使用效用最大这一目标。然后代入数据进行求解，在所得到的成本值达到决策者期望的情况下停止求解，然后将成本最小化这一目标函数作为求解使用效用最大化的约束条件，再针对使用效用最大这一目标函数进行求解，最终得出合理的区域物流节点布局规划。

2) 线性加权法

线性加权的法则是对两个目标函数进行赋权之后加总，使两个目标用同一尺度统一起来。但在使用该方法前，首先要考虑两个目标量纲的问题，对于量纲不同的量纲目标要先对其进行无量纲化处理。可以采用均值化、极值化、标准化以及标准差化的方法对目标函数进行无量纲化处理。

无量纲化处理后，则可构建新的目标函数，如下述函数所示。

$$Z(x) = \lambda_1 F(x, Y) + \lambda_2 U(x, Y)$$

其中：λ 为两个目标函数的权重系数，$F(x, Y)$，$U(x, Y)$ 分别为成本最小化和使用效用最大化两个目标函数。对于权重的确定可由 AHP 方法求得。

3) 平方和加权法

平方和加权法是首先设定两个规定值 F^*、U^*，要求两个函数 $F(x, Y)$、$U(x, Y)$ 分别与规定的值相差尽量小，若对成本和效用的要求相差程度不一样，即一个要求重一些，一个要求轻一些，这时可采用下述评价函数。

$$Z(x, F) = \lambda_1 [F(x, y) - F^*] + \lambda_2 [U(x, Y) - U^*]$$

要求 $\min Z(x, Y)$，其中 λ 可按要求相差程度分别给出。

4) 乘除法

乘除法即将两个函数构建成一个分数，要求总成本最小化，使用效用最大化，则可以将最小成本这一目标函数放在分子，将使用效用函数这一目标函数放在分母，然后可采用评价函数。

$$Z(x,Y) = \frac{F(x,Y)}{U(x,Y)} \to \min$$

2. 运用 Lingo 软件求解

Lingo 是使建立和求解线性、非线性和整数最佳化模型更快更简单更有效率的综合工具。Lingo 具有非常强大的语言和快速求解引擎，通过该语言和求解引擎能够迅速对模型进行阐述和求解。其强大功能促使许多学者选用它对自己的模型进行求解。Lingo 的具体优势主要包括以下几个方面。

(1) 简单的模型表示。无论是线性、非线性还是整数问题，在 Lingo 中都可以迅速用公式进行表示，程序通俗易懂，且修改简便。

(2) 方便的数据输入和输出选择。Lingo 建立的模型可以直接从数据库或 Excel 表格获取资料。在计算完成之后，同样地，Lingo 可以将求解结果数据库或 Excel 表格形式直接输出。

(3) 强大的求解引擎。Lingo 内建的求解引擎有线性、非线性(convex and non-convex)、二次、二次限制和整数最佳化。

基于以上几个优势，选用 Lingo 软件对模型进行求解。选用 Global Solver 选项进行全局最优解的搜索。而规划者只需在此程序的基础上调试相应的参数即可进行求解。使用方便简单，具有较强的实用性，从而可为决策者提供辅助决策支持。

本 章 小 结

随着我国经济的迅速发展，由社会经济活动所派生的物流需求也在近年来急剧增加。物流需求的增加对物流供给能力提出了更高的要求。为了更好地满足这些物流需求，无论是国家层面，还是各级地方政府，都开始对物流业的发展给予了更多的关注和实际投入，已经有越来越多的省市出台了相关的物流发展规划。而物流节点规划是物流规划中的重要内容，同时也是推进物流发展的基础与目标。因此，对区域内的物流节点进行空间布局、用地确定、规模计算，从而形成合理的区域物流节点布局规划，已经成为物流规划中需要解决的问题之一。

物流网络研究的中心问题是确定货源点(或货源基地)和消费者的位置、各级仓库及中间商批发点(零售点)的位置、规模和数量，从而决定物流网络系统的合理布局问题。因此，物流网络节点的规划建设被认为是促进现代物流发展的突破口，并被看作加速物流业发展甚至是地区经济发展的重要因素。在物流网络节点的规划过程中，选址是影响其发展的一个重要的、基础性的环节。

本章从物流网络的概念和内涵入手，详细介绍了物流网络的构成和物流网络系统类型，引申出物流节点的概念、功能、类型和作用。再对物流节点规划与设计的原则、内容和选择决策进行了分析。重点探讨了物流节点规划模型构建及应用。通过本章的学习，读者可对物流网与物流节点相关的知识有一个初步的认识，同时可以掌握在物流节点规划中相关的技术方法。

思考与练习

1．物流网络的概念是什么？
2．物流节点的概念是什么？
3．简述物流节点规划与设计的原则及内容。
4．简述物流节点选址决策的目标及影响因素。
5．简述物流节点选址时应注意的问题。

第 4 章　物流运输系统规划与设计

【学习目标】

- 掌握运输系统的含义及特征。
- 熟悉运输在物流系统中的地位和作用。
- 掌握物流运输系统的要素、特征和功能。
- 熟悉各种运输方式的技术经济特点。
- 熟悉运输方式选择的制约因素。
- 掌握各种运输线路的优化模型。

交通运输是国民经济和社会发展的重要基础设施和基础产业，运输是物流系统的重要环节。运输通常是物流成本中最大的单项成本，货物运输费用占物流总成本的 1/3～1/2，合理的物流运输系统规划和设计对于提高物流系统效率和效益具有重要意义。

运输是社会人所参与的基本活动中的一种，是一项覆盖范围较广而且对人类起着至关重要作用的经济活动，被马克思称为采掘业、农业和加工业之外的"第四物质生产部门"。运输也与人类的日常生活、生产及流通领域和科学研究密切相关。利用运输可以把物资运送到空间效应最高的地区，从而可得到最大的利益。同时，运输也可发挥资源配置的作用，实现资源的优化配置。

4.1　物流运输系统概述

4.1.1　现代运输系统

在所有物流的功能中，运输是一个最基本的功能，是物流的核心，人们提到物流，首先想到的便是运输。运输就是通过运输手段使货物在物流据点之间流动。

1. 运输系统的含义

运输系统作为物流系统最基本的系统，是指由与运输活动相关的各种因素，如运输方式和其组合，组成一个整体。它包括生产领域的运输系统和流通领域的运输系统。生产领域的运输系统，一般是在生产企业内部发挥作用，因而称为厂内运输。它作为生产过程中的一个组成部分，是直接为物质产品的生产服务的。其内容包括原材料、在制品、半成品和成品的运输，这种厂内运输又称为物料搬运。流通领域的运输系统，则是作为流通领域里的一个环节，是生产过程在流通领域的继续。其主要内容是对物质产品的运输，是完成物品从生产领域向消费领域在空间位置上的物理性转移过程。它既包括物品从生产所在地直接向消费(用户)所在地的移动，又包括物品从配送中心向中间商的物品移动。最常见的运输体系可分为自营运输体系、营业运输体系、公共运输体系以及第三方物流运输体系。

2. 运输在物流系统中的地位和作用

1) 运输是物流系统功能的核心

物流具有空间效用、时间效用和形质效用三大功能。运输可以创造出商品的空间效用和时间效用，运输通过改变商品的地点或者位置所创造出的价值称为商品的空间效用；运输使商品能够在适当的时间到达消费者的手中，就产生了商品的时间效用。通过这两种效用的产生，才能够真正地满足消费者消费商品的需要。物流过程中的流通加工活动不创造商品的使用价值，而是带有完善、补充、增加性质的加工活动，这种活动必然会形成劳动对象的形质效用(加工附加价值)。如果运输系统瘫痪，商品不能在指定的时间送到指定的地点，则消费者消费商品的需要就得不到满足，整个物流过程就不能得到实现。在社会物流总成本费用中，运费占有 50%左右的比例，因此运输是物流系统功能的核心。

2) 运输是物流网络构成的基础

物流系统是一个网络系统，由线路和节点组成。运输和配送活动是线路活动，其他活动为节点活动，若没有运输和配送这类线路活动，网络节点将成为孤立的点，网络结构也就不可能存在。

3) 运输是物流系统合理化的关键

物流系统合理化是在各子系统合理化基础上形成的最优物流系统总体功能，运输是物流系统功能的核心，只有运输合理化，才能使物流系统更加合理，功能更强，总体功能最优。

4) 运输可以扩大商品的市场范围

在古老的市场交易过程中，商品只在本地进行销售，每个企业所面对的市场都是有限的。随着各种运输工具的发明，企业通过运输可以到很远的地方去进行销售，企业的市场范围可以大大的扩展，企业的发展机会也可大大增加。

5) 运输可以保证商品价格的稳定性

各个地区由于地理条件的不同，拥有的资源也各不相同。如果没有一个顺畅的运输体系，其他地区的商品就不能到达本地市场，那么本地市场所需要的商品也就只能由本地来供应。正是因为这种资源的地域不平衡性，造成了商品供给的不平衡性。因此，在一定的时间内，商品的价格可能会出现很大的波动。但是，如果拥有了一个顺畅的运输体系，当本地市场的商品供给不足时，外地的商品就能够通过这个运输体系进入本地市场，本地的过剩产品也能够通过这个体系运送到其他市场，从而保持供求的动态平衡和价格的稳定。

6) 运输能够促进社会分工的发展

社会的发展必然会推动社会分工的发展。对于商品的生产和销售来说，也有必要进行分工，以获得最高的效率。但是，当商品的生产和销售两大功能分开之后，如果没有一个高效的运输体系，这两大功能都不能够实现。运输是商品生产和商品销售之间不可缺少的联系纽带，有了它才能真正地实现生产和销售的分离，促进社会分工的发展。

3. 运输系统的现代化

所谓运输系统的现代化，是指采用当代先进适用的科学技术和运输设备和设施，运用现代管理科学组织、协调运输系统各组成要素之间的关系，达到充分发挥物流运输的功能。运输系统现代化的主要内容包括以下几个方面。

1) 联合运输

联合运输(联运)被称为"第三次运输革命"。它是指把各种运输手段合理地结合在一起，以建立新的运输系统为重点内容的革命，联合运输以各种运输工具的联合体制，即"联运"形式的出现为标志，按照迅速、准确、安全、经济的要求，通过技术革新为物流活动提供多样化的运输方式。

2) 包装、装卸、运输一体化

这里所谓的一体化是指将包装、装卸、运输合理化作为一个整体来考虑，即实行包装—装卸—运输托盘化与集装箱化。

(1) 托盘化一体运输。就是把货物放在托盘上，使用万能叉车送到汽车、火车、船舶、飞机等运输工具上，进行装卸作业。推进托盘化一体运输，可以使包装简易化和标准化，提高装卸作业效率，减少货物损坏，易于保护和有效地利用仓库面积。托盘化一体运输能使物流过程协调化、效率化，降低物流运作成本。

(2) 集装箱化运输。集装箱运输具有很大的优点，为了推行集装箱运输，需要大力发展集装箱专用工具，如集装箱专用列车、船舶、汽车等，并相应建设铁路站场、港口、码头等设施。

3) 新交通系统

随着经济的发展，物流量的增大，现有铁路、公路、水路交通压力日益严重，越来越满足不了日益增长的物流量。为了解决交通拥挤、道路阻塞、能源紧张等问题，在一些发达国家，已开始着手开发新的交通方式予以解决。新交通系统大致有以下几种类型。

(1) 铁路传送带运输机械。这种机械是可以传送 5 吨集装箱的大型设备，而不必再采用机车牵引运输，以节约机车牵引所耗费的能源。

(2) 筒状容器管道系统。该系统是把装在筒装容器中的货物，利用管道中的压缩空气进行运输的一种系统。它又可以进一步发展为用管道中的直线发动机运输。

(3) 城市无人收发货物系统。它是根据城市条件并考虑到噪声问题，使用尼龙链条索具，把装货的台车吊在管道中的轨道上，再用特殊的绳索牵引传送。它可以代替汽车的机能把货物送达用户。这种形式速度较慢，时速 10km 左右，适用于重量为 200kg 的小批量货物运输，可在批发站和中转站使用。

4.1.2 物流运输系统

物流运输系统就是在一定的时间和空间内，由运输过程所需的基础设施、运输工具和运输参与者等若干动态要素相互作用、相互依赖和相互制约所构成的具有特定运输功能的有机整体。

1. 物流运输系统的要素

构成运输系统的要素主要有基础设施、运输工具和运输参与者。

1) 基础设施

基础设施又可分为运输线路与运输节点两个要素。

(1) 运输线路。运输线路是供运输工具定向移动的通道，也是运输赖以运行的基础设施之一，是构成运输系统最重要的要素。在现代运输系统中，主要的运输线路有公路、铁路、航线和管道。其中，铁路和公路为陆上运输线路，除了引导运输工具定向行驶外，还需承受运输工具、货物或人的重量；航线有水运航线和空运航线，主要起引导运输工具定位定向行驶的作用，运输工具、货物或人的重量由水或空气的浮力支撑；管道是一种相对特殊的运输线路，由于其严密的封闭性，所以既充当了运输工具，又起到了引导货物流动的作用。

(2) 运输节点。所谓运输节点，是指以连接不同运输方式为主要职能，处于运输线路上的承担货物集散、运输业务办理、运输工具保养和维修的基地与场所。运输节点是物流节点中的一种类型，属于转运型节点。公路运输线路上的停车场(库)、货运站；铁道运输线路上的中间站、编组站、区段站、货运站；水运线路上的港口、码头；空运线路上的空港；管道运输线路上的管道站等都属于运输节点范畴。一般而言，由于运输节点处于运输线路上，又以转运为主，所以货物在运输节点上停滞的时间较短。

2) 运输工具

运输工具是指在运输线路上用于载重货物并使其发生位移的各种设备和装置，它们是运输能够进行的基础设备，也是运输得以完成的主要手段。运输工具根据从事运送活动的独立程度可以分为三类。

(1) 仅提供动力，不具有装载货物容器的运输工具，如铁路机车、牵引车、拖船等。

(2) 没有动力，但具有装载货物容器的从动运输工具，如车皮、挂车、驳船、集装箱等。

(3) 既提供动力，又具有装载货物容器的独立运输工具，如轮船、汽车、飞机等。管道运输是一种相对独特的运输方式，其动力设备与载货容器的组合较为特殊，载货容器为干管，动力装置设备为泵(热)站，因此设备总是固定在特定的空间内，不像其他运输工具那样可以凭借自身的移动带动货物移动，故可将泵(热)站视为运输工具，甚至可以连同干管都视为运输工具。

3) 运输参与者

运输活动的主体是运输参与者，运输活动作用的对象(运输活动的客体)是货物。货物的所有者是物主或货主。运输必须由物主和运输参与者共同参与才能进行。

(1) 物主。物主包括托运人(或称委托人)和收货人，有时托运人与收货人是同一主体，有时不是同一主体。不管托运人托运货物，还是收货人收到货物，他们均希望在规定的时间内，以最低的成本、最小的损耗和最方便的业务操作，将货物从起始地转移到指定的地点。

(2) 承运人。承运人是指运输活动的承担者，他们可能是铁路货运公司、航运的公司、民航货运公司、储运公司、物流公司或个体运输业者等。承运人是受托运人或收货人的委托，按委托人的意愿以最低的成本完成委托人委托的运输任务，同时获得运输收入。承运人根据委托人的要求或在不影响委托人要求的前提下合理地组织运输和配送，包括选择运输方式、确定运输线路、进行货物配载等。

(3) 货运代理人。货运代理人是根据用户的指示，为获得代理费用而招揽货物、组织运输的人员，其本人不是承运人。他们负责把来自各用户的小批量货物合理组织起来，以大批量装载，然后交由承运人进行运运。待货物到达目的地后，货运代理人再把该大批量装载拆分成原先较小的装运量，送达收货人。货运代理人的主要优势在于大批量装载可以实现较低的费率，并从中获取利润。

(4) 运输经纪人。运输经纪人是替托运人、收货人和承运人协调运输安排的中间商，其协调的内容包括装运装载、费率谈判、结账和货物跟踪管理等。经纪人也属于非作业中间商。

2. 物流运输系统的特征

物流运输系统不仅具有一般系统所共有的特征，即整体性、目的性、相关性、层次性、动态性和环境适应性，而且还具有其自身显著的特征。

1) 运输服务可以通过多种运输方式实现

各种运输方式对应于各自的技术特性，有不同的运输单位、运输时间和运输成本，因而形成了各运输方式不同的服务质量。也就是说，运输服务的利用者可以根据货物的性质、大小、所要求的运输时间、所能负担的运输成本等条件来选择相适应的运输方式，或者合理运用多种运输方式实行联合运输。

2) 运输服务可分成自用型和营业型两种形态

自用型运输多限于自己运输，部分水路运输中也有这种情况，但数量很少。而航空、铁路这种需要巨大投资的运输方式，自用型运输难以开展。营业型运输在公路、铁路、水路、航空等运输业者中广泛开展。对于一般企业来讲，可以在自用型和营业型运输中进行选择。最新的趋势是逐渐从自用型向营业型运输方式转化。

3) 运输存在着实际运输和利用运输两种形式

实际运输是实际利用运输手段进行运输，完成商品在空间上的移动；利用运输是运输从业者自己不直接从事商品运输，而是把运输服务再委托给实际运输商。这种利用运输的代表就是代理型运输业者。

4) 运输服务业竞争激烈

运输服务业者不仅在各自的行业内开展相互的竞争，而且还与运输方式相异的其他运输企业开展竞争。虽然各运输方式都存在着一些与其特性相适应的不同的运输对象，但是，也存在着多种运输方式都适合承运的货物，这类货物的运输就形成了不同运输手段、不同运输业者之间的相互竞争关系。

5) 运输系统的现代化趋势

所谓运输系统的现代化，就是采用当代先进适用的科学技术和运输设备，运用现代管理科学，协调运输系统各构成要素之间的关系，达到充分发挥运输功能的目的。运输系统的现代化也促使运输系统的结构发生了根本性的改变，主要表现在：一是由单一的运输系统结构转向多种方式联合运输的系统结构，如汽车—船舶—汽车、汽车—火车—汽车、船舶(港口)—火车(站场)—汽车(集散场)等不同的联合运输系统；二是建立了适用于矿石、石油、肥料、煤炭等大宗货物的专用运输系统；三是集包装、装卸、运输一体化，使运输系统向托盘化与集装箱化方向发展；四是顺应全球经济发展的需要，一些发达国家陆续开发了一些新的运输系统，如铁路传送带运输机械、筒状容器管道系统、城市中无人操纵收发货物系统等。

3. 物流运输系统的功能

在商业社会中，因为市场的广阔性、商品的生产和消费不可能在同一个地方进行，一般来说商品都是集中生产、分散消费的。为了实现商品的价值和使用价值，使商品的交易过程能够顺利完成，必须经过运输环节，把商品从生产地运到消费地，以满足社会消费的需要和进行商品的再生产。如果将原材料供应商、工厂、仓库及客户看作物流系统中的固定节点，那么商品的运输过程正是连接这些节点的纽带，是商品在系统中流动的载体。因此，可以把运输称为物流的动脉。运输具有以下两大功能。

(1) 产品转移功能。产品转移功能，即通过运输实现产品远距离的位置移动，创造产品的空间效用(或称场所效用)。所谓空间效用，是指物品在不同的位置，其使用价值实现的程度(即效用价值)是不同的。通过运输活动，将物品从效用价值低的地方转移到效用价值高的地方，使物品的使用价值得到更好的实现，即创造物品的最佳效用价值。

(2) 产品存储功能。产品存储功能，是指运输除了创造空间效用外，还能够创造时间效用，具有一定的储存功能。所谓时间效用，是指产品处在不同的时刻，因其使用价值实现的程度不同，其效用价值是不一样的。通过储存保管，将产品从效用价值低的时刻延迟到效用价值高的时刻再进入消费领域，使产品的使用价值得到更好的实现。运输货物需要时间，特别是长途运输(如国际海运)需要的时间更长。在运输过程中，货物需储存在运输工具内，并且为了避免产品损坏或丢失，还必须为运输工具内的货物创造一定的储存条件，这在客观上创造了产品的时间效用。

4.1.3　物流运输合理化分析

物流的目标在于以最小的费用满足消费者的物流需求。在整个供应链中更多的物流成本消耗在仓储和运输中。2016 年，社会物流总费用为 11.1 万亿元，运输费用为 6.0 万亿元，占 54.1%。末端运输是目前运能、运力使用不合理，浪费较大的领域，因而人们都寄希望于配送来解决这个问题。

1. 不合理运输的表现形式

不合理运输是在现有条件下应该达到的运输水平而未达到，从而造成了运力浪费、运输时间增加、运费超支等问题的运输形式。

1) 返程或起程空驶

空车无货载行驶，可以说是不合理运输的最严重形式。在实际运输组织中，有时候必须调运空车，从管理上不能将其看成不合理运输。但是，因调运不当，货源计划不周，不采用运输社会化而形成的空驶，是不合理运输的表现。造成空驶的不合理运输主要有以下几种原因。

(1) 能利用社会化的运输体系而不利用，却依靠自备车送货提货，这往往出现单程重车、单程空驶的不合理运输。

(2) 由于工作失误或计划不周，造成货源不实，车辆空去空回，形成双程空驶。

(3) 由于车辆过分专用，无法搭运回程货，只能单程实车，单程回空周转。

2) 对流运输

对流运输亦称"相向运输""交错运输"，指同一种货物，或彼此间可以互相代用而又不影响管理、技术及效益的货物，在同一线路上或平行线路上做相对方向的运送，而与对方运程的全部或一部分发生重叠交错的运输称对流运输。已经制定了合理流向图的产品，一般必须按合理流向的方向运输，如果与合理流向图指定的方向相反，也属对流运输。

3) 迂回运输

迂回运输是舍近取远的一种运输。可以选取短距离进行运输而不选，却选择路程较长的路线进行运输的一种不合理形式。迂回运输有一定复杂性，不能一概而论，只有当计划不周、地理不熟、组织不当而发生的迂回，才属于不合理运输，如果最短距离有交通阻塞、道路情况不好或有对噪声、排气等特殊限制而不能使用时发生的迂回，不能称为不合理运输。

4）重复运输

本来可以直接将货物运到目的地，但是在未达目的地之处，或目的地之外的其他场所将货卸下，再重复装运送达目的地，这是重复运输的一种形式。另一种形式是，同品种货物在同一地点一面运进，一面又向外运出。重复运输的最大毛病是增加了非必要的中间环节，这就延缓了流通速度，增加了费用，增大了货损。

5）倒流运输

倒流运输是指货物从销售地或中转地向产地或起运地回流的一种运输现象。其不合理程度要大于对流运输，其原因在于，往返两程的运输都是不必要的，形成了双程的浪费。倒流运输也可以看成是隐蔽对流的一种特殊形式。

6）过远运输

过远运输是指调运物资舍近求远，近处有资源不调而从远处调，这就造成可采取近程运输方式而未采取，拉长了货物运距的浪费现象。过远运输占用运力时间长，运输工具周转慢，物资、占压资金时间长，远距离自然条件相差大，又易出现货损，增加了费用支出。

7）运力选择不当

未选择各种运输工具优势而不正确地利用运输工具造成的不合理现象。

8）托运方式选择不当

对于货主而言，能选择最好托运方式而未选择，造成运力浪费及费用支出加大的一种不合理运输。例如，应选择整车而未选择，反而采取零担托运；应当直达而选择了中转运输；应当中转运输而选择了直达运输等都属于这一类型的不合理运输。

上述的各种不合理运输形式都是在特定条件下表现出来的，在进行判断时必须注意其不合理的前提条件，否则就容易出现判断的失误。再者，以上对不合理运输的描述，主要是从微观观察得出的结论。在实践中，必须将其放在物流系统中做综合判断，在不做系统分析和综合判断时，很可能出现"效益悖反"现象。单从一种情况来看，避免了不合理，做到了合理，但它的合理却使其他部分出现不合理。只有从系统角度，综合进行判断才能有效避免"效益悖反"现象，从而优化全系统。

2. 运输合理化的影响因素

由于运输是物流中最重要的功能要素之一，所以物流合理化在很大程度上依赖于运输合理化。

运输合理化的影响因素有很多，起决定性作用的有五方面因素，称作合理运输的五要素。

(1) 运输距离。在运输时，运输时间、运输货损、运费、车辆或船舶周转等运输的若干技术经济指标，都与运距有一定的比例关系，运距长短是运输是否合理的一个最基本因素。缩短运输距离从宏观、微观都会带来好处。

(2) 运输工具。各种运输工具都有其使用的优势领域，对运输工具进行优化选择，按运输工具特点进行装卸运输作业，最大限度发挥所用运输工具的作用，是运输合理化的重要一环。

(3) 运输环节。每增加一次运输，不但会增加起运的运费和总运费，而且还要增加运输的附属活动，如装卸、包装等，各项技术经济指标也会因此而下降。所以，减少运输环节，尤其是同类运输工具的环节，对合理运输有促进作用。

(4) 运输时间。运输是物流过程中需要花费较多时间的环节，尤其是远程运输，在全部物流时间中，运输时间占绝大部分，所以，运输时间的缩短对整个流通时间的缩短有决定性作用。此外，运输时间短，有利于运输工具的加速周转，充分发挥运力的作用，有利于货主资金的周转，有利于运输线路通过能力的提高，对运输合理化有很大贡献。

(5) 运输费用。前文已言及运费在全部物流费中占很大比例，运费高低在很大程度上决定着整个物流系统的竞争能力。实际上，运输费用的降低，无论对货主企业来讲还是对物流经营企业来讲，都是运输合理化的一个重要目标。运费的判断，也是各种合理化实施是否行之有效的最终判断依据之一。

从上述五方面考虑运输合理化，就能取得预期的结果。

3. 运输合理化的有效措施

结合物流企业在实践中的经验与交通运输的发展，运输合理化的有效措施有以下几条。

1) 发展社会化的运输体系

运输社会化的含义是发挥运输的大生产优势，实际专业分工，打破一家一户自成运输体系的状况。

我国物流业不仅职能部门众多，而且每个职能部门属下几乎都拥有自己的运输系统、仓储系统、配送系统等产业相关单位或企业市场，服务地域集中度高，但市场却又相当分散，没有哪一家物流服务商拥有超过 2%的市场份额。综观世界各国的经济发展规律，我国正处于应合理鼓励市场兼并以追求规模效益的经济发展阶段。作为基础产业，物流业规模经济尤为重要，更应避免过度竞争，以努力发挥物流业的资源整合优势。当前火车运输的社会化运输体系已经较完善，而在公路运输中，小生产方式非常普遍，是建立社会化运输体系的重点。

2) 发展直达运输

直达运输是追求运输合理化的重要形式，其对合理化的追求要点是通过减少中转过程中的过载换载，从而提高运输速度，省却装卸费用，降低中转货损。直达的优势，尤其是在一次运输批量和用户一次需求量达到了一整车时表现最为突出。此外，在生产资料、生活资料运输中，通过直达，建立稳定的产销关系和运输系统，也有利于提高运输的计划水平，考虑用最有效的技术来实现这种稳定运输，从而大大提高运输效率。

特别需要一提的是，如同其他合理化措施一样，直达运输的合理性也是在一定条件下才会有所表现，不能绝对认为直达一定优于中转。这要根据用户的要求，从物流总体出发做综合判断。如果从用户需要量看，批量大到一定程度，直达是合理的，批量较小时中转是合理的。

3) 提高运输工具实载率

实载率有两个含义：一是单车实际载重与运距之乘积和标定载重与行驶里程之乘积的比率，这在安排单车、单船运输时，是作为判断装载合理与否的重要指标；二是车船的统计指标，即一定时期内车船实际完成的货物周转量(以吨·千米计)占车船载重吨位与行驶里程之乘积的百分比。在计算时车船行驶的里程，不但包括载货行驶，也包括空驶。

4) 增加运输能力的有效措施求得合理化

这种合理化的要点是，少投入、多产出，走高效益之路。运输的投入主要是能耗和基础设施的建设，在设施建设已定型和完成的情况下，尽量减少能源投入，是少投入的核心。

5) 开展中短距离铁路公路分流

这一措施的要点，是在公路运输经济里程范围内，或者经过论证，超出通常平均经济里程范围，也尽量利用公路。这种运输合理化的表现主要有两点：一是对于比较紧张的铁路运输，用公路分流后，可以得到一定程度的缓解，从而加大这一区段的运输通过能力；二是充分利用公路从门到门和在中途运输中速度快且灵活机动的优势，实现铁路运输服务难以达到的水平。

6) 配载运输

配载运输是充分利用运输工具载重量和容积，合理安排装载的货物及载运方法以求得合理化的一种运输方式。配载运输也是提高运输工具实载率的一种有效形式。

7) 发展特殊运输技术和运输工具

依靠科技进步是运输合理化的重要途径。例如，专用散装及罐车，解决了粉状、液状物运输损耗大，安全性差等问题；袋鼠式车皮，大型半挂车解决了大型设备整体运输问题；"滚装船"解决了车载货的运输问题，集装箱船比一般船能容纳更多的箱体，集装箱高速直达车船加快了运输速度等，都是通过采用先进的科学技术实现合理化。

8) 通过流通加工使运输合理化

有不少产品，由于产品本身形态及特性问题，很难实现运输的合理化，如果进行适当加工，就能够有效解决合理运输问题，例如将造纸材料在产地预先加工成干纸浆，然后压缩体积运输，就能解决造纸材料运输不满载的问题。

交通问题不是仅靠修路就能解决的，交通研究领域有一个著名的"当斯定律"(Downs Law)，就是说一般人认为修路会缓解交通拥堵，但当斯研究后发现，这只是问题的一个方面，另外一种可能是道路畅通后，交通流将重新安排，其他地方的交通会被吸引过来，从而造成新的交通量而产生新的拥堵。北京三环修起来不到一年，四环修起来几个月，而五环取消收费不到一个月就开始拥堵，都是最典型的"当斯定律"的体现。交通问题是最能体现管理能力的，通过管理的改善可以提高 30%的交通通行量。研究运输优化路径、提高物流运输效率，是有效提高物流企业经济效益与社会整体效益的一个有效途径。

4.2　物流运输方式的选择

现代意义上的交通运输是人类利用一定的载运工具(火车、汽车、轮船、飞机、管道)，通过一定的线路(铁路、公路、航道、航线)和站、港、场等枢纽，将货物或旅客进行空间位移的活动，它包括铁路、公路、水路、航空、管道五种运输方式。这五种运输方式既受制于产业结构的变化，又受益于市场机制的激励，既有竞争，又有协作，既有替代，又有互补。

物流运输方式是客、货运输所赖以完成的手段、方法与形式，是为完成客货运输任务而采用的一定性质、类别的技术装备(运输线路和运输工具)和一定的管理手段。现代运输方式中主要的运输方式有海洋运输、铁路运输、航空运输、公路运输、管道运输。

4.2.1　各种运输方式的技术经济特点

1. 铁路运输

铁路运输在运输货物的过程中，主要承运长距离范围内的大宗商品，其运输的经济里程一般在 200km 以上。在没有水运条件的地区，几乎所有大批量货物都是依靠铁路，铁路运输是在干线运输中起主力运输作用的运输形式。

铁路运输的优点有：①运输速度相对较快，时速可达 80～120km，高速铁路的速度则更快；②运输能力大而且效率较高，一次可以高效率地运输大量货物；③连续运输的能力比较强，铁路运输受自然条件的影响程度较小，可以实现全天候运输；④铁路运输的安全性相对较高，运行比较平稳。对现代化的各种运输方式统计发现：以所完成的货物周转量计算的事故率，铁路运输的事故率最低；⑤运输成本(特别是可变成本)较低，而且是低耗能运；⑥铁路运输的环境适应性较强，几乎不受地域和环境的影响，可以全年全天候的运营；⑦运输能耗和环境污染小，现在的铁路运输大部分用的都是电力，在节能方面显然已走在了前列，同时，排放的废气和造成的噪声及能源消耗相对其他运输方式小得多。

其缺点主要有：①由于铁路运输的特殊性，使所需的设备和站台所耗的固定成本比较高、建设周期较长、占地相对较多；②铁路的运输能力是一定的，故当市场总运量在某一时期超过铁路承载能力时，就会错失一些运输机会；③铁路运输很难做到一次完成运输任务，所以在长距离运输情况下，其中途停留时间较长；④铁路运输在运输过程中，装卸次数较多，所以货物损失相对其他运输方式也较多；⑤灵活性较差，由于只能在固定的线路上运输，所以需要其他的运输方式来衔接。

所以，铁路运输主要用于低价值大宗货物的中、长距离运输，也比较适合散装货物和罐装货物的运输。

2. 公路运输

公路运输是使用汽车或其他车辆在公路上采用的运输方式。公路运输主要承担近距离、小批量的货运和水运、铁路运输难以到达地区的长途、大批量货运及铁路、水运优势难以发挥的短途运输。由于公路运输有很强的灵活性，近年来，在有铁路、水运的地区，较长途的大批量运输也开始使用公路运输。公路运输主要是能够提供灵活性较高和多样化的服务，主要用于价高量小的货物，且能实现门到门的服务，其经济里程一般在 200km 以内。

公路运输的优点主要有：①运输速度快；②可靠性较高，在运输过程中，对货物的保护较好，货损较小；③机动性高、灵活性较强，具有直达性的特点，能够灵活制订运输时间表，运载量可根据需要进行调整，可以自组织运输也可以实现联合运输，对环境要求不高，故公路运输能按照顾客的要求选择合适的行车路线，甚至可以为顾客提供"门到门"的运输服务，且市场覆盖率较高；④投资少、经济效益高，由于公路是由政府出资修建，所以其固定成本相对其他运输方式较低；⑤操作人员容易培训。

其缺点主要有：①其变动成本相对来说比较高。由于公路的建设及维修等费用主要是通过税收和过路费的形式向承运人征收的，故其变动成本较高；②运输能力相对有限。由于受承运车辆容积的限制和路段自然状况的制约，公路运输在运量上受到限制、在货物容积和种类上受到制约；③能源消耗比较高，而且对环境的污染也较其他运输方式较为严重，另外劳动生产率也是有限的；④劳动生产率相对较低。公路的运量相对较低，致使公路运输的相关设备的机械化水平较低，因此，公路运输的劳动生产率比较低。公路运输的劳动生产率只有铁路运输的 10.6%，沿海运输的 1.5%，内河运输的 7.5%。

3. 水路运输

水路运输主要是利用水道和船舶，进行大批量和长距离的运输，是在干线运输中起主力作用的运输形式。在内河及沿海，水运也常作为小型运输工具使用，担任补充及衔接大批量干线运输的任务。

水路运输的优点主要有：①运输能力比较强，一般承运的都是数量比较大的货物，且在几种运输方式中，运输能力最大；②运输成本低、能耗少，由于水路运输的水道基本都是自然的，所以相对来说投入的成本较低，在运输过程中能以最低的单位运输成本提供最大的货运量。同时，由于水路运输的里程都较远，所以燃料的利用率较高，从而能耗相对较小；③劳动生产率高，由于水路运输的运输量都是比较大的，从而导致劳动生产率相对较高。一般来说，沿海运输的劳动生产率是铁路运输的 6.4 倍，长江干线运输的劳动生产率是铁路运输的 1.26 倍。

其缺点主要是：①由于其自身的特殊性，所以受自然条件和气象因素的影响较大，由于气候、季节和水位的影响，水路运输并不能常年不间断运输，要根据气候条件来安排运输；②营运到达范围有限，由于受水域的影响，有水才能完成运输，所以在地域上就受到很大的限制；③货物在运输过程中的风险性比较大，安全性相对略差；④运输速度较慢，而且受自然条件影响程度较大，所以很难准时送达，相应地就会增加托运人的经营风险。

所以，水路运输主要用于大批量货物的运输，尤其是集装箱运输和长距离对时间要求不高的货物运输。

4. 航空运输

航空运输也就是大家口中常说的"空运"。它是使用飞机或其他航空器进行运输的一种形式。采用空运，成本很高，因此，主要适合运输价值高、运费承担能力很强的货物和紧急需要的物资。

航空运输的优点主要有：①机动性大，航空运输的运输航线无须搭建，飞机几乎可以不受人和地理条件的限制而跨海越洋；②安全性较高，随着科学技术的不断进步，航空运输的安全性越来越高，托运人的货损概率比较低；③对货物的包装要求相对比较低，由于航空运输的平稳性降低了货物的货损率，所以对货物的包装要求也就有所降低；④运送货物比较准时，对于客户急需的货物可以在最短的时间内将货物送达；⑤运输速度最快，与其他运输方式相比，航空运输的速度最快。

其缺点主要有：①由于是空中的运输，所以受气候条件的限制较大，同时也在一定程度上影响了运输的正常性和准确性；②由于飞机受机舱大小和载重量的限制，所以航空运输的载运量相对其他运输方式较小；③航空运输相应的设施成本较高，且飞机的购置、租借、维修费用比较高，燃油消耗量比较大，所以导致航空运输的成本居高不下；④航空运输由于受航线和起降机场的限制，因此必须和公路运输结合使用才能实现"门到门"的服务，导致了航空运输的可达性较差。

所以，航空运输主要用于小批量、质量轻的货物的长距离运输或是对货物时间要求比较紧迫的运输。

5. 管道运输

这种运输方式，听起来不是特别熟悉。它是利用管道输送气体、液体和粉状固体的一种运输方式。其运输形式是靠物体在管道内顺着压力方向循序移动实现的，和其他运输方式的重要区别在于，管道设备是静止不动的。

其优点主要有：①运量大，由于管道运输自身所具有的特性，可以进行不间断的运输，连续性较强，而且不会产生空驶；②占地相对较少，由于运输物资的管道基本都埋在地下，所以占用的土地相对较少；③安全性较高，由于管道是埋在地下，所以受外界的环境因素和自然的恶劣天气影响程度较小，故货物的运输安全性相对较高；④建设周期短、费用低，管道的建设牵涉的项目较少，工作量小，所以建设的周期较短，而且所耗费的成本较低；⑤耗能较少、效益好，管道运输是一种连续工程，运输效率较高，而且耗费的燃料较少。

其缺点主要有：①因专用性较强，所以灵活性较差，管道运输在世界范围内主要是用于运输石油、天然气及一些特殊的固体物品，还没有开启为人们运输物资的服务，致使管道运输的灵活性较差；②初期投资成本较大，管道运输在运输量不足时，就会使运输成本显著增加。

所以，管道运输是随着石油的运输而兴起的，目前主要运用于运输液体、气体等物资。

4.2.2　运输方式选择的考虑因素

1. 运输方式选择的制约因素

物流企业根据所需运输服务的要求，可以参考不同运输方式的不同特性，进行最优化选择，以使所获得的运输服务成本最低。当然，单靠一种运输方式往往无法实现最低成本，因而需要几种运输方式的组合。在选择正确的运输方式时，一般应考虑以下几个方面的因素。

1) 价格

不同的运输方式，其运输成本相差很大。航空运输相对而言最昂贵，管道运输和水上运输相对而言则最便宜，而公路运输又比铁路运输昂贵。在实际运营中，应当根据实际运费、运输时间、货物的性质以及运输安全性等进行综合比较。

2) 运输时间

运输时间的长短，可从两方面影响运输的费用：其一，货物价值由于其适用期有限可能造成损失，如水果、蔬菜等；或因为其时间价值的适用期有限而造成的损失，如报纸、时装等。其二，货物在运输过程中由其价值表现的资本占用费用较高，对高价值货物或货运量很大的货物，这可能占成本的很大部分。

运输时间的变化是指各种运输方式在多次运输时出现的时间变化。它是衡量运输服务的不确定性指标。起止点相同，使用同样运输方式的每一次运输的在途时间不一定相同，因为天气、交通状况、中途暂停次数、合并运输所费的时间不同，也都会影响在途时间。一般来说，铁路运输时间变化最大，航空运输时间变化最小，公路运输介于二者之间。

3) 服务质量

服务质量是一家企业从另一家企业那里可能得到的服务程度或服务满意度。我们国家在经济得到快速发展之后，提出了"调整产业结构、转变经济发展方式"的战略思想，将第三产业提到了重要的高度，而物流业作为第三产业更需要大力发展。

另外，物流企业在选择运输方式的过程中，同样也会考虑各种运输管理部门的服务质量，从而决定是否选择该种运输方式。如果公路运输企业的服务水平远远低于其他运输方式，即使公路运输的成本最低，而物流企业也可能会考虑选择其他运输方式。

4) 灭失与损坏

灭失与损坏，也就是运输质量中的安全性问题。因为各承运人安全运输货物的能力不同，所以运输中灭失或损坏的记录就成为选择承运人的重要因素。承运人有义务合理运输货物，并以恰当的方式避免货物的灭失和损坏。

运输延迟或运到的货物不能使用意味着给客户带来不便，或者会导致库存成本上升，还会造成缺货或延期交货的增多。对可能发生的货物破损，托运人的普遍做法是增加保护性包装，而这些费用最终也一并由用户承担。

由此可见，价格、运输时间及货物的灭失和损坏，直接或间接地影响着物流运输成本。因此，在选择运输方式时，上述三个因素是物流管理首要考虑的基本因素。

5) 环境保护

运输业动力装置废气排放是空气的主要污染源，特别在人口密集的城市，汽车废气已经严重影响了空气质量。比较各种运输方式对环境的影响，就单位运输产品的废气排放量，航空最多，其次是公路，较低的是铁路，水运对空气的污染极小，而管道运输几乎不对空气产生污染。公路和铁路沿线建设会占用大量土地，从而对生态平衡产生影响，使人类的生存环境恶化。水路运输基本上在自然河道和广阔的海域中进行，不会占用土地，但是油船运输的溢油事故会给海洋带来严重污染。在运输方式的选择上，应综合各种因素，尽量选择污染少的运输方式。

物流企业在选择运输方式的过程中，大多以经济效益为最终目的，而很少会将环保性作为选择运输方式的考虑因素。但是，选择不同的运输方式对环境造成的危害也是不同的。

除了要考虑以上诸因素的影响之外，物流企业在选择运输方式的过程中，还要考虑托运货物的种类以及客户的一些具体要求。物流企业在选择运输方式的时候会根据货物的价值、货物的重量和体积、形状、危险性以及变质性等因素决定采用何种运输方式运输；同时，还要考虑客户的一些特殊要求，如：时间的限制、送达地点的可达性等。另外，也要考虑到国家的政策等相关因素的影响。

2. 运输方式的选择

各种运输方式和运输工具都有各自的特点，不同种类的商品对运输的要求也不尽相同。因此，合理选择运输方式，是合理组织运输、保证运输质量、提高运输效益的一项重要内容。运输方式的选择，一般要考虑两个基本因素：一是运输方式的速度问题，二是运输费用问题。从物流运输的功能来看，速度快是物品运输服务的基本要求。但是，速度快的运输方式，其运输费用往往较高。同时，在考虑运输的经济性时，不能只从运输费用本身做出判断，还要考虑因运输速度加快，缩短了物品的备运时间，使物品的必要库存减少，从而可以减少物品的保管费。

因此，运输方式或运输工具的选择，应该是在综合考虑上述各种因素后，寻求运输费用与保管费用最低的运输方式或运输工具。

1) 单一运输方式的选择

单一运输方式，就是选择一种运输方式提供运输服务。企业根据货品特性、运输速度、运输容量、运输成本、运输质量和环境保护等因素，综合考虑选择单一种类的运输方式。通常的运输方式选择模型包括因素分析法、加权因素分析法和层次分析法等。

(1) 因素分析法。

因素分析法是利用统计指数体系分析现象总变动中各个因素影响程度的一种统计分析方法，包括连环替代法、差额分析法、指标分解法等。因素分析法是现代统计学中一种重要而实用的方法，它是多元统计分析的一个分支。使用这种方法能够使研究者把一组反映事物性质、状态、特点等的变量简化为少数几个能够反映出事物内在联系的、固有的、决定事物本质特征的因素。

因素分析法首先必须确定在选择运输方式时应该考虑的一些重要因素和标准，然后对所有因素按照 1～10 进行评分，最后合并各种运输方式的所有评价因素，选取综合评分最好的运输方式作为最终选择。

因素评价法评分公式如下：

$$v(j) = \sum_{i=1}^{n} s(i, j)$$

式中：$v(j)$——运输方式 j 的综合得分；

$s(i, j)$——第 i 个因素上运输方式 j 的得分；

n——因素的个数。

【例 1】某公司对货品 A 的运输有公路、铁路、航空三种运输方式可以选择，根据货品特性、数量、运距和到达要求对各运输方式的评分如表 4-1 所示，求取应该选择的运输方式。

表 4-1 运输方式的评分表

评价因素 运输方式(编号)	运输速度	运输成本	可达性	安全性	特殊要求的满意度
公路运输(1)	6	7	8	8	8
铁路运输(2)	7	8	7	7	7
航空运输(3)	8	6	6	8	6

解 用因素评价法评分

$$v(1) = 6 + 7 + 8 + 8 + 8 = 37$$
$$v(2) = 7 + 8 + 7 + 7 + 7 = 36$$
$$v(3) = 8 + 6 + 6 + 8 + 6 = 34$$

因此，按照评分结果应选择公路运输方式。

(2) 加权因素分析法。

加权因素分析法是因素分析法的扩展。根据各个评价标准的重要程度，给予其不同的权重值，以便得到更准确的评价结果。加权因素评价法评分公式如下。

$$v(j) = \sum_{i=1}^{n} w(i) s(i, j)$$

式中：$v(j)$——运输方式 j 的综合得分；

$s(i, j)$——第 i 个因素上运输方式 j 的得分；

$w(i)$——第 i 个因素的权重；

n——因素的个数。

(3) 层次分析法。

层次分析法(AHP)通过分析复杂系统所包含的要素及其相互关系，并将要素归并为不同的层次。从而构成一个多层次的分析结构模型。此方法可以确定各评价准则的权重，从而为选择最优方案提供依据。

2) 多式联运的选择

多式联运就是选择使用两种以上的运输方式联合起来提供运输服务。多式联运的主要特点是在不同运输方式间自由变换运输工具，以最合理、最有效的方式实现货物运输。例如，将卡车上的集装箱装上飞机，或铁路车厢被拖上船等。多式联运的组合方法有很多，但在实际运用时，这些组合并不都是实用的，一般只有铁路与公路联运、公路或铁路与水路联运得到较为广泛的运用。

由于两种以上运输方式的连接所具有的经济潜力，所以多式联运吸引了很多托运人和承运人。多式联运的发展对物流计划者具有很大的利益，这种发展增加了系统设计中的可选方案，从而可以降低物流成本、改善服务。

3) 运输中间商的选择

运输中间商，一种是运输承包公司，另一种是运输代理人。采用运输承包方式发运货物时，可以把有关货运工作委托给运输承包公司，由他们负责办理货物运输全过程中所发生的与运输有关的事务，并与掌握运输工具的运输企业发生托运与承运的关系。特别是对于一些运输条件要求较高、货运业务手续较为繁杂，且面向千家万户的运输业务，比如零担货物的集结运输，由于零担货物批数多、重量小、发散地分散、品种复杂、形状各异、包装不统一，由运输承包公司承包此项业务，不仅可以方便货主，提高运输服务质量，还可以通过运输承包公司的货物集结过程，集零为整，提高运输效率和运输过程的安全可靠性。

运输代理人主要应用在国际货物运输业务中。运输代理人接受委托人的委托，代办各种运输业务并按提供的劳务收取一定的报酬，即代理费、佣金或手续费。作为代理人一般都经营运输多年、精通业务、经验比较丰富，且熟悉各种运输手续和规章制度，与交通运输部门以及贸易、银行、保险、海关等部门有着广泛的联系和密切的关系，从而具有有利条件为委托人代办各种运输事项。物流企业可以根据代理人的不同性质和范围进行选择。

4) 自用运输的选择

所谓自用运输，即用自有的运输设备运输自有的、承租的或受托的货物的活动。拥有自用运输设备，可以具有更大的控制力和灵活性，能够随时适应顾客的需要，这种高度的反应能力可以使企业缩短交货时间，减少库存和减少缺料的可能性，而且可以不受商业运输公司服务水平和运价的限制，并有利于改善和顾客的关系。但是自用运输有一个很大的弊端，就是运输成本较高。因此，企业是选择运输中间商还是选择自用运输方式，一定要做好成本的比较工作，选择最佳运输方式。

5) 运输方式的定量分析

以上是对各种运输方式服务选择的定性分析，除此之外，我们还需要做一定的定量分析。所谓定量分析，就是对所选择的运输方式的各种指标(即影响因素)绩效进行评分，给出衡量值，然后物流管理运输部门根据各种指标的重要程度给出不同的权重，用权重乘以运输方式的绩效衡量值就能得到运输方式在该评估因素中的等级，将个别因素等级累积起来就可得到运输方式的总等级。运输方式定量分析的经济含义是：如果绩效的衡量值和权重分值越高，表示绩效越好，评估指标越重要，那么总等级分值越高的运输方式越好；反之，如果绩效衡量值和权重分值越低，表示绩效越好，评估指标越重要，那么总等级分值越低的运输方式越好。

4.3　运输线路优化模型

运输线路优化主要是选择起点到终点最短的路线，最短路线的度量单位可以是时间最短、距离最短或费用最少等。运输路线选择是运输方式选择之后的又一重要运输决策，可分为点点间运输问题、多点间运输问题及回路运输问题。

4.3.1　点点间运输

对于分离的、单个起点和重点的点点间运输路线选择问题，最简单和最直观的方法是最短路径法。最短路径问题是路线优化模型理论中最为基础的问题之一，也是解决其他一些线路优化问题的有效工具。

最短路径问题，即求两个顶点间长度最短的路径。其中，路径长度不是指路径边上边数的总和，而是指路径上各边的权值总和。路径长度的具体含义取决于边上权值所代表的意义，如费用、时间、距离等都可以。对最短距离的描述如下。

假设有一个 n 个节点和 m 条弧的连通图 $G(V_n, E_m)$，图中的每条弧 (i, j) 都有一个长度 l_{ij}（费用 l_{ij}），则最短路径问题为：在连通图 $G(V_n, E_m)$ 中找到一条从节点 1 到节点 n 距离最短（费用最低）的路径。

在考虑使用最短路径求解时，为了能够得到合理正确的解，问题模型一般都需要满足一定的假设条件。

(1) 两点之间的弧线距离为整数。

(2) 在连通图中，从任何一个端点 v_i 到其他所有的端点都有直接的路径，如果不存在直接相连的端点时，则可以在它们之间加上一个极大的距离，如无穷大。

(3) 连通图的所有距离为负。

(4) 连通图是有方向性的。

对工程实际的研究和抽象，在最短路径问题中有四种基本原型，分别为：

(1) 连通图 $G(V_n, E_m)$ 中，从指定起始点到指定目标点之间的最短路径。

(2) 连通图 $G(V_n, E_m)$ 中，从指定起始点到所有节点之间的最短路径。

(3) 连通图 $G(V_n, E_m)$ 中，所有任意两点之间的最短路径。

(4) 连通图 $G(V_n, E_m)$ 中，经过 K 个节点最短路径。

求此类最短路径主要有 Dijkstra 算法、逐次逼近算法、Floyd 算法等，这里主要介绍 Dijkstra 算法。

Dijkstra 在 1959 年提出了按照路径长度的递增次序，逐步产生最短路径的 Dijkstra 算法。该算法可以用于求解任意指定两点之间的距离，也可以用于求解指定点到其余所有节点之间的最短路径。

该算法的基本思路是：一个连通网络 $G = (V_n, E_m)$，求解从 v_0 到 v_n 的最短路径时，首先求出从 v_0 出发的一条最短路径，再参照它求出一条次最短路径，以此类推，直到定点 v_0 到顶点 v_n 的最短路径求出为止。

Dijkstra 算法是采用标号法求解。标号是用来标记各个节点的属性的一套符号。一般说来，根据用来标记确定节点的标号属性和标记过程的不同，有两种不同的 Dijkstra 算法：一种是标号设定算法；另一种是标号修正算法。

这两种算法都是迭代算法，它们都是在每一步迭代中用试探性标号标记所有的试探点，通过一系列的试探寻找该步中的最短距离。标号设定算法和标号修正算法的不同点在于：标号设定算法是在每一次迭代中将得到的满意的试探性标号设置为永久标号；而标号修正算法是在每一次迭代中将满意的试探性标号改为临时标号，直到最后一次迭代完成，才将所有的临时标号都转变为永久标号。这两种算法的适用范围也不完全相同，标号设定算法只适用于求解非负网络中的最短路径问题；而标号修正算法则可以解决一部分还有负路径的一般网络问题，但是，它同样不能解决路径总和为负值的问题。以下求解以标号设定算法为例。

标号设定算法中，可用两种标号：T标号和P标号。T标号为试探性标号，P标号为永久性标号。给v_i点一个P标号时，表示从v_0到v_i点的最短路权，v_i点的标号不再改变。给v_i点一个T标号时，表示v_0到v_i点的估计最短路权的上界，是一种临时标号，凡是没有得到P标号的点都有T标号。算法是每一步都把某一点的T标号改为P标号，当终点得到P标号时，则全部计算结束。对于n个顶点的图，最多$n-1$步就可以得到从始点到终点的最短路。具体步骤如下。

(1) 给v_0以P标号，$P(v_0)=0$，其余各点均给T标号，$T(v_i)=\infty$。

(2) 若v_i点为刚得到的P标号的点，考虑这样的点v_j：(v_i,v_j)属于E_m，且v_j为T标号。对v_j的T标号进行如下的修改：$T(v_j)=\min[T(v_j),p(v_i)+l_{ij}]$。

(3) 比较所有具体T标号的点，把最小者改为P标号，当存在两个以上的最小者时，可同时改为P标号。若全部点均为P标号则停止，否则用v_j替代v_i转回(2)。

【例2】 图4-1为单行线交通网络，用Dijkstra算法求v_1到v_6点的最短路径。

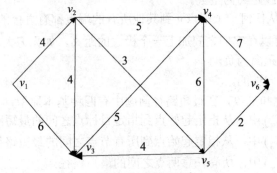

图4-1 交通网络

解 ①首先给v_1以P标号，$P(v_1)=0$，给其余各点均为T标号，$T(v_i)=\infty$，$(i=2,\cdots,6)$。

②由于(v_1,v_2)，(v_1,v_3)边属于E，v_2、v_3为T标号，所以修改这两个点的标号：

$$T(v_2)=\min[T(v_2),P(v_1)+l_{12}]=\min[+\infty,0+4]=4$$

$$T(v_3)=\min[T(v_3),P(v_1)+l_{13}]=\min[+\infty,0+6]=6$$

比较所有T标号，$T(v_2)$最小，所以令$P(v_2)=4$，记录路径(v_1,v_2)。

③ v_2为得到的P标号点，下面考察(v_2,v_3)，(v_2,v_4)，(v_2,v_5)的端点v_3，v_4，v_5：

$$T(v_3)=\min[T(v_3),P(v_2)+l_{23}]=\min[6,4+4]=6$$

$$T(v_4)=\min[T(v_4),P(v_2)+l_{24}]=\min[+\infty,4+5]=9$$

$$T(v_5)=\min[T(v_5),P(v_2)+l_{25}]=\min[+\infty,4+3]=7$$

比较所有T标号，$T(v_3)$最小，所以令$P(v_3)=6$，记录路径(v_1,v_3)。

④ 考察 v_3 点：

$$T(v_4) = \min[T(v_4), P(v_3) + l_{34}] = \min[9, 6+5] = 9$$

$$T(v_5) = \min[T(v_5), P(v_3) + l_{35}] = \min[7, 6+4] = 7$$

比较所有 T 标号，$T(v_5)$ 最小，所以令 $P(v_5) = 7$，记录路径 (v_2, v_5)。

⑤ 考察 v_5 点：

$$T(v_6) = \min[T(v_6), P(v_5) + l_{56}] = \min[+\infty, 7+2] = 9$$

比较所有 T 标号，$T(v_6) = T(v_4) = 9$，令 $P(v_6) = P(v_4) = 9$，记录路径 (v_5, v_6)。

全部计算结果如图 4-2 所示，v_1 到 v_6 的最短路径为 $v_1 \rightarrow v_2 \rightarrow v_5 \rightarrow v_6$，路长 $P(v_6) = 9$，同时可以得到 v_1 到其余各点的最短路径。

用标号设定的 Dijkstra 算法对点点间运输问题求解时，有以下两个方面的局限性。

① 用不定长的弧定义非对称连通图中的最短路径问题。

② 连通图中没有距离为负的弧。

对于含有非负距离连通图的最短路径问题，当满足一些特定条件时，可以用标号修改 Dijkstra 算法、逐次逼近算法或者 Floyd 算法等。

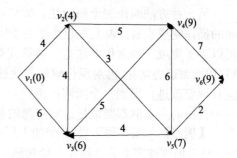

图 4-2 计算结果

4.3.2 多点间运输

多点间运输问题是指起始点或目的点不唯一的运输调配问题，相对来说，多点间的运输调配问题更为复杂。

多点间运输问题中最为常见的问题是产销平衡运输问题，它们设计的总供应能力和总需求是一样的，但是由不同的路径进行配送时，会导致最终的总运输成本不一样。此类问题的目标就是寻找最低的总运输成本。在这类问题中，一般有 m 个已知的供应点，同时还有 n 个已知的需求点，它们之间由一系列代表距离或者成本的权重值连接起来。

产销平衡运输问题的数学模型可表示如下：

$$\min z = \sum_{i=1}^{m} \sum_{j=1}^{n} c_{ij} x_{ij} \tag{4-1}$$

$$\sum_{j=1}^{n} x_{ij} = a_i \qquad i = 1, 2, \cdots, m \tag{4-2}$$

$$\sum_{i=1}^{m} x_{ij} = b_j \qquad j = 1, 2, \cdots, n \tag{4-3}$$

$$\sum_{i=1}^{m} a_i = \sum_{j=1}^{n} b_j \tag{4-4}$$

$$x_{ij} \geqslant 0 \qquad i = 1, 2, \cdots, m; \; j = 1, 2, \cdots, n \tag{4-5}$$

在模型中，目标函数表示运输总费用最小；式(4-2)的意义是由某一产地运往各个销地的物品数量之和等于该产地的产量；式(4-3)是指由各产地运往某一销地的物品数量之和等于该产地的销量；式(4-4)表示总产量和总销量平衡；式(4-5)为决策变量非负条件。

产销平衡运输问题有如下特点。

(1) 约束条件系数矩阵的元素等于 0 或者 1。

(2) 约束条件系数矩阵的每一列有两个非零元素，这对应于每一个变量在前 m 个约束方程中出现一次，在后 n 个约束方程中也出现一次。

(3) 所有结构约束条件都是等式约束。

(4) 各产地产量之和等于各销地销量之和。

多点间的运输问题，目前主要有两大类求解方法。其中相对比较精确的求法是单纯形法。但是由于运输问题数学模型具有特殊的结构，应用单纯形法时有许多冗余的计算。

另一种方法叫作表上作业法，即将运输问题用表格的形式来描述，而且通过在表格上面的操作完成求解。表上作业法适用于比较简单的问题求解，求解过程直观，计算量不大，可以手工完成。表上作业法是一种迭代算法，迭代步骤为：先按照某种规则找出一个初始解(初始调运方案)；再对现行解做最优性判别；若这个解不是最优解，就在运输表上对它进行调整改进，得到一个新解；再判别，再改进；直到得到运输问题最优解为止。迭代过程中得出的所有解都要求是运输问题的基本可行解。

【例 3】 某公司下设 3 个加工厂，每日的产量分别为 A_1—6 吨、A_2—7 吨、A_3—6 吨。公司把这些产品分销给 4 个销售地。各个销售地每日销量为 B_1—4 吨、B_2—5 吨、B_3—6 吨、B_4—4 吨。已知从各个工厂到各个销售地点的单位产品运价如表 4-2 所示。问在满足各销售点需求量的前提下，该公司应该如何调运产品，才能使总运费为最少？

表 4-2 单位产品运价表

销地 产地	B_1	B_2	B_3	B_4
A_1	3	10	4	3
A_2	2	9	1	6
A_3	7	4	10	5

解 (1)确定初始可行解。

确定初始可行解的方法很多，一般理想的方法是既简便又尽可能接近最优解，可用最小元素法、西北角法和伏格尔法。这里以伏格尔法为例。在伏格尔法求解中，假如一个产地的产品不能按最小运费就近供应，就应考虑次小运费，这样就有一个差额。差额越大，说明不能按最小运费调运时，运费增加越多。因而对差额最大处，就应该采用最小运费调运。伏格尔法的具体步骤如下。

① 在表 4-3 中分别计算出各行和各列的最小运费和次小运费的差额，并填入该表的最右列和最下行，如表 4-4 所示。

表 4-3 产销平衡表

销地 产地	B_1	B_2	B_3	B_4	产量
A_1					6
A_2					7
A_3					6
销量	4	5	6	4	

表 4-4

销地 产地	B_1	B_2	B_3	B_4	行差额
A_1	3	10	4	3	0
A_2	2	9	1	6	1
A_3	7	4	10	5	1
列差额	1	5	3	2	

② 从行或列的差额中选出最大者，再选择它所在行或列中的最小元素。在表 4-4 中 B_2 列是最大差额所在列。B_2 列中的最小元素为 4，在最小元素的位置上填入尽可能多的运输量，本例中可确定 A_3 的产品先供应 B_2，满足 B_2 的所有需求，得到表 4-5，而此时，B_2 的需求量得到了全部满足，因此将运价表中的 B_2 列划去，如表 4-6 所示。

表 4-5

销地 产地	B_1	B_2	B_3	B_4	产量
A_1					6
A_2					7
A_3		5			6
销量	4	5	6	4	

表 4-6

销地 产地	B_1	B_2	B_3	B_4	行差额
A_1	3	10	4	3	0
A_2	2	9	1	6	1
A_3	7	4	10	5	2
列差额	1		3	2	

③ 对表 4-6 中未划去的元素再分别计算出各行、各列的最小运费和次小运费的差额，并填入该表的最右列和最下行，如表 4-6 所示，重复步骤②，直到给出初始解。本例的初始解如表 4-7 所示。

表 4-7

销地 产地	B_1	B_2	B_3	B_4	产量
A_1	3			3	6
A_2	1		6		7
A_3		5		1	6
销量	4	5	6	4	

(2) 最优解的判别。最优解的判别可采用闭回路法和位势法。用闭回路法求检验数时，需要每一空格找一条闭回路，当产销点很多时，这种计算很繁杂。

这里主要介绍位势法。根据伏格尔法得到的初始解，在表 4-8 对应表 4-7 的数字格处填入运价。根据方程组得到相应的位势 u_i 和位势 v_j 值。

$$u_{i_1} + v_{j_1} = c_{i_1 j_1}$$

$$u_{i_2} + v_{j_2} = c_{i_2 j_2}$$

$$\cdots$$

$$u_{i_s} + v_{j_s} = c_{i_s j_s}$$

$$s = m + n + 1$$

表 4-8

产地＼销地	B_1	B_2	B_3	B_4	u_i
A_1	3			3	0
A_2	2		1		−1
A_3		4		5	−2
v_j	3	2	2	3	

然后，根据求解检验数公式 $\sigma_{ij} = c_{ij} - (u_i + v_j)$ 得到检验数表格，如表 4-9 所示。

表 4-9

产地＼销地	B_1	B_2	B_3	B_4	u_i
A_1	③ 0	⑩ 8	④ 2	③ 0	0
A_2	② 0	⑨ 8	① 0	⑥ 4	−1
A_3	⑦ 2	④ 0	⑩ 6	⑤ 0	−2
v_j	3	2	2	3	

表中没有负检验数，说明已得到最优解，若有负检验数，说明未得到最优解，还可以改进。

(3) 改进的方法——闭回路法。

当在表中空格处出现负检验数时，表明未得到最优解。若有两个或两个以上的负检验数时，一般选其中最小的负检验数，以它对应的空格为调入格，即以它对应的非基变量为换入变量，以此格为出发点，作一闭回路。空格中的调入量为具有 (−1) 数字格中的最小者。调整方案后再接着检验，直到得到最优解。例题用位势法已经求得最优解，不需要用闭回路方法改进，故表 4-9 中给出的调运方案即为最优解，求得最小运费为 51。

4.3.3 单回路运输——TSP 模型及求解

单回路运输问题是指在运输路线优化时，在一个节点集合中，选择一条合适的路径遍历所有的节点，而且要求闭合。单回路运输模型在运输决策中，主要用于单一车辆的路径安排，目标是在该车辆遍历所有用户的同时，达到所行驶距离最短。这类问题的两个显著特点是：①单一性，只有一个回路；②遍历性，经过所有客户，不可遗漏。

1. TSP 模型

旅行商问题(Traveling Salesman Problem，TSP)是单回路运输问题中最为典型的一个问题。它指的是：一个旅行商从某一城市出发，到 n 个城市去售货，要求访问每个城市各一次且仅一次，然后回到原城市，问这个旅行商应该走怎样的路线才能使走过的总里程最短(或旅行费用最低)。到目前为止，还没有针对 TSP 问题的多项式算法，这是一个典型的NP-Hard 问题。对于较大规模的这个问题(如 $n > 40$)常要通过启发式算法获得近似最优解。

TSP 问题的模型可以描述如下：在给出一个有 n 个顶点的连通图中(有向或无向)，寻求一条包含所有 n 个顶点的具有最小总权(可以是距离、费用、时间等)的回路(tour)。

TSP 模型的数学描述为：

$$\min z = \sum_{i=1}^{n}\sum_{j=1}^{n}c_{ij}x_{ij} \tag{4-6}$$

$$\sum_{j=1}^{n}x_{ij}=1 \quad i=1,2,\cdots,n \tag{4-7}$$

$$\sum_{i=1}^{n}x_{ij}=1 \quad j=1,2,\cdots,n \tag{4-8}$$

$$\{(i,j):i,j=1,2,\cdots,n;\ x_{ij}=1\} \text{ 不包含子回路} \tag{4-9}$$

$$x_{ij}\in\{0,1\} \quad i=1,2,\cdots,n;\ j=1,2,\cdots,n \tag{4-10}$$

其中，决策变量 $x_{ij}=0$，表示不连接 i 到 j 的边；$x_{ij}=1$，表示连接 i 到 j 的边。c_{ij} 是 i 到 j 边上的权数。式(4-7)表示每个顶点只有一条边出去；式(4-8)表示每个顶点只有一条边进入；只有式(4-7)与式(4-8)两个约束条件，可能会出现子回路现象，即出现多条回路，因此需要加上式(4-9)这一约束，即除了起点边与终点边以外，其他选项中的边不构成回路。如何列出消除子回路的约束条件子式，后面再讨论。这个模型是 0-1 整数规划问题。对于此模型，小规模问题的求解可用分支定界法求解，可选用一些现成的优化软件；对于大规模问题也可用现代优化技术，如模拟退火算法、禁忌搜索、遗传算法、蚁群优化算法等启发式算法。当然，对于不同规模的问题可选用其他简便可行的启发式算法来解，如节约算法等，节约算法留待下一节中介绍，下面介绍两种比较简单的启发式算法。

2. 最近邻点法

最近邻点法算法十分简单，但是得到的解并不十分理想，有很大的改善余地。由于该算法计算快捷，但精度低，所以可以作为进一步优化的初始解。

最近邻点法可以由四步完成。

(1) 从零点开始，作为整个回路的起点。

(2) 找到离刚刚加入到回路的上一顶点最近的一个顶点，并将其加入到回路中。

(3) 重复第二步，直到所有顶点都加入到回路中。

(4) 将最后一个加入的顶点和起点连接起来。

这样就构成了一个 TSP 问题的解。

【例4】 现有一食品公司(位置在 v_1 处)每天用一辆车给固定区域内的 5 家超市送货，要求货车到每个超市只能去一次，送完货后返回公司。这些超市间的距离矩阵如表 4-10 所示，距离具有对称性，它们的相对位置如图 4-3 所示。设计一条派送货物的行驶距离最短的路径。

表 4-10 距离矩阵

元素	v_1	v_2	v_3	v_4	v_5	v_6
v_1	—	9	8	6	7	12
v_2		—	6	15	18	16
v_3			—	14	8	7
v_4				—	4	10
v_5					—	6
v_6						—

解 先将节点 1 加入到回路中，$T = \{v_1\}$。从节点 v_1 出发，比较其到节点 2、3、4、5、6 的距离，选择最小值，加入到回路中。从距离矩阵中可知，从 v_1 节点到 v_4 的距离最小，为 6。因此，将节点 v_4 加入到回路中，$T = \{v_1, v_4\}$。然后从 v_4 出发，观察离 v_4 最近的节点(除了回路中已经有的节点)，得到 v_5 点，将 v_5 节点加入到回路中，$T = \{v_1, v_4, v_5\}$。从节点 v_5 出发，同理找到 v_6 点。依次分别再将 v_3、v_2 加入到回路中，得到最后的解为：$T = \{v_1, v_4, v_5, v_6, v_3, v_2, v_1\}$。线路图如图 4-4 所示。

总的行驶距离为 $D = 6 + 4 + 6 + 7 + 6 + 9 = 38$。

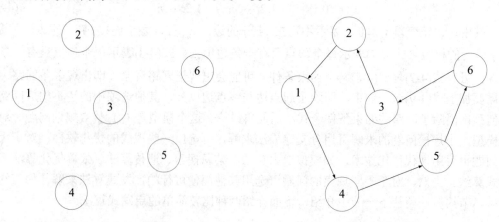

图 4-3 节点相对位置　　　　　　图 4-4 节点相对位置

3. 最近插入法

最近插入法比邻点法复杂，但是可以得到相对比较满意的解。

最近插入法也是由四个步骤完成。

(1) 找到距离 c_{1k} 最小的节点，形成一个子回路 (v_1, v_k) 。

(2) 在剩下的节点中，寻找一个距离子回路中某一个节点最近的节点。

(3) 在子回路中找到一条弧 (i, j) ，使得 $c_{ik} + c_{kj} - c_{ij}$ 最小，然后将节点 v_k 加入到子回路中，插入到节点 v_i 和 v_j 之间；用两条新弧 (i, k) ， (k, j) 代替原来的弧 (i, j) 。

(4) 重复(2)、(3)步骤，直到所有的节点都加入到子回路中。

下面用最近插入法对例 4 求解。

比较表中从 v_1 出发的所有路径的大小，得出 $c_{14} = 6$ ，则由节点 v_1 和 v_4 构成一个子回路， $T = \{v_1, v_4, v_1\}$ 。

然后考虑剩下的节点 v_2, v_3, v_5, v_6 到子回路 $T = \{v_1, v_4, v_1\}$ 某一节点的最小距离，求得 v_5 点， $c_{45} = 4$ ，将节点 v_5 插入 v_1 和 v_4 之间，构成新的回路 $T = \{v_1, v_4, v_5, v_1\}$ 。

同理，接着找到 v_5 ， $c_{56} = 6$ 。但是 v_6 应该插入的具体位置需要进一步计算分析：

(1) 插入(1,4)之间， $\Delta = c_{16} + c_{46} - c_{14} = 16$ 。

(2) 插入(4,5)之间， $\Delta = c_{46} + c_{56} - c_{45} = 12$ 。

(3) 插入(5,1)之间， $\Delta = c_{56} + c_{61} - c_{51} = 11$ 。

分析可得 v_5 插入(5,1)之间距离增量最小，所以 v_6 节点应该插入到 v_5 和 v_1 之间，结果为 $T = \{v_1, v_4, v_5, v_6, v_1\}$ 。同理，可将 v_3, v_2 点依次插入，可得到最终解 $T = \{v_1, v_4, v_5, v_6, v_3, v_2, v_1\}$ ，如图 4-5 所示。

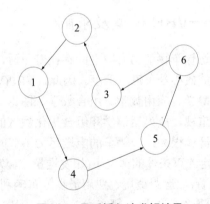

图 4-5　最近插入法求解结果

总行驶距离为： $D = 6 + 4 + 6 + 7 + 6 + 9 = 38$ 。

一般来说，用最近插入法求得的解比用最近邻点法求得的解更优越，但其计算量较大。

下面来讨论用 Lingo 优化软件来求解 TSP 问题。用优化软件求解的前提条件是要写出消去子回路的约束条件，即写出式(4-6)的等式或不等式。在消去子回路的方法中，最有名的是 Dantzig 等在 1954 年提出的下列不等式集：

$$\sum_{i \in S} \sum_{j \in S} X_{ij} \leqslant |S| - 1 \quad \forall S \in \{2, \cdots, n\} \text{ 以及 } |S| \geqslant 2$$

式中： S ——顶点集的子集；

$|S|$ ——顶点子集中的顶点数。

但这些约束条件还比较难以表达。德斯罗切斯(Desrochers)等在 1991 年提出一个比较好的消去子回路的方法。

这个方法对 n 个顶点采用连续标号的方法来处理。从 0 编到 $n-1$，设 $L(i)$ 为节点 i 的标号，当从节点 i 连接到节点 j 时，即 $x_{ij}=1$，则有 $L(j)=L(i)+1$；当从节点 j 连接到节点 i 时，即 $x_{ij}=0$，同样有 $L(j)=L(i)-1$；当节点 i 与节点 j 不连通时，即 $x_{ij}=0$，$x_{ji}=0$，$L(j)-L(i)\geq 2-n$。综合上述讨论，则有式子：$L(i)\geq L(i)+x_{ij}-(n-2)(1-x_{ij})+(n-3)x_{ji}$。$j>1$，$j\neq i$，可作为消去子回路法的约束条件，同时，对于从起点出发的第一顶点 i，则 $x_{1i}=1$，$L(i)=1$，对于回到起点的最后一个顶点 i，则 $x_{i1}=1$，$L(i)=n-1$，对于其他顶点 i，有 $1<L(i)<n-1$。综合这些讨论，则有：$L(i)\leq n-1-(n-2)x_{ij}$ 与 $L(i)\geq 1+(n-2)x_{i1}$。因此整个 TSP 模型的描述如下：

$$\min \sum_i \sum_j c_{ij}x_{ij} \tag{4-11}$$

$$\sum_j x_{ij}=1 \quad i=1,2,\cdots,n \tag{4-12}$$

$$\sum_i x_{ij}=1 \quad j=1,2,\cdots,n \tag{4-13}$$

$$L(j)\geq L(i)+x_{ij}-(n-2)(1-x_{ij})+(n-3)x_{ji} \quad j>i,\ j\neq i \tag{4-14}$$

$$L(i)\leq n-1-(n-2)x_{1i} \quad i>1 \tag{4-15}$$

$$L(i)\geq 1+(n-2)x_{i1} \quad i>1 \tag{4-16}$$

$$x_{ij}\in\{0,1\} \quad i\neq j \tag{4-17}$$

4.3.4 多回路运输——VRP 模型及求解

由于客户的需求总量和运输车辆能力有限之间存在着矛盾，配送运输应是一个多回路的运输问题，解决此类问题的核心是车辆的调度。因此，VRP(Vehicle Routing Problem)模型应运而生，并很快引起运筹学、应用数学、组合数学、图论与系统分析、物流科学和计算机应用等学科专家的极大重视，成为运筹学和组合优化领域的前沿与研究热点问题。该问题的研究目标是，在客户群体很大，一辆车的配送运力不够时，选用多辆车分别为不同的客户群体服务，在满足一定约束条件的情况下(如发送量、交发货时间、车辆能力、时间限制等)，达到一定的优化目标(如运距最短、费用最少、车辆利用率最高等)。

一个典型的 VRP 模型的基本条件是 N 辆车为 L 个客户配送货物。模型的目标是确定所需要的车辆数目 M($M\leq N$)，并完成回路的安排与调度，使总的运输费用最小。其决策模型可表示如下。

目标函数：
$$\min Z=\sum_{m=1}^{M}\sum_{l=1}^{L}d_{lm}d_{lm} \tag{4-18}$$

约束条件：
$$\sum_{l=1}^{L}\omega_l x_{lm}\leq b_m \quad m=1,2,\cdots,M \tag{4-19}$$

$$\sum_{m=1}^{M}x_{lm}=L \quad l=1,2,\cdots,L \tag{4-20}$$

$$x_{lm}\in\{0,1\} \quad l=1,2,\cdots,L;\ m=1,2,\cdots,M \tag{4-21}$$

式中：b_m——第 m 辆车的运力；

L——客户的总数；

M——车辆的总数；

ω_l——第 l 个客户的需求量(或以重量计,或以体积计)。

如果第 m 辆车给第 l 个客户送货,则 $x_{lm}=1$,其他情况 $x_{lm}=0$。通过约束方程(4-19),可以确定每个回路中的运量;根据方程(4-20),通过一次运输,可以保证所有客户的需求得到满足。d_{lm} 为第 m 辆车给第 l 个客户送货的运费。至于该项运费是多少,还必须在了解了送货的最优行车路线后才能弄清楚。VRP 问题的求解可采用下面两种方法。

1. 节约算法

节约算法(Savings Algorithm)是克拉克(Clarke)和怀特(Wright)在 1964 年提出的。可以用它来解决运输车辆数目不确定的 VRP 问题,对有向和无向问题同样有效。

节约算法的核心思想是将运输问题中存在的两个回路 $T_1=\{0,\cdots,i,0\}$ 和 $T_2=\{0,j,\cdots,0\}$ 整合成一个回路 $T^*=\{0,\cdots,i,j,\cdots,0\}$,如图 4-6 所示。回路整合后,运输距离缩短,相应的变化值称作节约距离,亦为两点间的最短距离,其大小为:

$$\Delta C_{ij}=C_{i0}+C_{0j}-C_{ij} \tag{4-22}$$

求解时可按如下步骤进行。

(1) 按钟摆直送方式,构建初始配送运输方案。

(2) 计算所有路程的节约量,按降序排列合并回路。

(3) 因 Δc_{ij} 最大值的存在,i 和 j 两客户目前尚不在同一运输线上,在 i 和 j 两客户的需求量之和小于车辆的额定载重量时,删除回路 $T_1=\{0,i,0\}$ 和 $T_2=\{0,j,0\}$,按新回路 $T^*=\{0,i,j,0\}$,同时向 i,j 送货,可最大限度地节约配送里程,由此形成第一个修正方案。

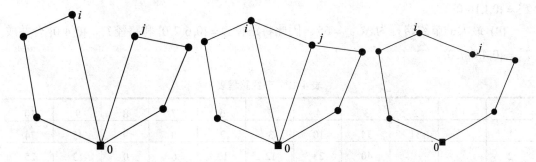

图 4-6 节约算法的基本思想

(4) 在余下的 ΔC_{ij} 中,选出最大的,只要 i,j 两客户目前还不在同一运输线上,合并回路 $T_1=\{0,\cdots,i,0\}$ 和 $T_2=\{0,j,\cdots,0\}$,修正原修正方案,构成新的回路 $T^*=\{0,\cdots,i,j,\cdots,0\}$,直至该回路中运输车辆的能力得到满足,否则另外构造新的回路。

(5) 按 ΔC_{ij} 的降序排列顺序继续迭代,直至所有的节约量都已得到处理。

【例 5】 根据统一车型、统一标识的要求,某配送中心配置的车辆的载重能力一次最多只能为 4 个客户服务。表 4-11 给出了配送中心与 10 个客户的距离矩阵。由于配送有时间要求,每车配送的运距不得超过 160km,试用节约算法给出相应的配送路线。

表 4-11　距离矩阵

	0	1	2	3	4	5	6	7	8	9	
	0	41	22	50	42	22	51	51	32	36	61
1	41	0	32	57	73	60	60	92	64	32	28
2	22	32	0	32	41	32	61	67	54	45	58
3	50	57	32	0	36	45	64	78	81	76	85
4	42	73	41	36	0	22	28	45	63	79	98
5	22	60	32	45	22	0	30	36	41	58	82
6	51	90	61	64	28	30	0	20	57	85	112
7	51	92	67	78	45	36	20	0	45	81	110
8	32	64	54	81	63	41	57	45	0	41	73
9	36	32	45	76	78	58	85	81	41	0	32
10	61	28	58	85	98	82	112	110	73	32	0

解

(1) 根据式(4-22)计算节约路程，结果见表 4-12。

(2) 最大的节约路程为 $\Delta C_{6,7} = 82$ 。因此将路径 $T_1 = \{0,6,0\}$ 和路径 $T_2 = \{0,7,0\}$ 合并成 $T^* = \{0,6,7,0\}$ 。

(3) 最大的节约路程为 $\Delta C_{1,10} = 74$ 。因此将路径 $T_1 = \{0,1,0\}$ 和路径 $T_2 = \{0,10,0\}$ 合并成 $T^* = \{0,1,10,0\}$ 。

(4) 最大的节约路程为 $\Delta C_{4,6} = 65$ 。因此将路径 $T_1 = \{0,6,7,0\}$ 和路径 $T_2 = \{0,4,0\}$ 合并成 $T^* = \{0,4,6,7,0\}$ 。

表 4-12　节约路程表

	1	2	3	4	5	6	7	8	9	10
1		31	34	10	3	2	0	9	45	74
2			40	23	12	12	6	0	13	25
3				56	27	37	23	1	10	26
4					42	65	48	11	0	5
5						43	37	13	0	1
6							82	26	2	0
7								38	6	2
8									27	20
9										65

(5) 最大的节约路程为 $\Delta C_{9,10} = 65$ 。因此将路径 $T_1 = \{0,9,0\}$ 和路径 $T_2 = \{0,1,10,0\}$ 合并成 $T^* = \{0,1,10,9,0\}$ 。

(6) 最大的节约路程为 $\Delta C_{3,4} = 56$ 。因此将路径 $T_1 = \{0,3,0\}$ 和路径 $T_2 = \{0,4,6,7,0\}$ 合并成 $T^* = \{0,3,4,6,7,0\}$ 。因该路线的运距为 185km，超过了 160km 的要求，故不可取。

（7）最大的节约路程为 $\Delta C_{4,5} = 42$。因此将路径 $T_1 = \{0,4,6,7,0\}$ 和路径 $T_2 = \{0,5,0\}$ 合并成 $T^* = \{0,5,4,6,7,0\}$。

（8）最大的节约路程为 $\Delta C_{2,3} = 40$。因此将路径 $T_1 = \{0,2,0\}$ 和路径 $T_2 = \{0,3,0\}$ 合并成 $T^* = \{0,2,3,0\}$。

（9）若将第 8 个节点合并到相邻的两个回路中，回路的路程会超过约束。所以，现有的 4 条线路线 $\{0,1,10,9,0\}$、$\{0,5,4,6,7,0\}$、$\{0,2,3,0\}$ 和 $\{0,8,0\}$ 均为满足约束条件的求解结果，如图 4-7 所示。

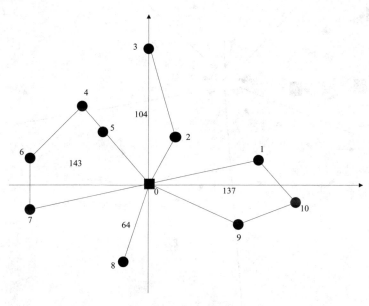

图 4-7　配送线路图

2．旋转射线法

旋转射线法是吉勒特(Gillert)和米勒(Miller)在 1974 年首先提出的。旋转射线法求解 VRP 问题时分如下几步完成。

（1）以起始点作为射线的原点，如图 4-8 所示。使射线的初始位置 LS0 不与任何客户位置相交。

（2）旋转射线 LS0 使 LS0 与 LS1 之间一组客户节点的供货要求能满足一辆运输工具运输量的 80%～90%，确定射线 LS1；然后继续旋转射线，直至射线与 LS0 重合。

（3）如果最后射线不能与 LS0 重合，且最后扇形区域内的货运量小于其他区域的运量，将此运量平均分到各区域，再按货运量确定单台运输工具的运量，旋转射线 LS0 对服务区重新分组。

（4）按单回路运输的 TSP 模型确定每个区域内的行车路线，检查线路是否满足约束条件，如果不满足约束条件，对节点重新分组。

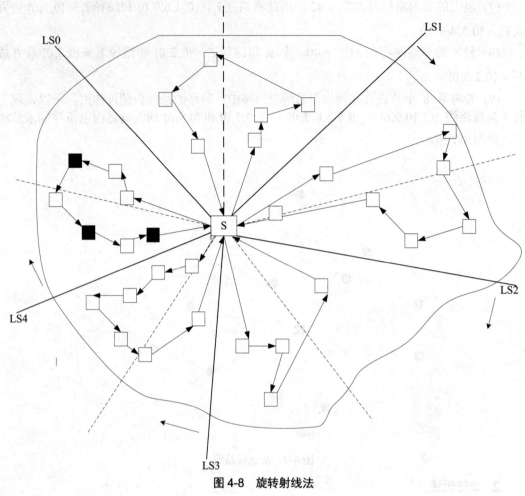

图 4-8　旋转射线法

本 章 小 结

　　物流系统在现代社会已经成为一个不可或缺的重要部分，它对现代社会的经济发展具有重要意义。运输是物流系统的一个关键要素，运输的路径优化是物流运输中的一个重要问题，也是在实际应用中的一个难以解决的问题。

　　运输是物流作业中最直观的要素之一。运输就是通过运输手段使货物在物流节点流动。它具有扩大市场、稳定价格、促进社会分工、扩大流通范围等社会经济功能。运输对经济发展及提高国民生活水平有着十分巨大的影响。现代的生产和消费，就是靠运输事业的发展来实现的。

　　本章主要从现代运输系统的含义及特征入手，通过介绍物流运输系统的要素、特征和功能，引申出物流运输合理化的影响因素及有效措施，再对各种运输方式的技术经济特点和运输方式选择的考虑因素进行了分析。最后重点探讨了运输线路优化模型。通过本章的学习，读者可对物流运输系统的基本理论与物流运输方式的选择有一个初步的认识，同时还可以掌握运输线路优化模型的技术方法。

思考与练习

1. 简述运输系统的含义及特征。
2. 简述物流运输系统的要素、特征及功能。
3. 简述运输合理化的影响因素。
4. 简述运输方式选择的制约因素。
5. 简述铁路运输的技术经济特点。
6. 简述公路运输的技术经济特点。

第5章　物流园区规划与设计

【学习目标】

- 掌握物流园区的含义与形成机理。
- 掌握物流园区的作用。
- 熟悉物流园区的形成与发展趋势。
- 掌握物流园区规划的概念。
- 熟悉物流园区规划的意义和原则。
- 熟悉物流园区规划系统分析。
- 熟悉物流园区总体规划。
- 熟悉物流园区信息平台建设的战略目标及功能。

随着现代物流在全球的快速发展，物流园区的规划建设被认为是促进现代物流发展的突破口，并被看作是加速物流业甚至是地区经济发展的重要因素。在物流园区的规划过程中，其选址和总体布局是影响物流园区发展的一个重要的基础性环节。物流园区作为现代物流发展到一定阶段的产物，是现代物流体系的重要节点，然而对适用于我国的物流园区规划理论的研究还不完善，一般都只从某一方面进行规划分析，没有形成系统的规划分析。在物流园区规划中，物流园区的功能分区布局及其道路交通规划是两大重点。因此，综合研究物流园区的功能布局与道路交通之间的关系，提出方案建议，对物流园区的规划和建设在理论和实践上具有重要的指导意义。

5.1　物流园区概述

5.1.1　物流园区的内涵

1. 物流园区的概念及分类

关于物流园区的内涵，目前国内尚无明确统一的定义，即便是在《国家标准物流术语》中，也仅对物流中心、配送中心进行了界定。从国内提出进行物流园区或物流基地建设的城市、企业相关项目的界定，借鉴日本开发建设物流基地、德国不莱梅建设城市基础设施的大规模物流中心等的经验，考虑到大规模和相对集中的物流基础设施的建设不仅仅是为了发展物流本身，往往会涉及物流运作、交通运输组织、信息组织、产业整合、资源整合和城市功能开发与调整等综合性方面，在参考目前的工业园区、经济开发区、高新技术产业开发区内在含义的基础上，将物流园区定义为：物流园区是多家专业从事物流服务的企业和物流密集型工商企业在空间上集中布局的场所，是具有一定规模和综合服务功能的物流节点。它依托于经济发达地区的中心城市，位于大型交通枢纽附近，一般与两种或两种以上的交通运输方式相联结。物流园区是基础设施的一种。它在社会属性上既有别于企业自用型的物流中心，又有别于公路、铁路、港口等非竞争性基础设施，是具有经济开发性质的物流功能区域，与科技园区、工业园区有相似之处。物流园区将众多物流企业聚集在一起，实行专业化和规模化经营，对物流企业发挥整体优势，促进物流技术和服务水平的提高，共享相关设施，降低运营成本，提高规模效益，将起到重要作用。

由于物流的组织功能因园区的地理位置、服务地区及企业的物流组织内容和形式、区位交通运输地位及条件等存在着较大差异，物流园区的功能和定位不应有整齐划一的界定点。从主要功能上讲，物流园区大致可分为四大类型：即转运型物流园区、存储配送型物流园区、流通加工型物流园区以及综合物流园区，如表 5-1 所示。

表 5-1　按功能分类的物流园区

园区类型	概　念	代表园区
转运型物流园区	指可实现运输方式转换(海—陆、空—陆、公路—铁路)的物流园区	上海国际航空物流园区、深圳华南国际物流中心、北京空港物流园区
存储配送型物流园区	指以大规模的仓库群为基础，形成以存储和配送功能为主的物流园区	深圳笋岗—清水河物流园区、北京华通物流园区
流通加工型物流园区	指承担了一部分生产加工功能，实现了从厂商生产的标准产品部件到客户所需个性化产品转换衔接的物流园区	宁波物资物流中心
综合物流园区	指同时具有以上几种功能，规模庞大、功能齐全的物流园区	深圳平湖物流基地、长沙金霞物流园区、北京通州物流园区

要注意的是物流园区的划分不是绝对的，某种类型的物流园区可能同时兼有其他一种或几种功能，例如流通加工型物流园区可能本身就具有基本的仓储设施，划分的依据是占主导地位的那种功能。

2. 物流园区形成机理

物流园区是现代物流和社会经济发展到一定阶段的必然产物，其形成和发展有着深刻的内在规律性，物流园区形成的最本质原因是市场竞争与规模经济双重力量造成的集聚效应。主要表现在以下三个方面。

1) 集聚效应是物流园区形成的内在动力

现代物流的重要优势就是低成本，成本优势来源于现代物流将原有分散的运输、仓储、包装和流通加工等功能实行系统整合，实现物流作业的专业化和规模化。

在生产力尚不发达、交通运输和仓储业落后的农业时代和工业化初期，为了实现农工商业有关企业之间的物资交流，各个传统物流行业的网络节点大都采取了密集布局的方式。从而在宏观上呈现出了极其分散的局面。随着生产力的发展和科学技术水平的不断提高，特别是物流市场竞争的日益激烈，传统货运场站、仓库、大量企业自营的物流中心和配送中心分散布局的弊端愈加明显地暴露出来。主要表现在：布局不合理，缺乏统一规划；无法达到经济规模，难以实现集约化经营；各个节点功能目标、作业流程、作业方式雷同，缺乏有机的合理分工与协调配合，难以实现专业化；资源闲置与重复配置矛盾突出；不利于物流节点实现现代化等诸多方面。

为解决上述问题，各不同物流节点系统之间的协调就成为必要。为此，不同的物流节点系统在功能上必须进行协调、拓展和整合，从而形成物流园区。

2) 产业集聚和经济集中是物流园区形成的外在要求

经济区位论认为企业生产区位在空间上的集聚可产生规模经济，带来收入递增。因此，通过空间集聚，可以较好地解决资源有限性与企业规模化的矛盾。相互关联密切的企业在空间上的集中，就是产业集聚的主要外在表现。

产业集聚在宏观上主要表现为经济集中化，即空间面积较小的地域集中了大量的人口和经济产值。例如日本经济集中化的表现主要是形成了以"东京圈""名古屋圈"和"大阪圈"三大圈集聚发展的格局，"三大圈"的经济总量占日本全国一半以上。

3) 政府是形成物流园区的催化剂

经济学研究已充分说明了政府对宏观经济良性发展的重要作用，国家或地方政府的宏观调控是保证社会经济快速、协调和有序发展的基本手段。

物流园区作为具有双重属性的物流节点，需要政府提供有力的支持才能更好地发展。如果仅仅在前述的内在动力与外在要求的机制作用下，物流园区的形成则往往需要一个较长的过程，而政府通过颁布法律法规、采取引导鼓励政策和制订发展规划等手段则可促进物流园区的迅速形成和发展。

5.1.2　物流园区的作用

1. 物流园区对产业发展的推动作用

物流园区在聚集各种物流服务提供商的同时，也可为物流企业提供一个良好的发展空间，有力地推动物流企业自身的发展。这里将这些推动作用归结为资金推动、技术推动、人才推动和信息化管理水平推动。

1) 资金推动

由于物流园区的建设投资巨大，一般企业无力独立开发。而从各国的物流园区建设来看，德国、日本等都由政府进行统一规划，筹集资金，以政府投资为主，采用信用贷款和企业投资为补充。因此一般认为，物流园区是属于政府出资进行的物流基础设施建设，通过政府的投资，大大减轻了物流企业发展的前期投入成本，从而促进物流企业将更多的资金投入到核心能力和物流服务的开发之中，在高质量的服务中所获得的竞争优势将为物流服务提供者带来丰厚的利润。物流园区通过为各种物流企业提供服务，获得良好的投资回报，由此可以形成良性的资金链循环，促进物流服务的不断发展。

2) 技术推动

在物流园区内，存在着不同实力和水平的物流企业，一些行业领先者在物流园区的驻扎，给物流行业不断地带来最新的物流设备和技术的应用经验。物流园区管理部门则不断关注最新的物流业界技术发展动向，通过各种信息传播平台共享给各企业，从而促进行业内的技术交流和传播。物流园区还通过建立各种物流辅助设施生产企业，如引入国家标准，统一托盘、条形码、电子标签等的规格，将标准化的技术结合到物流产业中，推动产业的技术标准化进程。

3) 人才推动

中国在物流园区的建设过程中发现，物流企业对于人才的需求一直没有得到很大的重视，在传统的观念中，人才的培养是教育培训机构的责任。但是在提供一体化服务的物流园区内，完全可以引入物流专业培训部门，或者与社会教育和培训机构合作，形成物流人才培养基地。这样既可以为园区内企业输送人才，也可以为社会提供更多的物流知识，推动物流社会化的进程。

在人才管理中，园区管理还能够集成园区内企业的人事管理职能，为部分进驻物流企业，尤其是小型物流企业提供人力资源管理服务。

4) 信息化管理推动

综合性、大规模的物流园区同时也是指挥、管理和信息中心，通过园区将信息集中，获得指挥调度的功能。现代物流企业面向的是供应链管理环境，没有良好的管理信息系统的支持几乎无法展开在市场中的竞争，但是信息化的风险和巨额的投资又使一些中小物流企业观望不前。物流园区通过引入技术较为成熟的信息系统，可以通过整合园区内各企业的信息系统，形成一个统一的指挥管理中心，提高整个园区的工作效率。

而信息技术的运用也让中小物流企业获得了信息化管理带来的优势，逐步建立起具备现代管理水平的企业制度和文化，从而推动整个产业管理加快向信息化发展。

2. 物流园区对建立国家物资流通网络的作用

当前一些地方政府争相将物流作为支柱产业，盲目兴建物流园区，由于物流园区本身具有一个地区产业覆盖面，导致一些地区物流园区的重复性建设，或者是恶性竞争，在园区服务上则依然停留在低水平和低效率状态，没有起到物流园区应有的作用。从宏观角度出发，客观认识到社会物流园区的建设作用，对于建立起整个国家的物资流通网络至关重要，因此需要合理和严谨地进行规划。

整个国家的物资流通硬件网络是由各地物流中心、物流基地和贯穿中国的公路、铁路、航空和航道所组成的，而这一物流网络的形成在历史上是为了满足经济和贸易往来的需要，物流中心往往就是那些物资集散中心地，在地理上往往接近于物资生产地或者是物资消费地，是由于不同物资的产地和销地不同所设立的必要的中转站。由于社会物流产业的发展，物流功能从生产和销售中分工独立出来，新兴的物流园区则正好承担了将这些集散中心进一步整合和管理的职能。因此，未来国家物资流通网络的战略支点，将由各地的物流园区来担当。

国家物资流通网络还需要能够对各种物资信息进行调配，而物流园区所具备的信息管理功能将进一步发挥作用，物流园区之间还将通过信息系统的集成，形成虚拟的中国物流管理中心。从全社会角度出发，可以发现物流园区实质上不仅是一个经济单位，更是一个具有国家战略意义的实体，充当的是支撑整个国民经济发展的基础支柱。

中国物流业的发展，是为了发展和完善中国从计划经济走向市场经济后，需要重新构建的国家物资流通网络，因此从这个角度看，物流园区在物流业整体发展中也一样起到了基础支柱作用。

5.1.3　物流园区的形成与发展

1. 物流园区的形成

物流园区作为物流系统中的重要环节，是物流配送专业化、社会化发展的产物，是运输、仓储、装卸搬运、配送、流通加工和信息服务等物流环节有效衔接的节点，是从事物流活动的场所或组织，是物流产业的载体。20 世纪 60～80 年代，随着经济的快速发展，发达国家物流园区迅速向规模化和连锁式发展，物流业也成为一门新兴的产业。20 世纪 90

年代以来，利用电子信息技术，发达国家物流园区向网络化和信息化迅速推进，深刻改变着社会生产和消费方式。据专家估计，物流业产值占发达国家生产总值的 10%～25%，而物流园区是创造这部分产值的主要因素。

各国政府都非常重视本国的物流管理，都在创造有利于物流业发展的环境。他们大多遵循综合性的物流理念，并致力于发展综合物流体制，因此都在积极地建立综合的物流园区和物流中心。在欧洲，物流园区(也称作货运村，Freight Village)这一概念于 20 世纪 90 年代初在英国开始使用。当时的物流园区主要是为办理英吉利海峡隧道交通的有关手续而设立的。随后这个概念衍生为专指采用公路和铁路交通运输方式的运输站，即所谓的综合物流园区。之后物流园区在欧洲逐步成为一个国际通行的概念，引起人们越来越多的关注。

德国的物流园区建设主要表现在货运中心的建设上。德国政府在促进和引导物流发展中做了大量的工作。在做好物流的发展规划、建设和协调工作的基础上，在全国规划了 40 个物流中心及货运中心。合理的规划，使物流中心形成网络，各州政府和地方政府围绕着规划中的物流中心，积极做好选址、征地工作，并负责物流中心地面以下的基础设施建设以及连通物流中心的道路、铁路建设，同时，通过政策调整、引导企业从事专业物流业务，并致力于为物流企业提供一个良好的经营环境。

除了德国，在欧洲其他实行完全市场经济的国家中，荷兰、比利时等也都有自己的物流园区。

日本是建设物流园区最早的国家。自 1965 年至今，已经建成 20 多个物流园区。建设较早的日本东京物流园区是以缓解城市交通压力为主要目的而兴建的，建设中采取的具体措施有：政府牵头确定市政规划，规划园区用地；物流园区的建设资金以物流行业协会会员入股集资和向政府低息贷款取得。

韩国在富谷和梁山也分别建立了物流中心。

从国外的经验来看，物流园区的成功模式主要有三种：日本的物流园区以城市配送为主，德国的物流园区则更多带有交通运输枢纽的性质，而西班牙、荷兰和新加坡的物流园区则依赖港口开展国际贸易和国际中转业务。这三种模式功能鲜明，完全是结合市场需要和自身资源而建设的。日本人口多，空间小，城市的高人口密度是城市配送型物流园区产生的直接原因。德国的机械制造业较为发达，物流量很大，整合交通资源是形成物流园区的重要原因。而西班牙、荷兰和新加坡的港口式物流园区的形成，则主要归功于天然的港口资源和大量的国际贸易需求。

我国作为一个发展中国家，物流业起步较晚，物流社会化程度较低，物流管理体制混乱，机构多元化，这种分散的多元化物流格局，导致社会化大生产、专业化流通和集约化经营优势难以发挥，规模经营、规模效益难以实现，具体表现为设施利用率低，布局不合理，重复建设，资金浪费严重等。由于利益冲突及信息不畅通，大量物资因不能及时调配而滞留在流通领域，造成资金沉淀，发生相当多的库存费用。另外，由于我国物流企业与物流组织管理总体水平较低，设备陈旧，损失率大，效率低，运输能力严重不足，形成了物流业发展的"瓶颈"，制约了物流业的进一步发展。

借鉴国外发达国家物流业发展的经验，我国从 1992 年开始了物流配送中心建设的试点工作，原商业部曾在 1992 年发文部署全国物流配送中心建设试点，标志着中国的物流中心建设正式起步。1996 年原国内贸易部发出了《关于加强商业物流配送中心发展建设工作的通知》，指出了发展建设物流配送中心的重要意义，制定发展建设的指导思想和原则等，划有热情，但就是没有企业愿意参加，即使勉强被拉了进去，企业也只能是负债经营，无法开展业务。在既有的物流发展规划中存在诸多问题，主要体现在规划缺乏宏观高度，缺少综合性，布局不够合理等。

为了使物流园区发挥其应有的作用，物流园区系统规划应遵循以下八条原则。

1) 经济合理性原则

能否为物流企业发展提供有利空间，吸引物流企业进驻是决定物流园区规划成败的关键，在物流园区选址和确定用地规模时，必须以物流现状分析和预测为依据，按服务空间范围的大小，综合考虑影响物流企业布局的各种因素，选择最佳地点，确定最佳规模。

2) 环境合理性原则

缓解城市交通压力、减轻物流对环境的不利影响是物流园区规划的主要目的，也是"以人为本"规划思想的直接体现。使占地规模较大、噪声污染严重，对周围景观具有破坏性的配送中心尽量远离交通拥挤、人口密集和人类活动比较集中的城市中心区，为人们创造良好的工作生活环境，既是物流园区产生的直接原因，也是城市可持续发展的必然要求。

3) 整合、利用现有资源原则

以仓储资源为例，在诸多物流基础设施中，仓库以其庞大的规模和资产比率成为物流企业的空间主体，国外一般经验是仓库用地占整个配送中心用地的 40% 左右。仓库建设投资大，回收期长且难以拆迁，充分利用好现有的仓储设施，则可基本解决原有设施再利用及优化资本结构的问题；仓库多分布在交通枢纽和商品主要集散地，交通便利，区位优势明显，可满足物流企业对市场区位和交通区位的要求，充分利用已有仓储用地，可减少用地结构调整和资金投入，是物流园区规划的捷径。

4) 循序渐进的原则

物流园区规划同其他规划一样，需要具有一定的超前性，但任何盲目的、不符合实际的超前建设都可能造成不必要的资源浪费。因此，必须坚持循序渐进的原则，结合地区实际，在客观分析物流业发展现状和未来趋势的基础上，合理规划物流园区。

5) 统一规划原则

物流园区的规划和布局应该从城市整体发展的角度统筹考虑，并结合规划选址的用地条件确定园区的具体位置。此外，在全国运输大通道的格局下，规划建设物流园区还需从宏观经济出发，对国内外市场的发展和货物流通量等情况进行认真的调查分析和预测，根据长远和近期的货物流通量，确定物流园区长远和近期的建设规模。因此，物流园区应由规划部门统一规划，以便与城市总体规划、土地利用总体规划及其他有关规划相协调，符合城市物流用地空间的统一布局和统筹安排，满足城市地域合理分工与协作的要求。

6) 与城市总体规划相协调原则

物流园区的规划应以城市的总体规划和布局为基础，顺应城市产业结构调整和空间布局的变化需要，与城市功能定位和远景发展目标相协调。

7) 市场化运作原则

规划建设物流园区，既要由政府牵头统一规划和指导协调，又要坚持市场化运作的原则。政府要按照市场经济要求转变职能，强化服务，逐步建立起与国际接轨的物流服务及管理体系。物流园区的运作以市场为导向，以企业为主体，在物流园区的功能开发建设、企业的进驻和资源整合等方面，都要靠园区优良的基础设施、先进的物流功能、健康的生活环境和周到有效的企业服务来吸引物流企业和投资者共同参与。

8) 高起点现代化原则

现代物流园区是一个具有关联性、整合性、集聚性和规模性的总体，其规划应该是一个高起点、高重心的中长期规划，并具有先进性和综合性。因此规划现代物流园区必须紧跟世界物流发展的先进水平，以现代化物流技术为指导，坚持高起点现代化。物流园区必须以市场为导向，以物流信息管理系统的建设为重点，以第三方物流企业为主体，成为现代物流技术研发、应用或转化的基础。

5.2.3　物流园区规划的基本内容

物流园区规划是一项系统工程，其所包含的物流活动范围非常广阔，既有城市的、区域的、全国的活动领域，又有跨国的活动领域；物流流程十分复杂，须经过仓储、运输、配送、包装、装卸、流通加工、信息处理等环节；物流涉及面广，涉及工业、农业、商贸、铁路、交通、航空、信息、城市规划等部门。在这种情况下，需要协同各方才能做好物流园区规划工作，否则会影响物流园区的效益提高和效能发挥。

按照规划编制的一般程序和方法，物流园区的规划应涵盖以下几个方面的内容：物流园区规划的背景和依据、物流园区规划的必要性和可行性、物流园区的战略定位、物流园区物流需求预测及构成分析、物流园区的选址决策、物流园区的规模确定、物流园区的主要作业内容和功能区划、物流园区的主要技术装备、物流园区的基础平台和信息平台规划、物流园区的系统需求及系统初步设计、物流园区建设的投资规模及资金来源、物流园区建设的国民经济评价和财务评价、物流园区的运营管理模式等。

按照物流园区规划的影响因素来归纳，物流园区规划主要可归结为三个大类、四个环节和八个主要方面，其中三个大类分别是社会效益、经济效益、技术效能；四个环节依次是城市交通布局、城市产业商业布局及供应链、专业化市场的需要、城市发展规划；八个主要方面依次是社会环境、生态环境、自然环境、经营环境、投资环境、功能设计、布局规划、建设规模，八个方面中社会环境、生态环境、自然环境归属于社会效益类，经营环境、投资环境归属于经济效益类，功能设计、布局规划、建设规模归属于技术效能类。物流园区规划影响因素的具体划分、内容、要求及其优先级如表 5-2 所示。

表 5-2　物流园区规划影响因素表

一级	二级	内容	要求	优先级
社会效益	社会环境	交通管理	改善城市交通管理，有效缓解物流对城市交通的压力	√
		城市规划	符合城市规划用地要求	√
		对居民影响	尽可能减轻对城市居民出行、生活等的干扰，要求减轻或消除噪声	√
		道路拥挤	出入口道路饱和度适中	√
	生态环境	大气污染	对大气污染程度低	√
		生态景观	对环境生态景观影响小，并要求有一定绿化覆盖率	√
	自然环境	气象条件	湿度、温度、风力、降水、日照等气象条件适中	
		地质条件	符合建筑承载力要求	
		水文条件	规划地点远离泛滥的河流	
		地形条件	要求地形坡度平缓，适宜建筑；形状尽量规划，以矩形为宜	

续表

一级	二级	内容	要求	优先级
经济效益	经营环境	靠近大型企业	与工业商业联系紧密，靠近大型企业	√
		周边企业情况	周边企业环境和谐，企业密度适中	
		消费市场	接近消费市场，一般位于都市圈内	√
		运输成本	要求运输成本低	√
	投资环境	地价因素	较低的地价区位	√
		劳动力条件好	有数量充足、素质较高的劳动力条件，劳动力成本较低	√
		公共设施齐全、便利	有充足的供电、水、热、燃气的能力，排水、厂区道路、通信设施完备，有污水、固体废弃物的处理能力并要求符合标准	√
		资金落实程度	资金落实程度较好	
		效益费用比	效益费用比合理	
		投资收益率	投资收益率较好	
技术效能	功能设计	功能完备程度	功能完备，既有综合性的配送中心设施，又有专业性的配送中心设施	√
		功能可靠程度	功能可靠，既能提供综合性的服务，又能提供专业性的服务	√
		多式联运	多式联运协调、方便，可达性较好	√
	布局规划	利用现有的设施	与现有的物流设施兼容	√
		靠近主干道	靠近交通主干道，特别是高等级公路主干道出入口，力求运距最短	√
		道路运输网络	完善的道路运输网络，同时要求路况较好	
		靠近货运枢纽	特别是靠近公路货运集散中心，同时力求靠近铁路货运枢纽、港口中心、航空中心等	√
	建设规模	总建筑面积满意度	总建筑面积要考虑近期需求和远景规划，要求面积不宜过小	√
		总站场面积满意度	货站、货场、货区、货位等要有一定的保有量，并能适应扩建扩能的需要	√
		土地面积利用率	应贯彻节约用地、充分利用国土资源的原则，要求土地面积利用率较高	

注："√"表示物流园区规划中必须优先考虑的因素。

以上分别从程序方法和影响因素对物流园区规划的内容进行了阐述，在具体进行某个物流园区的规划时可以综合考虑并结合园区的自身特点进行设计。

5.2.4 国外物流园区规划经验总结

1. 日本物流园区的规划方法

日本是人多地少的国家，因而对土地的利用率非常重视。针对物流团地(物流园区)的建设和规划，既要考虑到物流团地(物流园区)作为社会公共基础设施的属性，又要充分发挥市场经济运作的优势，在政策扶植方面制定相应的政策和法规。

首先，日本对物流进行了系统分类：根据物流服务的区域和范围将物流系统的布局分为区域内、区域间和国际物流三个部分。

1) 区域内物流

区域内物流是物流系统的端点，与企业的供应物流、销售物流密切相关。主要内容是将企业物流合理化提升为区域物流合理化，形成战略管理，使配送成为完善区域内物流的主要手段。相应的配送中心、物流中心成为区域内物流的基础节点。区域内物流网络体系布局的主要依据是企业、配送中心(或物流中心)、物流园区间干线道路、物流设施、城市的交通密度时段等综合因素以及集成化理论，要求是设施集约化，活动效率化，以提高物流信息和综合控制能力；目的是削减企业库存量，加快周转，提高企业销售能力，减少物流总费用。因为各区域内物流分布不均，所以预估的物流量以产值和商品销售总值为参考。

2) 区域间物流

区域间物流是物流系统的骨干，物流的发展主要是区域间物流的改善推动引发的。从企业的角度看物流的改善，首先是选择运输公司，然后是生产场地到市场之间物流中心的平衡、输送商品量的调整和形式的平衡。而区域间的物流改善，目的是进行生产场地与市场及物流中心的平衡化，输送商品量调整与形式的平衡化。因而区域间的物流改善必须具备的条件就是物流信息系统的完善，同时它提倡的输送方式是集装箱化和集装箱托盘化，使运输量成单位货载、大型化，以达到物流效率化。区域间物流网络体系布局的主要依据是：高速公路、高等级公路、铁路新干线、近海定期航班的连接；物流园区设施的相互配合。物流园区设施由较多不同的配送中心、物流中心、公共仓储、信息中心和金融服务机构组成，设计、运营要实现功能分配合理、运行机制兼容并能够协同运作；要求设施集约化、标准化，活动效率化，进而提高物流信息和综合控制能力；目的是提高干线运输效率，减少物流总费用。改善区域间物流的突破口是信息化、标准化、规模化。正因为是区域间的物流，构筑物流网络系统的指挥系统需要运用大量通信、计算机网络、车辆跟踪定位等技术，需要建立与公共经济信息网和 EDI 的交互系统，而它的目标就是实现物流信息共享和信息流、商流、物流、资金流集成化。

3) 国际物流

国际物流包括国际上的交易、储存、海洋运输、铁路运输、航空运输、邮政运输、联合运输、加工与通关等流程。由于涉及跨国界或跨政治实体(如欧盟)的贸易行为，因此需要必要的现代物流能力以适应不同法规法律、传统文化的约束和应对不同的客户群。国际物流作为国际贸易过程中一个重要的环节，其布局的主要依据是以各类港口(包括海港、航空港)、国际物流园区设施相互配合。

其次，根据对物流的分类，日本政府着手进行了宏观上的物流规划。早在 1964 年，日本就着手规划物流体系，在八大区域按经济总量进行规划、建设和整顿物流设施，形成以物流园区为据点的区域间物流网络，由这些网络构成全国的地面物流体系，配合虚拟的信息网络建设，形成了日本的立体物流体系。如在《流通业务市街地的整顿法律(流市法)》中，确定东京、大阪、名古屋、广岛、福冈、仙台等共计 30 个城市为都市物流点。按人口(150 万~300 万人口)、经济总量、运输总量、区域交通条件确定分布物流团地(物流园区)的数量。例如，东京为 5 个，大阪 3 个，名古屋、广岛、福冈、仙台等中等城市各 1 个，全国共计 86 个。而在物流团地(物流园区)的选址方面，规定以都市外围的高速道路网和铁路网的交叉口为中心的 10 千米半径范围内为团地选址地点，确立了物流团地的交通优势以及与都市内配送的衔接优势。

再次，建设方面由政府规划、出让低价土地或由政府加以补助，物流团体组织投资，物流企业按专业共同使用。

最后，由于对规模经营有总量的控制(涉及覆盖面和人口，且超过经济规模，效益反而下降)，建筑用地相应做了限制，物流团地(物流园区)的用地为 20 万～50 万平方米，一般不超过 35 万平方米(约 500 亩)，要求尽量向高层发展。

从以上情况我们可以总结一下日本物流园区的规划经验。

(1) 重视规划。物流园区的规模较大，影响的范围较广，政府重视通过制订园区发展规划和配套的市政规划，在城市的市郊边缘带、内环线外或城市之间的主要干道附近，规划有利于未来具体配套设施建设的地块作为物流园区。

(2) 优惠的土地使用和政府投资政策。将规划园区内的土地分地块以生地价格出售给不同类型的物流行业协会，这些协会再以股份制的形式在其内部会员中招募资金，用来购买土地和建造物流设施，若资金不足，政府可提供长期低息贷款。

(3) 良好的市政设施配套及投资环境。政府对规划的物流园区，积极加快交通、市政设施的配套建设，以吸引物流企业进驻园区，并在促进物流企业发展的同时，促使物流园区的地价和房产升值，使投资者得到回报。

2. 德国物流园区的规划方法

德国是一个物流业发达的国家，其发达主要表现在两个方面：一是大量制造企业和商业企业将运输服务、装卸搬运、仓储业务、包装及流通加工交给第三方物流公司，形成了发达的物流产业；二是第三方物流公司，包括几千人的大型跨国物流集团，仅极少数拥有自己的车队，绝大多数将运输业务转交给了专业运输车队。根据以上情况，德国政府在物流园区的规划和建设上与日本存在一定区别，一般采取联邦政府统筹规划，州政府、市政府扶持建设，公司化经营管理，入驻企业自主经营的发展模式，其基本做法有四个方面的内容。

1) 联邦政府统筹规划

联邦政府在统筹考虑交通干线、运输枢纽规划的基础上，通过对经济布局、物流现状进行调查，根据各种运输方式衔接的可能性，在全国范围内对物流园区的布局、用地规模与未来发展进行合理科学的规划。

2) 州政府、市政府扶持建设

考虑到物流园区对地区经济有明显的带动和促进作用，为引导各州按统一的规划建设物流园区，德国交通主管部门还对符合规划的物流园区给予资助或提供贷款担保。德国政府扶持物流园区发展的重要原因是对园区公共服务职能的定位，认为园区建设并非单纯地以追求盈利为目标。

在物流园区的建设和运营过程中，州及地方市政府扮演了主要投资人的角色。例如位于德国中部图林根州州府埃尔富特市郊的图林根物流园区，其建设投资比例为：市政府占42.5%，州经济开发部占 35.5%，联邦铁路(DB)占 14.7%，行业协会占 7.3%。

3) 企业化经营管理

德国政府扶持园区建设，并非不考虑园区的经济效益与效率，而是认为，企业化的管理方式比行政化的管理方式更有效率。德国物流园区的运营管理经历了由公益组织管理到企业管理两个阶段。负责管理物流园区的企业受投资人的共同委托，负责园区的生地购买、基础设施及配套设施建设以及园区建成后的地产出售、租赁、物业管理和信息服务等。由于园区的投资人主要是政府或政府经济组织，所以园区经营企业的经营方针不以营利为主要目标，而主要侧重于平衡资金，实现管理和服务职能。

以图林根物流园区为例，其管理企业由四人组成，企业的业务包括销售、宣传和物业管理三大部分，管理公司还负责代表园区企业与政府交涉，负责兴建综合服务中心、维修保养厂、加油站、清洗站等公共服务设施，为成员企业提供信息、咨询、维修服务等。物流园区内的道路、下水道等市政工程设施的维修、养护由市政公司负责，享受与普通市区同等水平公共服务并缴纳相关费用。

4) 入驻园区企业自主经营

入驻物流园区的企业实行自主经营、照章纳税，依据自身经营需要建设相应的仓储设施、堆场、转运站，配备相关的机械设备和辅助设施。

从以上情况我们可以总结一下德国物流园区规划的经验。

(1) 政府统筹规划。优先选择交通枢纽中心地带，使物流园区布局与运输网络相适应；同时至少可以实现两种以上运输方式的连接，特别是公路和铁路两种方式。

(2) 各级政府大力扶持。政府将规划的物流园区看作政府的公共服务设施之一，并投入大量资金参与建设运营，若资金不足，政府还可提供贷款担保。

(3) 专业化管理和企业自主经营。以政府或政府经济组织为主的园区投资人决定了园区管理企业更多关注的是资金的平衡，而不是一味追求利益，另外，园区在设置时也充分考虑到经济合理性，包括较低的地价、数量充足且素质较高的劳动力等，为园区企业获得必要利益创造了必要的条件。

(4) 德国物流园区规划普遍采用"MSFLB 五部曲"规划方法，这种方法其实是五个步骤英文首字母的简称，分别是市场分析(Market Study)、战略定位(Strategic Positioning)、功能设计(Function Design)、布局设计(Layout Design)和商业计划(Business Plan)。

3. 国外物流园区规划经验的总结

根据对日本和德国两个发达物流国家物流园区规划情况的介绍和总结，并结合日本和德国两个发达物流国家的物流发展经验，可以得出国外物流园区在规划方面系统的经济总结。

(1) 从国家经济发展的角度高度认识现代物流对国家经济、社会发展的重要作用，制定国家关于现代物流体系的基本框架和制度，在政府规划中应包含物流园区的发展规划以及配套交通道路、市政方面的规划。

(2) 在国家层面建立能够发挥协调作用的全国现代物流推进组织，有效协调各部门、各方面的物流资源和力量，进行宏观的布局和贯彻综合发展的规划，对涉及物流系统标准化的规范进行编制和指导实施。

(3) 物流园区在建设过程中要充分进行论证，要在对现有基础设施、交通条件、企业需求等调查的基础上统一进行规划。这种规划主要包括以下几项内容。

① 与政府规划相协调。物流园区的建设是城市功能建设的重要组成部分。因此，在初期规划时要与当地经济发展规划相协调，杜绝重复建设、浪费土地资源的现象。在网络布局上注意区域中心与局部中心的关系，从网络、系统方面进行统一规划。物流园区规划在城市的近郊或远郊，附近有一定的土地资源可以征用。

② 在规划时要从物流需求管理的角度进行考虑。简言之，就是物流园区周边有旺盛的或潜在的物流需求，有较多的物流企业需要相对集中的迫切要求。

③ 投资的多元化及配套设施的完善。园区建设具有长期性和投资回收周期长的特点，因此，在建设初期可采取多种经营方式回收投资成本。同时，在园区的设施配套上，要为入驻企业提供良好的环境，特别是给物流企业提供宽松的经营环境，并且在资金方面政府可以提供优惠政策。同时对入驻企业进行仔细甄别，在审核入驻企业资质时严格把关，对土地的使用以及建筑物的形式等提出要求，从而保持园区土地的充分利用和可持续发展。

④ 在物流园区进行规划时，应考虑至少有两种以上运输方式存在，最好是可以实现多式联运，从而对物流园区运营提供多种实现方式。在园区信息系统的规划建设上明确功能目标，通过系统建设真正实现物流提高效率、降低成本的根本目的。

5.3 物流园区规划系统分析

区域经济是国民经济系统的子系统，不同区域有其不同的经济特点，而在区域经济系统中，物流又是构成区域经济活动的重要组成部分。由于不同的经济区域所处的区位、物流基础设施条件、产业结构与规模、产业组织及其间的关联程度、产业布局、区际产业之间的联系及原材料输入地和产品输出地、区域市场等方面存在的差异，因此不同的区域存在着不同的区域发展模式。

作为区域经济系统的子系统——区域物流系统，必然是在区域经济发展战略的总体目标和模式框架下，根据区域的区位、产业活动、流通活动等特点，开展有效、独特的物流活动，因而也就应该有着不同区域现代物流活动的基本模式，包括基于产业聚集区的区域综合型物流模式；基于产业链的区域供应链一体化型物流模式；基于区域货物中转枢纽的集报关、商检等服务和物流活动为一体的多功能服务型的物流模式；基于区域交易市场的交易服务；仓储配送型物流模式等。

不同的区域物流模式都有着不同的物流服务对象、物流活动方式和物流基础设施需求，从而在物流园区规划时就必须综合考虑区域物流模式、交通组织、区域经济产业布局、物流需求、园区投资和运营等内容。

5.3.1 物流园区规划的需求分析

1. 物流园区的物流需求

物流园区的物流需求指在一定的时期内、一定的价格水平下，社会经济生活在物流服务方面对物流园区所提出的具有支付能力的需求。也就是说，物流园区的物流需求必须具备两个条件，即具备得到物流服务的愿望和具备相应的支付能力。

在规划时要从物流需求管理(Logistics Demand Management，LDM)的角度进行考虑。LDM 是 TDM(Traffic Demand Management，交通需求管理)思想在物流业的体现。既要根据需求的变化不断扩充设施，同时也要对需求进行分析，某些需求需要抑制，某些需求需要重新整合。如果一味毫无节制地满足需求，则会陷入越建设施越满足不了需求的怪圈。

另外，根据区域经济重点行业的营业额、产量、货物周转率、库存需求，可以推导出区域经济对物流园区所产生的现实和潜在的运输、仓储和加工方面的需求，从而推算出物流园区规划平面设计中仓库的作业面积、增值加工区的作业面积以及其他相应配套设施的占地面积。

2. 物流园区的物流需求预测

物流园区的物流需求预测是对尚未发生或目前还不明确的物流服务需求流量、来源、流向、流速、货物构成等内容进行预先的估计和推测，是在现时对这些项目将要发生的结果进行的探讨和研究，它属于经济领域中市场预测的范畴。物流园区物流需求预测的目的是根据有关数据找到物流园区物流需求发展的规律和趋势，预测规划物流园区的物流需求总量。

1) 预测的步骤和主要方法

预测主要可以分为以下六个步骤。

(1) 确定预测目标。预测是为决策服务的，在进行具体的预测之前，必须首先根据决策所提出的要求确定预测的目标，包括确定预测目的、对象和预测期间。

(2) 搜集、分析有关资料。做预测必须有大量的、系统的、适用于预测目标的资料做支撑。一般资料可分为纵向、横向两类。所谓纵向数据资料，是指历史数据资料，如历史上的产品销售、成本资料等。利用这类历史资料可用动态数据变化的分析作为预测未来的依据。横向资料是指在某一时期内(主要是当前)，作用于预测对象的各种影响因素的数据资料，比如做能源预测，既要搜集历史能源消耗量的纵向历史资料，也要搜集当前各部门能源消耗的数据，只有将这两类资料综合起来使用才能搞好预测。

(3) 选择预测方法进行预测。这一步骤包括三个方面的内容：选择预测方法、建立预测模型和利用模型进行预测。

预测方法合适与否，将对预测精度产生很大的影响。一般在确定预测方法时主要考虑的因素有：预测对象的种类和性质，对预测结果的精度要求，已搜集到的资料与情报的数量和质量以及预测的人力、物力、财力和时间限制等。

建立预测模型，就是运用搜集到的资料和选定的预测方法进行必要的参数估计与计算，以建立能描述和概括研究对象特征和变化规律的模型。

利用模型进行预测，就是根据预测模型，输入有关资料和数据，进行计算与处理并得到预测结果。

(4) 分析评价预测方法与预测结果。预测毕竟是对未来事件的预计和推测，建立的模型也只是对实际情况的近似模拟，其结果不一定与将来发生的实际情况相符，同时，在计算或推测过程中难免产生误差，因此在得到预测结果后，还应对预测进行分析评价工作。通过对误差的计算，分析产生误差的原因，评价预测结果是否适用于实际情况。如果预测误差主要是由于所选用的预测模型或预测方法造成的，就应该改进预测模型和预测方法以尽量减小误差，如果预测误差已减到最小尚达不到要求时，则应分析给定置信区间和置信度。

(5) 修正预测结果。如果预测结果已减到最小但还与实际情况有较大出入，则在误差计算的基础上，可以通过定性、定量分析及预测的常识和经验修正预测结果，使之更加适用于实际情况并形成最终预测结果。

(6) 提交预测报告。预测报告应该给出预测过程中的主要过程，叙述预测目标、预测对象及预测的一些具体要求，说明主要预测资料的搜集方式、方法及其分析结果，详细阐述选择预测方法的原因及建立模型的过程，并反映对预测结果进行评价与修订的过程及结论。

预测方法主要可分为四种基本类型：定性预测、时间序列预测、因果联系和模拟。

定性预测基于主观判断，基于估计和评价。时间序列分析是基于"与过去需求相关的历史数据可用于预测未来的需求"这样的观念，历史数据可能包括诸如趋势、季节、周期等因素。因果联系假定需求与某些内在因素或周围环境的外部因素有关。模拟模型允许预测人员对预测的条件做一定的假设，是以计算机为基础的动态模拟。

2) 预测的具体内容

(1) 预测物流需求的各项内容。它们是：流量、流速、来源、流向、构成比例等。需要搜集它们自身历史和现实的资料、数据，还要对这些数据资料进行分析整理，在此基础上进行预测。

(2) 预测物流服务保障能力。包括运力的保障、装卸搬运分拣等处理能力的保障、储存的保障、流通加工的保障、信息传递的保障、安全运营的保障等。可以结合内部实地调查和外部客户调查的方式进行，根据调查得到的资料和客户反馈的意见综合评价推断货流保障能力，并与地区相邻、性质类似的物流枢纽了解到的情况进行类比分析，从而分析货流保障能力的瓶颈，为货流量的预测进行补充说明，使货流预测结果真正成为物流园区科学决策的依据。

(3) 预测主要影响因素的变化。物流园区物流需求的变化取决于对它产生影响的各主要因素的变化，因此对主要影响因素的变化也要加以预测分析，从而为推断物流需求变化提供依据。它们包括：宏观环境的影响因素，如地区经济发展水平和发展速度、地区产业结构、地区外贸进出口状况、交通环境及地理位置等；政策影响因素，如有关物流业政策导向、运输系统相关政策、土地税收政策、其他相关产业政策或优惠措施等；各运输方式的综合影响因素，包括各种运输方式线路的密度、货运价格、货运代理市场的变化、各运输方式的成本等；其他物流业的拓展因素及影响货流的重要随机因素，这些因素根据不同地域物流园区的特点各有不同。

(4) 预测市场占有率。市场占有率是指在社会生产专业化分工的基础上物流园区处理的货物流量在一定区域范围内总货流量中所占的比重，也就是某物流园区的货流量与一定区域内的总货流量的比值。同样，了解到货流量的未来发展变化情况以及一定区域内的总货流量的变化情况，可以间接地推算出物流园区处理货流的市场占有率，在物流园区经营期间，预测出该市场占有率有助于分析物流园区将来的发展前景，以便做出正确的经营决策。

5.3.2　物流园区规划的政策分析

中国著名的物流专家王之泰教授认为：物流园区规划建设的成败在于体制。物流园区的建设和发展离不开政府的指导和大力扶持，尤其是在政策的制定上要有具体措施，特别是如何给物流企业提供宽松的经营环境。

1. 政府在物流园区规划中的作用

1) 总体规划和统筹协调的作用

一般来说，政府应选择交通便利、连接海运、陆运、空运的枢纽地区作为物流园区用地，同时，由于我国土地属于国有，城市的规划、交通污染又涉及民众，物流园区的选址必须符合城市的规划，否则便会造成混乱。政府还应做好协调有关部门的服务配套工作，比如工商、税务、城市规划、交通市政、银行、保险等部门。日本由于国土狭小，大城市集中，人口密度大，政府的规划力度强；而对于国土面积广阔的美国，政府的作用就小得多。

2) 政府支持的作用

物流园区是投资大、利润低的企业，投资回报期较长，必须得到政府土地批租、税收政策的支持才能维持运营。政府可以根据实际情况明确相应的产业政策，比如物流园区享受经济开发区待遇，土地方面享受工业用地政策，财税方面享受低息贷款政策，政府先期对物流园区进行必要的投资(市政配套、交通路网、信息平台搭建等)。如日本政府将土地以较低的价格卖给物流企业或企业集团，向物流企业提供低息或贴息贷款，解决建设资金问题，日本开发银行、北海道东北开发公库等金融机构就是专向物流产业贷款的政府金融机构，有时政府出资兴建物流园区，待运营正常后卖给私人资本。

3) 制订和执行标准

从国家层面大力推广并实现物流设备的标准化、通用化、国际化，便于货物的换载和装卸保管工具的使用，使单证及数据的交换和计算机语言相统一。

4) 研究、制订物流园区和物流产业的发展战略

物流战略规划是政府在一定时期内实施物流战略的行动纲领，它明确了物流产业的发展目标、实施步骤和战略措施、资金保障等，是促进物流产业发展的有效措施。随着现代物流网络化经营的发展，物流园区在现代物流系统中的地位在逐渐加强，我国政府应制定相应的物流园区发展战略，统筹规划各地的物流园区规划，并明确相应的产业政策，避免出现重复建设、浪费土地资源的现象。

2. 物流园区规划的相关政策分析

物流管理活动及物流技术的应用已渗透到经济活动的各个领域和环节，专业化的物流服务实际上具有跨部门、跨企业和多环节的特征，服务业态和服务种类的多样性已成为其显著特点。物流业作为一个产业，与过去传统上具有相对独立发展界面的产业具有明显的不同，物流管理存在于各类企业的各个经济活动环节，因此物流业很难独立存在，将其定义为复合产业比较符合其产业特征。在城市物流系统中物流园区无疑是重要的一环，它具有中枢辐射的作用，可以有效提高城市物流服务水平。鉴于物流业的复合产业特征和物流园区的重要地位，我国政府必须加强对物流发展具有重要影响的管理部门和企业之间的协调，通过对既有不适应发展的政策进行调整和制定有利于物流发展的政策及措施，促进我国现代物流业的发展，具体的政策制定可从以下三个方面予以考虑。

1) 支持物流园区开发建设

(1) 土地政策。考虑到物流园区尚处于开发建设起步阶段，土地政策应以优惠和扶持为主。比如对列入规划的物流园区的物流基础设施如土地征用，应适度减免土地出让金；企业经批准后划拨土地自行改造为物流园区，未涉及产权变更、转让或出租的，可适度减免土地出让金。

(2) 贷款优惠政策。政府可以考虑设立物流园区国土开发专项基金，实行专款专用，园区内的土地收入全部用于区内基础设施建设，同时提供融资或担保服务，并给予长期低息贷款。对列入规划的物流园区，应加大对周边交通设施的建设资金的贷款力度，促使物流园区地价和房产的升值。

2) 激励物流企业入驻园区

(1) 税收政策。对列入规划的物流园区，实行"税收属地化"政策，比如凡是到物流园区注册经营的物流企业，市政府权利范围内的相关规费一律免除。对经营期10年以上的物流企业，其所得税可视不同情况给予"两免三减"。

(2) 土地政策。对开发市场的企业，给予试验性阳光政策，可放宽条件，划出临时用地；对开发仓储、后勤保障业务企业，给予类似年租制政策，一次交地价有困难可分几年

逐期交付，而一次性交纳地价的，给予一定比例的减收地价的优惠。对技术、资本等达到一定标准的物流企业在土地出让价格上给予优惠。

(3) 奖励带头开发企业的政策。对在物流园区建设初期(根据实际情况界定一个时间段)，最先进入园区具有一定规模的企业，实行奖励性政策，政府可以在地价、税收、租金等方面采取更加优惠的办法对其进行重点扶持，激励这些企业更好地发挥示范带头作用。

(4) 融资和投资政策。建立健全物流园区企业信用评定及担保体系，鼓励金融机构加大对物流园区及相关物流企业的信贷支持，增加信贷投放和授信额度，为企业的发展提供良好的融资环境。在投资方面应鼓励国内外投资者在园区建立专业性或综合性的物流中心，开展专业性物流服务。同时适当扩大外资企业在园区内的经营范围。

(5) 工商、城管政策。工商、城管部门要对物流园区内的投资活动尽量放宽限制，对企业投资者和市场经营户要尽可能减免各种规费。

(6) 行业准入政策。放宽行业准入政策，增强企业的入驻意愿。同时园区管理机构应为企业提供获取国际货代资格、申请设立海关监管仓库等服务。

3) 促进物流园区持续发展

(1) 产业调控和引导政策。争取政府有关部门在优化行业、市场布点方面向物流园区有针对性倾斜。当然，政策创新是一项动态性的工作，不可能一蹴而就，一步到位，要在实践的过程中不断修改、补充、完善，以最大限度地调动各个方面的主动性、积极性和创造性。

(2) 自主经营政策。对物流园区内各企业的经营活动采取"积极不干预"政策，既对物流园区实行严格的监督，又原则上不参与、不干预物流园区企业的自主经营。

(3) 促进物流园区之间的公共信息平台建设相关政策。物流产业核心优势在于物流资源的网络化。政府部门应制定相关政策，促进物流园区公共信息平台的建设，加强物流园区的网络联盟，实现优势互补，为物流园区的持续发展提供保障。

5.3.3　物流园区规划的运作分析

从区域经济的角度来看，物流园区作为一项大型的基础设施建设，投资规模一般较大，涉及范围很广，且具有政府主导或支持的公益性特征，其建设与运营的成功与否直接影响到区域经济圈内物流系统的形成与发展，因此应该从物流园区开发建设和经营管理两个主要方面进行物流园区规划的运作分析。

1. 物流园区规划的开发建设分析

根据国内外与物流园区功能相同或相当的物流基础设施开发建设的经验，各国物流园区的开发建设一般离不开政府和物流企业这两大主体，它们将在物流园区的开发和建设中各尽所职，各取所需。因而物流园区在开发建设模式上主要也可分为两大类：一类是以政府为主导的自上而下模式，比如经济开发区模式，工业地产商模式；另一类是以物流企业为主的自下而上模式，还有在结合两大类模式基础上发展的综合运作模式。

(1) 经济开发区模式。顾名思义，物流园区的经济开发区模式，是政府将物流园区作为一个类似于目前的工业开发区、经济开发区或高新技术开发区的项目进行有组织的开发和建设。它是在政府特定的开发规划、政策和设立专门的开发部门的组织下进行的经济开发项目。由于物流园区具有物流组织管理功能和经济发展功能的双重特性，因此，建立在经济开发区模式基础之上的物流园区建设项目，实际上就是在新的经济发展背景下全新的经济开发区项目，而且以现代物流的发展特点、趋势和在经济发展中的地位和作用，物流园区无疑是构筑高效率和转变经济增长方式与增长质量的新的经济发展体系的重要组成部分。

(2) 工业地产商模式。物流园区开发的工业地产商模式，是指将物流园区作为工业地产项目，通过政府给予开发者适应工业项目开发的适宜的土地政策、税收政策和优惠的市政配套等相关政策，由工业地产商主持进行物流园区的道路、仓库和其他物流基础设施及基础性装备的建设和投资，然后以租赁、转让或合资、合作经营的方式进行物流园区相关设施的经营和管理。

工业地产商开发模式的理论基础是物流园区开发建设的目的在于建立良好的物流运作与管理环境，为工业、商业以及物流经营企业创造提高物流效率和降低物流成本的条件，物流园区建设自身不是为了营利，而是一种社会效益的体现，城市及政府的收益来自整体经济规模的扩大和经济效率与效益的提高。

(3) 主体企业引导模式。从市场经济发展的角度，从利用市场进行物流资源和产业资源合理有效配置的角度，通过利用在物流技术进行企业经营和企业供应链管理中具有优势的企业，由其率先在园区开发和发展，并在宏观政策的合理引导下，逐步实现物流产业的聚集和依托物流环境进行发展的工业、商业企业的引进，达到物流园区开发和建设的目的，这就是主体企业引导下的物流园区开发模式。

(4) 综合运作模式。由于物流园区项目一般具有较大的建设规模和涉及经营范围较广的特点，既要求在土地、税收等政策上的有力支持，也需要在投资方面能跟上开发建设的步伐，还要求具备园区的经营运作能力的保证，因此，单纯采用一种开发模式，往往很难达到使园区建设顺利推进的目的，必须对经济开发区模式、工业地产商模式、主体企业引导模式等进行综合运用。

(5) BOT 模式(建设—运营—移交)。根据以上四种模式的分析，结合我国现阶段的物流发展实际情况，从减少政府投资和促进物流企业自主经营的角度出发，可以考虑 BOT 模式，将物流园区所有权和经营权彻底分离，即政府授权给予园区开发者适宜的优惠政策(比如优惠的土地和财政税收政策)，在给予一定运营年限的基础上，吸引投资者进行物流园区的道路、仓库和其他物流基础设施设备的建设和投资，随后由投资者寻找并授权物流专业运营商作为园区经营者，由运营商负责整个园区的招商、融资、运营服务及日常管理工作，运营期满后由开发者收回。这种模式的物流园区运营管理模式结构图如图 5-1 所示。

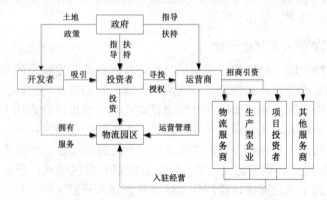

图 5-1　物流园区 BOT 运营管理模式结构图

2. 物流园区规划的经营管理分析

物流园区的经营管理模式是园区运营管理者围绕园区发展目标设计的一整套运营体制和管理方法，用以规范园区内企业或服务商的具体行为，全面协调各种经济与非经济关系。物流园区建设完成或部分建设完成投入使用以后，即标志着物流园区进入经营管理阶段，有些经营管理工作更是在建设期间就已经开始实施。物流园区规划的功能和在物流系统中所起的节点作用都将通过园区经营管理来实现，结合国外物流园区运营管理的经验以及国内的实际情况，物流园区的运营管理可以采用以下措施。

1) 政府统筹规划

政府在物流园区运作中起着重要的作用。因此，政府可以设立物流园区管委会或投资管理公司，对物流园区实施统一管理与规划运作，并设立政府一条龙服务机构，便于物流园区健康快速发展。

2) 市场化运作

物流园区从某种意义上来说可以看作一个企业，它必须根据市场上的物流需求进行市场运作，结合不同物流园区开发建设的模式可以分不同情况进行运营管理，比如按照经济开发区模式开发，政府可以委托专业物流管理企业进行运营管理，经营管理公司代表园区投资者(政府)行使经营管理职能；按照工业地产商开发模式，则可由工业地产商先行统一开发，然后再出租园区相应的场地、仓库等设施设备；按照主体企业引导模式开发，主体物流企业可以率先在园区进行开发和发展，吸引物流产业的聚集和引进依托物流环境进行发展的工业、商业企业。

3) 园区招商

物流园区可以通过邀请、投标等方式招商，引入必要的服务商，活跃园区经营方式，提供园区更加全面、方便的工作环境，融洽气氛，实现园区与入驻企业共赢。当然在招商时对入驻企业要进行甄别，要对土地的使用严格控制。总结国内目前物流园区建设的经验可以发现，尽管大多数企业投资物流设施是以推动物流业发展为目的，但也有个别企业或集团以土地炒作为目的。因此，在审核入驻企业资质时要严格把关，要对土地的使用以及建筑物的形式等提出要求，以保持园区土地的充分利用和可持续发展。

4) 投资多元化

物流园区的开发建设及后期运营都需要大量的资金投入，因此物流园区的资金融入不应只局限于政府和物流企业，投资应考虑多元化，根据不同园区的情况，可以设置必要的进入门槛，既保证园区资金的充裕，又保证入驻园区物流企业的高质量、高水平运作，为园区创出品牌，达到双赢目的。

5) 信息化建设

现代物流已成为跨部门、跨行业、跨地域的以现代科技管理和信息技术为支撑的综合性物流服务行业，信息已成为提高营运效率、降低成本、增强客户服务质量的核心因素。物流园区规模巨大，涉及的企业及业务范围都很大，因此园区的信息化建设将对园区的运作起到良好的促进作用。物流园区的信息化建设可以采用委托定制开发、外购成熟产品以及自行开发的方式。

5.3.4　物流园区规划的赢利分析

物流园区成功的标志是通过园区运作，园区经济总量得到较大的提升，园区开发商和园区内企业经济效益得到较大提高，园区的建设改善了当地的投资环境并因此吸引了更多的外地客商来本地发展，产生了较大的社会效益。因此，物流园区规划必须处理好三个层面的利益：政府收益(社会效益)、园区开发商的收益和园内企业的收益，研究好物流园区的赢利模式。赢利模式主要指收入来源及利润形成途径。物流园区的赢利模式包括三个方面：一是政府的赢利模式，即通过经济总量增加、税收增加、就业扩大等来取得经济与社会效益；二是开发商的赢利模式，即通过园区土地增值、物业增值、土地与物业转让或出租收入、配套服务等来取得经济效益；三是入驻企业的赢利模式，即通过交易收入、仓储收入、配送收入、信息中介收入、加工收入等来取得经济效益。作为一个成功的物流园区规划就是要使三方面都有盈利，从而达到共赢。

根据国外物流园区的发展经验，物流园区的投资回报期大约在 15 年左右，其主要原因是物流园区项目投资巨大，投资回报缓慢。在我国，由于地价相对更为低廉，同时物流园区大多利用了原来的仓储设施存量，因此，从理论上来说，其赢利前景应该更为看好。结合物流园区开发建设模式，由于投资主体的不同(有的物流园区以政府为主，有的物流园区以企业为主)以及物流园区功能定位方面的不同，各园区投资者有着不同的赢利能力，回报率也不一样。总体来说，物流园区的赢利主要来自五个方面，即土地增值回报、设施设备出租收入、服务费用收入、项目投资收入及其他收入，如图 5-2 所示。

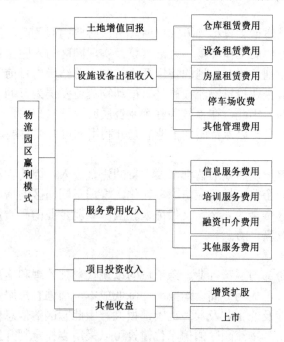

图 5-2　物流园区赢利模式

1) 土地增值回报

对于物流园区投资者与运营商来说，均将从土地增值中获得巨大收益。投资者从政府手中以低价获得土地，进行初期基础设施和市政配套设施建设后，地价将会有一定的升值，而到物流园区正式运营后，还将随着物流企业的入驻有大幅上涨。对于运营商来说，物流园区土地的增值将能带动提高其土地、仓库、房屋等出租收入。

2) 设施设备出租收入

根据物流园区投资者对基础设施设备投资开发的情况，园区投资者与运营商可按一定的比例对出租收入进行分配。

(1) 仓库租赁费用。运营商将园区内所修建的大型现代化仓储设施租给一些第三方物流商、生产型企业等，从中收取租金，这是出租收入主要来源之一。

(2) 设备租赁费用。将园区内一些主要的交通设施如铁路专用线、物流设备如装卸、运输设备等租给园区内企业使用，收取租金。

(3) 房屋租赁费用。包括园区办公大楼及用作各种其他用途的房屋租金。

(4) 停车场收费。物流园区凭借强大的信息功能，必定能够吸引众多运输企业入驻。因此，在园区内修建现代化停车场，可收取一定的停车费用。

(5) 其他管理费用，包括物业管理费等其他费用。

3) 服务费用收入

(1) 信息服务费用。物流园区可以搭建信息平台，从提供信息服务中赢利，比较典型的方式有两种。一是提供车辆配载信息，帮助用户提高车辆的满载率和降低成本，并从节约的成本中按比例收取一定的服务费；二是提供商品供求信息，为园区内的商户服务，从本地和周边地市配送他们所需要的各种商品，以降低他们的经营成本；同时可以专门为社会上的大型商场、批发市场和广大客户服务，为他们从全国各地集中配送他们所需要的各种商品。在收费方式上可以采取按成交额提取一定比例中介费的方式。

(2) 培训服务费用。利用物流园区运作的成功经验及相关的物流发展资讯优势，开展物流人才培训业务，从中收取培训费用。

(3) 融资中介费用。园区运营商通过介绍投资进驻园区项目，从中收取中介费用。

(4) 其他服务费用。包括技术服务、系统设计、专家咨询等向入驻企业提供的公共设施和服务所收取的费用。

4) 项目投资收入

对于园区投资者来说，还可以自己对看好的物流项目如加工项目、配送业务等进行投资，从中获取收益。

5) 其他收益

园区运营商还可以通过增资扩股、优质项目上市等方式获取收益。

5.4　物流园区总体规划

5.4.1　物流园区用地规模

物流园区是多个物流企业和配送中心的集聚地，它一般以仓储运输、加工等用地为主，同时还包括一定的与之配套的信息咨询、维修综合服务等设施用地。物流企业是物流园区的使用者，市场需求的大小直接决定了物流园区的规模，所以物流园区建设过程实质上可以理解为一种市场行为，政府在其中主要承担了基础设施的建设职能和发挥需求引导作用。物流园区的建设在我国还没有标准和规范可依，在确定物流园区规模时，可以依据"优先配置土地资源，分期开发，滚动调整"的策略，以分期建设和滚动调整土地资源，满足变化的市场需求。具体规模可参照国外的相关资料，对照确定。

1. 国外物流园区用地规模

日本是最早建立物流园区的国家，自1965年至今已建成20个大规模的物流园区，平均占地约 $0.74km^2$。东京是日本物流最繁忙的城市，也是城市用地最珍贵的城市，其物流园区的建设和营运指标如表 5-3 所示。日本东京物流园区是以缓解城市交通压力为主要目的而兴建的，主要以城市物流配送为主，所以园区面积普遍较小。

表 5-3　东京物流园区建设和营运指标

物流园区	占地面积/km^2	日均物流量/(t/d)	每 1000t 占地面积/km^2
Adachi	0.33	8335	0.040
Habashi	0.31	7262	0.043
Keihin	0.63	10150	0.062
Koshigaya	0.49	7964	0.062

韩国于1995—1996年分别在富谷和梁山建立了两个物流园区，占地都是 $0.33km^2$；荷兰统计的14个物流园区，平均占地 $0.49km^2$；比利时的 Cargovil 物流园区占地 $0.75km^2$；英国的物流园区的规模则小得多，1988 年建设的第一个物流园区占地不到 $0.01km^2$；德国物流园区更多带有交通运输枢纽的性质，一般占地规模较大，如表 5-4 所示。一般来说，国外物流园区用地多为 $0.07\sim1.00\,km^2$。不同的地理位置、服务范围、货物种类以及政府的指导思想会产生不同规模的物流园区。

表 5-4　德国部分物流园区用地情况汇总表

编号	物流园区名称	占地面积/km^2	生产使用面积/m^2	兼有的交通运输方式	仓库总面积/m^2
1	Bremen	2.0	1200000	公铁水空	330000
2	Wustermark	2.02	840000	同上	
3	Wolfburg	0.02	350000	同上	
4	Weil am Rhein	0.26	60000	同上	3000
5	Trier	0.64	360000	同上	15000
6	Thuringen	3.4	100000	同上	
7	Salzgitter	0.11	100000	同上	
8	Rostock	1.5	450000	同上	
9	Rheine	0.76	240000	同上	35000
10	Osnabruck	0.420	420000	同上	
11	Numberg	2.55	256000	同上	406000
12	Magdeburg	3.07	1350000	公铁水	
13	Leipzig	0.96	282000	公铁空	126000
14	Koblenz	0.7	120000	公铁水	

编号	物流园区名称	占地面积 /km²	生产使用面积 /m²	兼有的交通运输方式	仓库总面积 /m²
15	Hannover	0.36	240000	公铁空	
16	Grossbeeren	2.6	684000	公铁空	
17	Gottingen	0.12	100000	公铁	
18	Glauchau	1.72	599144	公铁空	
19	Emscher	0.23		公铁水	
20	Freienbrink	1.49	580000	公铁空	
21	Frankfurt	1.22	582000	公铁	
22	Emsland	0.48		公铁水	35000
23	Dresden	0.39	80000	公铁水空	31000
24	Augsburg	1.12		公铁空	

2. 国内物流园区用地规模

由于物流园区在经济开发、促进多种运输方式整合、改善城市环境等方面的作用明显，我国政府及企业在近几年不约而同地将其作为推动地区、区域和城市物流发展的重点工程，给予大力的支持。目前基本形成了从南到北、从东到西的物流园区建设发展局面，特别是以深圳、广州为代表的珠江三角洲地区以及上海、北京、青岛、武汉、长沙等经济发达地区，城市的物流园区建设步伐更快。

深圳带头规划了平湖、盐田港等六大物流园区，广州也规划了东、西、南、北四大物流园区。上海规划了外高桥、浦东、西北三大物流园区，北京市已于 2001 年完成了《北京地区"十五"期间物流系统发展规划研究》，规划在北京西南和东南方向上建设两个大型物流园区。表 5-5 是我国部分物流园区用地情况汇总表。

表 5-5　我国部分物流园区用地情况汇总表

编号	物流园区	占地面积/km²	兼有的交通运输方式
1	上海外高桥保税物流园区	1.03	铁公水空
2	上海浦东物流园区	0.2	空公铁
3	上海西北物流园区	2.63	公轨
4	北京空港物流园区	6.2	空公
5	天津港散货物流园区	12	铁公水
6	天津空港国际物流园区	0.95	铁公水空
7	南京龙潭物流园区	7.58	水公铁管
8	深圳平湖物流园区	8	公铁水
9	深圳笋岗—清水河物流园区	2.37	公水空
10	深圳西部港区物流园区	0.4	公铁水
11	深圳盐田港区物流园区	0.5	公铁水
12	深圳机场航空物流园区	1.16	公空

从用地规模看，高效率、低库存的现代物流对物流园区用地规模要求不高，物流园区一般远小于工业园区，但因具体服务范围、服务产品类型不同，物流园区的规模和等级序列并无严格统一的标准。配送型物流园区通常占地规模较小，货运枢纽型物流园区占地规模较大，而国外物流园区的用地规模一般在 1 km² 以内。在物流园区的具体建设规模上，一方面要借鉴国外经验；另一方面要结合本国、本地区实际，综合考虑空间服务范围、货物需求量、运输距离与成本、规模效益、用地紧张与宽松等多方面因素。一般而言，每1000 t日作业量应考虑用地为 0.04～0.08 km²。

3. 物流园区用地比率

不同的物流园区由于所处地理位置及物流特性的差异，在功能定位上具有不同的要求，因此根据功能定位所决定的设施构成也有较大的差异。这种差异会引起不同物流园区之间用地比率的不同。

以深圳笋岗—清水河物流园区为例，从该园区用地现状可以看到，仓储用地为单项最大宗用地，面积 118.84 公顷，占总用地面积的 25.08%。这在一定程度上表明传统仓储业务是目前园区最主要业态和主要功能。包括专业市场在内的商业用地总面积 32.77 公顷，占总用地面积的 6.92%，表明园区内已初步形成一定的商流规模和相应功能。现有园区配套设施以生产型配套为主，主要是为货物中转服务，生活性公共配套设施较少。物流道路交通网络占地较大，包括道路广场用地(用地面积达 90.88 公顷，占总用地面积的 19.18%)、铁路用地(面积 53.57 公顷，占总用地面积的 11.31%)，表明园区道路交通网络已经基本建成。欧洲物流园区面积分配表如表 5-6 所示。

表 5-6　欧洲物流园区面积分配表

面积类型	园区数量/个	面积比例/%
企业面积	29	35.3
园区内道路交通面积	27	5.8
综合运输设施面积	27	4.4
其他面积	24	1.8
内部生态平衡面积	26	12.3
外部生态平衡面积	22	25.6
扩建面积	27	14.5

根据圣昆延(St Quintin)论文资料，国外物流园区的建筑覆盖率一般为 40%～50%，其中仓储设施面积占物流园区建筑面积的 85%以上，其余的为信息、汽车维修、旅馆、餐饮等配套服务设施。

4. 物流园区用地规模计算

决定物流园区规模的设施主要包括企业办公楼、停车场、集装箱堆场、各类仓库、园区交通线路、绿化等，其中停车场、集装箱处理区和仓库、道路可按照相应的设计规范或标准确定规模。

1) 停车场面积

可参考城市交通规划中有关停车场规划的方法。若物流园区停车场停放车辆车型复杂，不宜使用停车场规划的方法计算面积时，可采用如下方法：

$$T = k \times S \times N$$

式中：T——停车场面积；

k——单位车辆系数($k = 2 \sim 3$)；

S——单车投影面积(m^2)，根据选取主要车型的投影面积来确定；

N——停车场容量，通过调查及预测的方法结合物流园区作业量获得。

2) 集装箱处理区面积

主要依据国家标准《集装箱公路中转站站级划分和设备配备》规定的有关参数选取。集装箱处理区面积主要包括：拆装箱库面积、集装箱堆场面积、装卸作业场面积和集装箱库站台面积等。

集装箱堆场(包括空、重箱堆放)的堆高 H 可以根据箱型确定。集装箱尺寸一定，预测集装箱运输量已知时，可按下式计算堆场面积 S：

$$S = Q / H \times L \times B$$

式中：Q——集装箱运输量，个；

L——集装箱的箱长；

B——集装箱的箱宽。

3) 物流仓储、流通加工区面积

物流仓储、流通加工区是物流园区的主要功能区之一，由于我国物流园区内较少采用高架立体仓库，这部分面积占用在很大程度上决定了物流园区的大小，一般为总占地面积的 30%～40%，主要进行货物的入库受理、存储、保管、流通加工、出库配送等作业，设施主要包括各类库房(收货区、收货暂存区、存储区、流通加工区、发货区等)等。

(1) 各类仓库面积计算。

由于物流园区处理的货物品类多、特性各异，无法采用现行的货物配送中心的分类和计算方法来确定具体规模，因此可以根据货物的密度、保存期限、仓库的利用率等因素计算仓库的需求面积：

$$C = \frac{Q \times \alpha \times \beta}{m \times n}$$

式中：C——仓库需求面积，m^2；

Q——日货物处理量，t；

α——货物平均存储天数；

β——每吨货物平均占用面积，m^2/t；

m——仓库利用系数；

n——仓库空间利用系数。

由于仓库需求面积仅为仓库内部的使用面积，还应该将其在方案设计后根据所采取建筑工程方案得到的数据转换为仓库库房的占地面积。

对于零担等运输货物受理区的规模计算以货运站规模设计标准为依据，可参考原交通部标准 JT313—88 和国家标准 GB/T1241—90。

(2) 仓库装卸站台面积。

仓库装卸站台面积与仓库的建筑形式有密切关系，但也可以在具体仓库建筑方案确定后得出：

$$Z = K \times \gamma \times (H + 1)$$

式中：Z——每个仓库装卸站台面积；

K——每装卸车位宽度(一般 $K = 4.00\text{m}^2$)；

γ——站台深度；

H——装卸车位数，根据仓库货物进出频率、装卸时间等确定。

(3) 货物装卸场面积。

货物装卸场面积包括车辆停放区和调车、通道区两部分，计算时可参照停车场面积计算方法。

4) 接货、发货、分拣作业面积计算

在作业量一定的情况下，作业效率越高，在单位时间内需要的作业面积也就越少。接货、发货、分拣作业的面积 S 都可以采用下式计算：

$$S = [(Q \times T) / H] \times s$$

式中：Q——一个工作日的平均作业量；

T——完成一次作业的时间；

H——一个工作日的时间；

s——货物的平均单位面积。

5) 园区内线路、绿化面积

(1) 线路面积。

物流园区铁路专用线用地、铁路装卸场用地等计算可参考有关铁路场站设计标准。

进入物流园区内的车流量大、车型复杂，为保证园区内有良好的交通秩序，应采用单向行驶、分门出入的原则。园区内主要干道可按企业内部道路标准设计为双向四车道或六车道，最小转弯半径不小于 15m，次干道设计为双车道，辅助道路为单车道，每车道宽 3.50m，单侧净空 0.5m。物流园区道路面积一般占总面积的 12%～15%。

$$S = \sum_{i=1,2,4,6} L_i (n_i \times 3.50 + 1.00)$$

式中：S——道路总面积；

n_i——i 条车道道路($i = 1,2,4,6$)；

L_i——i 条车道道路长度。

(2) 专用绿化面积。

根据国家规定，园区内绿化覆盖面积要达到总占地面积的 30%，考虑应利用上述占地面积间的空余地带进行绿化(如道路两旁、广场、建筑物边等)外，还至少有 15%～20%的地带应专设为绿化用地。

6) 其他建筑面积

企业商务用房面积可根据对拟进入物流园区企业的调查分析得到。其他辅助生产和生活辅助设施的规模则可根据服务的不同功能区的规模得到，即洗车、车辆维修等根据停车场规模确定；机械维修、集装箱清洗消毒可根据仓库总量和集装箱运输量计算得到等。

7) 发展预留用地

考虑物流园区发展过程中的不可预见因素影响，一般应预留 3%～5%的空地，近期可以作为绿化或其他简易建筑用地。

5.4.2　物流园区功能分析

1. 物流园区基本功能分析

1) 按经营方式确定功能

借鉴国外先进的物流园区建设管理经验，从物流园区的建设、经营管理角度出发，物流园区的功能一般包括以下内容。

(1) 物流服务：集中物流基础设施，提供各项物流服务，完成各种物流作业功能。具体包括三个方面：①具有综合各种物流方式的物流形态作用，可以全面处理进货、验货、储存，处理订单、分拣、包装、装卸、流通加工、配送等作业方式及不同作业方式之间的转换；②第三方物流服务：借助专业优势和信息优势，为各类企业提供配送、加工和其他服务以及物流方案设计、库存管理、实物配送、搬运装卸、包装加工等一系列物流服务；③城市配送服务：对社会消费物流实现全面的高效配送。

(2) 集中仓储：园区建立现代化的仓储设施，利用科学的仓库管理方法，实现高效、低成本的仓储。因此，园区所在地的工商业用户可以充分利用园区仓储设施，在减少投资的同时也可进一步降低物流成本。

(3) 物流信息服务：园区利用自身的信息平台同社会公用信息网及大型企业内联网进行联网，使园区成为信息汇集地，并实现高效处理信息功能的目标。同时利用现代化的通信技术，提高物流系统管理效率。

(4) 多式联运：对于枢纽型的物流园区，它的主要功能还表现在，发挥其作为物流网络节点优势的同时，起到运输枢纽的作用，实现多式联运功能。多式联运的实现又是提高物流效率的重要手段。

(5) 辅助服务：园区可通过政府管理部门、行业管理部门和配套服务企业，如工商、税务、运输管理、金融、保险、海关、维修企业等部门单位的入驻，为物流行业提供全方位配套服务。

(6) 车辆停放：园区可以为外地车辆集中停放、城市便捷车辆临时停放、园区自身车辆停放提供场地。

2) 按实现的物流环节功能确定功能

从理论上说，物流园区作为物流体系中高级的网络节点应具备与配送中心等低级的物流节点相同的物流环节功能。从这种意义上讲，物流园区的功能研究可以从其完成的物流活动各环节功能的角度展开并由此对物流园区的类型及功能进行定位。这些基本物流功能如下所述。

(1) 货物运输。物流园区内集中了各类物流基础设施，首先使其具备了运输枢纽的功能，可以依托已建立的运输网络，组织园区内的专业物流企业和各类运输经营者为客户选择满足其需要的运输方式，然后具体组织网络内部的运输作业，在规定的时间内将客户的商品运抵目的地，并达到安全、迅速、价廉的要求。

(2) 储存。物流园区需要有仓储设施，但客户需要的不仅是在物流园区储存商品，更需要通过仓储环节保证市场分销活动的展开，同时尽可能降低库存，减少储存成本。因此，物流园区内需要配备高效率的分拣、传送、储存、拣选设备以支持包括堆存、保管、保养、维护等物流活动。

(3) 装运搬卸。为了加快商品在物流园区的流通速度，物流园区内应该配备专业化的装卸搬运机械，以提高装卸搬运作业效率，减少作业过程对商品造成的损毁。包括对输送、保管、包装、流通加工等物流活动进行衔接活动以及在保管等活动中为进行检验、维护、保养所进行的装卸活动。

(4) 分类包装。要实现物流系统运行通畅、提高物流效率，每一环节的物流活动都与包装材料、包装容器、包装标准等的选择与管理密切相关。商品包装除具有销售功能，还具有保护商品的功能；商品经过包装，特别是经过包装标准化，能为商品的流转提供方便，如在园区内对销售包装进行组合、拼配、加固，形成适于物流和配送的组合包装单元。

(5) 流通加工。流通加工是指某些原料或产成品在从供应领域向生产领域，或从生产领域向消费领域流动的过程中，为了有效利用资源、方便用户、提高物流效率和促进销售，在流通领域对产品进行的初级或简单再加工。在物流园区内的流通加工可以增加运输、仓储、配送等活动对象的附加价值，同时也提高了物流过程本身的价值，使用户获得价值增值。流通加工的形式有：实现流通的加工、衔接产需的加工、除去杂质的加工、生产延伸的加工和提高效益的加工。

(6) 配送。配送是在合理区域范围内，根据用户要求，对物品进行拣选、加工、包装、分割、组配等作业，并按时送达指定地点的物流活动。配送是连接了物流其他功能的物流服务形式，这种服务形式扩大了物流系统的价值增值部分。配送体现了配货和送货的有机结合，是最终完成社会物流并最终实现资源配置的活动。

(7) 物流信息处理。物流园区的建设基于现代物流发展对物流链管理信息化、计算机化、网络化的要求。因此，物流园区通过园区内信息平台的建立，利用各种固定通信、移动通信技术及电子信息技术的支持，对在各个物流环节的各种物流作业中产生的物流信息进行实时采集、分析、传递，向客户提供各种作业明细信息及咨询信息，并进行与上述各项活动有关的计划、预测、动态的情报及有关的费用情报、生产情报和市场情报活动、财务情报活动的管理，要求建立情报系统和情报渠道，正确选择情报科目和情报的搜集、汇总、统计、使用方式，以保证其可靠性和及时性。

3) 物流园区还具有以下增值性功能

(1) 结算功能。结算功能是物流功能的一种延伸，不仅仅是物流费用的结算，在从事代理、配送的情况下，物流园区还要替货主向收货人结算货款等。

(2) 需求预测功能。现代物流的供应链管理一体化要求物流园区要经常根据出库量和市场销售情况，预测市场对商品的需求。这样可在提高供应链上各环节物流效率的同时，实现供应链上各部门的最佳经营效益。

(3) 物流系统设计咨询功能。物流园区由于集中了专业物流设施、现代化信息技术和专业化物流人才，因此具备专业物流系统设计咨询功能，可以为不同的服务对象提供他们需要的物流系统设计。这是一项增加价值、增加物流园区竞争力的服务。

2. 物流园区功能定位

物流园区所能提供的服务与园区内物流企业的性质密不可分，其主要功能包括：存储、装卸、包装、配载、流通加工、运输方式的转换及信息服务。不同的物流园区由于所处地区的地理位置及物流特性，在功能定位上有不同的要求。物流园区的功能定位应适应地区的物流服务模式的实现。因此，根据上述的物流服务模式，可将物流园区的功能定位于四种类型，如表5-7所示。

表 5-7　物流园区类型划分

类　型	说　明
国际货运枢纽型	主要是指与港口、陆路口岸相结合，以集装箱运输为主的、设有海关通道的大型中转枢纽
时效性区域运送型	类型一：主要是满足跨区域的长途干线运输和城市配送体系之间的转换枢纽
	类型二：多式联运转换枢纽
市域配送型	主要是满足多品种、多批次、少批量的配送运输要求，提供快速、准时、高速服务质量的货运枢纽
综合型	兼有上述三种类型特征

物流园区有物流组织与管理及经济开发等功能，物流过程所需要的存储、运输、装卸、加工、包装、信息处理、分拨、配送等功能，都可以在物流园区实现。不同的物流园区，其功能配置不同，承担的物流业务也不同，应根据物流园区的作用、物流特征、地理位置等因素，合理规划物流园区的各种物流作业。不同类型物流园区的服务功能如表 5-8 所示。

表 5-8　不同类型物流园区的服务功能

类型	存储	配载	运输方式	包装	拼装	组装加工	信息服务	报关三检	保险金融
国际货运枢纽型	■	■	■	□	■	□	■	■	☆
时效性区域运送型	■	■	□	□	■	□	■	○	☆
市域配送型	■	■	□	■	■	■	■	○	☆

注：■基本服务功能；□可选服务功能；☆增强型服务功能；○不需要。

不同的物流园区由于所处地理位置及物流特性的差异，在功能定位上有不同的要求，因此根据功能定位所决定的设施构成也有较大的差异。综合型的物流园区必须具备开展综合物流服务所需的各项硬件设施，其他物流园区在此基础上可根据实际情况进行取舍。

5.4.3　物流园区总体布局规划

在物流园区内各项物流作业形成的工作流程中，始终伴随着搬运活动。不管搬运作业多少都会增加成本，而不会增加产品的价值。为此，在进行物流园区功能布局规划时要注意必须尽力改善搬运路线，减少货物搬运次数，降低成本。为降低搬运成本，应该考虑距离和数量的原则。即搬运的距离越短越好，搬运的数量越少越好，这样，每单位移动成本就越低，为了达到这个目的，要根据园区的作业流程进行总体布局规划。

物流园区包含多种基本业务功能，各种功能的组合形成多种功能分区，如仓储区、加工区、综合服务区、转运区、展示区等。为完善各种功能，优化物流园区的作业流程，提高物流园区的作业效率，各功能分区需要妥善布局，确保园区内物料流动合理便捷，物流园区的场地分配、设施设备布局易于管理，对作业量的变化和物品形状变化能灵活适应等。

一般来说，物流园区功能布局规划流程如图 5-3 所示。美国人理查德·缪瑟(R.Muther)所创立的"系统布置设计"和"搬运系统分析"的方法已被广泛采用，我们也可以依据这一套科学的方法进行严密的分析和设计，保证布局的合理性。

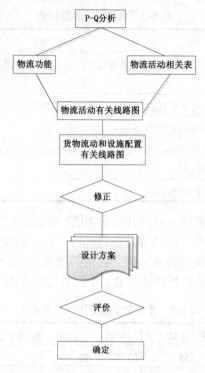

图 5-3　物流园区功能布局规划流程

1. 物流园区总体布局规划的目的和原则

总体布局规划决定了物流园区各功能分区的合理布局，对园区的运营效益，作业效率等可产生先天性、长远性的影响。如果只凭经验设计，很难得到满意的结果。

在预定的区域内合理地布置好各功能块的相对位置是非常重要的。合理布置的目的如下。

(1) 有效地利用空间、设备、人员和能源。

(2) 最大限度地减少物料搬运。

(3) 简化作业流程。

(4) 缩短生产周期。

(5) 力求投资最低。

(6) 为职工提供方便、舒适、安全和卫生的工作环境。

在物流园区功能布局规划的过程中应遵循以下原则。

(1) 近距离原则：在条件允许的情况下，使货物在园区内流动的距离最短。以最少的运输与搬运量，使货物以最快的速度到达用户的手中，并满足客户的要求。如：深圳机场航空物流园区规划中就考虑将货站与货运村(货运代理人进行理货、打板、加工等的场所)组合在一个大型的连体楼内，以方便货运代理进行进出港货物的理货、打板、加工、储存、交接运货物、转运及地面代理运输等活动。这样既方便了货运代理人，又提高了整个物流园区的效率和园区整体运作的有序性。

(2) 设施布置优化原则：在园区规划设计时，应尽量使彼此之间货物流量较大的设施就近布置，而物流量较小的设施与设备可布置得远一些。同时应尽量避免货物运输的迂回和倒流，迂回和倒流现象会严重影响物流园区的整体效率与效益，甚至会影响物流园区货物运输的流畅。因此必须将迂回和倒流减少到最低程度，使整个物流园区的设施布局达到整体最优。

(3) 系统优化原则：物流园区不仅要重视作业流程的优化，而且还要重视园区设施规模和布局的优化；既要解决各物流环节的机械化、省力化和标准化，又要解决物流园区的整体化、合理化和系统化；既要降低成本，又要使用户满意，提高服务水平，增强竞争力，达到物流园区整个运作的最优化。

(4) 柔性化原则：随着社会经济的发展，货流量及货物的种类也会发生变化，因此，物流园区设施的规划及布局应该留有发展的空间和适应于变化的设计。如发达国家有些工业厂房都是组合式的，设备安装也有利于变动和调整。物流园区的建设应随货流量的增加而逐步进行，国际经济形势的变化可能会使货流量呈跳跃式的增长，因此园区建设必须留有发展的空间。

(5) 满足工艺、生产和管理要求的原则：物流园区的设施布局首先要满足货物的工艺流程的要求。要有利于货畅其流，有利于生产和管理，有利于各环节的协调配合，使物流园区的整体功能得到充分的发挥并获得最好的经济效益。要完善物流增值配套功能，尽可能的提供货物的分拣、包装与再包装等服务，加强与海关、检疫等监管部门的协作，完善通关环境等，为客户的整个物流过程节省时间和减少费用，实现物流园区的物流和客户效益的整体最优化。

2. 物流园区总功能分区

物流园区有物流组织与管理及经济开发等功能，物流过程所需要的存储、运输、装卸、加工、包装、信息处理、分拨、配送等功能，都可以在物流园区实现，各种功能的组合可以形成多种功能分区。

一般来说，物流园区都由以下几个功能分区组成。

1) 仓储区

主要用于货物的暂时存放，提供仓储服务，是物流园区的重要功能之一。

这种仓储服务又可细分为以下所列各项。

(1) 堆场。主要办理长、大、散货物的中转、存储业务，重点发展集装箱堆场。

(2) 特殊商品仓库。主要处理有特殊要求的货物存储、中转业务，如防腐保鲜货物、保价保值物品、化工危险物品、保税物品等。

(3) 配送仓库。经过倒装、分类、保管、流通加工和情报处理等作业后，按照众多客户的订货要求备齐货物，暂存在配送仓库，存放时间较短。

(4) 普通仓库。主要处理除上述几类货物之外的绝大部分普通货物存储、中转业务，如百货日用品、一般包装食品、文化办公用品等。

2) 转运区

转运区主要是将分散、小批量的货物集中以便大批量运输，或将大批量到达货物分散处理，以满足小批量需求。因此，转运区多位于运输线交叉点上，以转运为主，物流在转运区停滞时间较短。

3) 配送中心

配送中心是从供货商接收多品种大批量的货物，进行倒装、分类、保管、流通加工和情报处理等作业，然后按照众多客户的订货要求备齐货物，以令人满意的服务水平进行配送物流的中转枢纽。

其主要业务包括以下几个方面。

(1) 接收种类繁多、数量众多的货物。

(2) 对货物的数量、质量进行检验。

(3) 按发货的先后顺序进行整理、加工和保管，保管工作要适合客户单独订货的要求，并力求存货水平最低。

(4) 接到发货通知后，经过拣选，按客户的要求，把各类货物备齐、包装，并按不同的配送区域安排配送路径、装车顺序，对货物进行分类和发送，并于商品的配送途中进行商品的追踪与控制，及配送途中意外状况的处理。

4) 行政区

行政区也称作行政管理服务区，为入园企业提供各项服务，包括政策推行、招商引资、信息发布、税收、海关、边检、口岸、项目审批、后勤等一系列政府管理服务。

5) 交易展示区

交易展示区提供展台展厅等服务，是产品展览、交易区，特别是为一些新品种提供展示服务。

6) 综合服务区

综合服务区是指提供货物中转、货物配载、货物分拨配送、货物装卸、车辆维修、停车场、加油加气、商业、餐饮、银行、保险等综合服务的区域。

不同的物流园区由于不同的设施条件和功能定位，也会有不同的功能分区。例如南京龙潭物流园区紧邻龙潭港一期(集装箱专用码头)，所以规划中增加了集装箱辅助作业区；天津空港物流园区根据航空运输量小、品类多的特点，单独设计了物流分拨区。

3. 物流园区功能分区布局

在功能分区布局规划中，各功能分区及设施之间的联系包括物流、人际、工作事务、行政事务等活动。当物料移动是工艺过程的主要部分时，物流分析就是布置设计的核心，尤其当物料大而笨重或数量较多，或当运输或搬运费用比加工、储存或检验费用更高时更为重要。所以在物流园区的功能布局中，主要应考虑各功能分区之间以及各功能分区与交通基础设施之间的物流关系。并在初步布局后，根据一些约束条件进行调整(比如危险品仓库对风向的要求，大型仓库、堆场对水文地质条件的要求等)。

例：假设某物流园区主要运输方式为港口和公路，每日进、出园区货流量均为 1000 吨，各分区物流量如图 5-4 所示，则各功能分区与港口、公路之间的实际物流量如图 5-5 所示。各作业单位面积如表 5-9 所示。

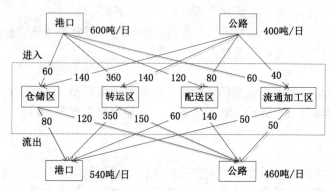

图 5-4　物流园区各分区物流量

根据图 5-6 可以初步得到物流园区功能布局示意图，如图 5-7 所示。

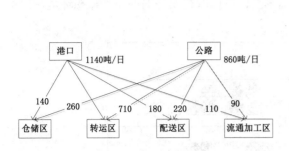

图 5-5 实际物流量

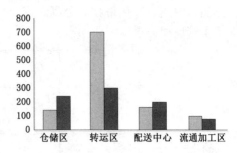

图 5-6 各功能分区与不同交通方式的物流量

表 5-9 各作业单位面积

作业单位代码	作业单位名称	每日作业量	单位面积作业量	设施面积
V	仓储区	400	0.5	2000
W	转运区	1000	0.2	5000
X	配送中心	400	0.2	2000
Y	流通加工区	200	0.2	1000
Z	综合管理区			1000
	合计	2000		11000

注：表中数字为本例为说明情况的假设数据。

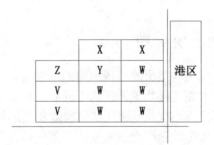

图 5-7 物流园区功能布局示意图

4. 物流园区总体布局形式

根据对国内物流园区布局形式的分析，针对物流园区的特点，将物流园区主要功能进行组合，其布局形态大致有如下三种：平行式、双面式、分离式，如图 5-8 所示。

(1) 平行式。园区各功能分区及园区外干道与港区或铁路站场平行布置。这种布置形式，使园区与区外道路和港区(或铁路站场)充分贴近，有利于充分利用交通基础设施资源。但占用道路面积较多，平面形式呈窄条型，因而道路设施比例过大，投资较大，不利于节约用地。该形式一般适用于物流量较大的物流园区。

(2) 双面式。园区内的交通主轴与区外交通相接，园区各功能分区分别在区内交通主轴两边排列。此类型充分利用了园区内交通主轴，相对交通设施占地面积较少，有利于管理和保安。一般适用于物流量较小，货物较轻巧的园区。

(3) 分离式。将区内的综合管理区、展示展销区、配套服务区及休息场所与其他功能区分离，中间有绿化带相对分割。这一布局形式，可以取得安静的办公和休憩环境，但不太便于管理和监督。

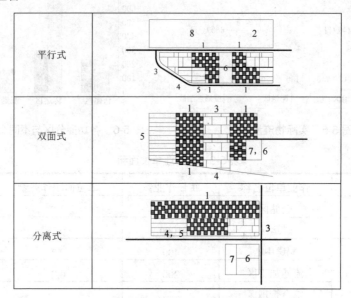

图 5-8　物流园区平面布置形式示意图

1—仓储；2—集装箱作业区；3—转运区；4—配送中心；5—加工；6—综合服务区；

7—展示展销区；8—港区或铁路站场

5.4.4　物流园区路网系统规划

对于物流园区的规划布局影响最大的是道路网的规划布局。道路网的布局犹如物流园区发展的骨架，它的功能主要是连接物流园区的不同组成要素以及园区与周围各种交通方式的连接。同时，物流园区路网系统也是园区消防通道和园区景观构成的重要因素。

道路网规划，首先要分析影响道路交通发展的外部环境，从社会政治、经济发展、有关政策的制定和执行、建设资金的变化等方面，确定道路交通发展的目标和水平，预估未来道路网的货流量、流向，确定道路网的布局、规模和位置等。物流园区道路网应满足货运需求和人流的安全畅通，同时还应满足市政工程管线铺设、日照通风、救灾避难等要求，而且必须做到"功能分明、层次清楚、系统连续"，充分发挥道路在物流园区建设和发展中的重要作用。

1. 物流园区路网系统规划原则

具体地讲，物流园区道路网规划布局要考虑以下几个原则。

(1) 与城市总体规划——道路系统规划，即该地区的干道系统规划相一致、相协调，并与物流园区总体布局相协调。路网分割的用地及分区形状应有利于总体布局对用地的分配，满足各类用地的基本要求，有利于组织园区的景观，结合绿地、水体、地貌特征等，形成自然、协调的园区风貌。

(2) 要满足交通的需求。道路系统应该构架清楚，分级明确，一方面要与区外交通枢纽、城市干道有便捷的联系；另一方面要在区内形成完整协调的系统。道路的走向、级别等要根据交通流量等因素确定，保证物流园区交通的顺畅、安全。

(3) 要考虑发展的趋势，尤其要考虑物流园区对交通量的吸引作用。随着园区的发展，交通量必然急剧增长，肯定会带来一定的交通压力。

(4) 要满足消防、救护、抗灾、避灾等特殊需要，还要结合其他市政设施的布局，尤其要考虑地下管线的布局需要。其他市政基础设施的布局要注意配套齐全，各种工程管线(包括电力、电信、给水、雨水、污水、燃气、供热等)应该在地下建设，减少对物流园区正常运作的干扰。各种设施之间要相互协调，便于其功能的充分发挥。

2. 物流园区道路类型划分

(1) 主干道，连接园区主要出入口的道路，或交通运输繁忙的全区性主要道路。

(2) 次干道，连接园区次要出入口的道路，或园区内各功能区之间交通运输繁忙的道路。

(3) 支路，直接与两侧建筑物出入口相接的道路、消防道路以及功能分区内部道路。支路的规划建设应在各功能分区具体项目确定后，根据入驻企业的实际要求规划设计。

(4) 人行道，为行人通行的道路。

在路网中，就每一条道路而言，其功能是有侧重面的，主干道在园区中起"通"的作用，要求通过的机动车快而多；次干道兼有"通"和"达"的作用，对于园区货物运输在支路上的集散以及在主干道上的运输起到承接转换的作用。支路主要起"达"的作用，它将深入到园区各个分区内部，交通过程最初的"集"和"散"是支路主要的功能。

由于物流园区交通的基本组成为货运交通，交通构成中以大中型货运车辆为主，所以在进行道路断面选择时应主要采用机非分行的道路断面形式，如三幅路、四幅路，以减少机动车与非机动车的相互干扰，保护行人及非机动车辆的安全出行。

3. 物流园区道路的平面布置形式

园区内道路的布置形式有环状式、尽端式和混合式，如图 5-9 所示。

(1) 环状式道路布置形式。这种形式是指根据物流园区总体布局对功能分区的布置，道路沿着各分区周围布置，道路大多平行于主要建筑物，组成纵横贯通的道路网。这种布置方式，便于各分区相互联系，有利于功能分区、交通运输、消防及工程技术管线的敷设，便于组织货流、人流，是较多采用的道路布置形式，一般适用于交通运输流量大(如货运枢纽型物流园区)、场地条件好的物流园区。这种布置形式的缺点是：园区道路总长度长，占地多，对场地地形要求高。

(2) 尽端式道路布置形式。由于受运输要求或场地地形条件限制，道路不能纵横贯通，只通到某个地点即终止。尽端式道路布置的优点是：园区道路总长度短，对场地地形适应性强，一般适用于运量较少、货流分散的物流园区。该种布置的缺点是：园区内纵横向运输联系不便，运输灵活性较差，为了汽车掉头，需设置回车场或转向设施。

(3) 混合式道路布置形式。在园区内同时采用环状式和尽端式两种道路布置形式，称为混合式布置形式。这种布置形式有环状式和尽端式的优点：既满足了生产、运输的要求和人流、货流的畅通，又能适应场地，节约用地和减少土石方工程量，这是一种较为灵活的布置形式。

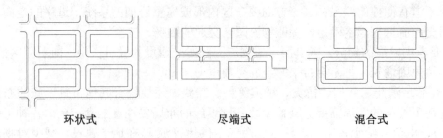

环状式　　　　　　　　　尽端式　　　　　　　　　混合式

图 5-9　物流园区道路布置形式

4. 物流园区停车场布置

停车场属于静态交通范畴。静态交通所指的就是为乘客上下车的停车，为装卸货物的短时间停车，汽车及其他交通工具出行中的停车以及各种车辆在停车场或存车处的长时间停车等所组成的一个总概念。国外发达国家认为停车设施不仅仅是一个静态交通供应问题，更是一个"以静制动"的重要手段。

动态交通和静态交通是构成交通现象不可分割的两个部分。静态交通处理不好，势必影响动态交通的正常秩序。例如，由于停车场严重不足，各种车辆混乱停放在人行道甚至主干道的现象屡见不鲜，这不但降低了道路的通行能力，而且更进一步加剧了交通的紧张程度。

停车场的设计内容主要应考虑停车方式、车位布置形式、车位数量、车位类型等，还需兼顾征地面积、场内路面结构、绿化、照明、排水、竖向设计等对停车场的综合影响。

1) 停车场规划设计注意事项

(1) 停车场满足停车需要应以最大限度为司乘人员提供服务为准则。只有停车场的设计利于车辆停放，能够解决司乘人员实际需要，才能体现停车场的作用。

(2) 规划停车场时，绿化是设计的重要一环。绿化不仅能美化环境，而且能避免车辆曝晒，调节车厢内温度，为车辆提供一个良好的停放环境。

(3) 停车场的布置应注意利用当地地形，灵活布置车位，应在满足整个服务区使用功能的前提下，尽量减少土石方量。为使所停放车辆不至于滑动，停车场的纵横坡度应结合场内有组织排水的设计严格控制。一般来说，停放车辆的纵向坡度应小于 2%，横向坡度应小于 3%。

(4) 停车场路面的结构材料宜采用水泥混凝土，这可避免采用沥青混凝土路面时，路面被停滞车辆滴漏的汽油、柴油、机油所污染，影响场地使用的寿命。

(5) 与周围设施保持合理的距离，尤其是加油站、汽修车间等建筑，严格避免与加油、维修车辆行驶路线相互干扰。

2) 停车场规划设计原则

(1) 决定性因素领先原则。停车位的数量和划分是由路段内交通量及构成所决定的。交通量及构成要充分考虑长远发展的变化，避免设计与发展相互脱节。

(2) 集中与分区就近统一原则。停车场应集中一处，避免分散设置成许多小停车场，尽量提高停车场综合利用率，但为平衡服务水平，一般做法是将大中型车与小型车的停车场分开，小型车布置在距餐饮、休息等主要设施较近的位置，大型车靠后设置。

(3) 功能协调原则。车辆在停车场内的交通路线必须明确，应采取单向行驶路线，避免互相交叉，为便于驾驶员停放、寻找车辆，车场内必须用标牌标明区域，用标线指明行驶路线，车位以及标线划分、编号。

3) 停车场规划设计

停车场规划设计应建立在对交通及其构成的分析调研、科学计算上，以满足各类车辆停放的需要，提高停车场的使用效率。

(1) 交通量构成的分析。由于物流园区运行的车辆类型多种多样，车身大小不一，不可能按所有车辆类型进行停车场规划设计。为适应各种车辆的停放需求，应选择有代表性的车辆交通量作为设计依据，因此要对不同类型车辆重新划分，合理归类，以归类后各类型车辆的交通量作为设计条件，这可充分保证停车场规划的合理性。

(2) 交通量计算。调查物流园区现状交通量，结合园区的规划货运吞吐量，根据交通构成分析，用插入法确定本期建设预测交通量。

(3) 停车位数计算。停车位数主要由主线交通量大小所决定，因车辆种类的不同，其停留时间、周转周期、停留高峰时间也有所不同。根据交通量构成分别按不同车种的停留率、高峰率、周转率算出不同车种所需要的停车车位数。

(4) 停车车位的规划布置。车辆停放方式有平行式、垂直式、斜放式三种。这三种方式各有特点，其中平行式所需停车带较窄，驶出车辆方便、迅速，但占地最长，单位长度内停放的车辆最少；垂直式单位长度内停放的车辆最多，用地比较紧凑，但停车带占地较宽，并且在进出停车位时，需要倒车一次，因而要求通道至少有两个车道宽。布置时可两边停车，合用中间一条通道；斜放式有利于车辆出入及停车，缺点是单位停车占地面积比垂直停放方式要多。

(5) 大型车停车车位的布置。由于大型车车身长，拐弯、后退非常不便，原则上该种车宜采用平行通道设置，即前进式停车、前进式发车车位布置方式(见表 5-10)，这可方便车辆直接驶入停车的车位，不易造成就位混乱和堵塞通道，适合停车带窄、占地长、停车数量少的场地。

表 5-10　车位尺寸列表

车种	停车角	停车方式	车道宽 /m	与车道相垂直方向的停车长度/m	与车道相垂直方向的停车宽度/m	单位停车宽度 /m	每辆停放车所需面积/m²
小型车	90°	前进停车	9.50	5.00	2.35	19.5	24.4
	90°	后退停车	6.00	5.00	2.5	16.0	20.0
中型车	60°	前进停车	11.0	12.9	3.75	22.15	82.1
		前进出车	7.5				
大型车	平行	前进停车	6.0	3.5	17	6.5	110.5
		前进出车					

在物流园区中大型货车交通量大，使用停车场次数及停留时间较长，一般常以大型半挂载重车作为设计标准。

车位与车位间人行道宽度，以 0.75m 进行计算，与大型车相连设置时按 4 个并排所需宽度计算，计 3.0m。中间以绿化带为分隔，建议种植高大树种，为车辆提供防晒树荫。大型车辆车位布置如图 5-10 所示。

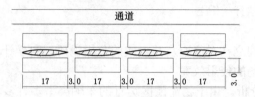

图 5-10　大型车辆车位布置图

(6) 中型车停车车位的布置。根据停车高峰时期对车辆司机调查得知，多数司机倾向于斜放式停车，即前进式停车、前进式发车车位布置方式。这种布置方式车辆停车、启动较为方便，有利于迅速停置和疏散，同时考虑到单位停车占地面积比垂直停放方式要多(因部分三角块用地利用率不高)，为尽量减少场地的浪费，故采用60°停车方式。

中型货运车辆车身长度大多在 10m 以下，由表 5-10 提供的数据，中型车车位布置平面如图 5-11 所示。

(7) 小型车停车车位布置。由于小型车车身小，行驶灵活，原则上宜采用直角前进停车、后退出车，或后退停车、前进出车等方式，可充分利用场地减少浪费。小型车多为轿车、旅行车、小货车等，车身长在 5m 以下，根据表 5-10 提供的数据，小型布车车位布置如图 5-12 所示。

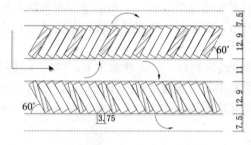

图 5-11　60°车位布置图

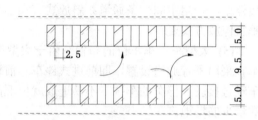

图 5-12　90°后退停车车位布置图

上述三种车型停车场的布置方式是相互独立规划设计的，具体设计时可根据场地实际情况，科学分析三种场地的关系，与周边设施有机结合起来合理的布置。

为保证物流园区交通顺畅，首先要科学规划物流园区路网，在园区运营过程中，也要进行合理的交通管理。例如，考虑各分区主出入口开口位置。如园区运行初期，交通量不饱和情况下，可考虑将出口设在园区的交通主轴上，使交通线路短捷，充分利用资源；当园区交通量增长接近饱和时，应保证交通主轴的交通流畅，减少交通主轴上的开口数，将其转到其他支路或环线上，加长交通流线，缓解拥堵现象。

5.4.5　物流园区绿地系统布局规划

人类文明进入工业时代以后，经济高速发展的同时对自然环境的破坏也达到了前所未有的范围和强度。而随着可持续发展思想与生态意识的深入人心，城市规划越来越重视环境问题，越来越重视城市与自然的和谐发展。在物流园区的地面设计中，为满足功能要求，硬质铺地居多，造成该地区地面反射热量偏大，进而影响该地区的局部气候。为了保证地区良好的投资和工作环境，应保证一定的绿化面积。根据国家规定，园区内绿化覆盖面积要达到总占地面积的 30%，考虑利用空余地带进行绿化(如道路两旁、广场、建筑物边等)

外，还至少有 15%～20%的地带应专设为绿化用地。

物流园区布局在城市周围，其绿地系统规划方法可以参照一般的城市绿地系统规划，但其又有特殊之处：如更多的噪声、废气污染、车流量大、人流量小。所以在规划时要结合园区本身特点进行规划设计。

1. 物流园区绿地的作用

(1) 保护环境。物流园区本身的性质特点决定了园区内必有较大的交通量，会产生较强的噪声和废气污染。大面积的绿地能起到净化空气、调节小气候、减低噪声和过滤尘埃的作用。

(2) 改善园区面貌，提供休息的场所。物流园区内建筑多是大面积的仓库、车间，缺少层次和变化，极易形成单调呆板的景观形象。在园区中，结合有利的自然地形条件布置绿地，可以增添美丽的自然景色，丰富园区景观，并提供给人们休息、游览的场所，降低人们的疲劳情绪。

(3) 有利于防震、抗灾。在发生地震或火灾时，一定数量的绿地面积，可供临时安全疏散之用。

2. 物流园区绿地分类

园区绿地的分类方法，可参照城市绿地分类方法，按照绿地的主要功能及其使用对象来划分。

(1) 集中公共绿地。分布面积较大的集中成片布置的绿地，包括广场绿地、生态防护绿地等。

(2) 分散专用绿地。是指分散在各类用地边角地带以及院落的小块绿地(如花园、小游乐园等)，一般属某单位或某部门专用的绿地，其投资和管理也归该部门负责。

(3) 道路绿地。是指各种道路用地上的绿地，包括行道树、交通岛绿地、桥头绿地等。这类绿地具有遮荫防晒、减弱交通噪声、吸附尘埃等功能。

3. 物流园区绿地系统布局

物流园区绿地系统是构成物流园区总体布局的一个重要方面，规划布置时，必须根据功能分区用地、道路系统以及当地自然地形等方面的条件综合考虑，全面安排。物流园区绿地系统布局应考虑以下要求。

(1) 绿地系统规划应在物流园区总体布局规划的基础上，结合其他组成部分的布局，综合考虑，全面安排。

(2) 规划必须结合当地特点，因地制宜，从实际出发。

(3) 按照服务半径，均匀分布各级公共绿地。

(4) 系统既要考虑有远景目标，又要有近期安排，做到远近结合。

物流园区绿地系统布置时，应重点强调绿地的卫生防护功能，并做到点(花园、小游乐园等)、线(道路绿化及道路边绿化隔离带)、面(广场绿地、生态防护绿地)相结合，使各类绿地连接成为一个完整的系统，以发挥绿地的最大效用。

在上海西北物流园区绿地系统规划中，在园区东西两侧分别布置一条百米宽防护绿化带，将园区与周围用地隔开，以减少对周围的噪声、空气污染。在园区内，沿着东西向三条规划河道规划三条主要绿化通道，连同东西两侧两条百米防护绿化带，并在园区主干道两侧各设置 10 米宽的绿化带，共同组成一个完整的绿地系统。在水利系统规划中，在两条百米防护绿化带中规划两条宽度分别为 20 米和 30 米河道，同时拓宽三条东西向的河道，河道之间相互贯通，形成园区完整的良好的水系统。

5.4.6　物流园区总体布局方案评价

1. 加权因素分析法

加权因素分析法，指把问题分成若干要素并对每一要素加以分析。这样做可以使评价更客观。其主要措施如下。

1) 列出所有对于选择布置重要或有意义的因素

把布置设计的总目标划分成所谓的因素或事项——即该布置要完成的重要事情。在批准该布置的相关人员参加讨论后，由一个人确定目标或标准，再将之列成表，并简要加以说明。该表应经过仔细推敲，必要时要修正，如有遗漏的因素，应补进去。列因素表时，一定要把各因素解释清楚，使之明了易懂，并防止模糊或重复。若把"物料流程"与"生产路线顺序"作为单独的因素，只能引起混乱。

最常见的有关因素或考虑事项如下所示，以下顺序不是按照重要性排列。

(1) 易于将来发展。

(2) 适应性及通用性。

(3) 布置灵活性。

(4) 物流的效率。

(5) 物料搬运效率。

(6) 储存效率。

(7) 空间利用率。

(8) 辅助部门的综合效率。

(9) 安全及房屋管理。

(10) 工作条件及职工满意度。

(11) 易于监督及管理。

(12) 外观、宣传价值、公共关系或社会关系。

(13) 与园区的组织机构相适应。

(14) 自然条件或环境的利用。

(15) 满足货物中转量需求的能力。

(16) 安全与防盗。

(17) 与园区的长远规划相协调。

2) 衡量每个因素与其他因素之间的加权值(相对重要性)

制订每一因素的加权值通常是各部门共同的任务，它牵涉到一些管理部门的重要成员。确定加权值的办法是：把最重要的因素提出来，并定它的值为 10，然后把每个其他因素的重要程度与 10 对比。在进行下一步工作之前，这些值要取得批准，特别是得到将来决定布置的人员的批准。

3) 评定各个方案

在评价每个方案时，每次只评一个因素，并使用表中所列的元音字母作为评价代码。

如表 5-11 所示。它容易记忆，定义明确，可以进一步细分(加上减号)，但还没有数字系统的那种精确性。因为数字评价会无意造成暗示，还因为在评价之前很容易使人把数字加起来，以便看看各种方案到底如何，所以不采用数字评价而采用评价代码。

表 5-11　评价代码及其值

元音代码	评价说明	数值
A	近于完善——(优)	4
E	特别好——(良)	3
I	达到主要效果——(中)	2
O	效果一般——(可)	1
U	效果不显著——(差)	0
X	不能接受——(劣)	

4) 把加权过的评定值都列出来，然后比较各个方案的总值

各个方案对所有的因素都评定完毕以后，再把字母等级转换成数值。转换时，把加权因素乘以字母等级所对应的相应数值。所有这些数值都算出来以后把每个方案的各数值加在一起。一般来讲，其结果为下列四种中的一个。

(1) 某一方案明显超过其他方案，可以作为最合理的、综合考虑过的方案(总值比最接近的竞争方案高 20%即表明是一个获胜方案)。

(2) 两个方案总值非常接近。此时，可重新评价这两个方案，加进更多的因素，更细致地权衡、评价或请更多的人共同来参加权衡及评价。

(3) 设计人员和(或)其他"评价人员"看到一个或几个方案进行比较之后有可能加以改进。例如，将两三个最好的比较方案的弱点集中起来，设计人员就有可能进一步改进每个方案。

(4) 在评价过程中，发现可以把两三个方案结合起来。这时要编制一个结合方案的复制图。设计人员可按照评价其他方案的同样原则来评价这个新的结合方案。

加权因素分析法的灵活性很大且精确。即使用一系列可能性的判断或估计为基础做出的分析也是精确的。此方法是从许多不同的主观看法中整理出的一个系统评价方法，所以当各个方案之间的投资费用与节约不能很精确地衡量或当其他差别不明显时，这种方法特别可取。当对于适当的经济方面的考虑意见很多时，这种程序也是很适合的。

2. 层次分析法

层次分析法(Analytic Hierarchy Process，AHP)是由美国学者萨蒂(Saaty)于 20 世纪 70 年代末提出的多层次权重解析决策方法，是一种定性与定量分析相结合的多目标决策分析方法。利用层次分析法可以处理复杂的社会、政治、经济、技术等方面的决策问题，分析各个组成因素在所研究问题中的权重，特别在是将决策者的经验判断给予量化，对判断目标(因素)结构复杂且缺乏必要数据的情况下更为实用。

层次分析法的基本过程是：把复杂问题分解成各个组成元素，按支配关系将这些元素分组、分层，形成有序的递阶层次结构，构造一个个因素之间相互连接的层次结构模型。通常可把这些因素按照目标层、准则层和方案层进行自顶向下分类。在此基础上，通过两两比较方式判断各层次中诸元素的重要性，然后综合这些判断计算单准则和层次总排序，从而确定

诸元素在决策中的权重。这一过程体现了人们决策思维的基本特征，即分解、判断、再综合。

影响物流园区总体布局的因素有很多，我们可将这些因素概括为经济效益和社会效益两个主要方面。满足经济效益是保证物流园区稳定运行和发挥最大效能的前提条件，而满足社会效益则是可持续发展的重要环节。按层次分析法对影响物流园区总体布局的影响因素进行归纳，其层次结构如图 5-13 所示。

层次分析法的计算步骤如下。

1) 构造判断矩阵 p

根据层次结构模型每层中各因素的相对重要性，给出判断数值列表，形成判断矩阵。判断矩阵表示针对上一层某因素，本层与之有关因素之间相对重要性的比较。若 A 层次中因素 A_k 与下层次 $B_1, B_2 \cdots, B_n$ 有联系，则判断矩阵 p 如图 5-14 所示。

b_{ij} 是判断矩阵 p 的元素，表示对因素 A_k 而言，B_i 对 B_j 相对重要性的数值。b_{ij} 的取值由专家调查法确定，并用萨蒂提出的 1～9 标度法表示，如表 5-12 所示。

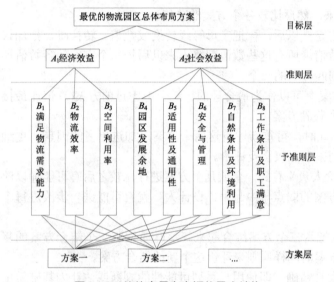

图 5-13 总体布局方案评价层次结构 图 5-14 因素 A_k 的判断矩阵 p

表 5-12 判断矩阵元素的 1～9 标度法

标度 b_{ij}	定　义
1	i 因素与 j 因素同等重要
3	i 因素比 j 因素略重要
5	i 因素比 j 因素重要
7	i 因素比 j 因素重要得多
9	i 因素比 j 因素绝对重要
2，4，6，8	介于以上两种判断之间的状态的标度
倒数	若 j 因素与 i 因素比较，结果为 $b_{ij} = 1/b_{ij}$

2) 层次单排序，得到权重向量

根据判断矩阵，计算对上层某因素而言本层次与之有联系的因素的权重值，即计算判断矩阵的最大特征值及对应的特征向量，将特征向量归一化就可得到权重向量。

3) 层次单排序一致性检验

最大特征根为 $\lambda_{\max}$，判断矩阵为 n 阶时，有一致性指标如下：

$$C_I = \frac{\lambda_{\max} - n}{n - 1}$$

式中：C_I——层次单排序一致性检验指标；

n——判断矩阵的阶数；

$\lambda_{\max}$——判断矩阵的最大特征值。

当判断矩阵的维数 n 越大，需引入随机一致性指标 R_I 进行修正，R_I 的数值如表 5-13 所示。经修正的一致性指标用 C_R 表示。即 $C_R = C_I / R_I$，其中 R_I 为随机一致性指标。当 $C_R < 0.10$ 时，排序结果具有满意一致性，否则需调整判断矩阵的元素值。

表 5-13 随机一致性指标 R_I 数值

维数	1	2	3	4	5	6	7	8	9
R_I	0	0	0.58	0.90	1.12	1.24	1.32	1.41	1.45

4) 层次总排序

若上层次 A 有 m 个因素，总排序权值为 $a_1, a_2, \cdots, a_m$，本层 B 有 n 个因素，它们对于上一层第 j 个因素的单排序权值为 $b_{1j}, b_{2j}, \cdots, b_{nj}$，则此时因素的总排序权值为

$$B_i = \sum_{j=1}^{m} a_j b_{ij} \quad i = 1, 2, \cdots, n$$

5) 自下而上组合评价

假设评价是在 l 个方案中进行，则每个方案的量化评价指标等于每个指标的量化值乘以其权重和。即：

$$S_k = \sum_{i=1}^{n} B_i x_{ik} \quad k = 1, 2, \cdots, l$$

式中：S_k——第 k 个方案的总评价值；

B_i——第 i 个指标的权重；

x_{ik}——第 i 个指标在第 k 个方案中的取值；

l——参与评价的方案个数。

层次分析法的优点是能把其他方法难以量化的评价因素通过两两比较加以量化，把复杂的评价因素构成简化为一目了然的层次结构，能够有效地确定多因素评价中各因素的相对重要程度。但层次分析法在进行方案的总体评价时，缺乏一个统一的、具体的指标量化方法，因而在实际使用中，人们大多只采用它进行指标权重的分析，然后用其他方法进行指标值的量化和归一化计算。

5.5 物流园区信息化建设

现代物流已成为跨部门、跨行业、跨地域的以现代科技管理和信息技术为支撑的综合性物流服务行业。在现代物流服务中，信息已成为提高营运效率、降低成本、增强客户服务质量的核心因素。在信息平台上，信息流的处理和利用水平决定着整个物流过程的运作

水平。信息平台的建设，一方面是发展现代物流的核心和关键，另一方面，通过建设信息平台又极大地推动着现代物流向前发展。当前，物流园区的实物空间占位作用正在逐步退化，而信息服务和信息管理的作用却在逐步加强。所以，在现阶段我国区域性物流园区建设过程中，应特别关注园区的信息化建设，它是未来物流园区建立核心竞争力的有力保障。

现代物流园区信息服务平台是通过对共用数据的采集，为园区内物流企业的信息系统提供基础支撑信息，满足企业信息系统对公用信息的需求，支撑企业信息系统各种功能的实现。同时，通过共享信息可推动政府部门间行业管理与市场规范化管理方面协同工作机制的建立。

5.5.1 物流园区信息平台建设的战略目标及功能

1. 物流园区信息平台建设的战略目标

现代物流园区信息平台建设的战略目标必须切合现代物流园区的内涵及特征，服务于物流园区的管理与发展，它应该是物流园区发展目标在信息技术上的直接体现。具体叙述如下。

(1) 建立良好的通信基础设施，提供政府相关部门之间、企业之间及政府与企业之间的数据交换基础设施。

(2) 完善行业管理部门相关物流信息系统建设，建立完善的数据采集系统，提供行业管理的信息支撑手段，提高行业管理水平。

(3) 实现园区基础设施的信息化管理，提高基础设施的利用率，充分发挥"群集企业"的协同作业优势，进一步显现物流园区的产业聚集效应。

(4) 支持园区与各供应链之间物流信息的高度共享，实现物流信息与物流资源的全面整合和优化配置。

(5) 支持以园区为协调中心，园区内外众多物流企业为成员的物流供应链或动态联盟的动态重组，实现对客户动态物流需求的快速响应。

2. 物流园区信息平台的功能

从物流园区的作业、管理内容、运作需要等方面来看，物流园区信息平台应具备的一些主要功能如图 5-15 所示。按照分步实施、循序渐进的原则，可把其分为近期功能和远期功能两部分。先建设近期功能项目，再建设远期功能项目。这些项目涉及现代物流宽带网络系统、物流业务信息系统、现代物流园区内部管理信息服务系统及商务信息系统。

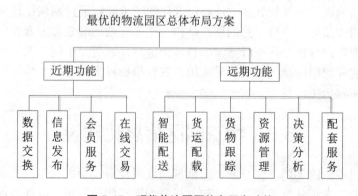

图 5-15 现代物流园区信息平台功能

1) 近期功能

(1) 数据交换功能：主要指电子单证的翻译、转换和通信，包括网上报关、报检、许可证申请、结算、缴税、退税、客户与商家的业务往来等与信息平台连接的用户间的信息交换，这是信息平台的核心功能。为了实现此功能，所有需要传递数据的单位都要与信息平台相连，要传递的单证信息先传递到信息平台，再由信息平台根据电子数据中的接收方转发到相应单位，接收单位将收到的电子单证信息经转换后送到内部系统处理。

(2) 信息发布功能：主要包括水、陆、航空、多式联运价格体系、新闻和公告、电子政务指南、货源情况和运力、航班航期、空车配载、铁路车次、适箱货源、政策法规等信息的发布。要实现此功能，应在园区内部建立管理信息服务系统，组建局域网并通过 DDN 或拨号方式与信息中心联网，同时在物业服务现场端，配备工作站，实行计算机全程管理，及时发布、搜集、下载有关信息。

(3) 会员服务功能：为注册会员提供个性化服务，主要包括会员单证管理、会员的货物状态和位置跟踪、交易跟踪、交易统计、会员资信评估等内容。

(4) 在线交易功能：交易系统为供方和需方提供一个虚拟交易市场，双方可发布和查询供需信息，实现信息共享，加速业务开展，并规范整个商贸业务的发生、发展和结算过程。

2) 远期功能

(1) 智能配送功能：以最大限度地降低物流成本、提高运作效率为目的，按照实时配送原则，利用物流园区的运输资源，为购买、供应双方提供高度集中的、功能完善的和不同模式的配送信息服务，降低配送成本。

(2) 货运配载功能：主要包括分销商批发配送、消费者购物配送管理、车辆调度等内容。通过货运配载，可以大大提高园区为运输从业者和货主的服务水平，提高货车的实载率，降低货运成本。

(3) 货物跟踪功能：采用 GIS/GPS 实现对车辆、货物的实时监控，用户能随时随地通过电话或互联网查询自己货物的状态和位置，并可动态提供最佳路线。

(4) 资源管理功能：主要是提供对物流园区内各类物流资源，包括车辆、仓储、技术装备等在内的虚拟管理，以反映园区内各类物流资源的实时状况，实现资源的最优化配置。

(5) 决策分析功能：建立物流业务的数学模型，通过对已有数据的分析，帮助园区管理人员鉴别、评估和比较物流战略和策略上的可选方案。

(6) 金融服务功能：在网络安全技术进一步完善的基础上，通过建立与有关机构信息系统之间的数据交换系统，为同区内物流企业及客户的物流运营提供银行、保险、通关、卫生安全检疫等配套服务。在此类业务中，信息平台起到的是信息传递的作用，具体业务在相关部门内部处理，处理结果通过信息平台返回用户。

5.5.2 物流园区信息平台的体系结构

在现代物流园区的运作中，信息平台的建设应充分体现供应链管理的先进思想与现代信息技术的综合运用，应能充分实现信息资源的共享和集成，基于这种理念，可将现代物流园区信息平台规划如下。

1. 物流园区信息平台的总体结构

物流园区信息系统一般由物理层、数据层和应用层三个层次组成。物理层包括计算机和必要的通信设施等(例如计算机主机、服务器、电缆等)，它是构成物流园区信息系统的物理设备和硬件资源,是实现园区信息平台的基础;数据层主要是指信息的搜集、处理、发布和管理等;应用层则是与物流相关的交易、调拨、配送等,物流园区内部建成独立的专业信息网络,外部则与互联网相连接。

根据信息属性和技术可实现的方法,物流园区信息服务平台由公用信息平台和企业物流信息平台两部分组成。从服务性质上来讲,公用信息平台是一个广域的、开放的信息平台,它是为社会经济的生产经营者服务的基础设备,它满足的对象包括物流企业、工商企业,及社会其他生产或非生产部门。公用信息平台主要连接的是园区内物流企业在业务操作时要联系的政府机构或其他单位,如工商、税务、空港、海港、外贸、外代以及其他需要进行沟通和联系的机构或人员等。而企业物流信息平台则是园区内具体某一物流企业在物流运作过程中内部使用的物流信息平台,它满足的是物流企业的生产经营活动、物流活动以及与这个活动有关联的客户或其扩展系统。一般情况下,这个系统一般不对与此无关的部门、机构或个人开放。公用信息平台是企业物流信息平台的基础系统和支持系统,企业信息平台是公用信息平台的延伸和补充,二者是一个有机整体。物流园区信息平台的系统结构如图 5-16 所示。

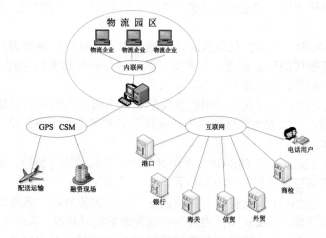

图 5-16 物流园区信息平台系统结构

物流园区信息中心通过内联网与园区内物流企业的企业内部管理信息系统相连,实现信息交换和共享;外部可通过 GPS、GSM 对园区内物流企业的运输车辆和货物进行实时跟踪;信息平台通过基于互联网的 EDI 系统与海关、银行、检验、港口等机构实现信息交换和传递,提高物流企业运作的效率;并且客户可通过互联网访问信息平台的 Web 站点进行信息查询和在线交易。

2. 物流园区公用信息平台

物流园区公用信息平台是物流园区内信息综合度最高的管理信息系统,它以网络业务管理、信息交换和信息共享为支撑,以建立一个综合、开放的 B2B、B2C 物流电子商务为目的,其总体功能为公用信息的及时交换和共享,为用户提供在线的物流交易环境和政府职能部门的"一站式"服务的集成环境。公用平台需要为园区内各企业的基础数据管理、业务过程管理、辅助决策、财务管理等提供公用信息支持,并能通过互联网为企业提供区域范围内的数据传输、数据汇总、异地出货、异地签单、财务结算等功能;同时要为货主提供基于互联网的询价、订舱、车货跟踪、提单查询等自助服务功能。它既要保证园区内各企业的信息交流,又要能和园区外客户企业的信息系统对接。由此可以看出,物流园区信息平台的建设以公用信息平台的建设为主，它是一项庞大的系统工程，不是个人和企业能够单独完成的。在这种情况下，政府作为国家公共事务的管理机构，应担负起现代物流园区信息化建设引导力量的责任，按照政府引导、市场驱动的模式进行物流园区公用信息平台建设，称为面向市场的政府引导型建设模式，如图 5-17 所示。

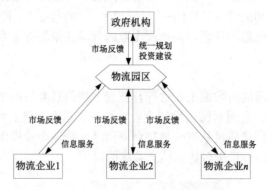

图 5-17 物流园区公用信息平台建设模式

整个物流园区公用信息平台的设计应充分体现物流园区的内涵与特征，并具有良好的开放性、先进性、实用性和安全性。根据对物流园区的需求分析，按系统的功能模块划分，物流园区公用信息平台体系结构如图 5-18 所示。

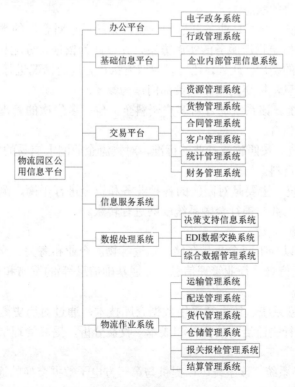

图 5-18 公用信息平台体系结构

1) 办公平台

它是一个服务于园区内部和入园企业的办公系统。主要包括与政府公共部门关联的电子政务系统和园区内部的行政管理系统。

(1) 电子政务系统。物流园区电子政务主要是指政府通过网上服务，实现对企业行为的监管，为企业创造良好的电子商务空间，如网上工商注册、网上审批、网上公告、网上投诉、网上统计资料等。

(2) 行政管理系统。它是一个以降低企业办公成本、提高办公效率为目的，在基本业务信息管理(配送、仓储和配送等)和财务信息管理(结算)的基础上，通过对客户、人力资源、质量管理、决策支持等信息的管理，为物流企业的管理决策层提供系统、全面、高效的办公平台。

2) 基础信息平台

基础信息平台是对园区内物流企业进行行业管理和信息服务的平台。通过物流企业内部管理信息系统的接入，实现对园内物流企业的统一管理和服务。物流园区(或相应机构)搜集、处理、储存后的信息通过基础信息平台向园区内物流企业提供信息服务，使园区内所有的物流企业通过基础信息平台达到信息共享的目的。

3) 交易平台

它主要是一个面向园区内外企业和用户的虚拟电子交易市场。

(1) 资源管理系统。对物流园区内包括仓储、设备、运力在内的各种资源进行虚拟管理，以反映系统内各类物流资源的实时状况，提高资源利用率。

(2) 货物管理系统。包括货源管理、仓储管理、委托管理、货物跟踪查询管理等内容，能实时向用户提供货物的状态。

(3) 合同管理系统。合同是业务开展的依据，系统通过对合同的数字化解析，可以充分理解甲方的需求，拟定物流服务的实施方案，并以此为依据，分配相应的资源，监控实施的效果和核算产生的费用。此外，还可以对双方执行合同的情况进行评估，以取得客户、信用、资金的相关信息，提交调度和政策部门作为参考。

(4) 客户管理系统。该系统通过对客户资料全方位、多层次的管理，能够使物流企业之间实现客户资源的整合。

(5) 统计管理系统。按照物流行业的标准，对物流企业网上交易的情况进行统计调查、统计分析、提供统计资料。

(6) 财务管理系统。主要是对园区的各种业务和资金进行平衡、测算及分析，编制各种业务经营财务报表，并与银行金融系统联网进行转账。

4) 信息服务系统

信息服务系统可以为工商企业、仓储、运输等物流企业和海关、交通等政府部门提供各类物流信息(如货运信息、行业管理信息、交通基础信息等)的发布和查询。

5) 数据处理系统

(1) 决策支持信息系统。该系统采用数据仓库技术，通过对历史数据的挖掘和分析，可以帮助管理人员进行物流活动的评估和成本—收益分析，提高管理层决策的准确性和合理性。

(2) EDI 数据交换系统。该系统可以提供与第三方电子数据交换的途径，并灵活地配置数据的导入导出方式，支持 TXT 文本、XML 文本和 Excel 文本三种文件格式。

(3) 综合数据管理系统。该系统可以提供对整个信息平台的综合数据信息管理的技术支持，包括用户管理、权限管理、安全管理等内容。

6) 物流作业系统

(1) 运输管理系统。该系统主要是对所有可以调度的运输工具，包括自有的和协作的以及临时的车辆信息进行调度管理，提供对货物的分析和配载的计算等服务，以及最佳运输路线的选择。系统支持全球定位系统(GPS)和地理信息系统(GIS)，可以实现运输的最佳路线选择和状态调配。

(2) 配送管理系统。该系统按照即时配送原则，可以满足生产企业零库存生产的原材料配送管理，并结合先进的条码技术、电子商务技术等实现智能配送。

(3) 货代管理系统。按照资源最大化和服务最优化的原理，满足代理货物托运、接取送达、订舱配载、联运服务等多项业务需求，完成物流的全程化管理，提供门到门、一票到底的物流服务。

(4) 仓储管理系统。通过对不同地域、不同类型、不同规格的所有仓库资源进行集中管理，同时可采用条码、射频等先进的物流技术，对出入仓库的货物进行登记、盘点、库存查询、租期报警等仓储信息的管理。

(5) 报关报检管理系统。与保险、通关、卫生等部门之间建立数据交换系统，为园区内物流企业和客户提供配套服务。

(6) 结算管理系统。充分利用本平台系统的服务功能和计算机处理能力，为通过公用信息平台发生的各项物流服务进行计费，为物流企业的自动结算提供一套完整的解决方案，以达到快速、准确、自动地为客户提供各类业务费用信息。

3. 企业物流信息平台

物流企业管理信息系统是物流园区信息平台中最基本的组成部分，它可为物流园区信息平台提供最底层的物流业务信息。该管理系统通常是以功能代理体的形式嵌入园区公用信息平台，并在园区公用信息平台的组织与协调下，完成具体的物流作业任务，它的建设主要可视园区内物流企业自身的业务需要和战略目标而定。按照系统的功能组成分类，物流企业管理信息系统结构如图 5-19 所示。

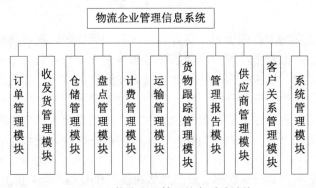

图 5-19　物流企业管理信息系统结构

(1) 订单管理模块。该模块主要是对不同客户下达的订单(运作指令)和物流企业对订单的接收、确认和执行等活动进行管理，是客户获取物流运作状况最主要的渠道和方式。

(2) 收发货管理模块。通过收发货管理模块可以有效地实现企业对收取客户货物状况的及时管理，该模块包含的收货、发货、理货、退货等功能，不仅使客户能随时了解和掌握所收货物的状态(完好、破损、搁置)和数量，并且能使物流企业实现对货物的及时控制。

(3) 仓储管理模块。向系统输入客户资料、产品资料(如货物的规格、尺寸、数量等)后，该模块可以对不同客户及其所有产品、客户的收货人进行管理。

(4) 盘点管理模块。其主要功能是以分仓库、分货品、分存储时间、分货位或分客户等方式储存在仓库中所有客户的货物，进行日、周、月或年的盘点管理。

(5) 计费管理模块。通过该模块，物流企业可随时掌握应向各客户收取的物流服务费用的种类、时间和数量以及应向不同供应商支付的费用种类、时间和金额。

(6) 运输管理模块。该模块是系统对各种不同运输方式承运的不同客户的货物进行适时管理的主要手段，主要包括对承运人的分类管理，对运输装载物品的公开，对运输途中出现的货损货差和运输事故的管理等内容。

(7) 货物跟踪管理模块。通过与 GIS/GPS 相连接，实现对物流企业车辆(需装备 GPS 跟踪仪)运行在途过程的全程监控和管理，并可按客户需求向客户提交货物追踪报告。

(8) 管理报告模块。物流企业管理人员或客户工作人员可通过该模块查询或生成其所需要的所有报表，如欠货报告、货物差异报告、货物库存报告等。

(9) 供应商管理模块。该模块是物流企业对外聘供应商进行采购、评估和使用的重要技术支持功能模块，包括现存不同供应商的现状(资质、能力、水平等)、已为物流企业服务过的供应商的运作档案(车辆、仓库、成本档案等)、物流企业对供应商的评估结果报告等内容。

(10) 客户关系管理模块。该模块是对物流企业所有现有客户和潜在客户进行针对性管理的功能模块，包括客户状况、客户产品生产销售状况、客户服务状况、客户服务报告等内容。

(11) 系统管理模块。该模块主要用于物流企业的系统管理员对整个系统的安全管理、授权管理、客户登录管理等，它是企业物流管理信息系统的核心模块之一，其运行的稳定性直接关系到整个系统的运行状况和安全。

本 章 小 结

物流园区对于实现物流企业集聚、整合利用现有物流资源、促进物流技术装备升级和服务质量提高，改善物流投资环境、推动第三方物流企业成长等具有重要作用。因此加快物流园区的规划和建设可以被视为加快现代化物流发展的突破口，正日益成为促进物流业乃至地区经济整体发展的十分重要的问题。其中，物流园区的总体布局问题，是影响物流园区整体建设发展的重要问题之一。但是到目前为止，物流园区的规划理论方法体系不够完善，布局规划实践缺乏有力的理论指导，是造成当前物流园区规划建设工作存在诸多问题的根本原因。

物流园区所包括的内容十分广博、园区总体布局工作复杂。由于我国物流业起步较晚，对于物流园区的规划建设和运营管理缺乏经验，尚未有完善、有效的做法可以借鉴。因此，在当前我国进行大规模物流园区规划与建设的情况下，结合实际情况，探索现代物流园区的规划与运作不仅具有十分重大的现实意义，而且也是一项十分迫切的任务。

本章主要从物流园区的基本理论入手，通过介绍物流园区的内涵、作用及其发展趋势，引申出物流园区规划的意义和规划原则，揭示了物流园区规划体系的基本内容，并对物流园区总体规划进行了详细探讨，同时单独分析了物流园区信息化建设。通过本章的学习，读者可对物流园区的基本理论与物流园区规划方法的实际应用有一个初步的认识。

思考与练习

1. 物流园区的概念是什么？
2. 物流园区规划的概念是什么？
3. 简述物流园区的作用。
4. 简述物流园区规划的基本内容。
5. 简述物流园区规划的赢利模式。
6. 论述物流园区信息平台建设的战略目标与功能。

第 6 章　配送中心规划与设计

【学习目标】

- 掌握配送的基本概念。
- 掌握配送中心的基本概念。
- 熟悉配送中心的作业流程。
- 了解配送中心规模确定的因素。
- 掌握配送中心选址的方法。
- 掌握配送中心设施布置规划。
- 掌握配送中心存储策略。
- 掌握拣货路径规划。

现代物流是随着现代化工业生产的客观需求与现代运输手段和现代信息技术的飞速发展应运而生的。现代物流就好像一个自然人，物流运输工具、物流仓库、物流搬运设施、物流信息处理系统就像人的不同器官，都具有相对独立的功能，而物流解决方案则是解决物流问题的血液，贯穿于物流实施的全过程，物流配送中心正像人的心脏，是决定物流方案能否成功实施的核心。

近年来，随着中国国民经济的快速发展和经济全球化的推进，物流已经成为各行业发展中的"第三利润源泉"，配送作为挖掘这一利润源泉的突破点，受到了国内外各行业的重视并得到较快发展。在物流配送业发展的同时，进出口贸易的蓬勃发展和国民经济的增长也对中国的物流配送领域提出了更高的要求，但配送领域的诸多瓶颈却严重制约着配送水平的提升，如何改变配送领域的现状、促进配送系统现代化是物流配送业迫在眉睫的任务。

6.1　配送中心概述

6.1.1　配送的基本概念

1. 配送的概念

配送是指按用户的订货要求，在配送中心或其他物流据点进行货物配备，并以最合理的方式送交用户。配送，作为商业物流的基本功能之一，在商业物流活动中占有相当重要的地位。物流的最终目的是满足用户的最终需要，它多是由配送来完成的。

配送有两方面的含义：一是配货，即把用户所需要的多种不同的商品组合在一起；二是送货，即把用户需要的商品送到用户手中。至于这两者哪个为主则可视不同情况而定。一般来说在经济发达地区，"配"的比重可能大些，而经济落后、运输不方便的地区，"送"的比例则一般较大。

配送产生的背景虽然在各个国家不尽相同，但其根本原因是受经济或利润的驱使。西方发达国家从 20 世纪六七十年代开始，经济发展出现了两个显著的特点：一是通过生产过程中的物质消耗而获取利润的潜力越来越小，因而努力方向转向了流通领域；二是庞大的商品流通量和激烈的市场竞争。因此，开始通过配送，提高流通中的专业化、集约化经营程度，进一步满足用户的各种需求，提高服务水平，降低流通成本，使产业资本在流通中发挥更大的效益，就成为资本的一种内在要求。

在美国，自 20 世纪 60 年代以来，仓库主要是储存货物，离生产厂很近。那时美国工业产地主要在东海岸，粮食产地在中部，所以仓库大多建在东海岸和中部。随着生产的发展，人们开始向西部和南部迁移，使西部和南部地区也出现了制造业，仓库也随之建立起来。后来，随着科学技术的发展，为满足越来越多的生产需要，周转已越来越快，储存期越来越短，对物流的要求也发生了变化，提出了"配送"的概念，原来的仓库也开始由"贮备型"向"流通型"转变。

在日本，二战后工业的复兴使日本经济得到高速增长，随之而来的便是阻碍生产进一步发展的流通落后问题。分散的物流致使流通机构极为庞杂，企业自备货车出行混乱，运输发送效率低下，物流费用逐年上升，设施不足，道路拥挤。这一现象引起了日本政府的高度重视，日本政府决定积极发展共同配送，并得到企业界的大力支持，于是配送便产生了。在英国，企业界普遍认识到配送是企业经营活动的组成部分。这种认识的转变，首先发生于企业界的销售行业。由于消费者需求的变化，对服务要求的提高及销售企业向大型化、综合化方向发展，引起了市场结构的变化。过去许多单一品种的销售机构已经消失，或被兼并进入一些企业集团，销售企业的大型化、综合化，对商品的需求不仅在数量上猛增，而且对商品花色、品种的要求也日趋复杂，而配送正是适应了这一需要而产生的。

配送是随着市场的变化而产生的一种必然的市场行为，是生产和流通发展到一定阶段的必然产物。它与旧时的"送货"具有不同的特征。

1) 目的不同

送货只是推销的一种手段，目的仅在于多销售一些东西，配送则是社会化大生产、专业化分工的产物，也是流通领域内物流专业分工的必然产物。因此，如果说一般送货是一种促销服务方式的话，配送则是一种体制形式。

2) 内容不同

送货一般是有什么送什么，对用户来说，只能满足其部分需要。而配送则是用户需要什么送什么，它不单是送货，在业务活动内容中还包括"分货""配货""配装"等项工作，这是很有难度的工作，必须有发达的商品经济和现代化的经营水平。在商品经济不发达的国家或市场经济的初级阶段，很难实现大范围的高效率配货。送货制与配送制有着时代的区别。

3) 配送是一种现代化的物流方式

配送是送货、分货、配货等活动的有机结合体，同时还跟订货系统紧密相连，这就必须依赖信息的处理，使整个系统得以建立和完善，成为一种现代化方式，这是送货形式所不能比拟的。

4) 装备不同

配送的全过程有现代化技术和装备做保证，使配送在规模、水平、效率、速度质量等方面远远超过旧的送货形式，在这些活动中，大量采用了各种传输设备和识码、拣选等机电装备，很像工业生产中广泛应用的流水线，使流通工作的一部分工厂化。所以，配送是技术进步的产物。

配送也不同于运输，而是包含在运输中的一个分支。众所周知，运输是将货物进行空间位移,是一个连续性强、多环节的生产过程,配送则是处在整个运输过程中的支线输送或末端输送,即从物流据点到用户这一范围内的输送。由此可以看出,配送的特点:一是直接面向用户的运送活动,即货物到达的终点是顾客;二是在进行运送活动之前要进行必要的配货;三是行驶距离相对来说更短,相当于短程运输,且多活动在大城市范围内或区域范围内。

2. 配送的形式

1) 按配送商品的种类和数量划分

(1) 少品种大批量配送。这种配送方式适用于需要数量较大的商品,单独一种或少数品种就可以达到较大运输量,可实行整车运输,这种商品往往不需要再与其他商品进行搭配,可由专业性很强的公司实行这种配送。此种配送形式主要适用于大宗货物,如煤炭等。

(2) 多品种少批量配送。按用户要求,将所需的各种商品(每种商品需要量不大)配备齐全,凑成整车后由配送中心送达用户手中。日用商品的配送多采用这种方式。多品种、少批量的配送,适应了现代消费多样化、需求多样化的新观念。

2) 按配送时间及数量划分

(1) 定时配送。即按规定的时间间隔进行配送,配送品种和数量可根据用户的要求有所不同。

(2) 定量配送。即按规定的批量进行配送,但不严格确定时间,只在一个指定的时间范围内配送。这种配送计划性较强,备货工作简单,配送成本较低。

(3) 定时定量配送。即按规定的准确时间和固定的配送数量进行配送。

(4) 即时配送。即不预先确定配送数量,也不预先确定配送时间及配送路线,而是按用户要求的时间、数量进行配送。

3) 按配送的组织形式划分

(1) 集中配送。就是由专门从事配送业务的配送中心对多个用户开展配送业务。集中配送的品种多、数量大,一次可同时对同一线路中的几家用户进行配送,其配送的经济效益非常明显,是配送的主要形式。

(2) 共同配送。即几个配送中心联合起来,共同制订计划,共同对某一地区用户进行配送,具体执行时共同使用配送车辆。

(3) 分散配送。即由商业零售网点对小量、零星商品或临时需要的商品进行的配送业务。这种配送适合于近距离、多品种、少批量商品的配送。

(4) 加工配送。即在配送中心进行必要的加工,这种配送是将流通加工和配送一体化,使加工更有计划性,配送服务更趋完善。

4) 按配送的职能形式划分

(1) 销售配送。批发企业建立的配送中心多开展这项业务。批发企业在通过配送中心把商品批发给各零售商店的同时,也可与生产企业联合,生产企业可委托配送中心储存商品,按厂家指定的时间、地点进行配送。若生产厂家是外地的,则可以采取代理的方式,促进厂家的商品销售,还可以为零售商店提供代存代供配送服务。

(2) 供应配送。这是大型企业集团或连锁店中心为自己的零售店所开展的配送业务。它们通过自己的配送中心与消费品配送中心联合进行配送,从而减少了许多手续,缓和了许多业务矛盾,也使各零售店在订货、退货、增加经营品种上也得到更多的便利。

(3) 销售与供应相结合的配送。配送中心与生产厂家及企业集团签订合同,负责一些生产厂家的销售配送，又负责一些企业集团的供应配送。配送中心具有上连生产企业的销售配送、下连用户的供应配送两种职能，实现配送中心与生产企业及用户的联合。

(4) 代存代供配送。用户将属于自己的商品委托配送中心代存、代供，有时还委托代订，然后组织配送，这种配送，在实施前不发生商品所有权的转移，配送中心只是用户的代理人，商品在配送前后都属于用户所有。配送中心仅从代存、代理中获取收益。

3. 配送在物流中的作用

1) 配送有利于促进物流的社会化、合理化

社会化大生产要求社会化大流通与之匹配。商品流通的社会化自然要求物流的社会化。社会化是以行业、技术的分工和全社会的广泛协作为基础的。商品经济的发展和现代化生产的建立，客观上要求社会必须提高分工协作水平。

从我国目前流通业的情况看，仓储业和运输业的社会化程度都处于一个较低的层次。从运输业来看，根据有关资料统计，我国专业营运车辆只占全国汽车保有量的17%，专业营运车辆的实载率高，空驰率低，经济效益较好，而85%的社会车辆实载率只有25%。发展配送，则可以大大减少企业的自有车辆，实现车辆的专营化，从而减少不合理运输造成的运力浪费和交通紧张，还为企业卸下了一个沉重的包袱，为生产企业和销售企业节约了物流成本。从仓储业来看，长期以来，我国储运体制分散，在行业上有外贸、商业、物资、铁道、交通等各部门的储运系统，在层次上有中央、省、市、县的各级储运机构，这种条块分割的管理体系是造成储运设施多而散、重复建库、盲目发展、利用率低下的主要原因。目前仓储的社会化虽然有一定的发展，例如仓储设施向社会开放，但远远还不够。在行政上缺乏统一管理机构，在业务经营上储运企业各行其是，缺乏联系，还没有形成产业化、专业化。开展配送，通过为生产企业、销售企业配送，借助于配送商品的对象品种不同，可以打破行业、地区的条块分割，尤其是共同配送，把各储运企业联合在一起，统筹计划，共同送货，取代了一家一户的"取贷制"，取代了层层设库，户户储运的分散的、多元化的物流格局。配送所实行的集中社会库存、集中配送等大生产形式，对于从根本上结束小生产方式的商品流通，改变其分散的、低效率的运行状态，从而实现与社会化大生产相适应的流通的社会化，都具有战略意义。

2) 配送有利于促进物流设施和装备的技术进步

发展配送，有利于促进物流设施和装备的技术进步，具体表现在三个方面：一是促进信息处理技术的进步。随着配送业务的开展，处理的信息量将越来越多，原始的手工信息处理方式速度慢且容易出差错，已适应不了配送工作的要求，必然大量应用电子计算机这一现代化的信息处理技术。二是促进物流处理技术的进步，从而提高物流速度，缩短物流时间，降低物流成本，减少物流损耗，提高物流服务质量；配送业务的发展，必然伴随着自动化立体仓库、自动化分拣装置、无人搬运车、托盘化、集装箱化等现代化物流技术的应用。三是推动物流规划技术的开发和应用。随着配送业务的开展，配送货主越来越多，随之而来的就是产生配送路线的合理选择、配送中心选址、配送车辆的配置和配送效益的技术经济核算等问题，对于这些问题的研究解决，促进了我国物流技术的发展，并使之达到一个新阶段。

3) 配送可使仓储的职能发生变化

开展配送业务后，现代仓储的作用已由储存、保管商品的使用价值向着集散、分送商品，加速商品流通速度的方向发展。仓储业将从储存、保管的静态储存转向以保管储存、流通加工、分类、拣选、商品输送等连为一体的动态储存。建立配送中心后，仓储业的经

营活动将由原来的储备型转变为流通型。不仅要保证商品的使用价值完好无损，而且要做到货源充足，品种齐全，供应及时，送货上门，其经营方式将从等客上门向主动了解用户的需求状况，以满足用户的各种要求的方向转变。

4) 促进商物分离

未开展配送业务之前，各个商店都有自己的仓库，并各自进行物流活动，叫作商物一致。开展配送业务以后，配送中心就可以充分发挥自己网络多、情报快、物流手段先进和物流设施齐全的优势，专门从事物流活动，而各商店只需要保持较低水平的库存。这就大大改善了零售企业的外部环境，使零售企业有更多的资金和精力来专心从事商流活动，这就是商物分离。

5) 有利于提高物流的经济效益

通过配送中心，开展"计划配送""共同配送"等服务，能够消除迂回运输、重复运输、交叉运输、空载运输等不合理运输现象；用大型卡车成批量地送到消费地配送中心，再用自用小型车从配送中心运给用户的方法，也可以从总体上节省费用；集中配送，又有利于集中库存，维持合理的库存水平，消除了分散库存造成的各种浪费；同时还能减少不必要的中转环节，缩短物流周转时间，减少商品的损耗。因此，配送对提高物流综合经济效益有利。

4. 配送的发展趋势

(1) 配送组织的共同化。配送初期，是以单独企业为主体的配送，为满足用户配送要求，出现了配送车辆利用率低、不同配送企业间交叉运输、交通紧张等许多方面的不合理现象。通过一定的发展，出现了联合配送，配送企业互通信息，共同计划，大大提高了配送车辆的利用率和配送企业的效率。

(2) 配送区域的扩大化。随着交通运输条件的改善，一些发达国家的配送已突破了一个城市范围。美国已建成了洲际配送系统，日本不少配送中心的业务是在全国范围或在更大区域范围内进行的。

(3) 配送方式的多样化。由于流通过程、流通对象及流通手段复杂，在各自领域出现了多种多样的经过优化了的配送方式。如在日本出现30公斤以下货物的"宅急送""宅配便"式配送以及小批量快递系统、准时供应系统、分销配送等多种形式。

(4) 配送运输的专业化。在欧美和日本，不仅运输的社会化程度相当高，且有大量集装箱车和专用车辆投入运营，这种专业化运输提高了物流质量。日本的企业一般不配备自营汽车，认为外雇的更经济便利，配送中心定期与运输公司签订合同，这样运输企业就可以根据物流量变化灵活调度车辆，最大地满足需求。

(5) 配送服务的信息化。随着计算机的发展，物流公司都在开发和采用信息管理系统。配送中心不仅要与生产商和客户联系，了解厂家、客户需求的信息，并沟通厂商、客户双方，还要与运输企业和内部各部门联系，以了解各项物流活动的进程。这都需要信息系统提供支持。

6.1.2 配送中心的基本概念

1. 配送中心概述

配送中心是从供应者手中接收多种大量的货物，进行倒装、分类、保管、流通加工和情报处理等作业，然后，按照众多需要者的订货要求备齐货物，以令人满意的服务水平进行配送的设施。配送中心也是一种末端物流的节点设施，通过有效地组织配货和送货，使资源的最终配置得以完成，是一种以社会分工为基础的、综合性、完善化和现代化的送货活动。货物在从其生产地至批发、零售网点并最终销售给消费者的流动过程中，一般要在配送中心进行一定的分类、保管和流通加工等处理，配送中心已成为连接生产和零售的一条纽带。

批发商或零售商在对他们的库存项目进行分析时会发现，他们所经营的商品如果只储存在生产这些商品的工厂，则需要很长时间才能将商品送到用户手中，而且往往运送不及时。为了解决这一问题，他们通过自己营建配送中心或寻求社会上的配送中心来负责所需商品的存储和配送，这种方式不但节省了物流费用，而且提高了服务水平。自己营建配送中心费用高，建设周期长，但易于管理、服务水平高，适用于配送商品种类多、数量大的用户；利用社会上的配送中心具有投资少、运营周期短等优点，但与自己营建配送中心相比，更不易于管理，服务水平不高。

2. 配送中心的必要性

产品的生产和消费并不在同时同步发生，为了克服这种产品生产与消费在时间上的差异，配送中心是必要的。例如，新鲜的水果和蔬菜，它们的生产季节很短，因此必须储存起来，以保证一年四季都有销售，这就需要配送中心的存储功能。每一个零售商在不同城市可能有很多的分店，而且供应商也分布在不同的城市，需要利用配送中心接收供应商的商品，在配送中心内进行分类、信息处理，然后按时配送给各个分店，这就需要配送中心的流通加工和配送功能。

配送中心的建立是社会化大生产发展的必然要求。社会化大生产的发展要求生产企业和零售网点必须从流通物流中彻底解放出来。专心致力于生产与销售，配送中心正是为了解决这个问题而发展起来的。图 6-1 显示的是配送中心产生前后物流过程的区别，配送中心的产生带来了物流组织形式的巨大变革，扩大了社会物流能力，提高了社会物流效率，并且推动生产与流通向着社会化、专业化和现代化方向发展。

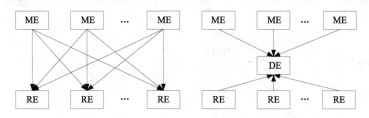

(a) 配送中心产生前的物流过程　　　　(b) 配送中心产生后的物流过程

ME—制造商实体　RE—零售/批发商实体　DE—配送中心实体

图 6-1　配送中心产生前后物流过程

由于配送中心所配送的货物不同，而且流通方式也各不相同，所以设置配送中心的必要性也是多种多样的，综合起来配送中心的必要性有以下几点。

(1) 为了调整大量生产和大量消费的时间而进行的保管。比如生产棉衣的厂商，全年生产的棉衣，只有在冬季才有大量的需求。这样，必须利用配送中心进行存储。

(2) 为了调整生产和消费波动而进行的保管。

(3) 为了以经济的方式运输批量发货和进货而进行的存储。铁路货运站在运送货物时，一般先把货物集中，到货物的数量达到一定的批量时才组织运输。这就需要建设仓库或配送中心。

(4) 把分散保管的库存物资汇集在一起，并提高包括保管、装卸等在内的服务。很多企业为了保持一定的库存，大多自己设立小型仓库或配送中心，由于数量少、保管不善，浪费了很多资源。通过建立私营的配送中心，将很多企业分散管理的物资集中起来一起管理，利用配送中心专业设备和配送管理经验，提高了效率，节约了资源。

(5) 从各个方面把多种供应商品集中，或者为向消费者计划运输而将商品集中起来。

(6) 为了提高对顾客的配送服务水平，而在靠近消费地区保管。现在很多制造商为了提高其服务水平，在客户地区附近建立配送中心，在客户需要时可以马上提供配送，提高了客户服务水平。

(7) 为了维持对顾客的服务水平，平时必须保持合理的库存。

(8) 为了降低运输成本，组织批量运输或者设置货物集结点向终端用户配送。

(9) 商流和物流活动分开，以提高效率。现在的超市或便利店多利用配送中心，把物流活动交给配送中心去做，自己把主要精力投入到商业活动中，从而实现了物流和商流的分离，大大提高了服务效率。

(10) 为了提高运输效率，在消费地点进行装配和加工等。

基于以上各种优势，结合各种各样的商品与不同的流通形式，利用先进信息技术的现代化配送中心的应用越来越广泛。

3. 配送中心的职能和分类

配送中心的职能可以分为保管职能、倒装职能、分类职能、加工与装卸职能、配送职能以及情报职能等。每个配送中心一般都具有这些职能，对其中某一职能重视程度的不同，决定着该配送中心的性质，而且它们的选址、房屋构造、规模和设施等也会随之变化。图 6-2 可以说明这一点，由图中可以看出，原料仓库、产品仓库的主要职能是保管，对于以制造厂为主体的情况而言，配送中心和货物储藏所是面向消费者的分类和配送。

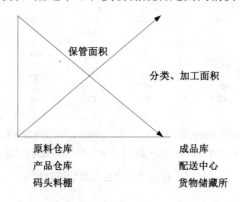

图 6-2　运输配送中心与职能

配送中心的种类，除按职能划分外，也可按运营主体、选址、所有者、使用形态、物流阶段、建筑物形式等分类。

(1) 按运营主体划分(如图 6-3 所示)：包括制造厂系统、商社批发商系统和零售系统。制造厂系统是以家用电器、汽车、化妆品、食品等国有工厂为主。流通管理能力强的厂商，在奖励零售制度的同时，可以建立通过配送中心而使物流距离缩短，并迅速向顾客配送的体制。商社和批发商系统是把每个制造厂的商品集中起来,作为商社和批发商的主体商品。这些商品可以单一品种或者搭配向消费地的零售店进行配送。这种形式,对于不能确定独自销售路线的工厂或本身不能备齐各种商品的零售店,是一种有效的办法。零售店系统是在零售店、特大型零售店和百货商店中,把来自不同进货者的配送货物在配送中心集中,然后再对其所属的各商店进行计划配送。

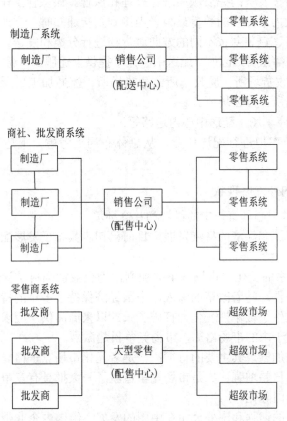

图 6-3 按运营主体划分的配送方式

(2) 按选址分类,有两种情况:一种是从港湾、内陆城市的设施分布进行分类;另一种是根据产地中心、消费地中心等距离产地、消费地的远近进行分类。

(3) 按"所有者"划分:与按运营主体的划分有所不同,它包括公司自有设施、营业设施、公共设施。所谓"公司自有设施"是指使用者用自己自有的设施进行运营。而营业设施主要指利用物流业者(运输业者、仓库业者)的设施,自己运营或委托给物流业者运营。同样,公共设施是指公共设施或者第三方设施,供公司自己或与物流有关的公司使用的设施。

(4) 按"使用形式"划分:有专用设施、公用设施两种。就物流阶段而言,是指在同一个企业的配送中心内,根据配送中心的地理位置和配送对象的范围分类,分为主配送中心和子配送中心。从工厂向地方中心城市的主配送中心进行大批量运输,并从那里再向连接子配送中心的末端进行中转时,主配送中心起着对子配送中心进行缓冲(缓冲地带)的作用。它可为各子配送中心汇集货物,有效地补充商品。

4. 配送中心的主要业务和设施

一般配送中心的业务流程：收货→验收→收货的整理→临时保管→保管→上货位→商品搭配→包装→分类→发货场保管→发货。

也就是说，配送中心首先要接收种类繁多的大量货物；其次，对商品的差错、残损和数量进行检验；然后按发货的先后顺序进行整理和保管。该保管工作要适应广大需要者单独订货的要求，并且力求保管的数量最少。当接到发货通知时，立即拣选，按需要者的要求，把各类商品备齐、包装并按不同的方向对货物进行分类和发送。与此同时，还要提供流通加工和情报处理等服务。因而，配送中心为了提供上述服务，通常应由下列设施构成。

(1) 内部设施。收货场所；验收场所；分货场所；流通加工场所；保管场所；特殊商品存放场所；配送场所；办公场所。

(2) 附属场所。停车场；配送中心内道路等。

当然，为了高效率地进行配送作业，从总体布局上考虑，上述设施的效率是十分必要的。

5. 配送中心国内外发展现状

1) 我国发展配送中心具有一定的经济和社会环境

我国经过改革开放和经济的持续发展，目前已初步具备了发展配送中心的经济和社会条件。

(1) 市场供求关系的变化，市场竞争的加剧，为企业加强科学管理，发展物流与配送技术提供了很好的条件。随着改革的深入，中国经济保持了多年的持续快速增长态势，商品市场的供求关系发生了根本性变化，打破了长期以来商品供不应求的市场格局，初步形成了供求平衡或供过于求的市场格局，市场竞争日趋激烈。

国内市场竞争的加剧，其主要的特征：一是多元化市场竞争格局已基本形成，非国有经济的市场竞争能力日趋增强；二是市场竞争造就了一大批具有竞争实力的优秀企业；三是国内市场竞争日趋国际化。

国内非国有经济的增强和国外公司在中国的发展，给国内企业带来竞争的同时，也带来了先进的技术和管理经验，为物流与配送业发展提供了很好的经济环境。

(2) 企业改革日益深化，为物流与配送管理的发展提供了必要的微观基础。到目前为止，全国30多万家国有企业中，绝大多数实现了市场化经营，国有大型企业中，1/3以上实行了公司化改造，国有小企业完成改组、改制的已达50%～70%。与此同时，由于所有制理论的突破和改革开放政策的引导，特别是近年来大力发展中小企业的政策，使一大批非国有经济市场主体迅速成长起来，成为我国经济发展中不容忽视的力量。这些企业的发展为我国发展物流与配送业务提供了广阔的市场空间。

(3) 现代信息技术和现代商品物流技术的进步为中国发展物流和配送业务准备了充分的技术基础。现代配送业务中大量使用了先进的信息技术和商品物流技术，这些技术在发达国家日趋完善。目前已有相当多的配送技术开始进入我国，并在企业中得到越来越广泛的使用。如条码技术、计算机支持的信息管理技术、EDI等。

(4) 政府对物流和配送的政策支持为配送的发展提供了有力保证。为了大力促进流通体制改革和流通现代化进程，促进连锁经营等组织形式的发展，国家有关部门对商品物流和配送采取了积极鼓励和支持的政策。例如：国务院有关领导同志多次强调了配送中心对发展连锁机关经营至关重要的作用。国内原贸易部在《全国连锁经营发展规划》中，重点提出了发展配送中心的政策措施。在我国流通领域对外开放政策中，鼓励国外资本投资于物流和配送设施等。

以上四点说明，我国发展配送中心业务有着良好的经济环境和广阔的市场，更有政府的大力支持，我国发展现代化的配送中心势在必行。目前，国内已有很多企业建立了自己的配送中心或使用社会上的专业配送中心，物流配送已经成为许多企业降低成本、提高竞争力的重要手段。特别是一些大型的连锁经营零售企业，它们绝大多数都具备了承揽商品配送业务的能力，或者建立自己的配送中心，或者利用社会化的配送中心，为企业内部的连锁网点提供物流配送服务。

制约我国配送业务发展的主要原因有两个：一是企业对物流和配送缺乏正确的认识。虽然我国对物流和配送的研究早在 20 世纪 80 年代就已经开始，但对整个社会而言，对物流和配送的认识还非常模糊，特别是企业。根据国务院发展研究中心市场经济研究所对北京市开展配送情况的调查显示，北京市各种类型商业企业和生产企业对配送有一定的了解，但对配送的功能或作用还没有完全清楚的认识。如表 6-1 所示，在所调查的北京小型商业企业、大中型商业企业和生产企业中，了解配送的分别有 30%、40% 和 80%，不了解配送的分别有 70%、60% 和 20%。二是配送技术和管理方法落后。现代化的配送中心需要有先进的技术，如计算机技术、网络技术、条码技术、EDI 技术等，还要有先进的管理方法，这些技术和管理方法在国外已经发展很成熟，而在我国相对还很落后。

表 6-1　对配送了解程度调查表

	小型商店	大中型商店	生产企业
了解	30%	40%	80%
不了解	70%	60%	20%

2) 我国配送中心在技术与管理方面与发达国家还有很大的差距

目前，配送中心在国外的发展已非常成熟，成为集仓储、配送、流通加工等功能于一体的现代化的配送中心。通过利用通信网络技术，使其能够为客户提供迅速及时的配送服务。

例如，美国的联合包裹服务公司(UPS)为顾客提供门到门的配送服务。这种服务主要依靠先进的技术手段，如配送路线管理技术。联合包裹服务公司利用 GPS(全球定位系统)技术在配送地区为配送驾驶员指明配送的地理位置以方便配送。另外，UPS 还为一些商家提供在线运输服务。

美国邮政服务公司(USPS)最近与航空公司进行联合共同提供"航空上门"服务。首先，这些公司使用 14000 辆卡车到商家的配送中心装货，然后使用一系列航运设施包括本地站和区域性卡车中心进行货物的分拣工作。最后航运公司将包裹运送到 24000 个当地邮政公司，邮政驾驶员在当地邮政公司收取包裹并在第二天配送至顾客家中。航空公司在包裹运输途中可以跟踪包裹的状态，而 USPS 则负责其余的配送工作。

美国联邦快运(Federal Express)每天向全世界 220 个国家递送 320 万件包裹及超过 600 万磅的货物，其中 99% 属于限时配送，FedEx 利用现代化的配送中心完成配送业务，该公司制订了一项名为联邦快递动力船(FedEx Ship)的计划，该计划为其主要客户提供了一条进入联邦快递计算机系统的途径。货运处的工作人员进入联邦快递动力船的终端后，可以直接开出订单，系统将自动填写各种表单并跟踪订单的状况。

任何人只要拥有一台计算机和一个调制解调器，就可以利用联邦快递船软件来订购商品。客户订购商品以后，FedEx 利用 FDX 运输公司来进行送货，为客户提供完整综合的货物运输服务。FDX 公司有几个重要的运输成员，他们共同组成运输集团，这个集团能够为 FedEx 提供全球的配送业务，这些成员包括 RPS 公司，它是北美第二大零散运输企业，具有先进的管理信息系统；Viking 公司，可以提供加急的非整车公路运输；Caliber 后勤公司，为客户提供后勤管理的集成方案；Roberts 公司，可以为客户提供按时的水上运输路线，直达世界许多国家；Caliber 技术公司，为客户提供技术服务，使客户的计算机系统能随时同 FDX 公司的计算机系统进行业务联系。

FedEx 通过公司内部的专用网络联邦快递 COSMOS，可以对商品交易的全过程(从客户订购一直到货物抵达终点)了如指掌。当客户输入提货指令时，管理员将会从系统中得到客户指定的提货时间和地点。管理员将商品上的条形码扫入手持系统中，记录下该商品已经被提走。联邦快递的其他工作人员将以系统记录为根据，跟踪货物装运，直到运抵客户的全过程。

美国的亚马逊网站通过建立全国的配送中心网络负责网上购物商品的配送。目前仍有 19 个配送中心在建。据统计，亚马逊已在美国拥有 76 个大型物流中心及包括分拣中心在内的 85 个小型配送中心。部分电商包裹依托美国邮政实现最后一千米送达，Prime Now 覆盖地区可实现 2 小时送达。

日本的配送中心无论在数量上还是在技术上都有很大的优势。当前，日本在各大城市建立的配送中心已近 30 个，其中在东京一个城市就设立了 5 个配送中心。而且，每个配送中心都具有现代化的装备和管理手段。

美国的曼彻斯特配送中心是美国 J. C. PENNY 公司建立的六家配送中心之一。经营的商品主要有服装、装饰品、杂品、家具、家电等。其服务范围涉及美国四个州和纽约、马里兰等部分地区，经营规模在公司中居第二位，处理货物的能力一般为 3.5 万件/天，最大能力可达 12 万件/天。

从以上外国公司经营配送中心业务的经验上，我们可以看出，现代化的配送中心都具有几个明显的特征：一是处处体现以客户为中心，满足客户多方面的需求；二是有先进的配送设备，如现代化的立体仓库、先进的装卸以及搬运设备；三是都具有先进的通信网络设备，使他们可以随时了解货物的运输状态以及供应商和客户情况。我国的配送中心在以上几个方面与国外先进的配送中心还有很大的差距，需要借鉴这些管理方法和技术，使我国的配送中心发展达到一个更高的水平。

6.1.3 配送中心的作业流程

配送中心要提供将货物送到客户指定地点过程中的终端服务，它将供应商运送过来的货物进行储存，通过装卸搬运、订单处理等环节，再配送给客户。具体的作业有进货作业、订单处理、拣货作业、配送作业等。其作业流程如图 6-4 所示。

进货作业是对供应商送达的货物进行验收并入库储存的过程，这一过程是保证配送作业顺利进行的第一步，如果没有足够的库存量，配送中心便不能及时将货物配送给客户。进货作业流程如图 6-5 所示。

订单处理就是对客户订单进行搜集整理、确认订单和仓库存货情况并进行单据处理的作业过程，订单处理直接关系到客户服务水平、客户满意程度和配送中心后续作业水平。

其作业流程图如图 6-6 所示。

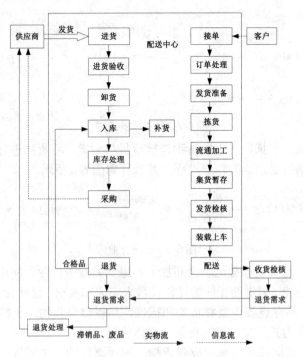

图 6-4　配送中心作业流程

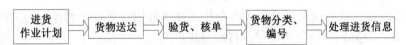

图 6-5　进货作业流程

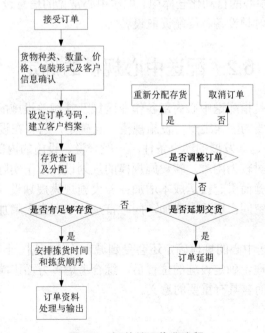

图 6-6　订单处理作业流程

补货作业是为了保持一定的安全库存，保证及时为客户供货的作业过程，其流程如图 6-7 所示。

图 6-7　补货作业流程

　　配送作业是将从仓库拣取出来的货物进行检货与配货，将货物进行包装和配载，并按客户指定的时间送到指定地点的作业过程，其流程如图 6-8 所示。

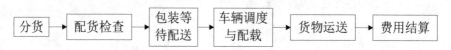

图 6-8　配送作业

　　除了以上作业，还有装卸搬运、流通加工和退货处理等作业。配送中心要完成以上工作和实现其具有的功能，需借助相应的设施设备来完成和实现。这些设备主要有以下几种。

　　(1) 储存设备。储存设备主要有货架和托盘，用以储存货物。不同类型的仓库具有不同类型的货架，如重力式货架、旋转货架、立体货架等。

　　(2) 搬运设备。搬运设备用来完成对货物的短距离移动，主要有搬运车、叉车、货物输送带、垂直升降机等。

　　(3) 拣货设备。拣货设备用来完成将货物从货架取出存至货物暂存区的工作，主要有拣货车辆、载人升降机、拣货传送带、自动分拣机等。

　　(4) 计算机信息设备。随着科学技术的发展，信息技术在配送中心得到了越来越广泛的应用，特别是在配送中心的自动化仓库中。配送中心常见的信息设备主要有计算机设备、网络设备、电子标签、射频设备、终端读取设备等。

6.2　配送中心规模的确定

　　配送中心规模主要是指配送中心内部各作业区域及其相关设施的规模，它是配送中心规划设计决策中最为重要的因素之一。设施规模一旦确定，它将在设计年限(一般是 10 年或更长)内成为配送中心运营发展的约束条件。一般来说，设施的内部布局相对容易调整，但要改变整体规模就相对较为困难。若设施规模的规划设计小于实际需要，则会造成货物频繁倒库或租用其他设施而引起搬运成本增加；若设施规模规划设计过大，则会导致配送中心空间利用率降低，空间占用成本增加，同时富余的空间也会增加搬运的距离，导致搬运成本增加。

　　在规划过程中，配送中心的规模确定还会受到城市总体规划、土地征用等因素的影响。因此，通过一定方法或理论确定设施的位置后，综合考虑多方面影响因素，合理确定配送中心设施规模，对企业而言具有重要的意义。

6.2.1 影响配送中心规模的因素

1. 市场需求

配送中心本身就是一个服务性场所，它的任务就是为了更好地满足市场的需求，而市场需求主要由两部分组成：一部分是目前已经呈现出的物流配送需求量；另一部分是潜在的未来可能会产生的物流需求量。一般而言，未来物流需求量一般会受到企业、地方和整个社会经济发展的影响，具有很大的未知性。但也可以根据过去的数据和一定的经济预期增长量等大致预测出来。我们这里所指的市场需求主要是目前的物流配送需求量，它是决策配送中心规模的主要因素。

2. 物流运作成本

另一个影响配送中心规模大小的重要因素就是配送中心内部运作过程中可能产生的各项物流成本。

(1) 采购成本。指企业向外部的供应商发出采购订单的成本及订单处理过程中发生的相关费用，包括购买成本、处理订货的差旅费、邮资、文书等支出。

(2) 库存持有成本。库存持有成本是指为保持库存而发生的成本。这种成本可分为两部分：一部分是固定成本，它和库存数量的多少无关，如配送中心的折旧，中心职工的固定工资等；另一部分是变动成本，它和库存的数量有关，主要有四项：资金占用成本、存储空间成本、库存服务成本和库存风险成本。

(3) 土地、设施及建造成本。

3. 资金

配送中心不是根据市场需求想建多大都行，而是需要根据企业自身的资金实力和所能融到的资金数额来进行决策，因而它也是决策模型中主要的限制条件。由于配送中心初期投入资本是相当大的，对企业运营和资金周转状况会产生一定的影响，因此，需要企业根据未来的发展状况和自身的经济实力对配送中心的建设规模做出最有利的选择。

4. 服务水平定位

配送中心是一种服务性场所，其提供的产品就是服务。显然，合理决策配送中心规模大小的一个很重要指标就是它的服务能力。一般而言，配送中心总规模与服务能力是正相关的，服务水平高的配送中心，其规模较大。

6.2.2 配送中心总体规模确定方法

在分析影响配送中心规模的因素后，就可以对配送中心的建设规模进行确定。目前，国内外主要采用类比法确定配送中心的规模。一是通过横向对比国内外已有同类配送中心的规模来确定；二是借鉴交通运输规划中确定货运场站规模的方法。

横向对比方法是根据企业自身发展战略，类比国内外配送中心的规模得到本企业的规模，较少考虑宏观因素的影响；交通运输规划方法主要从宏观角度确定配送中心的规模，由于配送中心与传统的货运站存在本质的区别，此方法对配送中心的业务特点考虑不充分。所以，采用类比法确定配送中心规模误差较大。应该研究选择计算方法确定配送中心规模。

确定配送中心规模的主要依据是满足客户配送需求量。一般考虑配送中心的配送供给能力等于客户的配送需求。从配送供需平衡的角度出发，研究影响配送中心规模的宏观因素与微观因素之间的关系，建立配送中心规模的确定模型。根据供需平衡原理建立的配送中心规模的确定模型如图6-9所示。

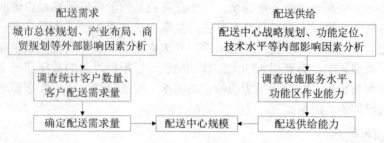

图6-9　配送中心规模确定模型

1. 配送需求分析

配送中心主要为其所在地周边经济发展提供物流配送服务，大致可分为两类：一是为生产企业提供原材料及零部件；二是为商贸流通企业提供销售商品和为大用户提供消费品配送。

配送需求量是经过配送中心的相关作业后由配送中心送达客户的物流量。它是配送中心规模确定的主要依据。配送需求量的大小取决于配送中心所在地的客户数量及客户的配送需求量，配送需求量计算方法如下：

$$R = \alpha \cdot \sum_{i=1}^{n} M_i \qquad i = 1, 2, \cdots, n \tag{6-1}$$

式中：R——配送需求量；

　　　M_i——第i个客户的配送需求量；

　　　α——调整系数；

　　　n——有配送需求的客户数量。

配送需求量R是配送中心所在地用户的配送总需求量，对不同类别的物品，调整系数$\alpha = 1 \sim 1.3$，用以调整配送需求量；配送需求量M_i是第i个客户的配送需求，其单位可以分别用吨/天、个/天、台/天、万元/天(货值)等表示；客户数量是配送中心所在地需要配送服务的客户数。

2. 配送供给分析

配送供给能力由其占地规模以及生产组织水平、作业效率、硬件设备条件等因素所决定。随着管理信息技术的发展，物流管理与技术的信息化程度越来越高。配送中心总体设施与技术水平直接反映了配送服务供给的规模和服务质量。假设配送中心机械化水平及生产组织水平一定，则可以认为配送中心供给能力与占地规模成正比。配送中心的供给能力可以用如下公式计算：

$$P = f \cdot k \cdot \lambda \cdot s \tag{6-2}$$

式中：P——配送中心供给能力；

　　　f——弹性系数；

　　　k——关键功能区单位面积作业能力；

λ——关键功能区占配送中心总面积的比例；

s——配送中心总占地面积。

配送中心供给能力 P 是配送中心在一定时间内可以提供的配送量，对不同类别的配送物品其单位可以分别用吨/天、个/天、万元/天(货值)等表示；弹性系数 $f=1\sim1.3$，用以调整配送中心的配送供给能力；k 是配送中心关键功能区的单位面积作业能力，其单位可以是：吨/(天·m²)、个/(天·m²)、万元/(天·m²)等。关键功能区是指全部订单的配送作业流程必须经过的作业区。配送中心总占地面积是配送中心各作业功能区的全部占地面积，单位通常用 m² 表示。

3. 占地规模确定

配送中心的占地规模应该满足规划年内所服务客户的配送需求总量的要求。配送中心占地规模合理的条件是供给满足需求。即

$$P = \beta \cdot R \tag{6-3}$$

其中：β——所规划配送中心占周边配送需求总量的比例。

所以，由式(6-1)和式(6-2)有

$$f \cdot k \cdot \lambda \cdot s = \alpha \cdot \beta \sum_{i=1}^{n} M_i \quad i=1,2,\cdots,n$$

即：

$$s = \frac{\alpha \cdot \beta \sum_{i=1}^{n} M_i}{f \cdot k \cdot \lambda} \tag{6-4}$$

式中：s——配送中心总占地面积；

α——调整系数；

β——所规划配送中心占周边配送需求总量的比例；

M_i——第 i 个客户的配送需求量；

n——有配送需求的客户数量；

f——弹性系数；

k——关键功能区单位面积作业能力；

λ——关键功能区占配送中心总面积的比例。

显然，若 α、β、M_i、n、f、k、λ 已知，便可通过式(6-4)得到配送中心占地规模 s。

所规划的配送中心占周边配送需求总量的比例 β，可经过调查由客户的实际需求确定，若该区域有 m 个配送中心，则 $\sum_{i=1}^{m} \beta_i = 1$，其中，$\beta_i$ 为第 i 个配送中心所分担的配送需求量比例。

配送中心关键功能区单位面积作业能力 k 取决于配送中心的组织管理水平及设施设备的利用水平。通过调查各类不同发展阶段的配送中心，结合企业战略发展规划及管理水平、机械化水平确定。由于我国配送中心建设发展的时间较短，数据收集存在一定难度，根据已有参考数据，k 值一般在 $1\sim5$ 吨/(天·m²)。如果管理水平和现代化水平较高，土地资源紧缺，k 应取大值；反之则应取小值。

基于供需平衡思想，通过分析配送需求与供给两方面因素有效地控制配送中心的占地规模，使之既能够保证提供必需的配送供给能力，又可以有效地提高土地利用率。经过上述分析，运用基于供需平衡理论的方法确定配送中心占地规模具有较强的科学性和可操作性。

6.2.3　配送中心进出货区规模确定

1. 车位数规划

车位数的规划，指在现有装卸水平条件下，并综合考虑未来的需求变化，确保所有货物按时装卸所需的车位数。

月台车位数通常可按以下公式计算：

$$m = \frac{\mu \sum N_i t_i}{T} \tag{6-5}$$

式中：m ——月台车位数；

　　　μ ——进(出)货峰值系数；

　　　i ——进(出)货车种类数；

　　　N_i ——第 i 类进(出)货车台数；

　　　t_i ——第 i 类进(出)货车装卸货时间；

　　　T ——进(出)货时间。

在这里，我们需要注意进(出)货时间的确定。通常配送中心的进(出)货时间可分为两种形式：一种是配送中心每天的进(出)货时间分为一个或几个时间段，另一种是进(出)货时间无明显间隔，连续进货。对于第一种情况，我们可以根据各时间段的进(出)货车台数、吨位及各货车的装卸货时间分别求出所需的车位数，取最大值为最终所规划的车位数；对于第二种情况，我们可以对进(出)货高峰时期重点分析，满足此阶段所需的车位数即为最终所规划的值。

2. 进出货区面积计算

进出货区面积按以下公式计算：

$$A = m \times K \times L \tag{6-6}$$

式中：A ——进出货区面积；

　　　m ——进出货车位数；

　　　K ——每个车位宽度(一般取 $K = 4\text{m}$)；

　　　L ——站台宽度(一般取 $L = 3.5\text{m}$)。

6.2.4　配送中心仓储区规模确定

1. 仓储区储运量规划

要确定仓储区的储运量，需要收集各类商品的年储运量及工作天数等基础资料，然后根据仓储区进出货的频率进行分析，进而确定出仓储区的储运量。

计算公式如下：

$$M' = \sum M_i' = \sum \lambda_i (N_i' f_i) \tag{6-7}$$

其中：

$$N_i' = \frac{H_i}{T_i} \tag{6-8}$$

式中：M' ——仓储区储运量；

i ——商品品项数；

N'_i ——第 i 类商品平均发货日的储运量；

H_i ——第 i 类货物的年发货量；

T_i ——第 i 类货物的年发货天数；

f_i ——第 i 类商品的厂商送货频率(送货间隔天数)；

λ_i ——第 i 类商品的仓容量放宽比，用以适应高峰时期的高运转需求。一般取放宽比为 1.1～1.2。

为了简化计算，可以将货物按送货品频率进行 A、B、C 分类，不同的货物群可设定不同的送货频率，计算各个货物群所需要的储运量，然后再予以求和，即可得到总的储运量。

在计算中需要注意以下几点。

(1) 年发货天数的计算可采用两种基准，一为年工作天数，二为按各商品的实际发货天数为单位，若有足够的信息反映各商品的实际发货天数，则以此计算平均储运需求量较接近真实状况。

(2) 确定放宽比时，如果配送中心商品进出货有周期性或季节性的明显趋势，则需研究整个仓储营运政策是否需涵盖最大需求，或者可经由采购或接单流程的改善，来达到需求平衡化的目的，以避免放宽比过高，增加仓储空间，造成投资浪费。

(3) 当部分商品发货天数很小并集中于少数几天出货时，易造成储运量计算偏高，从而导致储运空间闲置或库存积压的后果。因此建议对平均发货天数的发货量进行 ABC 分析，再与实际年发货量进行交叉分析，对于年发货量小但是单日发货量大者，基本上不适用上述估计法，可将其归纳为少量机动类商品，以弹性储位规划，而其订货时机应采用机动形式，当订单需求发生时再订货，以避免平时库存积压。

2. 仓储区面积计算

根据仓储区的储运量，可知日常存货的数量。除此之外，在进行仓储区作业面积规划时，还必须事先了解货物的尺寸、堆放方式、托盘尺寸、货架储位空间和通道宽度等。采用不同的储存方式，货物所需要的仓储作业面积是不一样的，通常配送中心货物的储存方式有地面堆码、使用托盘货架、轻型货架和自动化仓库等多种方式。

在要求不精确的情况下，可以用下面的公式来确定仓储区储存面积：

$$B = \sum M_i / \omega_i \tag{6-9}$$

式中：B ——仓储区储存面积；

M_i ——第 i 类货物平均储存量；

ω_i ——第 i 类货物在该区域的面积利用系数。

ω_i 的值取决于货品的类型、存放方式以及所采用的作业设备等，应根据经验和具体条件确定。

6.2.5 配送中心拣货区规模确定

1. 拣货区储运量规划

配送中心拣货区储运量的计算，与仓储区储运量的计算方法类似，但是应注意的是，仓储区的容量要维持一定期间(供应商送货期间)内的出货量需求，因此对进出货的特性和处理量均须加以考虑；而拣货区则以单日出货商品所需的拣货作业空间为主，故以品项数及作业面为主要考虑因素，一般拣货区的规划不应包含当日所有的出货量，在拣货区商品不足时则由仓储区进行补货。

进行拣货区储运量规划时，须掌握以下三类数据。

(1) H_i——第 i 类商品的年发货量；

(2) T_i——第 i 类商品的年发货天数；

(3) N_i'——第 i 类商品日均发货量。

$$N_i' = \frac{H_i}{T_i} \tag{6-10}$$

式中：i——商品品项数。

之后，可以将各类商品的 H_i、T_i、N_i' 三项因素综合考虑，进行组合交叉分析与综合判断，以便更有效地掌握商品发货特性。

进行 ABC 组合交叉分析时，可以先对各类商品的 H_i 及 N_i' 进行 ABC 分析，并分成不同类别的商品群。然后将发货天数按高、中、低进行等级分类，与已划分的商品群进行组合交叉分析，依其发货特性的不同做适当的归并后形成不同类别的拣货区。根据各拣货区的特性，分别确定其存量水平，将各种商品的品项数乘以相应拣货区存量水平，便可得到拣货区储运量的初估值。

2. 拣货区作业面积计算

拣货作业是配送中心内最费时的工作，因此拣货区作业面积规划的好坏必将影响整个配送中心的效率。按照拣货作业量、出货频率以及商品特性，拣货区的规划模式可分为三类，如表 6-2 所示。

表 6-2　拣货区规划模式

拣货区规划模式	作业方式	拣货量	出货频率	使用范围
拣货区与仓储区分区规划	由仓储区补货至拣货区	中	高	零散出货 拆箱拣货
拣货区与仓储区同区分层规划	由上层仓储区补货至下层拣货区	大	中	整箱出货
拣货区与仓储区合并规划	直接在储位上进行拣货	小	低	少量零星出货

根据不同的规划模式，我们可以分别分析其所需的作业面积。

1) 拣货区与仓储区分区规划

在这种规划方式下，仓储区与拣货区不是使用同一个货架，需要通过补货作业把商品由仓储区送到拣货区，再从拣选货架上拣取商品。通常采用流动货架，适合于以内包装或单品出货的商品。采用这种方式，拣货区作业面积的计算需要综合考虑商品品项数、拣货区的储运量、商品特性、货架尺寸以及通道宽度等因素。

2) 拣货区与仓储区同区分层规划

通常在这种规划方式下，仓储区和拣货区共用托盘货架，一般是托盘货架的第一层为拣货区，其余层次为仓储区，当拣货结束后再由仓储区向拣货区补货。

采用这种方式，拣货区作业面积的大小取决于商品品项数以及仓储区的库存量所需的托盘数。

单层存货所需的托盘个数为：

$$P' = \lambda' \cdot \sum \frac{M_i'}{N_i'(L'-1)} \tag{6-11}$$

式中：M_i'——第 i 类商品库存总量；

N_i'——每托盘堆放第 i 类商品数量；

L'——托盘货架层数；

i——商品品项数；

λ'——放宽比。由于实际库存以托盘为单位，不足一个托盘的商品品项仍按一个托盘来估计，因此库存所需空间应适当放大，一般取 $\lambda' = 1.3$。

那么，拣货区所需占用的托盘数量为商品品项数与单层存货所需的托盘数中的较大值，即为 $\max(i, P')$。

再根据托盘和货架的规格、尺寸以及通道的宽度，即可求出拣货区作业面积。

3) 拣货区与仓储区合并规划

这种规划具体有以下三种形式。

(1) 两面开放式货架：货架的正面和背面呈开放状态，两面可以直接存放或拣取商品；或者从一面存入，另一面取出，如流动货架。

(2) 单面开放式货架：商品的入库和出库在同一侧进行。在作业中要将入库和拣选出库时间错开，以免造成作业冲突。

(3) 积层式货架：通常下层为大型货架，采用整箱拣货模式，上层为轻量小型货架，采用单品拣货模式。

采用这类拣货方式，由于仓储区和拣货区合并在一起，因此不能单独计算拣货区作业面积，而是在进行仓储区作业面积规划时，根据储运量，结合通道宽度、拣货设备等因素一并考虑。

6.3　配送中心设施布置规划

设施规划是在配送中心经营策略的指导下，根据配送中心服务系统的功能进行转换活动，将物流设施所涉及的对象即配送中心本身、人员配备、机械设备和物料管理作业等，利用信息系统做出最有效的优化组合与资源配置，并与其他相关设施相协调，以期实现安全、经济、高效的目标，满足配送中心经营的要求。

设施规划都要遵循一定的规划程序。对配送中心规划来说，其设施规划程序如图 6-10 所示。

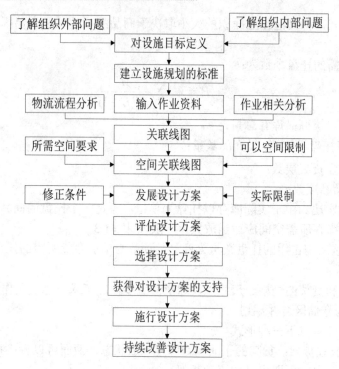

图 6-10　配送中心设施规划程序

6.3.1　配送中心设施布置主要流程

　　配送中心设施布置设计规划需要考虑大量相互影响的定性和定量因素，是一个涉及不同背景的人员和各种影响因素的非结构化、非线性的离散问题。这些特点决定了配送中心设施布置设计是一个比较复杂的问题。基于 SLP 进行配送中心系统布置能够较好地解决配送中心的设施布置设计问题。一般要经历规划资料分析、作业区域规划、物流流程分析、作业区域相互关系分析、作业区域布置等几个阶段。

1. 规划资料分析

　　配送中心设施布置设计过程涉及大量影响配送中心系统规划的基础数据。这些数据并不是相互独立的，而是存在着某种依赖关系，通过分析数据，确定配送中心的运营模式、库存容量、拣货方式和自动化水平等，为后续的布置规划提供参考。

　　以缪瑟(Muther)给定的 SLP 五个基本要素为基本出发点，经过分析得到决定配送中心设施布置设计的基本要素是配送的对象 E(Entry)、配送商品种类 I(Item)、配送商品的库存量和数量 Q(Quantity)、配送的通路 R(Route)、服务品质 S(Service)、交货时间 T(Time)、配送商品的价值 C(Cost)等。这 7 个基本要素即为用 SLP 进行系统布置的基本要素，通过运用各种方法对各要素进行全面调查和准确分析，才能求得最佳的配送中心布置方案。

　　配送中心基本要素的分析方法主要有物品特性分析、装载单元分析和 EIQ 分析等。物品特性是货物分类参考因素，如按货物性质可分为一般物品、易燃品、易爆品、冷冻品等，不同性质的物品可放在不同的区域，因此设施布置设计时首先要进行物品特性分析，以划分不同的作业区域。装载单元是一般运输货物的装载单位，如装满规定物品的托盘为一个装载单元。配送中心的其他装载单位还包括料箱、塑料箱等。不同的装载单元，其配备的储存和运输设备也不相同，因此需要进行装载单元分析。EIQ 分析是利用配送的对象 E(Entry)、配送商品种类 I(Item)、配送商品的库存量和数量 Q(Quantity)三个关键要素来研究配送中心的需求特性，为配送中心规划提供依据。

2. 作业区域规划

配送中心的作业区域一般包括收货区、发货区、货物储存区、托盘暂存区、拣货区、流通加工区、办公区、计算机管理监控区和设备存放与维护区等，根据规划资料分析确定所需的作业区域。作业区域确定后，然后确定各区域的基本运转能力。最后根据各区域的基本运转能力确定各区域的作业面积。

1) 基本运转能力分析

在确定了所需的功能区域后，需要通过对规划资料进行分析，确定各作业区域的基本运转能力，以仓储区的储运能力为例，其估算可采用周转率估算法，其数学模型为

$$仓储量 = \frac{年仓储运转量}{周转次数} \times 安全系数$$

2) 区域面积规划

各作业功能区域面积的确定与各区域的物流量、所配备的设施和设备以及作业方式等有关，因此具体每个作业区域的面积应分别进行详细计算。

以仓储区作业面积的计算方法为例，仓储区的作业面积与货物尺寸及数量、托盘尺寸、货架尺寸等因素有关。使用不同的堆码方式，考虑因素也不一样。以下列举出采用地面堆码时仓储区作业面积的确定。

设托盘宽度为 a，每托盘平均可叠放 n 箱货品，托盘可堆码 c 层，若配送中心的平均存货量约为 q，则存货面积 s 为

$$s = \frac{a \times a \times q}{n \times c}$$

实际仓储需求空间须考虑叉车存取作业所需空间，一般通道面积占全部面积的 35%～40%，设 ε=35%～40%，因此实际仓储面积 S 为

$$S = \frac{s}{\varepsilon}$$

对于有些物流作业区域，其作业面积不能通过像仓储区的作业面积直接求得，但是由于其作业面积主要取决于货物作业量，可以通过以下的公式估算：

$$s = \sum \frac{h_j}{\lambda}$$

式中，h_j 代表一种货物每日的作业量；λ 代表该区域的面积利用系数，面积利用系数取决于货物的类型、货物的存放方式以及所采用的作业设备等。

3. 物流流程分析

流程分析是整个配送中心设施布置设计的前提。货物的流程指货物在整个配送中心中的移动路径。货物流程分析不仅需考查每件货物在配送中心的路径，而且还试图使以下因素降低到最低：①移动距离；②返回次数；③交叉运输；④费用。

不同的配送中心，通常具有不同的物流作业流程，同一个配送中心内部也具有多条作

业流程。通过物流流程分析，将不同性质的作业加以分类，并将各作业阶段的储运单位及作业量加以整理统计，可得到各项物流作业的物流量大小及分布。在物流流程的分析过程中，可以通过制作物流流程图的方式来详细描述货物处理过程中配送中心各作业阶段的关系，也可以用来描述整个配送中心各部门之间的流程。

4. 作业区域相互关系分析

作业区域相互关系分析包括物流相互关系分析、非物流相互关系分析和综合物流相互关系分析。

物流相互关系分析是对配送中心各区域间的物流量进行分析，通过划分物流强度等级的方法来研究物流状况，建立物流相关表，用物流强度和物流相关表来表示各功能区域之间的物流关系强弱，确定各区域的物流相关程度。

非物流相互关系分析即活动相关性分析，用来考虑除物流外的其他因素对配送中心各区域间相互关系的影响，通过划分关系密切程度等级，建立作业区域相互关系表来研究各作业区域相互关系的密切程度。

在确定了配送中心作业区域物流相互关系和非物流相互关系后，要将物流和非物流相互关系进行合并，求出合成的相互关系表即综合相互关系表，然后从综合相互关系表出发，实现各作业单位的合理布置。

5. 作业区域布置

作业区域布置包括作业区域位置布置和作业区域面积布置两个步骤。

1) 作业区域位置布置

配送中心总平面布置时并不直接考虑各作业单位的占地面积及外形几何形状，而是从各作业单位之间综合相互关系的密切程度出发，布置各作业单位之间的相对位置，综合相互关系密切程度高的作业单位之间的距离较近，反之则距离较远，由此得到作业单位位置相关图。

2) 作业区域面积布置

配送中心的作业单位位置相关图确定后，将配送中心各作业单位的占地面积与其建筑物空间几何形状结合到作业单位位置相关图上，并做适当调整，减少区域重叠和空隙，即可得到作业单位面积相关图。

6.3.2 作业区域关联性分析

配送中心的不同区域之间，在作业程序、组织结构、业务管理等方面存在一定的依存关系。如果对这些关系进行关联性分析，那么对设施规划的区域布置就是至关重要的。关联性分析主要包括定量从至图和定性关联图等方法。

1. 定量从至图

定量从至图以资料分析所得出的定量单据为基础，目的是分析各作业区域之间的物料流动规模的大小，使设计者在进行区域布置时，避免搬运流量大的作业要经过太长的搬运距离，以减少人力物力的浪费，并为设计各区域的空间规模提供依据。定量从至图的表格如表 6-3 所示。

表6-3　定量从至图

物流作业区域	搬运到达区										
	1	2	3	4	5	6	7	8	9	10	合计
搬运起始区 1											
2											
3											
4											
5											
6											
7											
8											
9											
10											
合计											

从至图的制作过程如下所述。

(1) 依据主要作业流程,将所有作业区域分别以搬运起始区与搬运到达区按同一顺序列表。

(2) 为了正确地表现各流量之间的关系,需要统一各区域的搬运单位,以方便计算流量的总和。

(3) 根据作业流程将物料搬运流量测量值逐项填入从至图内。

(4) 以从至区域间的搬运流量作为后续区域布置的参考,流量大的两个作业流程将具有较高优先顺序,并被放置于相邻的位置。

2. 定性关联图

定性关联图方法主要是对设施内部的各种活动之间的相互关系进行定性分析,确定两活动区域间的关联程度,以此为设施规划的空间布置提供设计上的基本依据。其定性关联图如图 6-11 所示。

关联图左边的各个活动区域由实体模块组中的功能模块活动区域以及支持实体作业的需求区域如办公事务区等共同组成。图 6-11 表明某些实体功能模块在活动区内可以进行空间上的整合,以提高设施的利用率,如退货作业与进货作业区合并。在定性关联图中,任何两个区域之间都有将两个区域联系在一起的一对三角形,其中上三角形记录两个区域关联程度等级的评估值,下三角形记录关联程度等级的理由编号。关联程度等级设计如表 6-4 所示,关联程度等级理由如表 6-5 所示。

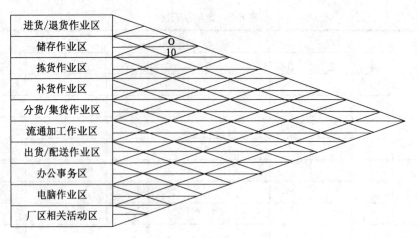

图 6-11　定性关联图

表 6-4　关联程度等级设计表

相关等级	相关程度说明	相关等级	相关程度说明
A	绝对重要	O	一般重要
E	特别重要	U	不重要
I	重要	X	禁止接近

表 6-5　关联程度等级理由表

编号	两区域需要接近的理由	编号	两区域需要接近的理由
1	人员解除程度	7	进行相似活动
2	共用相同的人员	8	物料搬运次数的考虑
3	文件往返程度或配合事物流程顺序	9	作业安全的考虑
4	使用共同的记录	10	提升工作效率的考虑
5	共用设备	11	改善工作环境的考虑
6	共用相同的空间区域		

　　一般来说，一个区域的设施布局，A、E、I 级的关系所占比例为 10%～30%，其余为 O，U 级关系，而 X 级关系需根据具体情况而定。

　　在图 6-11 中，由于进货/退货作业区与拣货作业区的关联程度等级为普通重要，其理由是为了提升工作效率，则在与两区域相联系的上三角中标记"O"，下三角中标记"10"。

6.3.3　基于图形建构法的配送中心设施布置

　　图形建构法以不同作业区间的权数总和作为挑选作业区的法则。下面介绍一种启发式的图形建构法，主要是根据节点插入的算法来建构邻接图，并且保持共平面的性质。图形建构法首先要设定各作业区间的关联权重。下面举例说明图形建构法在配送中心设施布置中的应用。

　　例如，某配送中心内货物作业流程及比例如图 6-12 所示。

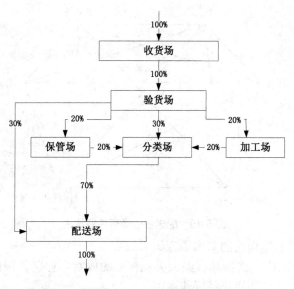

图 6-12　配送中心内货物作业流程及比例

根据图 6-12 制作出配送中心各场所间关联图，如图 6-13 所示。

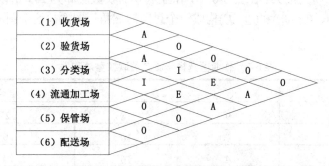

图 6-13　配送中心各场所间关联图

把相关程度等级转化为数字表示，数字越大，表示相关等级越高。A(18~20)，E(14~17)，I(10~13)，O(4~9)，U(1~3)，X(0)。将图 6-13 经过处理后得图 6-14 和图 6-15。

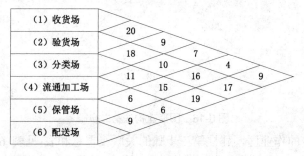

图 6-14　配送中心各场所作业关联图

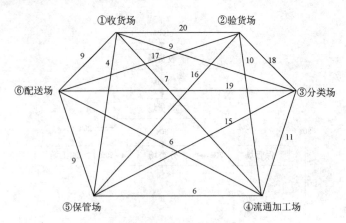

图 6-15　配送中心场所关联线图

在此基础上，图形建构法的基本步骤如下。

(1) 从上述关联图中，选择具有最大关联权重的成对作业区。因此，在本例中作业区①和作业区②首先被选中而写进关联线图中。

(2) 选定第三个作业区进入图内，其根据是这个作业区与已选入的作业区①和作业区②所具有的权重总和为最大。在表 6-6 中，作业区③的权数总和为 27，所以入选。如图 6-16 所示，线段(①-②)、(②-③)和(③-①)构成一个封闭的三角形图面，这个图面可以用符号(①-②-③)来表示。

表 6-6　作业区选择步骤二关联权重总和表

作　业　区	①	②	合　　计
③	9	18	27(最佳)
④	7	10	17
⑤	4	16	20
⑥	9	17	26

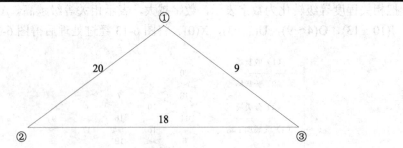

图 6-16　图形建构法第二步骤

(3) 对尚未选定的作业区，建立第三步骤的关联权重总和表(见表 6-7)，在此表中，作业区⑥的权数总和为 45，所以入选，以节点形态加入图面，并置于区域(①-②-③)的内部，如图 6-17 所示。

表 6-7　作业区选择步骤三关联权重总和表

作业区	①	②	③	合　计
④	7	10	11	28
⑤	4	16	15	35
⑥	9	17	19	45(最佳)

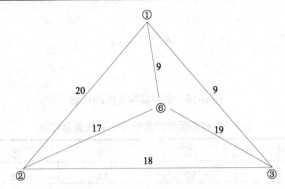

图 6-17　图形构建法第三步骤

(4) 对尚未选定的作业区，建立第四步骤的关联权重总和表(见表 6-8)，在此表中，作业区(5)在(②-③-⑥)中的权数总和为 40，所以入选，以节点形态加入图面(②-③-⑥)，并置于区域(②-③-⑥)的内部，如图 6-18 所示。

(5) 剩余的工作是决定作业区④应该加在哪一个图面上。建立第五步骤的关联权重总和表(见表 6-9)，在此表中，作业区④在(①-②-③)中的权数总和为 28，所以将节点加入图面(①-②-③)，并置于区域(①-②-③)的内部，如图 6-19 所示。

表 6-8　作业区选择步骤四关联权重总和表

作业区	①	②	③	⑥
④	7	10	11	6
图画	合计			
①-②-③	28			
①-②-⑥	23			
①-③-⑥	24			
②-③-⑥	28			
⑤	4	16	15	9
①-②-③	35			
①-②-⑥	29			
①-③-⑥	28			
②-③-⑥	40(最佳)			

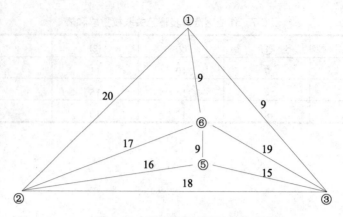

图6-18　图形建构法第四步骤

表6-9　作业区选择步骤五关联权重总和表

作业区	①	②	③	⑤	⑥
④	7	10	11	6	6

图画	合计
①-②-③	28(最佳)
①-②-⑤	23
①-②-⑥	23
①-③-⑤	24
①-③-⑥	24
①-⑤-⑥	19
②-③-⑤	27
②-③-⑥	27
②-⑤-⑥	22
③-⑤-⑥	23

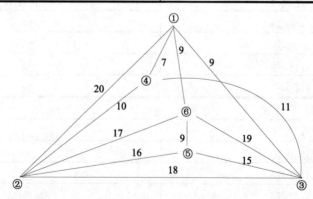

图6-19　图形建构法第五步骤

　　(6) 建构完成一个邻接图之后，最后一步是依据邻接图来重建区块布置，如图6-20 所示。在建构区块布置图时，各作业区的原始形状必须做出改变，以配合邻接图的要求。但在实际应用中，由于作业区形状需要适应内部个别设备的几何形状以及内部布置结构的限制，所以作业区的形状还需根据具体情况来决定。

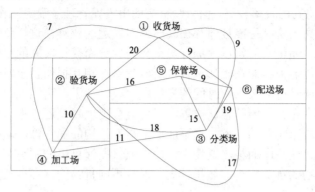

图 6-20 最终邻近区布置示意图

6.4 配送中心存储策略

现代配送中心与传统仓库的一个最主要区别就是货物在库的停留时间短、流通速度快，现代配送中心已经不仅仅起到传统仓库的"蓄水池"作用，更加强调的是"为取而存"，存和取两者的关系紧密，储存策略的效果直接影响着拣货策略和路径安排是否合理，拣货策略和路径安排也验证着储存策略是否高效，它们之间的关联及约束直接影响配送中心的运作效率和服务质量。

6.4.1 储位规划与管理方法概述

现代配送中心的货物要做到"好存好取"，对储位进行有效的规划显得尤为重要。良好的储位规划可以通过合理安排仓库储位，达到快速地存放、提取货物，减少货物出入库移动的距离、缩短作业时间，充分利用储存空间，提高设备利用率，降低成本，最终达到提高配送中心运作效率和提高客户服务水平的目的。在根据客户订单对货物进行拣选之前，货物必须要先保存在仓储中心内的具体储存位置。储存作业应考虑最大限度地利用空间，最有效地利用劳动力和设备，最安全经济地搬运货物，最良好地保护和管理货物。储存策略是储区规划的大原则，因而还必须配合货位规划法则才能确定货物的具体存放位置。

储存策略是指各种货物在仓储区存储的规则，即如何给存货单元分配存储位置。不同货物存放的位置不同，拣货人员在仓储区拣货的路径也会发生相应的改变。对储存策略进行选择的主要目的有两个：一是尽可能提高仓储货位的利用率；二是提高拣货系统的拣货效率。要实现以上两个目标，在对储存策略进行选择时，要重点考虑的因素有储存货物的周转率，储存产品的相关性、同一性、互补性；还要尽量做到货物的先进先出和储位布置明晰等。下面对常采用的几种存储策略进行讨论。

1. 随机存储与最近可用存储策略

随机存储是将入库的货物，按相同的概率指派到任意可使用的存储位置，如果允许存储作业人员自主选择他们所存储货物的存储位置，那么得到的存储系统就是最近可用存储系统。对于随机存储策略而言，每一种货物被指派的储存位置不是固定的，而是随机且可以改变的，也就是说，任何货物都可以被存放在任何可利用的位置。由于存储位置可以共用，所以储区空间的利用效率较高，但会给货物的出入库管理及盘点工作带来较大的困难。同时，因为周转率高的货品可能被储存在离出入口较远的位置，这样就增加了出入库的搬运距离，所以随机存储策略通常以增加行走距离为代价而获得较高的空间利用率，有些相互影响特性的货品可能被存储在相邻位置，造成货物的相互损伤甚至发生危险。在实际的运作过程中，货物通常可按其入库时间的先后顺序被储存于距离出入口由近至远的存储位置，如果仓储中心中存在空闲的存储位置，就可能会出现越接近出入口位置的货架越满，越接近仓库后面的货架越空的现象，也不能保证货架结构的稳定性。随机存储策略因其使用简单，可以节约存储空间而被广泛使用，但一般只在计算机控制环境下采用。随机储存策略适用于仓库货物的种类较少、体积较大，而且不同货物的储存单位基本一致，仓库的储存空间需求较少的情况。

2. 定位存储策略

对于定位储存策略而言，每一种货物都有固定的储位，货物不能互用储位。定位储存的一个优点是每种货品都有固定储存位置，拣货人员对货物的位置比较熟悉。这种存储策略的一个缺点是即使货物不在储位，其存储位置也要保留。此外，这种储存方式要求每一种货物规划的储位容量不得小于其可能的最大在库量。因此是空间利用率最低的一种存储指派方式。

定位储存策略可按周转率大小或出货频率安排货物的存储储位，从而缩短出入库时货物搬运的距离；还可根据货物的特性安排其存储位置，从而降低货品之间的不良影响。如果货物重量差异较大，定位存储策略对于减少能耗和提高安全性也是有帮助的，我们可以将较重的货物放在货架的底部，将较轻的货物放在货架的顶部，这样可以使货物的重心尽可能降低，以保证货架的稳定性。定位存储策略适用于各种货物的特性差别较大，储存单位的差别较大，多种少量货物的储存，同时仓储空间需求较大的情况。

3. 全周转率存储

全周转率存储是根据货物周转率确定它们在存储区域的位置。通常销售率最高的货物被摆放在最易取得的位置，如靠近出入口的地方；搬动速度低的产品通常位于仓库后面的存储位置。存储策略用来确定货物在各区域当中分配存储位置时考虑的是货物的周转频繁度和存储空间需求，采用体积—订单指数 COI(Cube-Per-Order Index)来表示。COI 是单位货物的存储空间需求(Cube)和其存取需求次数的比值，COI 越低的货物所占存储空间越小，存取需求越高。仓库管理者将各货物的 COI 算出，然后按照递增顺序排列。最后，管理者按照排列顺序安排存储位置，COI 值越低的货物，越靠近进出入货口(Input/Output，I/O)布置。这样 COI 原则就将单次存取量大、存储空间要求较少的货物放在进出货口附近。

实际上，全周转率存储和定位存储的结合较易实现。其缺点是由于用户需求经常变化会导致产品 COI 排序的频繁变化。采取基于 COI 或其他需求频率的定位指派方法，能大大减少通道内拣货行走的时间，但和随机存储相比，其信息精确度要求高，不容易管理。因而必须对订单数据和存储数据进行分析处理以便对货物重新进行储存定位。

4. 分类存储

所谓分类存储，就是将所有的储存货物按照一定特性划分成不同类别，每一类货品的存放位置固定不变,并按照一定的原则为同一类的不同货物指派具体的存储位置。分类储存通常按产品相关性、流动性、尺寸、重量、特性等对货物进行划分,是以上提到的方法的组合。

在进行库存控制时,将货物划分为不同类别的经典方法是 ABC 分析法,通常由 COI 或拣货体积等衡量货物需求频率实现货物的分类。习惯上将移动速度最快的货物称为 A 类,次快的为 B 类,以此类推。尽管在某些情况下,更多的分类能在行走时间方面带来附加的收获,但分类的数目通常为三个。根据仿真试验结果,皮德森(Petersen)等人发现在人工拣选系统中考虑行走距离时,全周转率存储优于分类存储方法。两者之间的差别在于类别划分策略(如分类数、每类占存储体积的百分比等)以及所采用的路径规划方法。关于分类存储的研究多集中于自动拣货系统。分类储存的优点是便于畅销品的存取,具有定位存储的各项优点;各分类的储存区域可根据货品特性再做设计,有助于货品的储存管理。分类储存的缺点是储位必须按各项货品最大库存量设计,因此储区空间平均的使用效率较低;分类储存比定位储存更具弹性,但也有与定位储存同样的缺点。

分类存储是将物品按拣货频率的高低分类,将流量大的品项存放在离出入口近的地方,分类存储可比随机存储节约 12%~26%的拣货时间,节约的程度取决于拣货单上被拣品数量的多少,大的拣货单比小拣货单节约的时间少。

此外,还有按货物流量存储和分类随机储存策略等。总之,拣货系统的储存策略很多,各有优缺点,配送中心在选择储存策略时要根据具体情况确定适合自己的方法。

6.4.2　分区拣货问题分析

所谓分区拣货问题是指将拣货作业场地按照一定的方式进行区域划分,每一拣货人员或设备只负责拣选指定区域内的货物。这种拣选方式最突出的特点是,一个拣货员被指派到某个区域,而其他拣货员都不在那个工作区域工作,主要优点是拣货人员分拣范围缩小,可以减少每次拣货的穿插行为和需要记忆的存货数量,从而达到缩短拣货作业时间的目的。拣选员被分配到指定的工作区域后,首先,他们会越来越熟悉自己所负责区域里的产品及其位置,这种对货品的熟悉可以提高订单拣选作业的效率和准确性。其次,由于同一时间一条走廊里不会超过一个操作员,所以拥挤的程度被减小到最小。不论是按订单拣货还是分批拣货,为了进一步提高拣货效率,分区拣货策略非常具有研究价值。

目前关于分区策略可分为两类:静态分区(Static Zoning)与动态分区(Dynamic Zoning)。静态分区是指在配送中心规划时已经确定分拣区的大小、形状与数量等,这些因素在拣货过程中不会发生动态变化;动态分区则是在拣货时根据需要,分区数量和大小随时变化,而且分区方式也有多种,如货品特性分区、拣选方式分区、拣选单位的分区和工作分区等。根据各分拣区拣货时间并发与否又可分为串行分区和并行分区。

1. 串行分区与并行分区

1) 串行分区系统

在串行分区系统中,所有货物都是逐步拣选的,拣货人员负责拣选完所负责区的货物后将装物品的容器(箱或托盘)移入或交给下一个分区接着拣选,就像接力赛跑一样,一棒传一棒,在此系统中,经常出现某分区拣货员回到和前一分区的交接点时,没有前一分区已经完成的订单,由于不能越过交接点去帮助前一分区那位忙碌的拣货员,只得无奈地等待，造成了时间的浪费，拣货不能达到最高效率；动态分区(接力式分区)是串行分区的一种改进，订单在此不做分割，拣货一区接一区地接力拣选，但分区大小不固定，以接力的方式来完成所有的分拣动作，消除了拣货区的限制，避免了节点间的无奈等待。这种只包含一个订单的拣选，可以大大提高顾客订单响应速度，同时省去了分类作业的成本。但货物量很少时，拣选一个货物平均所需的往返步行时间就相当多，降低了拣货效率。一般串行分区的系统配置示意如图 6-21 所示。

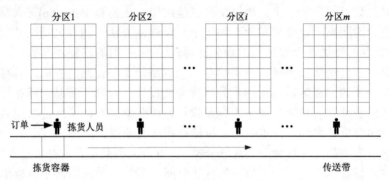

图 6-21　串行分区的系统配置示意图

串行分区拣货方式是在分区拣货的前提下，订单不做分割，一张订单由不同工作分区内不同的拣货员以接力的方式来完成所有的拣取动作，每个拣货员只负责自己所在区域内产品的拣货。这种拣货系统通常需要借助于电子标签、自动输送机等设备进行辅助拣货。一般干货、日用品、烟酒等属零散拆箱属性的品项，通常采用接力拣取式的拣货作业。在接力拣货过程中，如果某个分区中需要拣取的品项数量特别多，就会导致该分区中的拣取时间特别长，工作人员也相对较累；同时，其他需要拣取品项数量较少的分区，由于拣取时间较短，工作人员会出现空闲。这种现象会影响拣货系统工作的连续性和均衡性，降低拣货作业的效率。为了避免这种情况，需要对一定时期的订单特性进行分析，在入库时，对储位进行优化布置与分配设计，以保证各分区的被拣品数量大致相当。同时，分区数量的多少也是影响拣货效率的重要因素，配送中心在旺季和淡季对拣货区数量和人员的配置也应根据实际情况进行实时调整，以保证旺季工作人员不会超负荷工作，淡季也不会出现设备和人员闲置现象。

2) 并行分区系统

并行分区是在管理人员分配好各分区作业人员的拣选任务后，所有区域同时开始拣货作业直至完成订单需求再汇总一起。各分区固定，但配合订单分割与分批策略，运用多组拣货人员在短时间内共同完成订单的拣选。拣货员在拣选一件货物的过程中，会在产品上贴上条码标签，然后将其放在一个大的手推车里面，或是放在位于拣货员行列旁边的传送带上。手推车或是传送带上的货物随之将被送到一个分类系统处，该系统会按照顾客订单的要求将货物进行分类，可以是手工分类，也可采用自动分拣设备进行分类。即当一项订单被分配给多个拣货员时，将这些订单里的货物重新整合在一起所付出的努力也极大地增加了。一般并行分区的系统配置示意如图 6-22 所示。

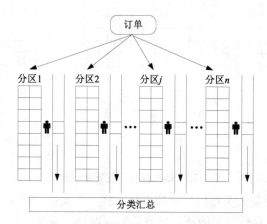

图 6-22　并行分区系统配置示意图

有订单需求时，分区所有拣货人员必须根据订单物品需求信息同时进行拣货作业，直到所有分区拣货作业完成物品汇总为止。显然，订单的拣货时间仅仅与最大的分区拣货时间相关，因此拣货作业系统在运作过程中，不仅要求各分区拣货作业时间最小，而且需考虑分区中物品的均衡储存，使后续的订单拣货作业各分区拣货时间均衡相等，达到订单拣货提前期最小的目的，所谓订单拣选提前期，类似于生产系统的提前期概念，指拣货设备从收到订单开始拣选到拣货完毕这段时间。一般情形下，订单拣货时间即为订单提前期，但在特殊情况下，两者不相等，如订单拣货过程发生中断或者订单被分割同时拣选等情形。特别是随着物流技术和现代化管理方法在配送中心的应用，分拣系统中的物品拣选时间得到显著改善，不同位置物品在分拣区中的拣选时间差异减小，正日益趋向于单元化，订单的拣货时间开始逐步与订单需求物品种类数量呈正线性关系，物品在各并行分区之间的均衡储存更显得非常重要。

如果订单需求的所有物品都均衡储存在不同分区中，则订单在各分区的需求物品数量基本相同，各分区拣货作业时间趋于相同，分区拣货设备无空闲现象发生，订单提前期可以达到最小。但是，不同订单需求物品种类是不一样的，各订单在各分区的物品需求也不相同，种类数量自然也存在差异，这带来了物品均衡储存的复杂性。为了最小化订单提前期，减少分区中拣货设备的空闲时间，一般的处理方法是将所有订单中物品需求频率相同或相似的物品储存在不同的分区中，这样可以使后续的订单需求物品分布在各分区尽量均衡，使各分区的拣货时间基本一致。如何获取物品之间的需求关系以及在获取关系数据后，如何安排物品均衡地储存在不同分拣区中是一个值得研究的问题。

物品需求相关关系越强的物品储存在不同的分拣区可以最小化拣货提前期，减少拣货设备的空闲时间，而物品之间的需求相关关系可以通过历史订单信息分析获得。如果某两种物品的需求发生在基本相同的一组订单中，而且该组订单数量越大说明这两种物品的需求相关关系越强，在物品储存时就越应该储存在不同的分区中。

3) 静态与动态分区系统

在静态分区拣货作业的过程中，不仅需要考虑每一分区拣货作业路径最优化或拣货时间最小化，而且需考虑物品在各分区的均匀储存，以实现拣货作业人员劳动效率的提高。特别是并行分区拣货作业，由于订单拣货时间(提前期)是所有分区作业时间最大者的值，所以更强调这一点。动态分区与静态分区正好相反，其分拣区域没有固定，而是随着拣货作业的进行而动态变化。拣货过程类似于串行分区，拣货人员是一区接着一区地接力拣选，但分区大小不固定。动态分区系统配置示意如图 6-23 所示。

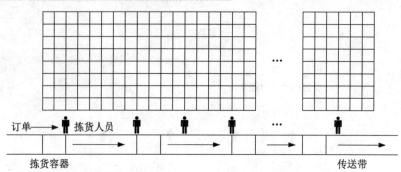

图 6-23　动态分区系统配置示意图

如图 6-23 所示，拣货人员按照拣货效率从小到大依次被安排在分拣系统中，在拣货过程中，拣货人员完成自身所分配的拣货任务后立即前移，从前一位拣货人员处接手未完成的拣货任务开始继续拣货，前一位拣货人员的任务被接手后也立即前移到更前一位拣货人员处接手其拣货任务，以此类推，拣货随着订单的不断到达，拣货系统的拣货任务一直如此动态进行，直到完成所有拣货任务为止。

2. 分区拣货的时间均衡性评价

在分区拣货作业中，为保持拣货作业的连贯性和作业设备的平衡利用，各拣货分区的拣货数量保持均衡性是非常重要的。特别是并行分区拣货系统，保持这种均衡性不仅可以均衡拣货设备或人员的劳动量，还能显著缩短客户订单的拣货提前期等。时间均衡设计的目的就是在既定拣货策略下使拣货过程中的作业等待时间达到最小。在分区拣货系统中，通过工作量的均衡设计可以实时调整拣货区的大小，减少工作人员的空闲时间，消除分区拣货及订单批量拣货中的等待时间等。这些方法往往不需要大的投资，比较容易实现。

国内外很多学者都是通过采用合理的存储策略，配合恰当的订单分批方式，结合各种订单拣取路径策略及适当的分区策略来提高拣货效率。但大都从某一方面考虑如何减少行走时间和距离从而达到减少成本的目的，而未从订单分批、分割、分区拣选集成优化的角度考虑各区拣取时间不均衡会影响配送中心响应速度和整体运行效率，从而导致对顾客的服务水平降低的问题。

时间不均衡是指拣货过程中，在既定的拣货策略下，由于各拣货分区所花的拣货时间有差异性，导致一批订单或被分割的订单不能同时完成拣货，而必须等拣货时间长的分区拣货作业完成后，才能进行包装和配送装车等作业的等待时间。这个等待时间的存在，一方面会对人员和设备造成闲置浪费，另一方面会延误下一周期的拣货作业，最终影响配送中心的整体作业效率。所以我们有必要引用下面两个时间均衡评价指标。

某配送中心拣货区分成 n 个并行分区，下面引入两个均衡拣货时间的指标。

第一个指标：设备区分系统的拣货时间分别为 $t_i (i=1,2,\cdots,n)$，要完成一批拣选任务，使整个系统等待时间尽可能小，即评价的关键在于缩短各并行作业之间的时差，用数学公式可表示为 $\min \max \{|t_i - t_j|\}(i=1,2,\cdots,n;\ j=1,2,\cdots,n)$，并且 $i \neq j$。

第二个指标：把生产装配中的平衡延误(Balance Delay)原则引入到分区拣货问题中来，各分系统中最大拣货时间设为 $t_{\max}$，各分系统中平均拣货时间设为 t_{ave}，可得分区拣货时间均衡性的另一个评价指标为 $\min \dfrac{t_{\max} - t_{\mathrm{ave}}}{t_{\max}}$。

采用以上两种拣货时间均衡指标能保证各拣货分区拣货时间的相对平衡，有效减少拣货作业中因订单分批、分割拣选及工作分区不平衡引起的等待时间，不仅能改善拣货作业效率，最小化设备和人员闲置时间，而且有利于提高客户服务水平。如果改变订单资料如订单到达的速率、订单订购的货物数及总量等，均可以按照此方法进行时间均衡的设计。

如果计算结果表明 n 个拣货分区的作业时间严重不平衡，则必须对拣货系统做相应的调整，如改变储区的布局；通过历史数据分析挖掘，重新进行储位规划；改变时窗大小或是调整订单分批策略等；之后再重新验证。上述过程可以反复进行，直到满意为止。

6.4.3 储位规划模型及算法

存储策略是储区规划的大原则，必须配合货位分配的方法才能确定货物的具体存放位置，最终决定整个拣货系统实际运作的模式。所以存储策略应结合货位规划才能更符合实际情况，在拣货系统乃至整个配送中心系统运作中发挥更大的作用。

在上述各种拣货系统的存储策略中，无论是定位储放还是分类储放，都是以货物周转率为依据、以减少拣货行走的时间或距离为目标来对储位进行分配的，一般都假设货物的搬运成本仅与货物的搬运距离有关。但在实际运作中，从减少整个搬运系统能耗的角度考虑，货物的搬运距离和重量都是影响搬运成本的重要因素。因此，在存储定位中必须考虑货物重量，另一方面的原因是为了很好的保证货架结构的稳定性，更应该遵循下重上轻的原则，尽量使货物的重心最低。

为解决上述问题，我们将在某些假设的前提条件下，在考虑货物的重量、搬运距离、周转频率及安全性等因素的基础上，建立储位规划模型。

1. 模型的建立

1) 模型假设

(1) 拣货员或拣货车辆只在拣货区和出入货口(I/O)之间行走，在拣货过程中只计算货物重量产生的能耗，拣货员或拣货车辆自身重量可忽略不计。

(2) 按简单的往返拣货程序进行拣货，不考虑拣货员或拣货车辆空驶的能量消耗。

(3) 不考虑缺货对拣货系统的影响，即在拣货过程中不会发生缺货现象。

(4) 从存储位置取出货物的能耗为一常数，在模型中忽略不计。

(5) 每个储位存放的货物以容积为限，而不是以重量为限。

(6) 储位的整体容积利用率比较高，大多数储位都是满的。

(7) 每个储位只存储一种货物，每个储位的容量为常数。

(8) 补货作业与拣货作业相互独立，模型中不考虑补货作业对拣货作业的影响。

2) 参数的定义

H_{xz}——从 I/O 到货架的第 x 列，z 层上的货物的垂直距离；

S_{xz}——从 I/O 到货架的第 x 列，z 层上的货物的水平距离；

μ——搬运器械与地面的摩擦系数；

g——重力加速度；

v_i——存储单位货物 i 所需要的容积空间；

w_i——单位货物 i 的重量；

m_{xz}——存储于货架的第 x 列，z 层货位上的货物的重量；

V ——每个储位的容量空间；

Q_i ——每个周期内订购货物 i 的数量的数学期望；

f_i ——每个周期内货物 i 的存货周转率(次)；

X_{xzi} ——第 x 列，z 层上的货物 i 的储存数量；

$$Y_{xzi} = \begin{cases} 1 & \text{货物} i \text{存储在货架的第} x \text{列，} z \text{层上} \\ 0 & \text{否则} \end{cases}$$

3) 目标函数

第一个目标函数，从减少能耗的角度出发，拣货员或拣货车辆从一个储位取出订单中的货物运送到 I/O，需要消耗的能量可以由拣货员或拣货车辆拣取单位货物行走的能量消耗与取出操作的期望次数来确定。外力对物体所做的功等于外力 F 与物体在力的方向上所移动的距离之积，即 $W = F \cdot S$。假设拣货过程中拣货员或拣货车辆匀速行走，需要克服水平方向的地面摩擦力做功和垂直方向上的重力做功。这样，一次拣取单位货物 i 时，拣货员在水平方向和垂直方向所做的功可以表示为 $W = W_s + W_h = w_i g \mu S_{xz} + w_i g H_{xz}$。

在一个周期内，从储位 (x, z) 取出货物 i 所需要的总功可以用水平方向所做的总功和垂直方向所做的总功两部分之和表示，即

$$\min f_1 = g \sum_{x=1}^{p} \sum_{z=1}^{q} \sum_{i=1}^{n} (\mu S_{xz} + H_{xz}) w_i X_{xzi} f_i \tag{6-12}$$

第二个目标函数：为了使得货架受力均匀，很好的保证货架结构的稳定性，应该遵循下重上轻的原则，保证货架的稳定就是使货物的重心最低，即

$$\min f_2 = \sum_{x=1}^{p} \left(\frac{\sum_{z=1}^{q} z^* m_{xz}}{\sum_{z=1}^{q} m_{xz}} \right) \tag{6-13}$$

4) 约束条件

$$v_i X_{xzi} \leqslant V \qquad x = 1, 2, \cdots, p; \ z = 1, 2, \cdots, q \tag{6-14}$$

$$\sum_{x=1}^{p} \sum_{z=1}^{q} X_{xzi} \geqslant \frac{Q_i}{f_i} \qquad i = 1, 2, \cdots, n \tag{6-15}$$

$$\sum_{i=1}^{n} Y_{xzi} \leqslant 1 \qquad x = 1, 2, \cdots, p; \ z = 1, 2, \cdots, q \tag{6-16}$$

$$\sum_{x=1}^{p} \sum_{z=1}^{q} Y_{xzi} \geqslant \left[\frac{Q_i v_i}{V f_i} \right] \qquad i = 1, 2, \cdots, n \tag{6-17}$$

式中，X_{xzi} 为正整数；Y_{xzi} 为 0,1 变量。 $\tag{6-18}$

上述约束条件式(6-14)表示存储到储位 (x, z) 的货物的容积不能大于该储位的容量空间；式(6-15)是为了保证货物 i 在周期内的最大存储水平，防止缺货产生；式(6-16)表示储位 (x, z) 至多只能存放一种货物；式(6-17)表示货物 i 所占用的储位数，且向上取整数；式(6-18)为变量的取值约束。

2. 启发式算法设计

1) 算法思路

体积—订单指数法(COI)是存储策略中比较合理的一种方法。COI 是单位货物的存储空

间需求和其存取需求次数的比值，COI 越低的货物所占存储空间越小，存取需求越高。但是除了需求次数、存储空间外，还要充分考虑如何减少能耗，这样搬运行走的距离和货物的重量就成为评价储位分配优劣的一个重要标准，为解决这个问题，把货物的重量引入 COI 法则中，即：

$$\mathrm{WCOI}_i = \frac{\mathrm{COI}_i}{w_i} = \frac{Q_i v_i}{w_i Q_i f_i} = \frac{v_i}{w_i f_i}$$

WCOI 越低的货物所占的存储空间越小，存取频率越高，重量越大，这些货物越靠近 I/O 布置。

考虑第一个目标函数的实现。它和货物的重量、频率、数量及 $(\mu S_{xzi} + H_{xzi})$ 都有关，但重量、频率在 WCOI 法则中已经有所考虑，所以我们现在只考虑 $(\mu S_{xzi} + H_{xzi})$，$(\mu S_{xzi} + H_{xzi})$ 的实际意义是：将物体从第 x 列、z 层移动到 I/O 点时，相当于克服地面摩擦力和物体重力所移动的距离，当储位具有相同的 $(\mu S_{xzi} + H_{xzi})$ 值时，拣出这些储位上重量相同的货物所需要耗费的能量相同。

考虑第二个目标函数的实现。引入 WCOI 法则，不仅不能很好的实现第二个目标函数，还有可能会违背上轻下重的原则，所以在采用 WCOI 法则进行存储定位时，对于那些 WCOI 值相差不大的货物，可以把密度大的货物调整到下层。这样在不违反储区和货位规划大原则的条件下，才有可能保持货架结构的稳定性，使货物的重心尽可能最低。

2) 算法步骤

(1) 初始化。待存储货物集 $\{i \mid i = 1, 2, \cdots, n\}$，储位集 $\{x \mid x = 1, 2, \cdots, p;\ z \mid z = 1, 2, \cdots, q\}$；给定的 σ 值，令 $i = 1$。

(2) 计算各储位的 $(\mu S_{xz} + H_{xz})$ 值、各货物的 WCOI_i 和密度 $\dfrac{w_i}{v_i}$ 值。

(3) 将储位 (x, z) 按 $(\mu S_{xz} + H_{xz})$ 值升序排列。

(4) 将货物 i 按 WCOI 值升序排列，不妨假设 $\mathrm{WCOI}_1 \leqslant \mathrm{WCOI}_2 \leqslant \mathrm{WCOI}_i \leqslant \cdots \leqslant \mathrm{WCOI}_n$。

(5) 将具有最低 WCOI 值的货物 i 存入 $(\mu S_{xz} + H_{xz})$ 值最低的储位(x,z)，并把此货物从待储存货物集中移走。

(6) 如果一个储位的存储空间不够，则将剩余货物存入下一个具有次大的 $(\mu S_{xz} + H_{xz})$ 值的储位。

(7) 重复步骤(6)，直到该种货物全部都分配到储位为止。

(8) 计算 $\mathrm{WCOI}_{i-1} - \mathrm{WCOI}_i$ 的值，如果 $\mathrm{WCOI}_{i-1} - \mathrm{WCOI}_i \leqslant \sigma$，则比较密度值 $\dfrac{w_{i-1}}{v_{i-1}}$ 和 $\dfrac{w_i}{v_i}$ 的大小，如果密度值大货物在上层，则对调货物 i 和 $i-1$ 的位置；$i = i + 1$。

(9) 将未分配到储位且具有最高 WCOI 值的货物 i 存入 $(\mu S_{xz} + H_{xz})$ 值最低的空储位。

(10) 重复步骤(7)~(8)，直到所有的货物都分配到储位为止。

3. 算例

某配送中心现有 4 层 8 列、尺寸相同的货架 10 个，拣货区布局俯视如图 6-24 所示。假设每个货格的容量空间为 $1 \times 1 \times 1\mathrm{m}^3$，根据储位规划的模型及算法把货物分配到具体的储位，货物的相关数据如表 6-10 所示。

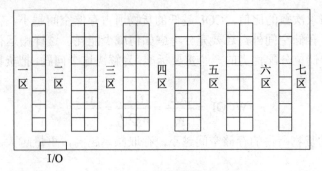

图 6-24　拣货区布局俯视图

　　由于篇幅有限，本算例只考虑二区巷道中左边的一面货架，如果所有货架同时考虑的话，只需要把所有储位按 $(\mu S_{xz} + H_{xz})$ 值大小排序即可。为测试模型和算法的有效性，可以选取一定的数据进行计算对比，假设拣货车辆轮胎与地面的摩擦系数均为 0.8，取重力加速度 $g=9.8\mathrm{m/s^2}$，取 $\sigma =0.0024$。

表 6-10　货物相关数据表

货　　物	f_i (次/月)	Q_i (个)	W_i/(kg)	V_i ($10^{-2}\mathrm{m^3}$)
A	2	136	1	2.8
B	1.6	42	2	4.05
C	1.1	20	3.5	4.9
D	4	50	6	5.6
E	2	34	1.5	5.8
F	8	84	2	5.6
G	1.3	54	1	8.5
H	2	48	2.1	3.7
I	2.7	39	7.2	4.5
J	1	45	10	11

　　由表 6-10 可得各货物的密度 $\dfrac{w_i}{v_i}$ 值，根据上述算法计算各储位的 $(\mu S_{xz} + H_{xz})$ 值和各货物的 WCOI_i 值，并分别按升序排列，结果如表 6-11 和表 6-12 所示。

表 6-11　各储位的 $(\mu S_{xz} + H_{xz})$ 值排列表

10	14	18	22	26	29	31	32
6	9	13	17	21	25	28	30
3	5	8	12	16	20	24	27
1	2	4	7	11	15	19	23

　　注：表中数字表示各储位的排序号。

表 6-12　各货物的 WCOI$_i$ 值升序排列表

货物	D	I	F	H	J	C	B	A	E	G
WCOI$_i$(×10^{-3})	2.33	2.34	3.50	8.81	11.00	12.25	12.66	14.01	19.33	63.78
序号	1	2	3	4	5	6	7	8	9	10

按照步骤(5)到步骤(9)的方法把货物分配到相应的储位中，并注意随时根据步骤(8)把密度值大的货物调整到下层，直到所有的货物都分配到储位为止，储位分配结果如表 6-13 所示。

表 6-13　储位分配结果表

F	H	C	A	E	G	G	G
F	F	H	J	B	A	G	G
D	I	F	H	J	B	A	E
D	D	I	F	J	J	J	A

经过计算可知：货物按照上述方法进行储位分配后货物的重心离地面为 1.317m，如果不采用步骤(8)的方法把密度值大的货物调整到下层，则货物的重心离地面为 1.485m，可见引入第二个目标函数和相应的算法后，有效地降低了货架重心达 0.168m，在以减少搬运系统能耗为目标的储区和货位规划的基础上，同时考虑货架结构的稳定性，使货物的重心尽可能最低，模型和算法取得了较好的效果，具有一定的实际意义。

6.5　拣货路径规划

拣货路径或顺序优化，是配送中心拣货作业问题中最重要也是最核心的问题，不仅其耗费的时间和费用占整个拣货作业比例较高，而且也是构成订单分批作业和存储分区作业的基础。配送中心可以通过有效的运作方式和管理手段来提高拣货作业效率，增加经济效益。

在拣货作业中，客户订单首先必须转换成拣货单。订单拣货的时间可分成取货时间、行走时间和逗留时间。行走时间跟储位之间的搬运活动相关，取货时间包括查寻、取货、装车、核对货单等；逗留时间跟等待下一单命令的时间相关。行走时间常常占拣货时间的一半，应该把减少库内行走距离当成一项重要的内容。所以拣货路径的选择策略是影响拣货效率的重要因素。

减少在储区行走距离的途径有以下几个方面：一是可通过提高配送中心的机械化程度来减少行走距离，例如使用小件物品自动分拣机或者传输带；二是采用合理的存储策略及订单分批策略；三是选择恰当的拣货路径以便确定取货的次序。

6.5.1　启发式路径策略

拣货路径策略一般都是在低层人至物拣货系统(拣货员沿着巷道行走到拣取位置拣取相应的货物)中进行的，拣货人员在进行拣货作业过程中，由于拣货顺序的不同，拣货人员行走路径会有所差异，进而影响拣货路径距离与效率。一般来说启发式路径策略包括穿越策略、返回策略、综合拣货策略、中点策略、最大间隙策略、S 形启发式策略、通道接通道策略和最优策略。

1. 启发式路径策略分类

1) 穿越策略

穿越策略是指拣货员或拣货车辆从仓储区的一端进入拣货通道，而从该通道的另一端离开，进入下一个最近包含拣取位置的拣货通道，拣货员或拣货车辆从入口出发，在返回出入口之前按这种方法遍历所包含拣取位置的通道。当通道较窄时，可以同时拣取两侧货架上的商品；如果通道较宽，则必须横跨走道，这时所经路径的轨迹类似 Z 字形。所以也可叫 Z 字形穿越策略。如图 6-25 和图 6-26 所示(图中阴影部分表示拣取位置)。

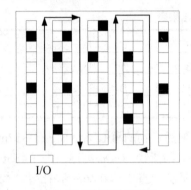

图 6-25　穿越拣货策略

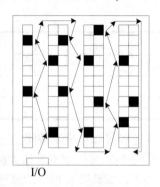

图 6-26　Z 字形穿越拣货策略

2) 返回策略

返回策略是指拣货员或拣货车辆从通道的一端进入通道拣货之后，从同一端离开进入下一通道，拣货员或拣货车辆只需要进入包含拣取位置的通道，不包含拣取位置的通道可以跳过，如图 6-27 所示。

3) 综合拣货策略

综合拣货策略综合了穿越策略与返回策略两种基本路径策略的优点，其关键在于确定穿越与返回的时机，综合拣货策略就是寻找 2 个相邻拣货通道中最远的拣取位置之间的最短行走距离。图中，第一通道的最远拣货单元在第 2 个货位，第二个通道的最远拣货单元在第 10 个货位，假设在通道内行走的为直线，则在拣取完第一通道的第 2 个货位后采用返回策略进入第二通道，在拣取完第二通道的第 10 个货位后采用穿越策略进入第三通道，以此类推。结果表明采用综合拣货策略比采用穿越拣货策略少行走 18 个单位，比采用返回策略少行走 16 个单位，如图 6-28 所示。

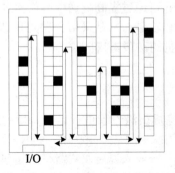

图 6-27　返回拣货策略

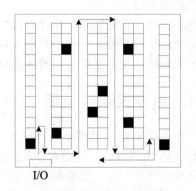

图 6-28　综合拣货策略

4) 中点策略

中点策略是指从拣货通道的中点处将储区分为两个部分，拣货员或拣货车辆从拣货通道一端进入，到达一个拣货通道的最远处就是中点，和返回策略类似，拣货员或拣货车辆从通道的一端进入通道拣货之后从同一端离开进入下一通道。一个拣货员先只拣取一半拣货区的货物，之后再去拣选剩余半边的货物，也可派两个拣货员从两边同时拣货。如图 6-29 所示。

5) 最大间隙策略

最大间隙策略与中点策略相似，区别为到达通道最远处是最大间隙而不是中点，一个通道的最大间隙就是拣货员或拣货车辆未穿越的通道部分。最大间隙是指同一拣货通道中任意两个相邻拣取位置之间的距离和距离两侧底端最近的拣取位置中的最大者。拣货员或拣货车辆在拣选作业时，就是要在同一拣货通道中任意两个相邻拣取位置之间和距离两侧底端最近的拣取位置之中选择较短的路径，如果最大间隙在两个拣取位置之间，拣货员可采取直接回转的策略，如图 6-30 所示。

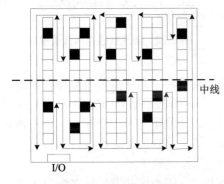

图 6-29　中点拣货策略

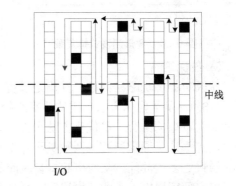

图 6-30　最大间隙拣货策略

6) S 形启发式策略

拣货员或拣货车辆沿着拣取位置以呈 S 形的路线行走，穿越任何包含拣取位置的通道，而跳过不包含拣取位置的通道。在只有一个拣货区的仓库中，S 形启发式策略等同于穿越策略；而在具有多个与拣货通道垂直的横向通道的仓库中，拣货区被分成多个分区，这时对每个分区可分别采用穿越策略，具体方法为从第一个拣货分区开始采用穿越策略，拣选完毕后，进入下一个拣货分区的通道，以此类推，直到最后一个拣货区内的货品被全部拣出为止，如图 6-31 所示。

7) 通道接通道策略

通道接通道策略是针对具有多个横向通道仓库的启发式方法，采用这种方法对每个拣取通道只访问 1 次，即首先拣取通道 1 内的所有货物，接着拣取通道 2 内的所有货物，以此类推，那么如何确定从一个拣取通道向下一个拣取通道的走行线路，一般可采用动态规划的方法，如图 6-32 所示。

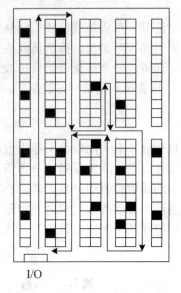

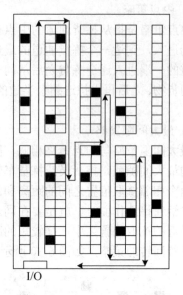

图 6-31　S 形启发式拣货策略　　　　　　　图 6-32　通道接通道拣货策略

8) 最优策略

储区中的拣货路径问题，其确定过程实际上是确定从起点到终点的最短路径的旅行商问题(TSP)。从最优化方法确定的拣货路径来看，最短拣货路径通常就是 S 形启发式策略和最大间隙策略的结合。最优化方法虽然可使拣货的总路径最短，但由于在最优化的拣货路径中，有些拣货通道要进入两次甚至是多次，增加了拣货路径的复杂程度，比较复杂的路径会导致更多的混乱，从而引起拣货时间的增加和拣货错误的增多。

在实际应用中，企业普遍愿意接受启发式路径方法，因为这些方法很多情况下能形成接近最优的路径，而且算法更加直接简便、易于接受，确定的拣货路线更适于拣货人员进行拣货，所以，即使是具有现代化信息技术的专业化仓库管理系统也仍然使用简单的启发式方法。

2. 启发式路径策略比较分析

拣货路径问题是一个比较复杂的问题，与储区布局、系统配置、存储策略、拣货策略等因素有关。对启发式路径的比较分析主要是针对低层货架仓库中人工拣货的拣货路径问题。目前，启发式路径问题的研究基本上都是假定一种货物只存储在一个拣取位置，一个拣货员只拣取一张拣货单并且被拣取货物不超过拣货车容量等条件下进行研究的，很少考虑紧急插单、拣货拥挤、客户服务水平等综合决策问题。

以上方法虽然都是针对 1 个区的仓库，但只要对它们进行适当的修改就能用于具有多个区的仓库。在巷道数多或拣货单大的情况下，改进的混合策略和最优方法结果之间的差别也较大，一般可达 1%～25%。通道接通道策略、混合策略和改进的混合策略在一个区的仓库中结果相同，而综合启发式策略则优于 S 形方法。但是，当横向通道的数量较少或者拣取密度较小时，综合启发式策略与 S 形启发策略的差异会减少。

总之，每种启发式策略都有它的适用条件，没有一种启发式策略会在任何情况下效果都好。一般来说，综合策略的效果较好，在高密度拣取的情况下，S 形启发策略好于其他启发式策略，而在拣取密度较低的情况下则相反。

6.5.2 拣货系统的 VRP 问题研究

车辆路径问题在物流企业的应用主要在物流配送部门，因为要解决城市之间或者城区之间配送路径优化问题，但很少应用在配送中心内部设备行走路径优化问题上，随着精细管理思想的推广，成本模型的完善，物流企业特别是仓储物流企业对配送中心内的设备调度非常频繁，如何优化货物的存储和仓库内部设备(或人员)的调度成为企业关注的焦点。配送中心拣货路径问题主要考虑怎样将订单中的货物分配到多趟(或是一趟)车次中拣取，使其总的拣货路径最优，该类问题类似于 VRP 或是 TSP。

1. 旅行商问题

旅行商问题，即 TSP 问题是数学领域中的著名问题之一。假设有一个旅行商人要旅行 n 个城市，他必须选择所要走的路径，路径的限制是每个城市只能到访一次，而且最后要回到原来出发的城市。路径的选择目标是要求得到的路程为所有路径之中的最小值。此类问题的显著特点即单一性(只有一个回路)和遍历性(各点不可遗漏)，这是一个典型的组合优化问题。已被证明属于 NP 难题，即没有确定的算法能在多项式时间内求得问题的解，对于小型问题可以采用枚举法得到精确的最优解，而大规模的线路优化问题无法获得最优解，只有通过启发式算法得到局部最优解。

给定一组网络 $G = (N, A, C)$，其中 N 为点集合，A 为边集合，而 $C = c_{ij}$ 为距离矩阵，表示由点 i 到点 j 的距离；旅行商问题就是求解一条通过集合 N 所有点一次且仅一次，并回到原来的点的最小成本路线。TSP 问题的数学模型如下：

$$\min Z = \sum_{i=1}^{n} \sum_{j=1}^{n} c_{ij} x_{ij} \tag{6-19}$$

约束条件：

$$\sum_{i=1}^{n} x_{ij} = 1 \quad j = 1, 2, \cdots, n \tag{6-20}$$

$$\sum_{j=1}^{n} x_{ij} = 1 \quad i = 1, 2, \cdots, n \tag{6-21}$$

$$\sum_{j=1}^{n} x_{ij} \leqslant |S| - 1 \quad \forall S \subset V, \ 2 \leqslant |S| \leqslant n - 1 \tag{6-22}$$

$$x_{ij} = \begin{cases} 1 & \text{表示行走线路经过边}(i, j) \\ 0 & \text{否则} \end{cases} \tag{6-23}$$

其中，式(6-19)为目标函数求解总路程最短的路径；约束条件式(6-20)和式(6-21)表示每个点只能经过一次；式(6-22)表示路径中不存在小回路，$|S|$ 表示集合中元素的个数；式(6-23)表示 x_{ij} 为 0,1 变量。

上述为 TSP 问题的基本模型，拣货路径问题也可视为特殊 TSP 的问题，路径优化的目的是合理安排拣选顺序，以实现行走距离或行走时间的最小化，如果将所拣取货物的存储位置抽象为点，存储位置之间的行走距离抽象为点之间的弧，该类型问题就是一类特殊的 TSP 问题，而解决该问题现在已经出现了许多方法，比如：利用遗传算法、禁忌搜索、神经网络、蚁群优化算法等来求解最佳拣货路径问题。

2. VRP 问题

VRP 是物流系统研究中的一项重要内容。选取恰当的车辆路径，可以加快对客户需求的响应速度，提高服务质量，增强客户对各物流环节的满意度，降低物流运作成本。很多专家学者对车辆路径问题进行了大量的理论研究和实验分析，并取得了很大的进展。其研究结果在运输系统、物流配送系统、快递收发系统中都已得到广泛应用。目前，对车辆路径问题的研究仍然相当活跃。

VRP 的一般描述是：对一系列给定的客户点，要求确定适当的车辆行驶路线，使车辆有序地通过它们，在满足一定的约束条件(如货物需求量、发送量、交发货时间、车辆容量限制、行驶里程限制、时间限制等)下，达到一定的目的(如路程最短、费用最小、时间尽量少、使用车辆尽量少等)。由此不难看出，TSP 问题是 VRP 的一个特例。已经证明 TSP 和 VRP 问题都是 NP 难题。

根据研究重点的不同，VRP 有多种分类方式。有对弧服务问题(如中国邮递员问题)和对点服务问题(如旅行商问题)以及混合服务问题(如校车路线安排问题)；按车辆载货状况分类，有满载问题和非满载问题；按车辆类型分类，有单车型问题和多车型问题；有车辆开放问题(车辆可不返回车场)和车辆封闭问题(车辆必须返回车场)；按已知信息的特征分类，有确定性 VRP 和不确定性 VRP；按约束条件分类，有 CVRP(带能力约束)、DVRP(带时间距离约束)和 VRPTW(带时间窗口约束)；按需求是否可切分分类，又可分为可切分的 VRP 和不可切分的 VRP。按优化目标数分类，有单目标问题和多目标问题。由于情况的不同，车辆路径问题的模型构造及算法有很大差别。在 VRP 中，最常见的约束条件有：容量约束、优先约束、车型约束、时间窗口约束、相容性约束、随机需求、开路、多运输中心、回程运输、最后时间期限、车速随时间变化等。

根据问题特点建立配送中心内部拣货系统车辆路径问题模型如下：配送中心拥有多台拣货车辆，在同一时段执行多个拣货任务，每台拣货车辆可以装载多个任务的多件货物(考虑拣货车辆容积的限制条件)，走行多条回路，在保证能完成拣货任务的条件下，用尽可能少的设备资源，要求所有车辆走行路程之和最短，且各台拣货车辆的任务执行数基本上均衡，VRP 问题如图 6-33 所示，图中数字表示订单号，如订单 1、4、7 被分为一批，在一条拣货路径上完成。

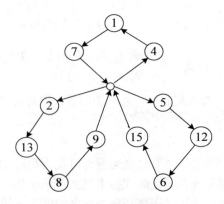

图 6-33　VRP 示意图

定义符号如下：对于拣货车辆 $c(c=1,2,\cdots,m)$，V_c 为车辆 c 的装载容积；N 表示待拣货物集 $\{k \mid k=1,2,\cdots,g\}$；对于货物 k，$p(k,p=1,2,\cdots,g)$，v_k 为货物 k 的体积，d_{kp} 为拣货车辆

从货物 k 所在的位置直接到货物 p 所在的位置走行的距离，定义两个 0,1 变量：

$$z_{kc} = \begin{cases} 1 & \text{车辆} c \text{拣取货物} k \\ 0 & \text{否则} \end{cases}$$

$$Y_{kpc} = \begin{cases} 1 & \text{车辆} c \text{拣取完货物} k \text{后立即拣取货物} p \\ 0 & \text{否则} \end{cases}$$

配送中心在同一个时段里有大量订单到来时，此时问题变成了处理多条路径的 VRP 问题，配送中心内部拣货系统 VRP 模型如下：

$$\min Z = \sum_{c=1}^{m} \sum_{k=1}^{g} \sum_{p=1}^{g} d_{kp} Y_{kpc} \tag{6-24}$$

约束条件：

$$\sum_{k=1}^{g} v_k Z_{kc} \leqslant V_c \qquad \forall c \tag{6-25}$$

$$\sum_{c=1}^{m} Z_{kc} = 1 \qquad \forall k \tag{6-26}$$

$$\sum_{p=1}^{g} Y_{kpc} = Z_{kc} \qquad \forall k, c \tag{6-27}$$

$$\sum_{k=1}^{g} Y_{kpc} = Z_{pc} \qquad \forall p, c \tag{6-28}$$

$$\sum_{p=1}^{g} Y_{ikpc} \leqslant |S| - 1 \qquad \forall c, S \subseteq \{1, 2, \cdots, g\} \tag{6-29}$$

$$Y_{kpc} = 0 \text{或} 1 \qquad \forall k, p, c \tag{6-30}$$

$$Z_{kc} = 0 \text{或} 1 \qquad \forall k, c \tag{6-31}$$

上述式(6-24)为所有车辆行走路程之和最短，式(6-25)为拣货车辆装载容积约束，式(6-26)保证货物 k 必须被装载，式(6-27)表示只有一辆拣货车 c 来装载货物 k，式(6-28)表示只有一辆拣货车 c 来装载货物 p，式(6-29)保证最多只能有一回路，不能出现多环，$|S|$ 表示集合中元素的个数，式(6-30)和式(6-31)为数据取值约束。

6.5.3　求解 VRP 的主要算法

解决 VRP 的方法主要有动态规划法、传统启发式方法及现代启发式方法，如模拟退火算法、遗传算法、禁忌搜索算法，还有其他一些人工智能算法等。

1. 模拟退火法

模拟退火法(Simulated Annealing, SA)是通过模拟热力学中经典粒子系统的降温过程来求解规划问题的极值。当孤立粒子系统的温度以足够慢的速度下降时，系统近似处于热力学平衡状态，最后系统将达到本身的能量最低状态，即基态，这相当于能量函数的全局极小值点。由于模拟退火法能够有效地解决大规模的组合优化问题，且对规划问题的要求很少，因此引起研究人员的极大兴趣。当系统温度足够低时，就认为达到了全局最优状态。按照热力学分子运动理论，粒子做无规则运动时具有的能量带有随机性，温度较高时，系统的内能较大，但是对某个粒子而言，它所具有的能量可能较小。因此，算法需要记录整个退火过程中能量较小的点。

模拟退火算法步骤如下。

步骤 1：任选一个初始解 i_0，$i := i_0$；$k := 0$，$t_0 := t_{\max}$（初始温度）。

步骤 2：若在该温度达到内循环停止条件，则到步骤 3；否则，从邻域 $N(i)$ 中随机选一 j，计算 $\Delta f_{ij} = f(j) - f(i)$；若 $\Delta f_{ij} \leqslant 0$，则 $i := j$，否则若 $\exp(\Delta f_{ij} / t_k) > \mathrm{random}(0,1)$ 时，则 $i := j$；重复步骤 2。

步骤 3：$t_{k+1} := d(t_k)$；$k := k+1$；若满足停止条件，终止计算；否则，回到步骤 2。

步骤 4：算法结束。

2. 遗传算法

遗传算法(Genetic Algorithm，GA)是一种随机性优化算法，最初由美国密歇根大学霍勒德(Holland)教授于 1975 年提出。它的突出特点在于包含了与生物遗传及进化很相似的步骤，如遗传、变异、选择等。遗传算法与传统的优化算法相比，具有以下几个特点。

(1) 该算法是利用目标函数本身的信息建立寻优方向，而不是利用其导数信息建立寻优方向，因此它对优化设计问题的限制较少，仅要求问题是可计算的。

(2) 遗传算法利用概率转移规则，可以在一个具有不确定性的空间里寻优，与一般的随机型优化方法相比，遗传算法不是从一点出发沿一条线寻优，而是在整个解空间同时开始寻优搜索，因此可以有效地避免陷入局部极小值点，具有全局最优搜索能力。

(3) 在该算法中，由于群体中每个个体的搜索是独立进行的，因此算法具有内在的并行性。这些优点使 GA 能处理许多传统优化算法无法解决的复杂问题，但 GA 在许多问题的早熟(即过早收敛于局部最优解而非全局最优解)现象始终未得到很好的解决，在将 GA 应用于布局优化时有时得不到最优解，即存在遗传欺骗问题。

将求解 VRP 问题的遗传算法简单地描述如下。

步骤 1：选择 VRP 问题的解的一个编码；给出一个有 N 个染色体的初始群体 POP(1)，$t := 1$。

步骤 2：对群体 POP(t) 计算它的适应函数，$f_i = \mathrm{fitness}(\mathrm{pop}_i(t))$。

步骤 3：若停止规则满足，则算法停止；否则，计算概率：

$$P_i = f_i \left/ \sum_{j=1}^{N} f_j \right. \quad i = 1, 2, \cdots, N$$

并以概率分布从 POP(t) 中随机选一些染色体构成一个种群 NewPOP($t+1$) = {pop(t)j = $1, 2, \cdots, N$}。NewPOP($t+1$) 集合中可能重复选 POP(t) 中的一个元素。

步骤 4：通过交配，得到一个有 N 个染色体的 CrossPOP($t+1$)。

步骤 5：以一个较小的概率 P，使得染色体的一个基因发生变异，形成 MutPOP($t+1$)；$t := t+1$，一个新的群体 POP(t) = MutPOP($t+1$)；返回步骤 2。

步骤 6：算法结束。

3. 禁忌搜索

禁忌搜索(TabuSearch，TS)是一种现代启发式(MetaHeuristic)搜索算法。由弗莱德·格洛夫(Fred Glover)于 1986 年首次提出这一概念，进而形成了一套完整的算法。TS 通过引入一个灵活的存储结构和相应的禁忌准则来避免迂回搜索，并通过藐视准则来赦免一些被禁忌的优良状态，进而保证多样化的有效探索以最终实现全局最优化。其最引人注目的地方在于其跳出局部最优解的能力。TS 与 GA 和 SA 最大的不同在于,后两者不具有记忆能力。与传统的优化算法相比,TS 算法的主要特点如下。

(1) 在搜索的过程中可以接受劣解,因此其具有较强的"爬山"能力。

(2) 新解不是在当前解的邻域中随机产生,而或是优于"到目前为止最好的"的解,或是非禁忌的最佳解,因此选取优良解的概率远远大于其他解。禁忌搜索在求解一些困难复杂的问题时表现出极好的寻优能力,近年来被应用到优化问题的诸多领域,有广泛的应用前景。

禁忌搜索算法步骤如下。

步骤 1:给以禁忌表(tabu list)$H=\phi$ 并选定一个初始解 x^{now}。

步骤 2:满足停止规则时,停止计算,输出结果;否则,在 x^{now} 的邻域 $N(x^{now})$ 中选出满足不受禁忌的候选集 Can_N(x^{now});在 Can_N(x^{now})中选一个评价值最佳的解 x^{next},$x^{now} := x^{next}$;更新历史记录 H,重复步骤 2。

步骤 3:算法结束。

4.动态规划法

动态规划法存在的主要问题是计算时间和空间代价随问题规模呈指数增长,只适合于小规模的 VRP 问题。

本 章 小 结

目前,随着我国物流配送业的蓬勃发展,配送中心的建设已成为企业优化资源、健康发展的一个亮点。而配送中心规划是配送中心建设前至关重要的步骤,选择最优的规划方案可以避免配送中心运营后再修正所产生的巨大浪费。所以,配送中心规划方案的优选问题已经成为物流系统优化的重要课题。

本章根据我国现代物流业发展的需求,全面论述了配送中心规划的基本结构、规模确定,阐述了随着现代生产和商业的发展建立现代物流配送中心的重要性和必要性,并在此基础上,详细介绍了配送中心选址、设施布置规划、存储策略和拣货路径规划的具体实现方法和完整的规划方案。通过本章的学习,读者可对配送中心的基本内容与配送中心规划的实际应用及相关的规划方法有一个初步的认识,对实践现代物流配送中心的建设和发展将具有重要的指导意义和推动作用。

思考与练习

1.配送的概念是什么?
2.配送中心的概念是什么?
3.简述配送中心作业流程。
4.简述影响配送中心规模的因素。
5.简述配送中心设施布置的主要流程。
6.储存策略的概念是什么?
7.启发式路径策略的概念是什么?

第7章 物流信息系统规划与设计

【学习目标】

- 掌握物流信息的概念。
- 掌握物流信息系统的概念和特点。
- 熟悉物流信息系统的技术基础。
- 熟悉物流信息系统的构建原则。
- 熟悉物流信息编码的方法。
- 掌握自动识别系统的类别和作用。
- 熟悉条码技术。
- 掌握库存的内容及分类。

在现代生产领域中，提高设备生产能力和挖掘生产潜力是很有限的。而物流是新兴产业，是第三利润的源泉。因此，挖掘物流潜力，提高社会总体效益，节约社会资源，是企业寻求成本优势和差异化优势的重要举措。为了实现这一目标，尽快缩短与发达国家的差距，就必须运用现代化的信息技术提高物流作业效率，实现物流服务的信息化、标准化、专业化。现代物流作为一种先进的组织方式和管理技术，正在逐渐形成一种新兴产业，而物流信息系统的功能贯穿现代物流的各项业务活动之中，是物流系统的神经系统。如何既满足企业的组织变动、业务重组和新业务开拓的需要，又提高物流信息系统的可重构性是我们所面临的一个最大挑战。

7.1 物流信息系统概述

信息技术的发展不仅使信息得以产业化，同时也使企业逐渐认识到信息的重要作用，开始致力于对企业有关的信息进行管理。在传统的企业管理活动中，管理者注意的是人力、财力、物力这三种基本资源。但在现代企业中，信息已经与人、财、物等资源一样，成为企业的第四种资源。人们开始懂得，忽视了对信息的管理，就不能提高效率，就难以保持企业的竞争力，难以提供良好的服务，也就谈不上是现代化的管理。特别是信息技术高度发展的今天，只有运用先进的信息技术，才能对以上四种资源进行有效的管理，在激烈的竞争中掌握主动权。近年来，企业的信息化已成为一种非常普遍的发展趋势。

7.1.1 物流信息的概念

1. 信息系统

信息系统是一种由人、计算机(包括网络)和管理规则组成的集成化系统。该系统利用计算机软硬件；手工规程；分析、计划、控制和决策用的模型、数据库，为一个企业或组织的作业、管理和决策提供信息支持。

物流信息系统是企业管理信息系统一个重要的子系统，是通过对与企业物流相关的信息进行加工处理来实现对物流的有效控制和管理，并为物流管理人员及其他企业管理人员提供战略及运作决策的人机系统。物流信息系统是提高物流运作效率，降低物流成本的重要基础设施。

2. 物流信息

整个物流过程是一个多环节(子系统)的复杂系统。物流系统中的各个子系统通过物质实体的运动联系在一起，一个子系统的输出就是另一个子系统的输入。合理组织物流活动，就是使各个环节相互协调，根据总目标的需要适时、适量地调度系统内的基本资源。物流系统中的相互衔接是通过信息予以沟通的，基本资源的调度也是通过信息的传递来实现的。因此，物流管理必须以信息为基础，一刻也不能离开信息。为了使物流活动正常而有规律地进行，必须保证物流信息畅通。

物流信息是随企业的物流活动同时发生的。物流的各种功能是为了使运输、保管、装卸、配送圆满化所必不可缺的条件。在物流活动中，物流信息一般包括订货信息、库存信息、生产信息、发货信息、物流管理信息等。

一般来说，在企业的物流活动中，按照顾客的订货要求，接受订货处理是物流活动的第一步。因此，接受订货的信息是全部物流活动的基本信息。当商品库存不足时，制造厂把接受订货的信息和现有商品的库存信息进行对照，根据生产信息安排生产。在销售业中，按照采购信息安排采购。物流管理部门进行管理和控制物流活动，必须收集交货完毕的通知、物流成本费用、仓库、车辆等物流设施的机械工作率等信息作为物流管理信息。

3. 物流信息与物流的关系

1) 物流管理对物流信息的要求

物流信息是随企业活动而同时发生的，是实现物流功能必不可少的条件。物流管理对信息的质量有很高的要求，主要表现在以下三个方面。

(1) 信息充足。高效的物流系统需要充足的信息，提供的信息是否充足，是否能满足物流管理的需要至关重要。

(2) 信息准确。信息必须准确，只有准确的信息才能为物流管理提供帮助。

(3) 通信通畅。管理需要及时准确的信息，这就要求企业通信必须顺畅。通信的方式必须使人容易接受，否则可能产生误解，导致决策失误。

2) 物流信息对物流的影响

(1) 信息质量的影响。信息质量上的缺陷会造成无数个作业上的难题。典型的缺陷可以划分为两大类：首先，所收到的信息会在趋势和事件方面不准确。由于大量的物流是在未来需求之前发生的，不准确的判断或预测都会引起存货短缺或过剩，过分乐观的预测会导致不恰当的存货定位。其次，有关订货信息会在具体的顾客需求方面不准确。处理不准确的订货同样会产生物流成本，而实际上并没有完成销售。

(2) 信息传递速度的影响。信息迅速流动的好处直接关系到工作程序的平衡。信息传递速度越快，物流管理决策的成本越低，决策效果越科学。

7.1.2　物流信息系统概述

物流信息系统是企业管理信息系统一个重要的子系统，是通过对与企业物流相关的信息进行加工处理来实现对物流的有效控制和管理，并为物流管理人员及其他企业管理人员提供战略及运作决策的人机系统。物流信息系统是提高物流运作效率，降低物流成本的重要基础设施。

1. 物流中的信息流

信息流是由商流和物流引起并反映其变化的各种信息、情报、资料、指令等在传送过程中形成的经济活动。因此，信息是具有价值和使用价值的。没有信息流，商流和物流就不能顺利的进行。信息流既制约着商流，又制约着物流，它可为商流和物流提供预测和决策依据。同时，信息流又是将商流和物流相互沟通，完成商品流通的全过程。

流通过程的信息流，从其信息的载体及服务对象来看，又可分成物流信息和商流信息两类。两类信息中，有一些是交叉的、共同的，又有许多是商流或物流所特有的、非共同的信息。商流信息主要包含与进行商品交易有关的信息，如资源信息、价格信息、市场信息、资金信息、合同信息、需求信息、付款结算信息等。物流信息则主要是输入、输出物流的结构、流向与流量、库存储备量、物流费用、市场动态等信息。商流中的商品交易、供需合同等信息，不但提供了商品交易的结果，也提供了物流的依据，是两种信息流主要的交会处。而物流信息中的库存量信息，不但是物流的结果，也是商流的依据，还是两种信息流的交会处。所以，物流信息不仅作用于物流，也作用于商流，是流通过程不可缺少的预测和决策依据。因此，在商品经济条件下，迅速、准确、完整地掌握商流信息和物流信息就成为企业、部门、地区和国家经济是否能够持续、快速、健康发展的重要前提。

物流向一方流动，而资金流则向相反方向流动，退货和赊购是例外的情况。信息的流动在这里要求是双向流通的。需求信息流自下而上流动，而供应信息流则自上而下流动。订单是从用户向供应商移动，而订单收到通知、货运通知和发票则是以相反的方向流动，如图 7-1 所示。

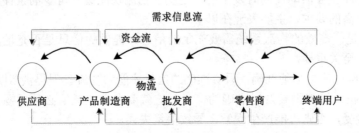

图 7-1 供应链中的物流、资金流和信息流

2. 物流信息系统的概念

管理信息系统的创始人美国明尼苏达大学卡尔森管理学院的著名教授高登·戴维斯(Gordon. B. Davis)给出管理信息系统的定义："它是一个利用计算机硬件和软件，手工作业，分析、计划、控制和决策模型以及数据库的用户——机器系统。它能提供信息支持企业或组织的运行、管理和决策功能。"

我国的学者根据我国的特点也给管理信息系统下了一个定义："管理信息系统是一个由人、计算机等组成的能进行信息的收集、传送、储存、加工、维护和使用的系统。管理信息系统能实测企业的各种运行情况；利用过去的数据预测未来；从企业全局出发辅助企业进行决策；利用信息控制企业的行为，帮助企业实现其规划目标。"

物流信息系统是在保证订货、进货、库存、出货、配送等信息通畅的基础上，使通信据点、通信线路、通信手段网络化，提高物流作业系统的效率。物流系统的目的在于以 Speed(速度)、Safety(安全)、Surely(可靠)和 Low(低费用)的 3S1L 原则，即以最少的费用提供最好的物流服务。

现代物流的根本宗旨是提高物流效率、降低物流成本、满足客户需求，并越来越呈现出信息化、网络化、智能化、柔性化、标准化和社会化的特征。其中信息化是现代物流的核心，只有实现了信息化，才能有效地实现物流的网络化、系统化和柔性化，物流企业才能有效地提高物流效率，为客户提供优良的物流服务。

一个现代化的物流企业除了具备自动化和省力化的物流设备和物流技术之外，还应具备现代化的物流管理系统。这样才能取得最大的效率和效益。

作为物流信息化进程核心的物流信息系统，已日益成为社会物流企业的发展"瓶颈"，物流信息资源整合能力也是需求企业考量物流供应商的主要因素。我国只有少数的物流供给企业拥有物流信息系统，说明我国物流供给市场的信息化程度仍然较低，不能满足客户需求。物流企业业务功能不完善，远程通信能力低，缺乏必要的决策功能。

现代物流是涉及社会经济生活各个方面的错综复杂的社会大系统。具体地看，现代物流涉及原材料供应商、生产制造商、批发商、零售商以及最终消费者，即市场流通的全过程。从物流的流向看，现代物流包括内向物流和外向物流，内向物流是企业从生产资料供应商进货所引发的产品流动，外向物流是从企业到消费者之间的产品流动，即企业将产品送达市场并完成与消费者交易的过程。由于现代物流的宗旨是以最经济、最快捷的优质服务来满足消费者的需求，而消费者的需求又是千变万化的，因而，企业进行生产时必须依据消费者的具体需求进行采购、设计和投产，这就要求企业生产经营必须有很强的市场目的性，企业在生产之前必须深入市场调查，确实掌握消费者的需求信息。要完成这一信息的准确、快速传递，现代物流必须完成两个使命：一是商品的流动，即从生产者流向消费者；二是信息的流动，即从消费者流向生产者。商品的流动要达到准确、快速地满足消费者需求的目的，离不开前期的信息流动，所以在现代物流中，信息起着至关重要的作用。物流企业的信息化是物流企业发展的必然趋势。

物流管理信息系统是计算机管理信息系统在物流领域的应用。从广义上来说，物流管理信息系统应包括物流过程中各个领域的信息系统，包括在运输、仓储、海关、码头、堆场等，是一个由计算机、应用软件及其他高科技的设备通过全球通信网络连接起来纵横交错的立体的动态互动的系统。而从狭义上说，物流管理系统只是管理信息系统在某一涉及物流的企业中的应用，即某一企业(物流企业或非物流企业)用于管理物流的系统。

综合有关物流、物流管理、信息和管理信息系统的定义，可以对物流管理信息系统做一个基本的定义：以采集、处理和提供物流信息服务为目标的系统，即可以采集、输入、处理数据；可以存储、管理、控制物流信息；可以向使用者报告物流信息，辅助决策，使其实现预定的目标。物流管理信息系统的概念图如图 7-2 所示。

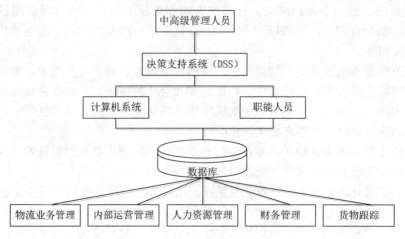

图 7-2 物流管理信息系统的概念

物流信息系统的概念可以从不同的角度去理解。

从构成上看，物流信息系统由物流信息系统的软件及硬件两大部分组成。软件主要指物流企业完成物流活动的运输、仓储、搬运等各环节的各种信息系统软件；硬件主要指支撑相应软件的载体(如通信设施与计算机硬件)。

从技术层面上看，物流信息系统是利用计算机技术、通信技术等现代高新技术对传统的货物流通管理过程进行全面的改造，用以提升物流活动的整体效益与用户服务水平而形成的信息系统。如利用条形码技术、EDI 技术、GPS 技术等实现货物的跟踪查询功能。

从政府行业管理部门的角度上看，物流信息系统在于构筑一个政府部门协同工作的环境，实现行业及市场管理的规范化，并为宏观部门提供决策需求信息。

从企业管理角度上看，水平方向的物流信息系统贯穿于物流活动的各基本功能的实现中；垂直方向上物流信息系统具有作业层、控制层与管理层三个不同层面。

3. 物流信息系统的特点

作为辅助物流企业进行事务处理，为管理决策提供信息支持的物流信息系统具有以下一些基本特征。

(1) 管理性和服务性。物流信息系统通过其所拥有的各种管理工程模型，辅助管理者进行物流运作的管理和决策，为客户提供良好的服务和信息支持。

(2) 适应性和易用性。物流信息系统应尽量做到当环境发生变化时，系统无须太大的变化就能适应新环境，且模块化的系统结构应相对易于操作和修改。

(3) 开放性和异构性。物流信息系统必须满足不同职能部门使用不同操作平台以及异构数据库的实际要求。同时还必须在符合相关标准的前提下提供数据共享的应用平台。

(4) 可扩展性和灵活性。物流信息系统必须具备随企业发展而发展的能力，要能够提供物流企业进行二次开发的功能，满足企业业务重组、流程再造的需求。

(5) 动态性和实时性。物流信息系统必须满足数据库的实时更新需要，保证用户实时地掌握和控制系统中各环节的运作数据，使经营者进行及时准确的决策。

(6) 协同性和安全性。物流信息系统必须提供完善的接口，实现与客户、企业内各部门之间、供应链其他环节及社会各方的协同，并保证系统的安全。

(7) 集成化和模块化。物流信息系统必须将业务逻辑上相互关联的部分连接在一起，为企业物流活动中的集成化信息处理工作提供基础，并将其划分为各个功能模块的子系统，满足物流企业不同管理部门的需要。

(8) 网络化和智能化。物流信息系统必须使物流企业通过物流信息网络实时地了解各地业务的运作情况。智能化是物流信息化和网络化的高层次应用，目前正在朝这个方向发展，旨在解决物流作用过程中大量的运筹和决策问题。

4. 物流信息系统的作用

对企业而言，物流信息系统主要有以下几个方面的作用。

(1) 简化管理，改善企业内部和企业之间的信息交换方式，提高工作效率。

(2) 提高系统运作的速度，在最短的时间里将正确的商品和服务提供给客户。

(3) 对人员安排和资源利用进行优化，创造最大投入产出比。

(4) 获取并分析供应商、客户及合作伙伴的相关信息，帮助企业做出正确决策。

当然，物流信息系统的作用还不止这些。如果停止使用思爱普(SAP)的软件，德国经济将宣告崩溃。如果在美国停止使用呢？美国许多地方势必陷入一片黑暗之中，例如硅谷。由此可见，信息系统的使用给企业带来的是怎样的前景。对企业的客户而言，当然是能得到更加快捷和周到的服务，并且有条件的话能够得知自己的货物当前的状态和位置。如果软件用户是制造企业，那它可以更合理地安排企业的生产计划和销售计划等。

5. 物流信息系统与物流系统的关系

物流信息对物流系统的管理和控制意义重大，现代的物流系统需要依靠完善的物流信息系统来处理信息。

(1) 建立快速的信息传递机制。

在物流系统中，物流活动的管理和运行，都需要相关的物流信息才能完成。随着物流范围的扩大，能否保证信息在物流系统中迅速通畅地流动决定了物流服务的质量。物流信息系统为物流信息的传递提供了方便的渠道和机制，是它的主要功能之一。

(2) 物流信息的分析与处理。

随着物流规模的扩展，物流系统和物流信息越来越复杂，没有功能完善的物流信息管理系统，信息的处理就会处于混乱状态，从而给物流系统的管理和控制带来麻烦。物流信息系统通过充分利用计算机强大的数据处理功能和数据分析功能，可以维持信息的条理性、可用性和及时性，提高信息处理的效率和质量，辅助物流系统的管理和决策。

(3) 物流数据的存储和分析。

随着时间的积累，历史物流信息和物流数据会越来越多，这些信息中，有相当部分对企业的管理和经营是一笔财富，物流信息系统能发挥数据存储和分析的作用，有效管理历史数据，提供强大的分析处理功能，支持企业管理决策。

7.1.3　物流信息系统中信息流分析

1. 供应链信息流的原始运作模式——直链式信息传递

由于供应链是由供应商、制造商、分销商、零售商和最终用户组成，这种链状物理结构致使信息交换主要发生在相邻的节点上，即信息呈直链，如图 7-3 所示。这种直链式的信息传递模式存在许多缺陷，主要表现为：信息滞后严重，各节点反应不同步，信息传递效率低；信息传递的准确性受影响，出现"牛鞭效应"(Bullwhip Effect)；非相邻节点间的信息沟通难以进行，整体协调性差。

图 7-3　直链式信息流模式

2. 供应链信息流的演变模式 I——直链式跨级信息传递模式

"牛鞭效应"会放大需求信息，很可能导致供应链上游的生产商和供应商建立了大量不必要的生产能力和库存。为了克服这一缺陷，下游的零售企业将原来不公开的 POS 系统(零售商销售时点系统)单品管理数据提供给厂商和批发商，实现需求信息在供应链上的共享。供应链的信息运行模式也因此演变为跨级传递的模式，如图 7-4 所示。这种跨越式的信息传递虽然从某种程度上减小了牛鞭效应的影响，但是它只是改善了需求信息的传递，仍无法克服直链信息流模式下的主要缺陷。

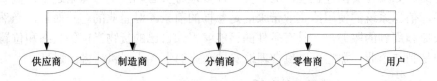

图 7-4　直链式跨级信息传递模式

3. 供应链信息流的演变模式 II——网状信息传递模式

日益激烈的市场竞争要求供应链上的每一节点都必须具有灵活的反应性，为此，供应链中的节点不仅希望能够及时了解前后相邻节点的生产情况，还希望能够了解链中非相邻节点的生产情况。通信技术的快速发展，尤其是互联网的普及和基于互联网的电子商务技术的运用，使节点之间可以方便地建立起信息通道。这时，供应链中的信息传递模式演变成一种网状模式，如图 7-5 所示。这种网状模式基本上克服了直链模式的缺点，但它也引发了新的问题：每个节点要面对如此多的信息通道，信息处理成本明显增加。同时信息交流还是以两个节点为基本单位，整体协调性没有得到根本改善。

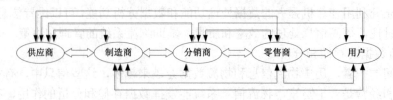

图 7-5　网状信息传递模式

4. 供应链物流信息系统中的信息流采用集成式信息流运作模式

集成式信息流运作模式是一种与传统信息流模式完全不同的新模式，如图 7-6 所示。在这种模式下，一个独立于供应链之外的新的功能节点被建立，我们称之为信息集成中心。信息集成中心的主要功能有：信息存储、信息处理、信息收集与发送。供应链中各节点的主要信息包括需求信息、库存信息、生产计划、促销计划、需求预测和运输计划等，这些信息被收集于此，形成信息共享源。同时信息中心还负责对收集到的信息进行加工，并把加工后的信息发送到需要这些信息的节点企业。此外，供应链中的所有节点与信息中心均须建立高速的信息通道，这个信息通道能够保证各节点与信息集成中心的信息实时互通，实现所有信息在整个供应链上的实时共享。可以说集成式信息流运作是一种"瘦客户端"的信息处理模式(这里的客户指供应链上的节点企业)，它把节点的大部分信息处理功能独立出来，由信息集成中心集中处理。

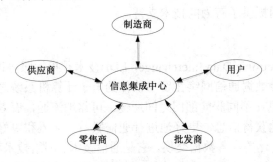

图 7-6　集成式信息流运作模式

集成式信息流运作模式的优点如下。

(1) 该模式可以实现供应链上所有节点之间的信息实时共享。这些信息都是反映供应链内外实际状况的原始信息，克服了因信息的级级传递造成的"牛鞭效应"。

(2) 当供应链局部节点出现意外或外部市场需求发生变化时，信息的实时共享能够保证这种信息可被瞬间传送到整个供应链，使各节点能够及时调整生产和库存，并同步做出反应，提高了供应链的快速反应能力。

(3) 信息集成中心为所有企业提供了一个信息交流的场所。该中心的建立可以使这些在物理上处于分散的节点企业，共同对某些问题进行探讨和决策。这样就使供应链由原先的分散决策系统转变为一个集中决策系统，从而大大提高了供应链的整体协调能力。

(4) 信息集成中心是独立于供应链外的一个节点，它不受供应链中某一具体节点企业的控制，也不受节点企业之间利益冲突的影响，具有一定的独立性。这种独立性能够保证信息的透明度和信息流运行的稳定性。

(5) 新模式增强了供应链的开放性和伸缩性。因为面对外部市场消费者需求结构的变化，供应链要不断进行调整，这种调整主要是新企业的加入和原有企业的退出。而在新模式下，只要节点企业与信息集成中心建立信息通道即可实现与供应链的物理连接。

(6) 新模式可方便地实现信息外包。在新模式下，信息集成中心把原本由各节点承担的信息处理功能独立出来并将信息进行集中处理。这样只需信息集成中心外包即可方便地实现供应链信息外包。

7.1.4　物流信息系统的技术基础

物流信息系统是 IT 技术在物流领域的具体应用，其关键技术包括条码技术、数据库技术、EDI、GIS 和 GPS 技术等，用来实现数据的自动、快速、批量采集，满足业务处理和决策的需要，因而是构成物流信息系统的技术基础。

1. 条形码技术

条形码技术(Bar Code)是在计算机与信息技术基础上发展起来的一门集编码、印刷、识别、数据采集和处理于一身的新兴的信息采集技术。其核心内容是利用光电扫描设备识别条码符号，从而实现机器的自动识别，并快速准确地将信息录入计算机进行数据处理，以达到自动化管理之目的。它是实现 POS 系统、EDI、电子商务、物流信息系统的基础。在物流系统中，由于条形码技术输入速度快、准确率高、成本低、可靠性强等优点而得到广泛应用，解决了数据录入和数据采集的"瓶颈"问题，大幅度提高了物流效率，并为物流信息系统的设计与应用提供了有力的技术支持。

2. EDI 技术

电子数据交换(Electronic Data Interchange，EDI)技术是指按照协议，对具有一定结构特征的标准经济信息，经数据通信网络在贸易伙伴的电子计算机系统之间进行交换和自动处理。利用 EDI 能使信息在不同职能部门之间通畅、可靠地流通，有效减少低效工作和非增值业务。还可以快速地获得信息，更好地进行通信联系、交流和更好地为用户提供服务。EDI 是计算机之间结构化的事务数据交换，它是通信技术、网络技术和计算机技术的结晶。它的应用大大提高了物流工作的效率和效益，为物流信息系统提供了最基础的支持。

3. 分布式数据库系统

分布式数据库系统(Distributed Data Base Systems，DDBS)是物理上分散而逻辑上集中的数据库系统，它支持分布式数据库，如图 7-7 所示。分布式数据库是由一组数据组成的，这组数据可分布在由计算机网络连接在一起的不同计算机上，网络上的每个结点均具有独立处理的能力，可以执行局部应用，同时每个结点也可以通过网络执行全局应用。分布式数据库是数据库技术和网络技术的有机结合。物流企业采用分布式数据库技术进行物流信息管理，可以提高实时化水平。

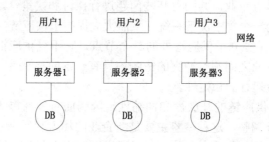

图 7-7　分布式数据库

4. 全球卫星定位系统

全球卫星定位系统(Global Positioning System，GPS)是利用通信卫星、地面控制部分和信号接收机对对象进行动态定位的系统。GPS 是一项高科技，20 世纪 90 年代以来，全球卫星定位系统在物流领域得到越来越广泛的应用。可用于汽车自定位、跟踪调度、陆地救援；内河及远洋船队最佳航程和安全航线的测定、航向的实时调度、监测及水上救援；空中交通管理、精密进场着陆、航路导航和监视；铁路运输管理等。

5. 地理信息系统

地理信息系统(Geographic Information System，GIS)以地理空间数据为基础，采用地理模型分析方法，适时地提供多种空间的和动态的地理信息，是一种为地理研究和地理决策服务的计算机技术系统。其基本功能是将表格型数据转换为地理图形显示，然后对显示结果进行浏览、操作和分析。其显示范围可以从洲际地图到非常详细的街区地图，显示对象包括人、销售情况、运输线路以及其他内容。GIS 应用于物流分析，主要是指利用 GIS 强大的地理数据功能来完善物流分析技术。目前，国外已开发出利用 GIS 为物流分析提供专门分析的工具软件。完整的 GIS 物流分析软件集成了车辆路线模型、最短路径模型、物流网络模型、分配集合模型和设施定位模型等来实现车辆路线的选择、物流网点的布局和设施的定位等功能。

7.2 物流信息系统设计

物流信息系统的设计至关重要。可以说设计的成败与否，在很大程度上决定了开发出来的信息系统能否满足物流业务的需要，能否适应物流行业的快速发展和业务流程的频繁变化。

7.2.1 构建物流信息系统的原则

(1) 信息的可得性。物流信息系统所存储的信息，必须具有容易而且持之以恒的可得性，例如订货和存货的信息。这包括两个层面的含义：一是情报的存入，物流信息系统必须能够快速而准确地将以书面信息为基础的信息转化为电子信息，保证第一时间提供最新的信息；二是信息系统应能够向信息需求者提供简易、快捷的获取信息方式，而不受时空的限制。信息的可得性能够减少企业作业上和制订计划上的不确定性，减少损失和浪费。

(2) 信息的精确性。物流信息必须精确地反映企业当前的状况和定期活动，以衡量顾客订货和存货水平。信息精确性的含义既包含了信息本身由书面信息转化为电子信息时的准确性，同时又包含了信息系统上所显示的存量信息与实际存货的一致性。通常，要达到平稳的物流作业要求，企业实际的存货与物流信息系统提供的存货其吻合度必须达到 99% 以上，信息越准确，企业不确定性运作情况就越少，缓冲存货或安全存货的需求量也越少，甚至根本就不需要。

(3) 信息的及时性。物流信息必须及时地提供快速的管理反馈，及时性要求一种活动发生时与该活动在信息系统内可见时的时间间隔应尽可能小。信息系统必须及时地更新系统内的信息，信息更新的时间间隔越长，信息系统所报告的信息与实际情形的偏差就越大，对物流过程和其他活动过程的危害也就越大。

(4) 处理异常情况的能动性和主动性。物流信息系统必须以处理异常情况为基础，依托系统来突出问题和机会。管理者通过信息系统能够集中精力关注最重要的信息，包括存量的居高不下或严重不足，促使管理者做出相应的决策。

(5) 信息系统的灵活性。物流信息系统必须具有高度的灵活性，以满足用户和顾客的需求。因为顾客的广泛性和需求的多样性，他们对信息的需求也不尽相同，企业物流信息系统必须有能力提供能满足特定顾客需要的数据。

(6) 系统界面的易操作性。物流信息系统必须是友善和易于操作的，这一方面是为了使管理者便于使用操作，另一方面也可提升工作效率。适当的系统界面要求提供的物流信息要有正确的结构和顺序，能有效地向决策者提供所有相关的信息，避免管理者通过复杂的操作才能满足相应的要求。

7.2.2 物流信息系统网络

为了对物流的全过程进行控制，根据物流中心现代管理理念，建立如图 7-8 所示的系统网络拓扑结构。

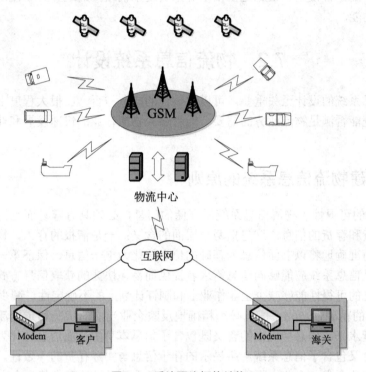

图 7-8 系统网络拓扑结构

7.2.3 物流信息系统体系结构

系统体系结构是根据系统分析的要求和组织的实际情况，对新系统的总体结构形式和可利用的资源进行大致设计，它是一种宏观、总体上的设计和规划。

1. 集中式和分布式体系结构

"集中式处理"和"分布式处理"的概念最初源于计算机的体系结构，后来被引伸到企业计算的基本环境和企业信息系统的体系结构。对于企业信息系统来说，究竟采用"集中式"还是采用"分布式"，要根据企业商业活动对信息的需要决定取舍。信息系统的体系结构必须和企业的组织结构和功能结构相适应。

对于一个全球性航运物流企业的信息系统来说，可以从"网络拓扑结构""数据处理结构"和"数据分布结构"等三个层面来分析"集中式"和"分布式"的含义。

从"网络拓扑结构"这一层面来分析，可以有三种可能的结构：①典型的集中式结构。特点是各分支结点相连，但各分支结点之间没有直接的联系，只能通过中心结点进行联系。②分层的集中式结构(树形)。每一层都有一个中心结点，各分支结点仅仅和上一层的中心结点相连，同层分支结点之间没有直接的联系。③分布式(网状)结构，任意两个结点之间都可能有直接的连接。

从"数据处理分布结构"这一层面来分析,也有"集中式"和"分布式"之分。从企业的角度来讲,如果只允许存在一个数据处理中心,那么就是集中式的结构;如果允许存在多个数据处理中心,则为分布式结构。对于某一数据处理中心来说,其设备配置也有"集中式"和"分布式"之分,如果所有的应用系统都在一台大型主机系统上运行,则为集中式结构。反之,如果不同的应用系统分布在不同的服务器上运行,甚至一个事务处理也分布在多个服务器上运行,则为分布式处理结构。

从"数据分布结构"这一层面来分析:典型的分布式数据库的数据可以分布在若干不同地域上的数据库中。一个事务处理可能需要向多个不同地域上的数据库进行查询,而典型的集中式数据分布结构只有一个数据中心(不包括后备数据中心),位于数据中心的中央数据库提供全球数据共享。

集中式结构的另一种可能的方案是只有一个数据中心,但允许局部地域数据库的存在。数据中心的中央数据库有一个全球数据模型,各地的数据库在数据定义和数据结构上必须和中央数据库保持一致。中央数据库和各地局部数据库之间共享一部分数据。"共享"的数据可以实时地或定时地保持一致,中央数据处理中心完全可以依赖于本地的中央数据库来完成所有的企业计算,而不必查询任何其他的数据库。

2. 应用系统计算结构——浏览器/服务器(B/S)模式

企业管理软件的体系结构,其发展经历了三个阶段:从文件/服务器(F/S)体系结构,到客户机/服务器(C/S)体系结构,再到浏览器/服务器(B/S)体系结构。

在文件/服务器体系结构的应用软件中,网络以文件服务器为核心,数据库和全部应用程序全部存储在文件服务器上,但应用程序的执行则全部在微机/工作站上进行,从而增加了网络传输的负荷。同时由于 F/S 体系结构的缺陷,当服务器的负荷超过某个阈值后,其效率会出现明显的下降,即使换用功能更强大的服务器或者增加网络带宽,也只能解决部分问题。这类软件由于受数据库性能以及 F/S 计算模式的制约,不能有太多的网络用户,也不能进行大数据量处理,因此一般不适合于在大型企业应用。

C/S 体系结构应用将一个复杂的网络应用的用户交互界面和业务应用处理与数据库访问以及处理相分离,服务器与客户端之间通过消息传递机制进行对话,由客户端发出请求给服务器,服务器进行相应的处理后经传递机制送回客户端。对数据库的大量操作通过远程数据库访问的方式交给了后台数据库服务器去完成,从而提高了用户交互反应速度,降低了客户端对 CPU 处理能力的要求,应用开发简单且具有较多强大功能的前台开发工具。但是一般采用 C/S 体系结构的应用软件,由于应用处理留在客户端,在处理复杂应用时客户端应用程序仍显"肥胖",限制了对业务处理逻辑变化适应和扩展的能力。当访问数据量增大和业务处理复杂时,客户端往往变成瓶颈。在采用远程数据库访问模式时,客户端与后台数据库服务器数据交换频繁,且数据量大,当大量用户访问时,易造成网络瓶颈,C/S 结构的向前发展就形成分布式多级体系结构。

将业务处理和数据管理彼此之间相互彻底分离,各自完成其擅长和应该完成的任务,就形成了所谓分布式多级体系结构模式。多级分布式体系结构与一般的 C/S 体系结构的不同之处是在中间插入了专门完成应用业务处理功能的服务器,它相对于前台客户端和后台数据库服务器均可构成 C/S 结构。这种中立的应用服务器即所谓的应用中间件。客户端的功能注重于用户交互和数据表征。后台数据库完成数据访问和数据管理,应用服务器则专注应用业务处理。该结构可将复杂的业务处理分割成相互之间可交互、调用和通信的若干业务功能部件或对象，并可将其分配到多个网络互联的应用服务器中间件上实现负荷的分担。应用服务器中间件往往还具备对分布对象的管理和实时调度功能，可以实现真正的分布处理和动态负荷分担。

随着互联网的不断发展，尤其是基于 Web(HTML，HTTP)的信息发布和检索技术、Java 跨网络操作系统计算技术以及 CORBA 网络分布式对象技术三者的有机结合(Web+Java+CORBA)，导致了整个应用系统的体系结构从 C/S 的主从结构向灵活的多级分布结构的重大演变，使其在当今以 Web 技术为核心的信息网络的应用中被赋予更新的内涵。这就是浏览器/服务器(B/S)体系结构。

传统的 C/S 体系结构采用的是开放模式，由于通信协议等的标准化，使企业可以构筑采用多厂家产品的网络系统。但这只是系统开发者一级的开放性。在特定的应用中，无论是客户端还是服务器端都还需要特定的软件，没有能够提供用户真正期望的开放环境，而内联网则是真正的开放系统。因为在内联网终端系统已经统一为 Web 浏览程序的单一平台。内联网系统里的文件，应用程序处理的结果一律通过 Web 浏览程序显示出来。作为最终用户，只要操作 Web 浏览程序，各种各样的处理任务都可以通过 Web 浏览程序调用系统资源来完成。因此，也可以将内联网结构称为 Browser/Server(B/S——浏览器/服务器)结构。与 C/S 处理模式相比，它大大简化了客户端，只要装上操作系统、网络协议软件以及浏览器即可。这时的客户机成为瘦客户机，而服务器则集中了所有的应用逻辑，开发、维护等几乎所有工作也都集中在服务器端。同时当企业对网络应用进行升级时，只需更新服务端的软件，而不必更换客户端软件，这无疑减轻了系统维护与升级的成本与工作量，使使用户的总体拥有成本大大降低。

基于以上的分析，物流信息系统的应用系统结构应采用 B/S 结构。在体系结构设计方案中，为了与企业业务的组织功能结构相适应，采用了集中分布式的网络体系结构和数据分布结构。为了减轻系统维护与升级的成本与工作量，应用系统采用了 B/S 计算结构。最后，为了便于系统的扩充，总部采用了多层服务器结构，并适当采用冗余技术和群集技术，以满足高可靠性和安全性。

7.2.4　物流信息系统的层次结构

按信息的作用和加工程度不同，物流信息系统可分为业务层、控制层和决策层。

(1) 业务层，主要包括日常经营和管理活动所必需的信息，一般来自具体的物流业务部门，由基层管理者使用，供控制业务进度及做计划调整时使用。

(2) 控制层，主要包括系统内部管理人员进行经营管理控制所需要的信息，其目的是使物流业务符合活动目的要求，并监督内部分目标的实现。

(3) 决策层，是最高管理层，主要包括制订物流活动的目标、方针、计划所需要的信息。

确定了设计的原则，构建出一个合理高效、同时扩展性良好的架构之后，对于以后的开发具有指导性的关键意义。实践证明，很多失败的项目不是因为开发技术的原因，而是系统设计的失误，致使完成的项目无法满足现实业务的实际要求。只有设计正确完成，才能进行下一步的具体开发。

7.3　物流信息系统的开发

物流信息系统的开发是一个复杂的系统工程。它不仅涉及计算机的开发技术，还涉及系统理论、工程控制、管理功能、组织结构等多方面的问题。尽管开发方法有很多种，但是至今尚未形成一套完整的、能为所有开发人员所接受的理论以及由这种理论所支持的工具和方法。

7.3.1　物流信息系统开发的关键点

要实际开发物流信息系统，首先必须制订相应的系统开发策略。系统的开发要点是指包括识别问题；明确系统开发的指导思想；选定适当的开发方法；确定系统开发的过程、方式、原则等各个方面在内的一种系统开发总体方案。

1. 实现客户价值，技术为业务服务

物流信息系统的开发，技术不可或缺。但是技术不是目的，通过技术的运用，帮助客户实现业务价值，才是最根本的目的。一味追求技术的先进性，而忽视了客户的企业价值，将导致项目的最后失败。在开发信息系统的时候，要始终把客户的价值放在首位，以满足客户的业务需要为目标。总结很多失败的项目，大都不是技术上的失败，而是开发人员或公司忽视了技术是为业务服务的宗旨。我们的目标不是开发一个先进的信息系统，而是开发一个满足客户需求、能够帮助客户解决业务问题、实现客户业务价值的系统。实现客户的价值，是我们唯一的目标。

2. 识别分析

根据用户的需求状况、实际组织的管理现状以及具体的信息处理技术来分析和识别问题的性质、特点，以便确定应采用什么样的方式来加以解决，如结构化、确定性问题应采取什么样的方式解决；半结构化、不确定性的问题应采用什么样的方式解决；非结构化、完全没有规律的问题应采用什么样的方式和技术来解决等。该阶段需要解决的问题如下所述。

(1) 信息和信息系统需求的确定性程度。

(2) 信息和信息处理过程的确定性程度。

(3) 体制和管理模式的确定性程度。

(4) 用户的理解程度。

(5) 现有条件和环境状况等。

3. 可行性研究

可行性是指在当前组织内外的具体条件下，系统开发工作是否具备必要的资源和条件。在系统开发过程中进行可行性研究，对于保证资源的合理利用，避免浪费和失败，都是十分重要的。系统开发可行性研究包括以下几个方面。

(1) 目标和方案的可行性。

(2) 技术方面的可行性。

(3) 经济方面的可行性。

(4) 社会方面的可行性。

4. 贯彻系统开发的原则

(1) 领导参加原则。
(2) 优化与创新原则。
(3) 充分利用信息资源的原则。
(4) 实用和实效的原则。
(5) 规范化原则。
(6) 发展变化的原则。

5. 做好准备工作

做好系统开发前的准备工作是信息系统开发的前提条件。系统开发前的准备工作一般包括基础准备和人员组织准备两部分。

(1) 基础准备工作。基础准备工作要严格科学化，具体方法要程序化、规范化；做好基础数据管理工作，严格计量程序、计量手段、检测手段和基础数据统计分析渠道，数据、文件、报表的统一化。

(2) 人员组织准备。系统开发的人员组织准备包括：建立一支由系统分析员、企业领导和管理岗位业务人员组成的研制开发队伍，明确各类人员(系统分析员、企业领导、业务管理人员、程序员、计算机软硬件维护人员、数据录入人员和系统操作员等)的职责。

6. 选择系统开发的策略

系统开发策略目前主要有以下四种。

(1) 接收式开发策略。是指经过调查分析，认为用户对信息需求是正确的、完全的和固定的，现有的信息处理过程和方式也是科学的，这时可采用接收式开发策略，即根据用户需要和现有状况直接设计编程，并过渡到新系统。

(2) 直接式开发策略，是指经过调查分析后，即可确定用户需求和处理过程，且以后不会有大的变化，则系统的开发工作就可以按照某一种开发方法的工作流程(如结构化系统开发方法中系统开发生命周期的流程等)，按部就班地走下去，直至最后完成开发任务。

(3) 迭代式开发策略。是指当问题具有一定的复杂性和难度，一时不能完全确定时，就需要进行反复分析、反复设计，随时反馈信息，发现问题，修正开发过程的方法。

(4) 试验式开发策略。是指当需求的不确定性很高，一时无法制订具体的开发计划时，则只能用反复试验的方式来做。原型方法就是这种开发策略的典型代表。

7. 制订系统开发计划

目前常用的系统开发方法有：结构化系统分析与设计方法、原型方法、目标导向(或称为面向对象)方法、计算机辅助软件工程方法等。开发计划主要是制订系统开发的工作计划、投资计划、进度计划、资源利用计划。开发计划大多根据具体问题、具体情况而定，没有统一的模式。在一般情况下，常用甘特图来记载和描绘开发计划的时间进度、投入和工作顺序的关系。

7.3.2　物流信息系统开发步骤

用结构化系统开发方法开发一个系统时，要将整个开发过程分为五个首尾相连的阶段。

1. 系统规划阶段

系统规划阶段的工作是根据用户的系统开发请求，初步调查清楚存在的问题，然后进行可行性研究。如果不满足，需要重新修正；如果不可行，只能取消项目；如果可行并满意，方可进入下一阶段工作。

2. 系统分析阶段

该阶段的任务是：分析业务流程；分析数据；分析功能与数据之间的关系；最后提出新系统设计方案。

3. 系统设计阶段

该阶段的任务是：总体结构设计、代码设计、数据库/文件设计、输入/输出设计、模块结构与功能设计。同时根据总体设计的要求购置与安装设备，最终给出方案。

4. 系统实施阶段

该阶段的任务是：同时进行编程(由编程人员进行)、人员培训(有系统分析设计人员培训业务人员和操作人员)以及数据准备(由业务人员完成)，然后投入试运行。

5. 系统运行阶段

该阶段的任务是：同时进行系统的日常运行管理、评价、监理审计三部分工作，然后分析运行结果。如果运行良好，则送管理部门，用以指导生产经营活动。

7.3.3　物流信息编码的方法

物流管理及物流信息的设计与开发离不开物流信息的编码。编码是指由某一种符号系统表示的信息转换为另一种表示信息的符号系统的过程。信息编码可使客观存在的事物对象或属性变成便于计算机识别和处理的统一代码。简单地说，编码就是代码的编制过程，是物流信息管理，特别是建立自动识别系统的前提。编制一套简单高效的编码规范，对于后期的开发具有非常重要的意义。可以说，编码决定了程序处理的效率和复杂度，直接影响了开发的速度和程序执行的效率。

1. 物流信息编码的原则

(1) 选择最小值代码。这个原则对于人们经常使用的代码是非常重要的。随着信息量的迅速增长，代码长度趋于加长，信息处理的出错率必然随之增加，同时也增加了信息收集的工作量，加大了信息输入、存储、加工和输出设备的负荷。

(2) 设计的代码在逻辑上必须满足用户的需要，在结构上要与处理的方法相一致。

(3) 代码应具有逻辑性、直观性以及便于掌握的特点，应能准确、唯一地标示出对象的分类特征。

(4) 代码应该系统化、标准化，便于同其他代码的连接，适应系统多方面的使用需要，即代码应尽量适应组织的全部功能。例如，由于订货，会引起库存、销售、应收账户、采购、发运等多方面的变化，所有与此相关的代码应尽量做到协调一致。

(5) 不要使用字形相近、易于混淆的字符，以免引起误解。

(6) 代码设计要等长。例如用 001～200，而不是使用 1～200。

(7) 不能出现与程序系统中语言命令相同的代码。

以上仅仅是一些普遍原则，具体编码需要根据业务的具体情况灵活运用。在实际开发的情况下，某些物流业务的编码情况比较复杂，首先需要对业务了解清楚，才能制定出有效的编码准则。

2. 物流信息编码方法

对物流信息进行整理分类的关键是选择一个好的编码系统。根据所用代码符号数量的多少，可将物流管理信息划分为少位的(包括 1～2 个符号)和多位的。每个代码可以是简单的，也可以是复合的。所谓复合码，就是用两种及两种以上简单码所组成的代码。

1) 确定代码设计的方法

顺序码：又称序列码，是一种用连续数字代表编码对象的代码，通常从 1 开始。

区间码：把数据分成若干组，代码的每一区间对应一组数据，例如电话号码。在使用这种编码时，需要为待编码的每组信息规定出一个号码序列；当项目表很复杂，但有明确分组时，适宜使用区间码。

2) 代码结构中校验位的附加

为了保证代码输入的正确性，有意识地在编码设计结构中原代码的基础上附加校验位，使它事实上变成代码的一个组成部分，又称校验码。校验位的数值是通过事先规定的数学方法计算出来的。输入代码时，程序中设置了代码校验位值的计算功能，并将它与输入的校验位进行比较，以检验输入是否有错。

7.3.4 主要开发技术路线

物流系统的开发可以采用两种技术路线，即基于 Windows 的技术路线和基于 Java 的技术路线。

1. 基于 Windows 的技术路线

(1) 操作系统平台。Windows 98/Windows NT/Windows 2000/Windows Me。

(2) 数据库系统。SQL Server 2000，Oracle，Sybase。

(3) 开发工具。Microsoft Visual Studio 6.0，Delphi，Power Builder。

(4) 开发语言和关键技术。C#、ASP、JSP、ADO/OLE DB、IIS。

(5) 体系结构。基于微软的 DotNet 框架，可以分为应用服务器和数据服务器，客户端可以采用浏览器方式。在应用服务器上基于 IIS 技术，数据库采用 ADO 技术，与数据服务器连接。数据的交互和页面的事务相应由 ASP 技术来开发。具体如图 7-9 所示。

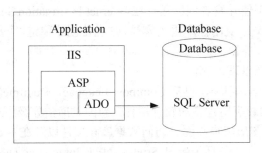

图 7-9　ASP 技术开发示意图

2. 基于 JAVA 的技术路线

(1) 操作系统平台。Windows NT/2000，Linux，Unix，Sun Solaris。

(2) 数据库系统。Oracle，Sybase，MySQL。

(3) 开发工具。JBuilder，Delphi。

(4) 开发语言和关键技术。JSP、Servlet、EJB、YDBC、J2EE。

(5) 体系结构。基于 J2EE 的开发框架，采用三层的开发结构，表示层用来响应客户的事件和动作，主要用 JSP 和 Servlet 来开发；中间的逻辑层负责处理业务逻辑，建立起表示层与数据层之间数据的交互和传递，主要是通过开发和部署 EJB 来实现；数据层用来存储大量的数据，通过逻辑层与表示层连接开发框架如图 7-10 所示。

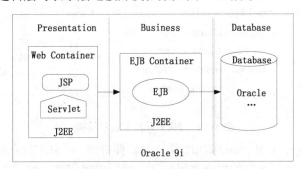

图 7-10　J2EE 的开发框架示意图

目前 Java 路线的解决方案是采用国际上先进的 J2EE 技术路线及跨平台的开放式体系结构，采用大型分布式数据库管理系统 Oracle，运用 Java、JSP、EJB、多层次体系结构等先进的技术元素，实现了系统的高可靠性、高可用性、高伸缩性。

基于 Windows 的技术路线有很多选择的途径，开发工具也可以选择很多种，可以考虑微软的工具 VC++、VB，也可以选择 Delphi，或者使用 PB，由于 DotNet 得到了微软的大力推广和支持，目前使用 DotNet 开发的项目越来越多。相信 DotNet 将是未来主流的解决方案。下面主要介绍一下微软的 DotNet 技术。

1) VS. NET 体系构架

微软发布了.NET 开发平台，这是自 1993 年 7 月随着 Windows NT 3.0 出现的 Win32 API 后微软软件开发平台的第一次大升级。Win32 只是提供了更多功能强大的 API，但其开发工具和技术并没有很大的变化。.NET 与微软在此之前推出的开发工具最大的不同之处在于，.NET 是一个真正的开发平台，在创造应用程序的工具和技术上都做了根本的改变。

.NET 开发平台是一组用于建立 Web 服务器应用程序和 Windows 桌面应用程序的软件

组件，.NET 开发平台可使开发者创建运行在 Internet Information Server(IIS)(互联网信息服务器)Web 服务器上的 Web 应用程序更为容易，它也使创建稳定、可靠而又安全的 Windows 桌面应用程序更为容易。

.NET 开发平台包括以下内容。

(1) .NET Framework(架构)，包括 Common Language Runtime(CLR)(通用语言运行环境)，这是用于运行和加载应用程序的软件组件；新的类库，分级组织了开发者可以在他们的应用程序中用来显示图形用户界面、访问数据库和文件以及在 Web 上通信的代码集。

(2) .NET 开发者工具，包括 Visual Studio. NET Integrated Development Environment (IDE)(Visual Studio .NET 集成开发环境)，用来开发和测试应用程序；.NET 编程语言(例如 VisualBasic .NET 和新的 Visual C#)，用来创建运行在 CLR 下并且使用类库的应用程序。

(3) ASP .NET，一个取代以前的 Active Server Pages(ASP)的特殊类库，用来创建动态的 Web 内容和 Web 服务器应用程序，这些都将采用诸如 HTML、XML 和 Simple Object Access Protocol(SOAP)(简单对象访问协议)等 Internet 协议和数据格式。

.NET 开发平台的结构如图 7-11 所示。

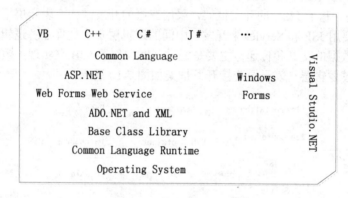

图 7-11　.NET 开发平台的结构

(4) Common Language Runtime(CLR)是一个软件引擎，用来加载应用程序，确认它们可以没有错误地执行，进行相应的安全许可验证，执行应用程序，然后在运行完成后将它们清除。

(5) Class Libraries 是一个类库集，它提供了以下内容。

① 基本类库(诸如数据类型(例如数值或文本字符串)的处理、文件输入/输出等底层功能)。

② XML 数据读写处理。

③ 互联网通信。

④ ADO 数据库访问。

⑤ 处理 Web 请求的服务器端的库。

⑥ 发送和接收 SOAP 信息的 Web Services 库。

⑦ 接收用户输入并动态地生成 Web 页面库。

⑧ 应用程序界面处理的 Winform 库(也称作 Windows 表单)。

(6) Visual Studio .NET 是利用 Class Libraries 创建应用程序的集成开发环境(Integrated Development Environment，IDE)。

① .NET 编程语言(Visual Basic .NET、Visual C#、ASP .NET)。

② 源程序编辑、生成、运行、测试环境。

③ FORM 编辑平台。

2) VS .NET 带来的新思维

由于 .NET 平台完全基于类库实现，支持所有已规范的面向对象技术，所以为应用软件设计提供了真正意义上的面向对象的设计与实现的平台。当然，正如熟悉 C 语言的程序员在 C++的规则下，仍然可以以面向过程的编程思路设计程序一样，.NET 并不强制用户用面向对象的设计方法在.NET 下开发应用程序。这样.NET 的优势基本无从发挥，因此，采用面向对象的设计思想来考虑、设计软件，在.NET 上加以实现。

.NET 提供了新的开发手段及平台环境，这里所说的"新"主要体现如下。

(1) 基于 WEB_SERVICE 的 Internet 环境下的整体开发。

.NET 平台提供了 Web Services 这样一个组件，一个 Web Services 类似于这样一个 Web站点，向应用程序提供服务，从应用程序接收 XML 格式的请求消息，处理这些请求，然后向应用程序返回 XML 格式的响应消息。.NET 屏蔽了 Internet 的物理存在，在.NET 中，Internet 的 Web 服务器、路由、数据传输等概念被抽象为 Web Service、Dataset 等逻辑的、形式化的对象，正如在 C/S 结构下，使用 VB6、数据库开发时，不必考虑应用程序是如何与数据库连接，只需知道如何使用 DAO、ADO 这样的对象一样。微软秉承了一贯的思路，屏蔽底层、提供新的概念，使开发工作更加有效、方便。

.NET 平台提供的分布式计算解决手段 Web Service 可以方便地搭建一个基于 Internet的分布式系统。基于同一个体系结构和数据库系统，可以根据不同的应用要求处理为不同的实际表达形式，通过提供业务表达层的 Web Service 接口，实现了网上客户销售，同时调用供货商提供的 Web Service，将采购单传输给供货商平台，并保存为与任何数据库系统无关的 XML 格式文件。

(2) 统一的底层实现，不同的表现方式。

在传统的开发工具中，界面与实现界面功能的程序是紧密结合在一起的。在.NET 平台上，可以一层一层地构造应用程序，在表现层(Windows Form 或网页)，可以分别设计，但是，实现这些界面处理的底层程序都是一样的。在.NET 中没有 C/S 结构或 B/S 结构之分，只是用网页的形式做界面还是用 Windows Form 来做界面而已。用户可以先开发一套传统Windows Form 形式的应用，继而再用网页来表达一番。因此，在商务管理系统的开发中，其优点是不言而喻的。

(3) 充分利用.NET Framework。

.NET Framework 类库，向程序员提供所需用来编写在 CLR 的控制下运行的代码的软件组件。它们按照单一有序的分级组织提供了一个庞大的功能集——从文件系统到对 XML功能的网络访问的每一样功能。Web 服务器应用程序也可以使用 ASP. NET，这个类库将再做详细解释。桌面应用程序不需要 ASP. NET。与以往微软的开发工具不同之处在于，.NET Framework 类库并非是简单的功能堆砌，其自身就是一个自成体系的对象集合，构造.NET Framework 的所有类都对程序员开放，其方便程度可想而知。在开发软件的过程中，要充分利用.NET Framework 类库，把开发思路由"我要编个功能"转换为"先查查.NET Framework 类库中有没有"，一定要避免闷头苦编现象的发生。

(4) 建立基于 XML 的数据处理机制。

XML 语言规范为跨系统(包括应用系统与数据库系统的跨接、不同应用系统的跨接、同一应用系统不同实现环境的跨接)的应用提供了一个数据对象的统一描述，在.NET 体系结构中基于 XML 规范对数据对象描述提供了更高一层的抽象, 即 DATASET 类, Dataset 作为系统内部的数据存储对象使用, 其实现完全基于 XML 语言描述, 一个 XML 文件可以很方便地转化为一个 Dataset 对象, 一个 DATASET 对象也可以直接存储为 XML 格式的文件。由于提供了这一层次的抽象, 因此在进行系统结构设计时可以具备更高的自由度, 业务系统和存储系统以及表达形式之间的直接偶合可以通过 Dataset 数据对象来断开, 提高了系统的健壮度, 可维护、可扩展能力也得到了极大的提高。

3) VS .NET 平台的技术优势

.NET 平台作为 Microsoft 推出的第一个集成化的开发环境, 面向程序开发设计人员拥有以下全新的技术优势。

(1) 基于类库的语言集成。

不只是简单地集成了数种开发语言, 而是基于共同的底层类库, 通过命名空间实现跨语言的面向对象开发集成。即开发者在同一个解决方案中可以根据自己体系结构不同层次的实际需求选择开发语言, 可以集成编译、调试并最终生成可执行文件和动态对象库。

(2) 强大的代码编辑功能。

在代码编辑环境中, 如果设置了编译开关为必须检查变量定义和静态类型检查, 在代码编辑时, 开发环境将自动对所定义的变量进行类型检查并标注出错误及错误产生的原因, 避免了因类型转换而引发的编译错误和运行错误。并且编辑环境还支持在代码书写时根据语句的嵌套进行自动缩排。

(3) 方便直观的源代码版本控制。

在多人协作开发一个大型系统时, 结合 Visual Source Safe 服务器, 可以快速地移植解决方案、项目的源代码(.NET 环境提供了根据 Source Safe 中存在的解决方案、项目建立新的解决方案和项目的功能, 免去了各种手工配置的移植操作), 支持进行整个解决方案、项目的源代码版本比较、合并、签入、签出等操作。

(4) 支持 XML 格式文件的书写。

在编辑环境中支持直接书写 XML 格式的文件, 编辑器可以自动检查 XML 语法的有效性, 对于 XML 格式的数据文件, 编辑器提供直接使用 DATAGRID 进行输入的功能, 并可以将结果自动保存为 XML 文件, 同理, 也可以将一个数据存储的 XML 文件自动转化为 DATAGRID 形式浏览。同时支持对 XML 格式的数据文件自动生成模式文件并可使用可视化的形式由用户来编辑。

虽然在这里讨论的都是目前先进的解决方案和开发技术, 但是采用何种开发技术, 没有绝对的原则, 还是需要根据业务的具体情况, 综合考虑客户先进的技术解决方案、硬件设备、软件支持水平、后继开发能力以及财务状况和预算做出合适的决定。仅仅从开发人员的角度出发, 选择技术解决方案, 往往会与客户的目标相抵触。在选择技术解决方案的时候, 需要充分了解客户的需求, 本着为客户服务的原则, 这样才可能选择一套真正切实可行的方案。在实际开发过程中, 除了上述两种方案之外, 也可大量使用 PB, Delphi, 甚至用 VBA 来开发信息管理系统, 同样能获得客户满意的效果。

7.4　自动识别系统

物流管理中的一项最基本的工作就是数据的采集。物流数据采集的特点是数据量大,数据种类繁多，数据的处理要求实时。数据采集应摆脱人工收集的种种弊端，走向自动化的收集。这就与自动识别密切相关。物流信息管理系统的一个重要特点是基于单品管理的进销调存业务会产生大量的数据，键盘输入的问题使人力成本和差错率很高，无法满足业务的实时需求。

7.4.1 自动识别系统的类别和作用

1. 自动识别系统的种类

自动识别系统的种类很多，其中条形码的应用和普及最为广泛。

1) 条形码

条形码是最早的也是使用范围最广，普及面最大的自动识别技术。常用的条形码有UPC/EAN128 码、Code39 码、Code93 码和交叉二五码，其标准由国际标准组织(ISO)制定。线性条形码可用于将数字或者数字字母作为数据库关键字的许多领域。条形码最主要的缺点是条形码储存的数据量有限。另外，打印对比度不够或缺墨时，会降低对条形码的识别能力。

2) 二维条形码

二维条形码是新兴的条形码，可以在很小的地方存储大量的数据。二维条形码有三种类型，即堆叠式符号(线性条形码彼此堆叠)、矩阵式符号(明暗点、圆点、方点或者六边形组成的矩阵)或层式符号(线性符号随机排列)，如 PDF41、Code49 码、Code16K 码(堆叠式)、Code One 码、Maxi Code 码、Data Matrix 码、Aztec 码(矩阵式)和 SuperCode 码(包式)。这些标准大多已经提交 ISO 批准，部分代码已经在工业领域开始运用。

与线性条形码相比，二维条形码的主要优点是能存储大量的数据：每个符号可存储 7000个数字或者 4200 个字母数字；还可以利用多重符号表示信息，从而提供几乎无限制的储存空间。二维条形码的缺点是需要特殊的扫描器。

除了条形码被广泛使用之外，磁卡、智能卡、光卡和射频标示等几种技术也得到了较多的应用。

2. 自动识别系统的作用

自动识别系统提供了快速、精确、低成本的数据采集方法。用以代替容易出错并且耗时的手工数据输入。在此基础上，自动识别系统通过对商品或对人进行编码而实现跟踪功能。

自动识别技术包括：①光学。条形码(包括二维条形码)、OCR 和视觉系统。②磁。磁条、磁墨字符识别。③电磁。④生物识别。语言识别、指纹识别、视网膜扫描。⑤触摸。触摸屏。⑥智能卡。由卡的储存与阅读设备等开发成功的技术构成。

条形码是最常用的自动识别技术，在工业领域被广泛运用。它可以连接一个数据文件或者直接附带数据；磁卡常用作身份标示控制访问者；射频标示系统可以远距离识别动态或者静态的对象，而射频数据通信系统则可以将在各处采集到的数据发送到远处的计算机上；智能卡可在嵌入的集成电路上储存信息进行一定的处理。

自动识别系统可将数据输入工作流水线化、自动化并降低成本，迅速提供电子化的信息，从而为管理人员提供准确和灵活的业务视图。此外，自动数据输入与人工作业相比更精确、更经济。其优点如下。

(1) 低成本的数据。自动识别系统可以大幅度降低数据输入的成本并解放劳动力。由于数据成本非常低，可以收集详细数据。

(2) 信息可用性。自动识别系统提供了即时的活动报告，从而加快了信息相关业务流程，例如配送中心在卸车、理货、发货装车时，需要知道包装箱属于哪个采购订单，是按照标准运输步骤发货还是需要特别处理，需要发向何地。如果没有自动识别，等待上述信息时货物只能处于静止状态。使用这种技术就可以立即向中央计算机系统报告到达的货物，大多数情况下可将货物直接装车，不需要额外的储存空间，降低通过仓库的货物总量。这一点在工业应用中特别明显。

(3) 精确。除了速度和经济外，自动识别系统还有精确的优点。这不但减少了员工人数，增加了工作吞吐量，还可使公司提高工作质量，从而保证与关键客户的关系。

3. 自动识别系统的应用领域

(1) 销售信息系统。在商品上贴上条码，能快速、准确地利用计算机进行销售和配送管理。其过程为，对销售商品进行结算时，通过光电扫描读取并将信息存入计算机，然后输入收款机，收款后开出收据，同时，通过计算机处理，掌握进、销、存的数据。

(2) 库存系统。在库存物资上应用条形码技术，尤其是应用在规格包装、集装、托盘货物上，入库时自动扫描并输入计算机，由计算机处理后形成库存的信息，并输出入库区位、货架、货位的指令，出库程序则和 POS 系统条码应用一样。

(3) 分货拣选系统。在配送和仓库出货时，采用分货、拣选方式，需要快速处理大量的货物，利用条形码技术便可自动进行分货拣选，并实现有关的管理。

7.4.2　条形码技术

1. 条形码技术介绍

条形码技术、条形符合设计技术、快速识别技术和计算机管理技术，是实现计算机管理和电子数据交换不可缺少的开端技术。

条形码技术将数据编码成可以用光学方式阅读的符号，印制技术生成机读的符号，扫描器和解码器可以采集符号的图像并转换成计算机处理的数据进行校验。现存许多不同的条形码符号，每种符号都有各自的字符编号、印制和译码要求及错误校验。不同条形码表示数据的方式和所编码的数据类型都不同：有些仅对数字编码，有些则可以对数字、字母和标点符号编码，还有些可以对 ASCII 确定的 128 个字符甚至 256 个字符进行编码，甚至允许(通过冗余)重构数据以保证破损符号的阅读。现有 255 种条形码，但是目前广泛使用的仅有少数几种。

商品条形码由一组黑白相间、粗细不同的条状符号组成。条形码隐含着数字信息、字母信息、标志信息、符号信息，主要用于表示商品的名称、产地、价格、种类等，是世界通用的商品代码的表述方法。在技术上，条形码是由一组黑白相间的条纹组成的，这种条纹由若干个黑色"条"和白色的"空"单元所组成。其中，黑色条对光的反射率低，而白色的空对光的反射率高，再加上条和空的宽度不同，就能使扫描光线产生不同的反射接收效果，在光电转换设备上转换成不同的电脉冲，形成了可以传输的电子信息。由于光的运动速度极快，所以可以准确无误地对运动中的条码予以识别。

常用条形码介绍如表 7-1 所示。

表 7-1 常用条形码

条形码种类	条形码名称	示 例	描 述	应 用
一维条形码	UPC 码	0 89600 12456 9	只用数字,长度为12	在美国和加拿大被广泛用于食品、百货及日用品零售业
	EAN 码	6 901234 567892	与 UPC 兼容,具有相容的符号体系	用于世界范围的食品、百货及日用品零售业
	Code 128 码	1234567890	采用ASCII码字符集:0~9,A~Z	广泛用于制造业及仓储、物流业
	UCC/EAN-128	(00)069014141234567898	是目前可用的最完整的字母数字型一维条形码	广泛用于物流标识及其他物流单元
二维条形码	PDF417		可以容纳 1848 个字母字符或 2729 个数字字符。约 1000 个汉字信息,比普通条码信息容量高几十倍	用于报表管理、产品的装配线、银行票据管理,行包及货物的运输管理等

2. 条形码在物流作业中的作用

条形码的物流应用包括配送中心的订货、进货、存放、拣货、出库。

1) 订货作业

以超市价格卡与便利店订货簿的方式为例。

在超市的货架上每种商品陈列处都贴着价格卡,其用途有二:一是向顾客告知商品价格;二是可按卡上所注的订货点,指引工作人员计算商品所剩的陈列量是否低于设定的订货点,若需订货,即以手持式条形码扫描器读取价格卡上的商品条形码,就可以自动输入商品货号。

连锁总部定期将订货簿发给每个便利店,订货簿上有商品名称、商品货号、商品条形码、订货点、订货单位、订货量等,工作人员拿到订货簿巡视各商品以确认所剩陈列数,记入定货量;回到办公室后,用带条形码扫描器的掌上终端机扫描预定商品的条形码并输入订货量,再用调制器传出订货数据。

2) 配送中心的进货验收作业

对整箱进货的商品,其包装箱上有条形码,放在输送带上经过固定式条形码扫描器的自动识别,可将接收指令传送到存放位置附近。

对整个托盘进货的商品,叉车驾驶员用手持式条形码扫描器扫描外包装箱上的条形码标签,利用计算机与射频数据通信系统,可将存放指令下载到叉车的终端机上。

3) 补货作业

基于条形码进行补货，可确保补货作业的正确性。有些拣货错误源于前项的补货作业错误。商品进货验收后，移到保管区，需适时、适量地补货到拣货区；避免补货错误，可在储位卡上印上商品条形码与储位码的条形码，当商品移动到位后，以手持条形码扫描器读取商品条形码和储位码条形码，由计算机核对是否正确，这样即可保证拣货作业的正确性。

4) 拣货作业

拣货有两种方式：一种是按客户订单进行拣取的摘取式拣货；另一种是先将所有客户对各商品的订货汇总，一次拣出，再按客户分配各商品量，即整批拣取；二次分拣，称为播种式拣货。

对于摘取式拣货作业，在拣取后用条形码扫描器读取刚拣取商品上的条形码，即可确认拣货的正确性。

对于播种式拣货作业，可使用自动分货机，当商品在输送带上移动时，由固定式条形码扫描器判别商品货号，指示移动路线和位置。

5) 交货时的交点作业

交货时的交点作业通常可分为两种形式：一种是由配送中心出货前即复点数量；另一种是交由客户当面或事后确认。

对于配送中心出货前的复点作业，由于在拣货的同时已经以条形码确认过，就无须进行此复点作业了。

对于客户的当面或事后确认，由于拣货时已由条形码确认过，无须交货时双方逐一核对。

6) 仓储配送作业

其实商品的自动辨识方法还可以采用磁卡、IC卡等其他方式来达成。但就物流仓储配送作业而言，由于大多数储存货品都备有条形码，所以用条形码做自动识别与资料收集是最便宜、最方便的方式。商品条形码上的资料经条形码读取设备读取后，可迅速、正确、简单地将商品资料自动输入，从而达到自动化登录、控制、传递、沟通的目的。

3. 条形码技术在物流中的应用

条形码技术应用解决了数据录入和数据采集的"瓶颈"问题，为企业物流管理提供了有力的技术支持。

条形码技术是实现各企业自动化管理的有力武器，有助于进货、销售、仓储管理一体化；是实现电子数据自动交换、节约资源的基础；是及时沟通产、供、销的纽带和桥梁；是提高市场竞争力的工具；可以节省消费者的购物时间，扩大商品销售额。

条形码技术为我们提供了一种对物流中的物品进行标示和描述的方法，借助自动识别系统、POS系统、EDI等现代技术手段，也可以随时了解有关产品在供应链上的位置，并即时做出反应。当今欧美等发达国家兴起的供应链管理策略，都离不开条形码技术的支持。条形码是实现POS系统、EDI、电子商务、供应链管理技术的基础，是物流管理现代化、提高企业管理水平和竞争能力的重要技术手段。由于条形码技术具有输入速度快、信息量大、准确度高、成本低、可靠性强等优点，因而发展十分迅速。它不仅在国际范围内为商品提供了一套完整的代码标示体系，而且还为供应链管理的各个环节提供了一种通用的语言符号。

4. 条形码在流通企业中的应用

货物的条形码是建立整个供应链的最基本条件。它是实现仓储自动化的第一步，也是为 POS 系统快速准确收集销售数据的手段。以零售业为例，借助条形码，POS 系统可以实现商品从订购、送货、内部配送、销售、盘货等零售业循环的一元化管理，销售商从而可以随时掌握商品早晚的销售情况，以调整进货计划，组织适销货源，从而减少脱销、滞销带来的损失，并可加速资金周转，有利于货价安排的合理化，提高销售额。

5. 条形码在加工制造企业中的应用

物料在企业信息系统中扮演的是主角，计划、采购、制造、库存、成本计算和销售都是围绕着"物料"展开的。通过代码打印成条形码，便于物料跟踪管理，而且有助于做到合理的物料库存准备，提高生产效率，会缩短企业资金的占用时间。

采用条形码技术进行库存管理时，在收件后可根据条形码对相应的物料划分种类，区别安放。并可根据实际情况跟踪库存数据，不会造成库存的不准和出入库产品无法跟踪的现象。

采用条形码技术还能更加准确地完成出入库操作。通过采集货物单件信息，处理采集数据，建立库存的入库、出库、移库、盘点数据，使库存操作完成更加准确。

尤其在采用无线条码数据终端、无线登录点及中心数据服务器等组成无线作业仓储管理系统后，能更实时准确地传递数据和指令，使作业人员与管理系统之间灵活互动，实现流畅的工作流程，真正使物流成为企业供应链的一部分。

6. 条形码技术在仓储配送中的应用

条形码技术在日本的物流业务中得到了广泛的运用，充分缓解了日本人力资源紧张、劳动力不足的现状。同时为了提高物流服务质量，降低物流成本，增强市场竞争力，日本的物流配送企业十分注重研究探索物流的新技术、新方法，并注意引进、学习美国等国家的物流新技术。在日本，物流配送运作中商品条码的使用、计算机控制系统和管理系统的采用等非常普遍。

在日本的物流配送企业物流作业中，移动式商品条码扫描设备、条码识别装置、自动化输送线、自动分掩系统、叉车、铲车、货物升降机、自动化立体仓库、POS 机等机电液气一体化设置设施应用程度较高，计算机管理系统比较普遍，一般是机械部分负责动作，电气部分负责信号传递，计算机系统负责控制管理。

目前许多日本物流企业已经开始应用了数码分拣系统，大大提高了工作效率和准确性，自动分拣的前提和保证就是条形码识别技术的应用。如佐川急便(株)总公司东京营业总部的货物自动分拣系统，设施非常先进。货物出口有 70 个，可以通过计算机系统控制不同的货物类别、不同的货物地址、不同的货物需求量，自动实现不同的分拣路线和出口，它把商品的分拣、拼配作业安排得犹如生产企业的生产流水线一样。

特别值得一提的是，大阪物流配送中心为解决部分药品需要在冷冻状态下保存与分拣而采用的全自动循环冷藏货架。由于人不便进入冷冻库作业，冷冻库采用了全自动循环货架，取、放货时操作人员只需在仓库操作计算机即可调出所要的货架到库门口，存、取货作业完毕后再操作计算机，货架即恢复原位。日本某大型第三方物流公司在全日本有十几个规模很大的配送中心。每个配送中心分为三个区域：分货区、拣货区和发货区。在分货区，一般用叉车卸货。先把货物放到暂存区，工人用手持式扫描器分别识别运单上和货物上的条形码，确认匹配无误才能进一步处理，有的要入库，有的则要直接送到发货区(称作直通作业，可以节省时间和空间)。该中心建立了自动化立体仓库，采用了自动分拣系统和自动检验系统，从进货检验、入库到分拣、出库、装车全部用各种标准化物流条码经计算机终端扫描，由传送带自动进出，人工操作只占其中很小一部分，较好地适应了高频度、小批量分拣出货的需要，降低了出错率。

条码识别技术和机电自动化的结合，实现了商品入库、验收、分拣、出库、过程监控、配送线路优化等物流作业全过程的计算机管理与控制，大大提高了物流准备率，加强了物流过程的管理。

整个系统充分利用了条形码技术和无线传输技术。首先承担大量数据采集工作的是条形码扫描器和无线数据传输设备。如图7-12所示，左边的设备就是数据传输的无线终端设备，右边的设备就是手持式扫描器。

经过扫描得到的条形码数据，通过无线中端设备与数据库服务器进行交互。如同在一台PC机上访问局域网里的服务器一样方便。同时可以通过一台便携式打印机，随时打印需要的数据，如同操作一台普通的打印机一样便捷。打印机如图7-13所示。

图7-12　条形码扫描器和无线数据传输设备　　　　图7-13　打印机

打印机和扫描器之间通过有线连接，支持热插拔，使用非常方便。

像这样一套终端设备，功能等同于一台普通的PC，解决了物流业务活动区域比较大，及其携带不方便的问题。虽然目前也有扫描枪和PDA配套使用的方法，但是这套设备还集成了无线数据传输、远程应用程序调用等功能，是专业的物流信息采集处理设备。当然，价格也比较昂贵，一台手持扫描器的价格相当于一台笔记本的价格。

除了可以在一定范围内通过无线终端设备的帮助，将手持扫描器与数据库服务器连接在一起之外，在场区之外，如果没有无线终端设备，使用手机，利用蓝牙技术，通过互联网，同样可以实现扫描器与服务器之间的连接。蓝牙技术的应用，解决了地域的问题，使无线业务处理成为可能，很好满足了物流业务的实际需要。

蓝牙是为满足个人移动设备在个人区域网络环境中进行无线通信而设计的。蓝牙的目的是使网络无所不在，即现有的网络连接要全部被无线取代。蓝牙使个人区域网络中设备对设备的连接最优化，诸如其中的同步、短数据传输、语音通信控制。蓝牙高速无线通信技术的手机，可以在10米左右的近距离内以无线方式进行高速数据通信，不仅可以接收在个人计算机上制作的电子邮件和图像数据，而且能够通过互联网上网。

整套系统的设计和开发采用三层架构，手持扫描器相当于客户端，类似于浏览器的功能，通过调用部署在应用服务器上的程序，连接数据服务器，进行通常的数据增删改查等操作，扫描器通过无线终端与远端的服务器相连，这台服务器部署了相应的支持程序和中间件平台，就相当于应用服务器，业务逻辑的处理都放在该服务器上，应用服务器通过局域网，与数据库服务器相连。

应用服务器部署的程序，完全可以采用通常程序的开发方法，支持 C 语言和 VB 开发。开发和部署也非常简单。

经过实践证明，这套系统的应用，大大提高了物流业务的处理能力，在日本一家著名的糕点厂家全面推广使用后，90%的糕点在运往仓库、进入货架的过程中就被有效地配送到全国各地。如果没有这种实时便捷的数据采集和自动识别技术，是很难实现的。

7.5　库存信息管理

物流有许多作业程序，包括货物的入库、出库、货物库位调整、仓库之间的货物调拨、货物的配送、货运代理、通过互联网下单、在网上查询车辆调配情况以及物流中心的其他资源情况、商品进出口预通关等作业。出入库是物流作业中的重要环节，要收集与处理各种信息，形成库存管理。库存是为了销售，要做到购销流畅必须讲究效率。商品库存量不能过多也不能过少，库存量过少就有可能脱销，因此就要经常检查商品是否齐备，要多采购畅销的商品，并加快这种商品的库存周转；与此同时必须防止因商品存量过多而影响资金的周转，必须经常对商品的库存量进行合理的调整。而这些目标的实现是依靠完整而又准确的库存信息为基础，可以说库存信息管理的好坏决定着物流信息管理乃至物流管理的成功与否。库存信息管理一般是着眼于数量信息的管理与控制，如订货点、订货量以及安全库存量等信息的管理。

7.5.1　库存的内容及分类

库存正日益受到企业的重视。库存通过整合需求和供给，可以维持各项活动顺畅进行。库存管理的目的，是如何使库存既不影响销售，又不造成积压而影响资金周转。为了实现库存管理的这一目标，就必须掌握完善、准确的库存信息，并以此为基础为库存管理提供决策依据。

1. 库存的内容

库存是指处于储存状态的物品或商品。库存与保管概念的差别在于前者是从物流管理的角度出发强调合理化和经济性，后者是从物流作业的角度出发强调效率化。库存具有整合需求和供给、维持各项活动顺畅进行的功能。一般来讲，企业在销售阶段，为了能及时满足顾客的需求，避免发生缺货或延期交货现象，需要有一定的成品库存。在采购生产阶段，为了保证生产过程的标准化和连续性，需要有一定的原材料、零部件的库存。而库存商品要占用资金，发生库存维持费用，并存在库存积压而产生损失的可能。因此库存既要防止缺货、避免库存不足，又要防止库存过量，避免发生大量不必要的库存费用。

过去认为仓库里的商品多，表示企业发达、兴隆。现在则认为零库存是最好的库存管理。库存多，占用资金多，利息负担加重。但如果过分降低库存，则会出现断档。

库存管理需要特别考虑下述两个问题。

第一，根据销售计划，按计划生产出来的商品在市场上流通时，要考虑在什么地方，存放多少。

第二，从服务水平和经济效益出发来确定库存量以及如何保证补充的问题。

一般来说，库存功能如下所述。

(1) 防止断档。缩短从接收订单到送达货物的时间，以保证服务，同时又要防止脱销。

(2) 保证适当的库存量，节约库存费用。

(3) 降低物流成本。用适当的时间间隔补充与需求量相适应的合理的货物量以降低物流成本，消除或避免销售波动的影响。

(4) 保证生产的计划性、平稳性以消除或避免销售波动的影响。

(5) 展示功能。

(6) 储备功能。在价格下降时大量储存，减少损失，以应灾害等不时之需。

2. 库存的分类

现代库存控制的任务是通过适量的库存实现合理的供应，实现总成本最低的目标。

库存可以从几个方面分类。从生产过程的角度，可分为原材料库存、零部件库存和半成品库存、成品库存三类。从库存物品所处状态，可分为静态库存和动态库存。静态库存指长期或暂时处于存储状态的库存，这是一般意义上的库存。广义库存还包括处于制造加工状态或运输状态的库存，即动态库存。从经营过程的角度，可将库存分为七种类型。

(1) 经常库存。

(2) 安全库存。

(3) 生产加工和运输过程的库存。

(4) 季节性库存。

(5) 促销库存。

(6) 投机库存。

(7) 沉淀库存或积压库存。

7.5.2 库存信息及其管理

库存管理由入库管理系统、出库管理系统、库存储位管理系统等组成。

1. 货物入库

货物入库是物流中心实体物流的起始点，必须自订单发出开始即掌握确实的信息。相关功能应包括以下几个方面。

(1) 厂商资料维护。包括供货厂商的基本资料、交易形态(如买断、代理、委托配送等)、交货方式、交货时段等项目。

(2) 订货数据处理。以采购作业及预定交货资料为主，包括供货厂商、预定交货日期等基本资料，另外，须特别注意交货前置时间、最小订货单位等项目。

(3) 入库操作。对实际进货物品项、数量、日期，进行入库验收与稽核，应用手持红外数据采集器，采集条码信息，实现物品条码信息的标准化，这样就可以实现检验物品和发货作业标准化，缩短作业时间，便于加强出库管理。与预定交货信息进行对比，如有差异，进行标注。在贸易伙伴之间、在不同的物流作业环节、在物流管理系统之间可以考虑应用 EDI 或其他数据通信技术，以便于统筹运作与管理。

(4) 库存预警。须对采购物品交货日程与预定交货期的准确性做管理，并适时修正采购前置时间，加入采购点预警建议功能。对库存上限和下限两种情况都做预警处理。

2. 出库管理系统

出库管理系统就是能提供完整精确的与出库相关的信息，以供执行处理出库作业程序所需，并对业务人员、储运经理及客户服务等，提供及时的出库信息。主要系统功能如下所述。

(1) 客户资料维护。以配送客户的基本资料维护为主，并满足配送作业所需，建立相关客户的信息台账。

① 客户的基本情况：名称、地址、营业执照号码等。

② 客户的资信情况：开户行、账号、信誉情况。

(2) 出库合同管理。合同资料在输入后，如何有效率地汇总及分类，是后续拣货及车辆调派成功与否的关键，其中有一些重要因素必须掌握。

① 合同基本情况。

② 合同处理，包括单一订单处理、以配送区域或路线分批处理、以车辆需求类型分批处理、在批量拣货条件下分批处理。

(3) 出库日程安排计划。以客户预定送货日为主要依据，并核对库存量，进行库存分配及保留，并须考虑有无紧急出货的插单需求及配送资源与车辆等的分配。

(4) 拣货命令指派。依出库日程计划安排拣货指令及打印拣货单据(一般为拣货单及出库单)。

(5) 换货退货作业。须注意退货原因的分类、退货客户的统计、退货的分类处理及再入库等问题。

(6) 客户交易咨询服务。可以让物流中心管理人员和客户及时查询订单执行状态、交易内容及相关订单信息。

3. 库存储位管理系统

(1) 商品资料维护。收集、管理商品基本资料、包装特性、包装规格、储存环境需求特性、进货有效周期等信息。

(2) 储位管理维护系统。依储区及储位之配置，记录储位储存内容、储存单位及相对位置等信息，并配合商品品项新增异动作维护调整。

(3) 库存管理系统。对进、销、库存数据进行处理及所有进出库记录明细进行维护。进一步则可考虑做到商品库存的动态管理，包括以下内容。

① 在库量：在仓库内的实际货品数量。

② 订单保留量：客户订单输入系统后所预定分配的出货量。

③ 在途量：即将交货或由其他仓库调拨之库存量。

④ 可用库存量：尚可接受订单的剩余库存量，即为在库量与订单保留量的差额，若考虑到交期因素，可将预定出货日之前的在途量并入计算。即：

$$可用库存量=在库量-订单保留量+在途量$$

(4) 到期日管制系统。包括对产品进货日期及出货有效周期的管理和物品先进先出作业的管制，并对已过期或即将到期产品的分析及处理。

(5) 盘点操作系统。包括库存冻结作业、盘点窗口打印、盘点资料输入处理、盘差分析、盘盈盘亏调整及库存解冻作业等。

(6) 库存统计系统。根据入、出库资料随时统计并可形成报表。

本 章 小 结

现代物流已成为跨部门、跨行业、跨地域的以现代科技管理和信息技术为支撑的综合性物流服务行业。在现代物流服务活动中，信息已成为提高营运效率、降低成本、增进客户服务质量的核心因素。信息系统的建设，一方面是发展现代物流的核心和关键；另一方面，通过建设信息系统又极大地推动着现代物流向前发展。

本章主要从物流信息系统的基本理论入手，通过介绍物流信息的概念、物流信息系统的概念及其技术基础，引申出物流信息系统构建的原则，揭示了物流信息系统的体系结构和层次结构。着重分析和讨论了物流信息系统的开发、自动识别系统和库存信息管理。通过本章的学习，读者可对物流信息系统的基本内容与信息系统设计的实际应用及相关开发技术有一个初步的认识，对实践物流企业的信息化改造和建设有一定的指导意义。

思 考 与 练 习

1．物流信息的概念是什么？
2．物流信息系统的概念和特点是什么？
3．简述物流信息系统的构建原则。
4．简述物流信息系统开发的关键点。
5．简述自动识别系统的类别和作用。
6．简述库存的内容。

第8章 供应链一体化规划与设计

【学习目标】
- 掌握供应链一体化的概念和实现基础。
- 熟悉供应链一体化框架结构。
- 掌握供应链业务流程的概念。
- 掌握企业流程再造的内涵。
- 熟悉供应链流程一体化的特征。
- 熟悉供应链物流成本的构成。
- 熟悉生产延迟规划。
- 熟悉供应链一体化战略的影响因素与战略选择。
- 熟悉供应链信息一体化规划。

随着科技的不断进步和经济的不断发展，市场竞争越来越激烈，新的竞争环境迫使企业竞争要素不断改变，企业竞争表现在如何快速响应市场需求，满足消费者不断变化的多样化需求，供应链思想就是在新的竞争环境下出现的企业之间产品质量、性能方面的竞争转向企业所在供应链之间的竞争。正如美国供应链管理专家克里斯托弗(Christopher)所说："21世纪的竞争不是企业与企业之间的竞争，而是供应链与供应链之间的竞争。"

8.1 供应链一体化概述

8.1.1 供应链一体化的概念和实现基础

1. 供应链一体化的概念

供应链的概念是从扩大的生产(Extended Production)概念发展来的，它将企业的生产活动进行了前伸和后延。譬如，日本丰田公司的精益协作方式中就将供应商的活动视为生产活动的有机组成部分而加以控制和协调，这就是向前延伸。后延是指将生产活动延伸至产品的销售和服务阶段。因此，供应链就是通过计划(Plan)、获得(Obtain)、存储(Store)、分销(Distribute)、服务(Serve)等这样一些活动而在顾客和供应商之间形成的一种衔接(Interface)，从而使企业能满足内外部顾客的需求。

供应链运行的基础是核心企业与其上游供应商之间的基于供应链契约的合作伙伴关系以及与其下游客户组成的客户关系，二者的有效对接是供应链实现的关键。供应链上下游企业之间的对接在组织结构上就形成了供应链的一体化，它是供应链运行的组织基础。

供应链一体化通过科学的管理方法将彼此独立、彼此从事买卖交易的企业连成一个整体，提高了企业的市场影响力以及整体效率和整体竞争力，并能不断完善。一个真正的一体化供应链不仅仅是降低物流成本，而且还可为公司及其供应链伙伴与股东创造价值。

供应链一体化主要体现在三个方面，如表8-1所示。

表 8-1　供应链一体化的体现

方　面	调整的内容	方　法
信息集成	信息、知识	信息共享、合作计划、预测与补货
协调与资源共享	决策、经营	决策委托，工作重组，外包
组织关系链接	责任、风险、成本、利益	沟通和绩效评价的扩展，积极的联盟

从某一个具体的流程来看，供应链上游企业市场目标的实现确实以供应链终端客户的购买为必要条件，此时可以说终端客户就是供应链的终端。但是，从企业的整个运行和供应链的生存状态而言，企业所追求的是供应链的良性循环，并且只有在供应链处于良性循环状态下，企业的生存和发展才能成为可能。而供应链的良性循环除了需要企业源于自身内在价值追求的推动力之外，客户的拉动力对于供应链的整体运行来说更为重要。

供应链一体化是对"纵向一体化"的扬弃。一方面，它在形成和完善的过程中吸取了"纵向一体化"模式的某些合理内容，如降低机会主义概率、减少不确定性损失、保持目标的一致性、技术和物流的一体化、易于形成优势资源壁垒，等等；另一方面，它又是对"纵向一体化"模式创新的产物。这些创新克服了"纵向一体化"模式所具有的结构僵化、反应迟缓、负担过重的官僚主义弊端，增强了企业组织结构的柔性，形成了以核心竞争力管理为基础的一体化功能网络结构利益共同体；改变了"纵向一体化"模式的单向性、封闭性缺陷，提高了信息流、资金流和物流的双向性流动，实现了协作者之间的资源共享和运行的协调一致；革新了传统的以生产推动为动力的"推销机制"，形成了以客户为导向的"需求拉动机制"，增强了对市场反应的能力。

通过对现有资源的优化整合，培育和巩固竞争力是供应链一体化的目标。供应链一体化的实现，能够将供应商、生产厂家、分销商、零售商等企业的现存资源进行优化整合，避免了与新产品开发相配套的厂房、设备、营销网络建设的巨额投资，从而减少了资本负担。生产资料以最快的速度，通过生产、分销环节变成增值的产品，到达有效需求的客户手中，缩短上市时间，取得市场机会。这不仅降低了成本，减少了社会库存，并使社会资源得到优化配置，更重要的是通过供应链一体化实现了生产及销售的有效连接和物流、信息流、资金流的合理流动，因此，供应链一体化是提高企业竞争力的一种有效手段。在供应链一体化环境下，企业的根本目标是培育和加强企业的核心竞争力，在此基础上通过整合供应链中企业与企业、企业与客户、企业与供应链、供应链与供应链之间的有效资源，实现成本组合最小化，从而实现价值最大化。因为企业以自身核心优势资源整合协作企业资源时，往往能寻找到现有的、比企业自营更低的成本；企业通过非关键业务外包可以降低企业自营的风险成本；通过供应链中企业的协作可以免去或降低非关键业务的技术改造成本，降低投资建厂和设备更新的成本，缩短订单履行时间，降低庞大的业务管理成本，从而实现企业成本组合最小化。

供应链一体化基本模式如图 8-1 所示。

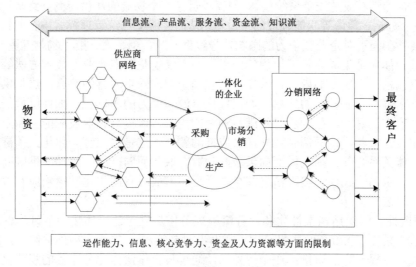

图 8-1　供应链一体化模式

2. 供应链一体化的特征

供应链一体化并不是实现顾客价值最大化与企业价值最大化的唯一选择，而是基于供应链成员核心竞争力的一种优化选择。在一定环境条件下，纵向一体化也是实现顾客价值最大化与企业价值最大化的一种合理选择。但在目前新的经营环境中，供应链一体化更趋合理。

供应链一体化具有如下特征。

(1) 顾客导向性。企业的目标永远都是以最低的投入，为顾客提供最优的产品和服务，获得最大化的收益。所不同的是，传统企业凭借自身资源，或单独面向市场，或以"纵向一体化"形式面对市场而获利，它们按照自己对市场的预测设计、生产产品，按自己的需要为顾客提供服务，由于体制的局限，它们往往离顾客最远，因此往往不能满足顾客的需求。而供应链一体化中的企业可以通过整合各自企业的优势，以最低的整体成本，敏捷地满足顾客的需要，通过提供全面的服务，赢得顾客、稳定顾客、实现市场目标和企业的经营目标。整个供应链就是围绕顾客而展开的服务网络，在这个网络中，有的企业开发和设计顾客喜欢的产品，有的企业以最低的成本生产出优质产品。为实现敏捷的物流保证，及时的可得性，完善的售前、售中、售后服务，各企业分工协作、协调运行，从而使顾客认为该产品就是为其量身定做的，该产品所承载的服务是其所需要的。靠某一个企业的有限资源来做到这些往往并不是最优的，良好的选择应是依靠供应链的整体。因此，供应链一体化的价值取向是顾客服务，顾客服务是提高效率，实现企业目标的决定性因素。

(2) 战略性。供应链一体化强调和依赖战略管理。在供应链一体化模式下，信息、技术和企业资源已成为供应链节点企业的共享资源，克服了传统管理模式下企业"纵向一体化"的"大而全""小而全"的资源浪费和管理成本居高不下的弊病；从供应链节点企业的竞争性质来看，节点企业之间的竞争是基于培育和巩固供应链整体竞争力和各企业竞争力的双赢性竞争，克服了传统管理模式下企业之间竞争的对抗性；供应链节点企业与其他企业的竞争不仅仅是企业与企业之间的竞争，而且也是供应链系统与供应链系统之间的整体性竞争。

(3) 系统性。供应链一体化把从供应商、生产商、销售商到终端顾客组成的供应链中的所有节点企业都看成是一个系统整体,使管理贯穿整个物流的从供应商到终端顾客之间的采购、制造、分销、零售等职能领域的全过程,从而克服了传统管理模式中企业只关注自身因素,忽视外在因素对企业竞争力的影响,导致供、产、销、人、财、物相互脱节的弊端。

供应链一体化是集成化管理思想的结果,而不仅仅是节点企业、技术方法等资源简单的连接。它包括三个层面的内容:首先,它强调企业内部供应链的整合,这是供应链一体化的基础。它强调企业管理的效率,如在优化资源和能力的基础上,如何以最低的成本和最快的速度生产最好的产品,及时地满足顾客的需求,以提高企业反应能力和效率,提高企业的运作柔性。其次,强调企业外部供应链的整合,这是供应链一体化的关键。它强调企业战略伙伴关系管理,强调以面向供应商和顾客取代面向产品,增加与供应商和顾客的联系,保持一定的一致性,实现信息共享。最后,形成具有同步化敏捷响应有效顾客需求能力的动态联盟。

(4) 敏捷性。组织结构柔性化和业务流程规范化是供应链一体化的基础和保证。在企业内部,通过采用 TQM(全面质量管理)、JIT(准时制管理),能够有效地提高生产的柔性,降低生产成本,提高产品质量;在企业外部,通过与合作伙伴业务流程的规范化,合理规划时间窗口,可以降低物流成本,增强市场竞争的协同性和顾客服务的一致性,赢得市场营销的优势;同时将顾客纳入一体化管理系统,采用顾客关系管理系统(CRM)、柔性管理系统(FMS),还可以提高顾客响应能力和顾客服务水平。如果以核心企业为基点,供应链一体化可以被看作两种关系的对接与融合。在核心企业的上游是由核心企业与供应商乃至供应商的供应商组成的供应链伙伴关系;在核心企业的下游是由核心企业与下游生产商、销售商(分销商、零售商)、终端顾客组成的顾客关系。这两种关系通过核心企业在供应链上衔接,从而可形成一个一体化的整体。

通过互联网或电子数据交换(EDI)系统将企业无缝连接,可以根据动态联盟的形成和解体进行快速的业务流程重构,提高企业的敏捷性和对市场的快速反应能力。这样在供应链管理整体需要的带动下,企业内部的业务流程也必然敏捷化,而企业内部业务流程的简捷化又会使企业间的业务流程效率提高,服务质量和服务效率也随之得到提高。

在供应链一体化的基础上,企业通过资源整合,可以有效地构建一条"顾客服务链"。在这条服务链中,通过各方面兑现订单履行的承诺来实现顾客满足化。这种满足的最高程度是履行"完美订单"。实现完美订单意味着顾客服务的每一个要素的表现都是符合顾客需要的:交付准时、完整、无差错。从而通过顾客化定制和顾客化营销来实现顾客价值最大化,具体实现途径如下所述。

(1) 建立良好的顾客关系,直面终端顾客,提供定制化服务。

(2) 整合供应链资源,协同服务,实现顾客价值最大化。从企业的角度看,企业虽然会尽可能在产品/服务设计与提供之前考虑顾客的需求,但它们并不知道实际的终端顾客是谁;从顾客的角度看,它也无法直接确定最终产品的确切特征。不确定的产品和服务提供者,与不确定的需求者之间的关系大大放大了这种现实的不确定性。在这种环境条件下,企业满足顾客需求的最佳途径是:在顾客需求相对确定时就敏捷地满足。在生产环节,企业可以即时化调整设计方案,或者采用敏捷制造模式在时间窗口内将产品生产出来。但许多的需求并不是明确的,它们往往在最后时刻才能明确下来。此时,在销售的最后环节对顾客的即时化、个性化需求进行敏捷反应就至关重要。这种敏捷反应可以通过物流功能的同步化运行去实现,但前提是具有可以通过供应链一体化的资源整合去协同化实现的机制。

(3) 供应链一体化可以实现对供应链流程进行改造,如降低生产线长度,吸引和鼓励顾客参与设计,实现供应链信息化库存;激活供应链成员的积极性,让供应链上的所有企业一起为顾客服务；创建有利于成员利益最大化和合理规避风险的机制，使供应链成为顾客化的生产线，实现顾客化需求的满足。

(4) 通过现代信息技术提高顾客价值。通过现代信息技术的应用建立起来的高效的专业化供应链能够使企业通过电话、网络、顾客关系管理系统以及面对面的接触和顾客建立良好的沟通和服务支持渠道，同时也能通过现代信息技术的应用使上游的零件供应商及时准确地知道企业所需零件的数量、时间，从而大大减少存货，避免库存风险，降低产品价格，使顾客得到实惠。面向顾客的安全可靠的平台系统，能够使顾客方便、安全地与企业进行即时沟通。优秀的信息平台系统可以在顾客一进入就能够很快地辨别其身份和需求，从而快速提供个性化的服务，如亚马逊公司。利用现代信息技术能够使企业内部供应链顺畅连接，形成以顾客为导向的服务链，提供良好的在线顾客服务，如 DELL。

同时，在供应链一体化基础上，企业可以达到如下目的。

(1) 通过供应链一体化的协调互动、资源优化和先进技术的应用降低顾客成本，创造增值价值。

(2) 通过供应链一体化的资源合理配置，使整个供应链围绕顾客提供增值服务，提高顾客价值。

(3) 通过整合资源，弥补企业与顾客在时间、空间、信息、消费观念、供需等方面的差异，引导和服务顾客消费，或根据顾客需要提供个性化服务，而不是单一的"推销"。

(4) 通过供应链的优化和物流技术的改善，使物流成为赢得竞争和创造顾客价值最大化的主要手段，促使营销成本因为物流效率的提高得到一定的降低，使顾客价值得到提升。

3. 供应链一体化的实现基础

供应链一体化的形成和有效运行依赖于良好的供应商伙伴关系和顾客关系(包括内部顾客关系)的建立、信息共享以及对于供应链风险的有效规避和共担；有赖于本企业内部供应链一体化及其持续改善；有赖于供应链信息共享；有赖于供应链风险的有效防范及其规避。它们是供应链一体化的基础。只有在此基础上，物流敏捷化才有可能实现。

如果将供应链中的某企业作为一个节点，那么，处于此企业上游的企业就是它的供应商，处于其下游的企业和消费者就是它的顾客。供应链中的某企业与上游供应商所建立的以信任、合作、双赢为基础的关系就是供应链伙伴关系。通俗而言，供应链伙伴关系主要是供应商与制造商、制造商与制造商、制造商与销售商之间，在一定时间内共享信息、共担风险、共同获利的战略联盟。供应链伙伴关系是供应链一体化的基础之一。

但这种关系与一般意义上的协议关系又不完全相同。一般意义上的协议关系具有非常明确的权利义务约定，是一种法律意义上的权利义务关系和要约承诺关系。而供应链伙伴关系是在不降低质量、不降低顾客价值的前提下，为了降低供应链总成本、降低库存总水平、增强信息共享、改善相互之间的交流、保持战略伙伴关系的一贯性、提高企业自身的核心竞争力和整个供应链的核心竞争力，以实现供应链节点企业的财务状况、质量、产量、交货期、顾客满意度和业绩的改善和提高而形成的，其根本目标是提高企业核心竞争力。

在供应链环境条件下，供应链伙伴关系与传统供应商的关系也不相同。传统的供应商伙伴关系更多的是一种博弈关系，建立供应商伙伴关系就意味着由供应商与制造商甚至销售商来共同开发新产品、新技术，市场机会共享和风险共担。在供应链伙伴关系环境条件下，制造商选择供应商不再只是考虑价格，而是更注重优质服务、技术革新、产品设计等因素。同样，制造商与销售商也更多地转向协同。销售商、制造商、供应商都不能依靠自己的壮大而赢得胜利，也不是通过与本行业中单个竞争对手竞争，而是靠加强与其在同一条供应链上的销售商、供应商的联盟来实现。

供应链伙伴关系可以使供应商与本企业获得双赢：增加产品价值、改善营销进程、强化运作管理、降低资本成本、提高资本收益、提高顾客价值。

企业必须从战略层面上考虑顾客关系对企业发展的意义，否则可能导致决策上的风险。顾客关系是供应链一体化的基础。顾客关系管理是顾客拉动供应链运行的前提。供应链一体化的运作方式有两种：一种称为推动式，一种称为拉动式。推动式的供应链运作方式以产品生产为核心，产品生产出来后从分销商逐级推向终端顾客。拉动式供应链的驱动力产生于顾客，整个供应链的集成度较高，信息交换迅速，供应链系统库存量较低，可以根据需求实现顾客化服务，能够为顾客提供更大的价值。因此，它会通过更准确地预测订单而缩短提前期；因为提前期的缩短，零售商库存也相应减少；由于提前期的缩短，产品设计、制造的变动性减少，满足顾客需求的准确性提高，从而能够有效地提高顾客服务质量。现实中，纯粹的推动式供应链和纯粹的拉动式供应链并不多见，更普遍的是推动与拉动相结合的供应链，或者在一条供应链中有时推动的因素更多一些，有时拉动的因素更多一些。但相对而言，这种混合了拉动式和推动式两种因素的供应链运行更加复杂，对于顾客关系的依赖性更强。

顾客关系管理是实现供应链价值的关键。传统企业按照自己的预测生产产品，然后推销给顾客，这是建立在产品生产基础上的企业与顾客相对分离的"推销模式"。而现在，产品的差异性缩小，可替代性加强，订货时间缩短，改进质量降低成本的压力加大，企业借以提高竞争力的手段主要是提供具有独特价值的个性化产品和服务。因此，企业不得不根据顾客的需要来设计和制造产品；通过优质的顾客服务，提高顾客价值，赢得顾客。"顾客拉动模式"也就成为企业经营模式的必然选择，这种模式的基础就是良好的顾客关系。

由本企业与其下游的分销商、专业技术服务商和终端顾客组成的供应链就是销售渠道。因此，渠道是实现企业市场目标的资源，是供应链一体化的毛细血管和神经末梢，是企业实现物流配送和顾客服务的通道，是顾客获得产品和服务的途径。没有强大的营销渠道，供应链一体化运行就缺少了载体，企业就不能为顾客提供最大化的价值，当然也做不大或者做不长久。但渠道资源并不是所有企业都具有的优势，因此这些企业为了获得市场竞争力就必须与拥有渠道资源优势的企业如销售商等建立供应链，完善企业资源配置。

本企业与供应链下游企业之间的关系优化可以有效地维护和巩固良好的顾客关系，同时对企业内部顾客关系管理的优化具有同样重要的意义，它是链接供应链中供应链伙伴关系、本企业与下游企业之间顾客关系的基础。 顾客价值是顾客关系管理的核心问题。一方面，通过完善顾客服务，提高顾客价值来提高核心竞争力是企业的内在追求；另一方面，顾客需求和市场竞争的压力也迫使企业必须不遗余力地去争取顾客，维持顾客，提高顾客价值。要做到这些，供应链必须能够适应顾客关系的变化而调整。

同时，供应链的高效运行又促进了企业与顾客关系的改善和加强。企业通常会应用供应链的优势，在最短的时间内以最低的成本为顾客提供产品或服务，促进顾客价值的提高，就好像 DELL 通过供应链及时向顾客提供定制化的产品而确立竞争优势一样。并且高效运行的供应链可以使准时交货、订单时间缩短、产品可得性、顾客及时了解订单信息等复杂业务流程简捷化，从而使企业为顾客提供的服务"一次性到位"。

但需要注意的是，供应链的高效运行也依赖于顾客关系的优化，其前提是首先应当找出谁是供应链中的合适顾客和关键顾客以及明确有效顾客需求。将所有类型和等级的顾客都包容进来可能导致供应链网络结构的复杂化，甚至会导致供应链运行的低效率、高成本。同时，在供应链中，本企业如果拥有太多的一级顾客或顾客的顾客，会使企业的资源过分紧张,并限制本企业可以整合及有效管理一级以上的流程连接数。通常情况下,本企业应当将对一般顾客服务转给一级顾客,如分销商,由分销商来代行管理职能,在一定程度上可以使资源整合的有效性加强,服务的层次性得到有效规划。

企业内部供应链的一体化是实现本企业与上游供应商、下游顾客一体化的桥梁,也是建立良好供应链伙伴关系、顾客关系的保障。没有企业内部供应链的一体化,也就不能实现其与上游、下游的一体化。信息共享是实现供应链管理的纽带。信息技术是实现一体化的关键资源。当信息不能在组织间有效共享时,物流的一体化就难以实现。现代信息技术对于任何供应链管理都是必需的,而不仅仅是针对复杂的供应链。在供应链成员企业之间传输数据主要有手工、半自动化(如 E-mail)、自动化(如 EDI)三种方式。顾客需求订单、给供应商的采购订单和供应商的回执可以通过手工或 EDI、E-mail 来传递,EDI 和 E-mail 也一样可以用来交换非结构化的数据。运用 EDI 和互联网等信息技术可以支持与供应商及顾客的联系和获得快速的反应能力。

信息技术是供应链管理得以正常有效运行的纽带,同时它又是企业决策的支持系统。供应链管理的基本问题不在于获得了多少数据,而在于数据能够在供应链中高效流动,实现共享,形成共同决策的一致性,产生效益。

供应链一体化的运行应当具备相应的供应链风险防范和规避能力。风险对于供应链而言是不可克服的,有效地防范和合理地规避,可以减轻其对供应链的影响,实现物流敏捷化。

8.1.2 供应链一体化框架

1. 供应链一体化框架结构

供应链一体化的本质是企业核心竞争力管理,核心是业务流程一体化管理,其中包括供应链伙伴关系管理和客户关系管理等,纽带是信息流资金流一体化,而供应链一体化的直接体现是物流一体化。另外,供应链一体化战略实施的成功与否最终必须通过供应链的绩效评价作为保证。因此供应链一体化的框架如图 8-2 所示。

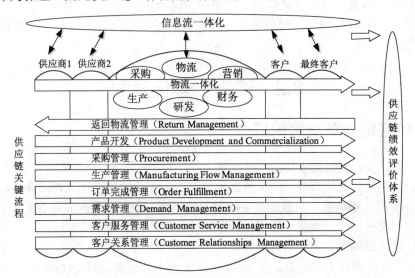

图 8-2　供应链一体化的框架结构

2. 供应链一体化的内在关系

供应链企业之间存在着物流、信息流和资金流。物流是供应链中最明显、最直观的流动，有人认为供应链管理就是物流管理的延伸和扩展。但进入信息社会以后，信息的价值已经赋予供应链以新的意义和地位。在供应链中，一切物流、资金流都紧密地围绕信息流展开，只有在信息的指引下，物流和资金流才是有效的，才能达到效率最优、成本最低。卡乔恩(Cachon C.P.)和费舍尔(Fisher M.)的数理分析结果证明，充分的信息交流较之只通过定单联系的传统方式，可以使供应链整体成本平均降低22%，最大可达72.1%。而考虑到信息技术的发展带来了更快捷和更低成本的订货处理过程以后，利益还要大得多。

供应链物流一体化是供应链一体化战略的直接体现，供应链中的物流，根据产品的状态可以分为产品生产中的物流、零配件和产成品仓储中的物流以及分销和配送中的物流，这些不同物流形态产生了不同的物流成本，因此物流一体化战略的选择直接导致了不同物流成本的不同，最终导致供应链中总的物流成本的高低和客户服务水平的不同。而供应链物流一体化战略必须使成本和服务水平达到最优化。

在供应链一体化的过程中，对于供应链最优化的改造必须通过供应链业务流程一体化得以实现，这些关键流程中包括了客户关系管理、合作伙伴关系产品开发与制造等，同样供应链流程一体化也影响了供应链的结构，因此供应链一体化的本质是对于供应链中业务流程的一体化整合。

供应链一体化战略的实施必须需要一个全新的完整的供应链绩效评价体系，原有的以财务指标为基础的评价不再适用于供应链的评价，如在单体企业中最为重要的库存周转率指标。在供应链环境条件下，由于供应链中节点企业随着其位置向客户端移动，其价值也越大，各个节点企业中库存周转率指标的重要性也不同，因此采用库存周转率作为供应链的考核指标明显不适用。

综上所述，供应链物流一体化是供应链一体化战略的直接体现；流程一体化是供应链一体化战略的本质；而供应链信息一体化是物流一体化和流程一体化得以实现的基础；最后必须通过供应链一体化的绩效评价体系保证物流一体化、流程一体化和信息一体化的实现。

8.2　流程一体化规划

8.2.1　供应链业务流程的概念

在现实生活中，无论是买食品、买衣服、买汽车、买房子，还是购买和享受某种服务；无论是在百货商店、超级市场、街头小贩那里购买，还是通过电话购物或者其他方式；无论是消费、购买，还是生产制造，业务流程无处不在。业务流程(Process)在《牛津英语大词典》中的定义是："一个或一系列连续有规律的行动，这些行动以确定的方式发生或执行，导致特定结果的实现。"最简单的流程由一系列单独的任务组成，有一个输入和一个输出，输入经过流程后变成输出。流程对输入的处理可能是将它转变(transform)成输出、转换(transfer)成输出或仅仅照料(look after)其通过以原样输出。就企业的业务流程而言，则具体包括"顾客需求""顾客满意"以及输入/输出之间的价值增值过程，如图8-3所示。

图 8-3 流程或者业务流程

迈克尔·波特(Michael E.Porter)在《竞争优势》一书中认为业务流程是一条增值链。波特将企业的活动分为两类：基本活动和辅助活动。基本活动为公司的产出增加对于那些愿意购买这些产出的顾客而言的价值，辅助活动支持目前和未来的基本增值活动(primary value adding activities)。在向顾客提供产品的流程中，价值链上基本活动之间的紧密衔接有助于物流和信息流在这些活动之间的顺畅通过。每项活动及活动间的衔接都要强调对顾客的增值，确保各项活动能带来的价格增加不高于该活动的费用。

1. 基本活动

(1) 内部后勤。内部后勤包括与接收、存储和分配相关联的各种活动，例如原材料搬运、仓储、库存控制、车辆调度和向供应商退货。

(2) 生产作业。指与将投入转化为最终产品形式相关的各种活动，例如机械加工、包装、组装、设备维护、检测、印刷和各种设备管理。

(3) 外部后勤。指与集中、存储和将产品发送到买方有关的各种活动，例如产成品库存管理、原材料搬运、送货车辆调度、订单处理和生产进度安排。

(4) 市场和销售。指与提供一种买方购买产品的方式和引导他们进行购买有关的各种活动，例如广告、促销、销售队伍、报价、渠道选择、渠道关系和定价。

(5) 售后服务。指与提供服务以增加或保持产品价值有关的各种活动，例如安装、维修、培训、零部件供应和产品调整。

2. 辅助活动

(1) 采购。即购入生产和非生产性资本货物。

(2) 技术开发。即设施、机器、计算机、电信等的技术开发。

(3) 人力资源管理。即与人力资源管理有关的活动，如员工的招聘、培训、发展、报酬等。

(4) 基础设施。即基础管理、财务、发展战略、计划、质量保证。

供应链的业务流程是指供应链中的一组相互联系的业务在时间、空间上衔接的活动，通过这些活动的相互作用创造出价值，形成一条贯穿供应链的价值流，最终满足顾客的需求。供应链中每个节点企业的业务流程都可形成一个价值模型，而每个价值模型都可对外部的供应链价值模型(如图 8-4 所示)做出贡献。

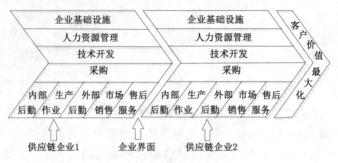

图 8-4　供应链价值模型

8.2.2　传统企业的业务流程特征

　　传统企业的管理是基于职能的专业化管理,这种管理模式源自英国经济学家亚当·斯密(Adam Smith)在《国富论》中提出的专业化分工理论。专业化分工理论在福特公司的大规模生产中得到了淋漓尽致的发挥,福特公司建成了世界上第一条流水生产线,应用了生产的分工,极大地提高了汽车生产的生产率。随后,分工理论又被普遍地应用到企业管理的设计中,它通过将企业管理划分为不同的职能,形成了许多分工细致的职能部门,使管理实现了专业化、集成化,这种职能部门之所以能够提高效率,在于其通过将具备某种技能的管理专家进行集中,从而使处理某个问题的单位效率提高,但为了保持对专业化分工后的职能部门进行有效管理、协调和控制,企业的组织结构是按照等级制度构成的,这种组织结构的特点是多职能部门、多层次、严格的等级制度,从最高管理者到最基层的员工形成了等级森严的"金字塔"形的组织体系,这种组织适合于稳定的市场环境、大规模的生产、以产品为导向的时代,规模效应带来的利益促使这种专业化分工发挥了最大的优势。但是这种组织结构付出的代价是管理的僵化和部门间的壁垒,在这种组织结构中,一个业务流程要按顺序流经各个职能部门,由于部门间的人为壁垒,流程被分解得支离破碎,既造成了部门间的时间浪费,又使各个部门增加了很多重复劳动(如图 8-5 所示),特别在供应链一体化的过程中,流程不仅要流经单个企业间的职能部门,还要流经不同的企业,壁垒更大。

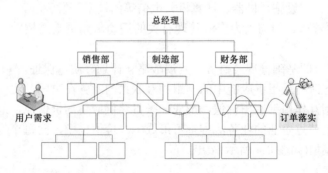

图 8-5　传统典型的金字塔形组织结构

8.2.3　企业业务流程再造

　　业务流程再造(Business Process Reengineering,BPR)是 20 世纪 90 年代发源于美国的一种新的管理理念和方法,1990 年,美国哈佛大学教授迈克尔·哈默(Michael Hammer)在

《哈佛商业评论》上首先提出了企业业务流程再造的概念，随后在 1993 年哈默与美国管理咨询专家詹姆斯·钱皮(James Chamby)合作出版了《企业再造——工商管理革命的宣言》一书，系统地介绍了业务流程再造理论的含义及实施问题，奠定了业务流程再造的基础。从现代组织学的观点来看，BPR 属于组织转型理论(Organizational Transformation，OT)的研究范畴，是由组织发展理论(Organizational Development，OD)发展而来的。我国组织学学者复旦大学杨洪兰教授在其所著的《现代组织学》一书中把企业再造理论与系统理论、权变理论和行为科学理论作为组织行为学改革和创新的四种理论。

哈默与钱皮在《企业再造》一书中，将业务流程再造定义为：为了在衡量绩效的关键指标上取得显著改善，从根本上(Fundamental)重新思考，彻底(Radical)改造业务流程(Process)，取得显著(Dramatic)的改进。其中，衡量绩效的关键指标包括：产品、服务质量、顾客满意度、成本、工作效率等内容。这个定义具有以下含义。

1. 根本上重新思考

即企业再造需要从根本上重新思考，对长期以来企业在经营中所遵循的分工思想、等级制度和官僚体制等进行重新审视，这需要打破原有的思维定式，进行创造性思维。例如，企业在准备进行再造时，必须自问"我们为什么要这样做？""我们为什么要做现在的事？"和"它与组织的整体目标有什么关系？"。而不能在既定的框架中实施再造。

2. 彻底的变革

企业再造不是对组织进行肤浅的调整修补，而是要进行脱胎换骨式的彻底改造，抛弃现有的业务流程和组织结构以及陈规陋习，另起炉灶，只在管理制度和组织方面进行小改小革，对根除企业的顽疾无济于事。

3. 显著的进步

企业再造是根治企业顽疾的一剂"猛药"，可望取得"大跃进"式的进步。哈默和钱皮为"显著改善"制定了一个目标，即"周转期缩短 70%，成本降低 40%，顾客满意度和企业收益提高 40%，市场份额增长 25%"。企业再造，绝非是缓和的、渐进的改善，而是一日千里的大跃进。

4. 从重新设计业务流程着手

在一个企业里，业务流程决定着组织的运行效率。在传统的企业组织中，分工理论决定着业务流程的构造方式，但同时也带来了一系列弊端。由于分工过细，组织机构庞大，组织效率低下，管理费用增多，已背离了"分工出效率"的初衷。企业再造之所以从重新设计业务流程着手，就是因为原有的业务流程是低效率的根源所在。

企业流程再造的理论目前主要用于单个企业的管理实践中，但在企业间、供应链中的应用较少。对于供应链流程一体化而言，企业流程再造是供应链流程一体化的基础，供应链流程是贯穿整条供应链的一组相互联系、在时间空间上衔接的活动，这些活动同样贯穿于企业各个职能部门，因此供应链流程在任何一个节点企业中遇到壁垒都将使整个流程不通畅，只有通过实现供应链中各个节点企业的企业流程再造，使各个企业都面向流程进行管理，构造好企业间流程整合的接口，才有可能实现企业间的流程一体化。供应链流程一体化是企业流程再造的延伸，企业流程再造的核心是基于客户需求的流程管理，站在供应链的高度，上游企业的客户就是下游企业，例如零配件的生产商面对的是产品装配生产商的需求。而从供应链流程一体化来讲，供应链流程的终点是最终客户的需求，这种在产品质量、性能、价格的需求将被分解到供应链中各个下游企业对于上游企业的需求，通过上游企业满足下游企业需求将流程再造进行延伸，才能最终满足终端用户的需求。

8.2.4 供应链流程一体化的特征

供应链流程一体化的目的在于进行面向客户价值的流程管理，它将打破原有部门间的壁垒和企业间的企业界面，从而适应快速变化的市场和客户需求。它具有以下几个特点。

1. 面向客户价值

供应链流程一体化的核心以客户价值为中心，在供应链层面，流程将流经各个节点企业，对于参与业务流程的各个企业，必须随时随地考虑到最终顾客的客户价值，客户价值不仅仅体现在终端的销售和售后的服务水平上，而是贯穿于整条供应链中的产品和服务构思、工业设计、选材用料、工艺安排、精细制造、及时配送、个性化满足的一个完整的流程中，客户在终端上接受的产品和服务，是这个供应链协调运作、优势互补的结果，因为客户需求个性化的压力以及企业资源的有限性使单个企业不可能从源头到终点完整地为客户提供每一项专业化、个性化的优质服务，而必须是供应链上的每一个企业都以其资源优势快速响应客户需求时才能做到。另外，供应链的下游企业同时也是上游企业的客户，必须将客户价值分解到每一对节点企业中。从企业内部而言，业务流程的下端是上端的客户，他们具体职责有所差异，但服务职能是共同的。假设每一个供应链节点企业的每一个员工的服务满意度只有99%，那么三个人的服务满意度是97%，如果这种"客户满意递减原理"扩散到整条供应链中，将使最终客户的价值受到巨大的损害。

2. 组织结构的扁平化

在供应链流程一体化的战略中，首先要打破企业部门间的壁垒，通过实施企业业务流程再造(BPR)，实现基于流程和授权的管理模式，BPR 的核心思想就是打破企业按照职能设计部门的管理模式，代之以业务流程为中心，重新设计企业管理过程。组织内的每个成员、每个部门都必须以业务流程为中心，对于每一业务而言，服务水平、成本达到最优；而对于整个公司而言，通过整合，每个员工都能达到额定工作负荷，同时公司的质量控制制度、考核激励制度、薪酬制度、员工的职业发展制度也必须以业务流程为基础，原有的金字塔形的组织结构被各个平行的项目小组所取代。此外，随着现代信息技术的发展，企业中层管理人员上通下达的功能在很大程度上被现代大容量的通信技术所替代，企业高层管理者和下层之间可直接沟通，减少了不必要的中间层，从而实现了组织结构的扁平化。例如北京第一机床厂进行的新产品开发机构重组，以新产品开发流程为中心，组织集设计、工艺、生产、供应、检验人员为一体的项目小组，打破部门的界限，实行团队管理以及将设计、工艺、生产制造并行交叉的作业管理等，如图 8-6 所示。

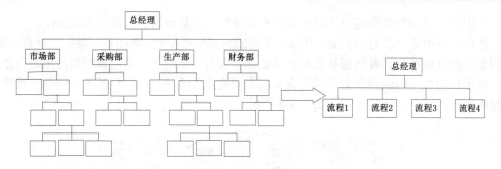

图 8-6 传统组织结构向扁平化组织转化

3. 打破企业界面

传统企业的管理目标是实现企业的利润最大化，它最终体现在单一产品生产流水线的稳定性和高效性、大规模制造的效益、产品批量送货的物流成本最小化、技术的成熟和持久、产品生命周期的延长等方面。然而供应链流程一体化的目标是客户价值的最大化则体现为柔性生产线、定制化产品服务、准时送货和持续补货、技术的不断创新、缩短产品的生命周期等，客户价值最大化和传统企业利润最大化的矛盾将时时刻刻体现在两个相邻的企业间，随着产品沿着供应链从上游向下游的流动，这种矛盾将被逐步放大和激化，由最初的可协调到不可协调，进而发展为相邻的节点企业间的敌对状态，不能满足最终顾客的需求，使整体供应链上的企业失去顾客甚至于退出市场。因此供应链流程必须打破原有的企业间壁垒，将传统的交易型的企业界面转化为企业间流程一体化的界面，如图 8-7 所示。

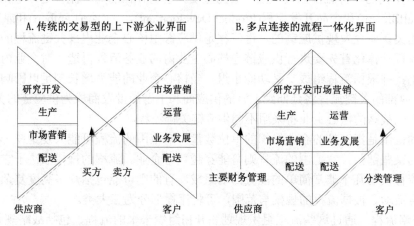

图 8-7 交易型关系向流程一体化合作伙伴关系的转变

8.2.5 供应链流程一体化规划模型

1. 供应链关键流程的识别

在一个企业中存在着成百上千的业务活动，这些业务活动将在企业间进行连接和管理并形成业务流程，众多的供应链节点企业形成了一个交叉影响的业务流程网络，因此一个企业内部的业务活动将影响到其他企业的业务活动，例如生产商制造流程将对批发商的库存管理流程、零售商的销售流程产生影响，而最终，这些业务流程将影响到客户价值。哈克森(Hakansson)和斯涅何塔(Snehota)指出："企业间的业务流程是形成独特的供应链的基石。"因此，成功的供应链一体化战略需要将业务流程整合为供应链的关键流程。

在供应链中各个参与的企业，存在着不同的企业管理体制，有的是职能制的管理机制，有的是流程管理机制，有些则是流程和职能混合的管理机制，在采用流程管理机制的企业中，对于相同性质的流程有着不同的定义和不同的业务活动组成，这种流程的非一致性将引起供应链流程一体化的无效，如图 8-8 所示。

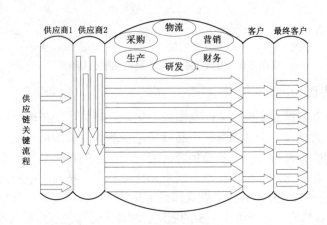

图 8-8　供应链中的流程不一致性

通过对 30 个成功的供应链流程再造的案例研究，翰威特(Hewitt)发现大部分企业有大致 9～24 种不同的业务流程，其中两个最为重要并普遍存在的业务流程是订单完成管理流程(Order Fulfillment)和产品开发流程(Product Development)。兰伯特(Lambert)和库珀(Cooper)通过大量的案例研究发现供应链的关键流程是供应链中核心企业内部关键流程的延伸，进行供应链流程一体化首先要进行供应链中核心企业内的业务流程再造，对企业内部关键流程进行识别，并根据流程组成交叉功能小组。当核心企业的能力增长到足以影响这条供应链时，这些内部的关键流程将延伸到上游的供应商和下游的批发商成为供应链的关键流程，因此采用不同战略的核心企业将采用不同供应链关键流程。

流程的范围是指穿越的企业组织的单位数量。窄范围的流程可能只发生在一个企业或者企业中的某些部门，宽范围的流程则可能穿越数个企业。流程的规模取决于它的业务内容。有的流程仅由几个非常简单的业务活动组成，有的则可能包括众多高度复杂且又相互关联的业务活动。根据流程的规模与范围，可将流程划分为三大类。

(1) 战略流程。通过这些流程组织规划和开拓组织未来的流程，包括战略规划、产品/服务开发以及新流程的开发等。

(2) 经营流程。通过这些流程组织实现其日常功能，例如赢得顾客、满足顾客、顾客支持、现金与收支管理、财务报告等。

(3) 保障流程。为战略流程和经营流程的顺利实施提供保障，例如人力资源管理、管理会计、信息系统管理等。

以上的分析虽然从不同的侧面阐述了供应链的业务流程，但是大多都停留在实证研究层面，其着眼点也是落在个体企业上，而供应链流程一体化整合的对象是供应链的业务流程，它具有更大的复杂性和广泛性，因此必须要在实证研究的基础上对供应链所涉及流程进行分类，根据托马斯·H.达文波特(Thomas H. Davenport)对于供应链关键流程的定义："一组可以控制和评价的业务流程，这些业务流程为产品供应链特定的客户和市场产生特定的产出，它们将是客户价值在供应链的具体体现。"并结合迈克尔·波特(Michael Porter)的价值链模型，我们可将供应链业务流程分为关键流程和非关键流程，关键流程是指供应链中对于客户价值起决定性作用的流程。

全球供应链论坛成员定义了七条关键的供应链业务流程：客户关系管理(Customer Relationships Management)、客户服务管理(Customer Service Management)、需求管理(Demand Management)、订单完成管理(Order Fulfillment)、生产管理(Manufacturing Flow Management)、采购管理(Procurement Management)、产品开发(Product Development and Commercialization)。七条业务流程加上返回物流管理(Return Management)就构成了供应链的关键流程，如图 8-9 所示。

图 8-9 供应链一体化关键流程

但是由于供应链的属性和其所处外部环境的不同，并不是每条供应链都拥有同样的八条关键流程，有的可能拥有一条关键流程；同样，不同的供应链可能存在完全不同的关键流程。例如，费舍尔(Fisher)在 1997 年将供应链分为效率型供应链和灵敏反应型供应链，效率型供应链的基本目标是以尽可能低的价格有效地供应，关键流程主要是订单完成管理、生产管理、采购管理、产品开发等以产品生产为主的流程；而市场反应灵敏型供应链的基本目标是迅速对不可预见的需求做出反应以使因产品脱销、降价销售和存货过时所造成的损失最小化，这种供应链的关键流程主要是客户关系管理、客户服务管理、需求管理、返回物流管理等以服务为主的流程。

2. 供应链企业的识别

要进行供应链流程一体化就必须识别参与供应链的企业，对于一条产品供应链而言，供应链所涉及的企业数量众多，这些企业与供应链流程有着直接或者间接的关系，并构成错综复杂的供应链企业网络结构，而对于这个企业网络进行流程一体化将变得十分复杂甚至不可能实现。因此，供应链流程一体化的关键在于辨别这个网络结构中哪些企业对关键流程起到关键作用。

首先，在产品供应链中，同供应链流程存在着直接或者间接联系的企业构成了供应链成员。然后，根据波特的价值链模型对于供应链关键流程的定义以及全球供应链论坛成员对于供应链关键流程的分类和定义,我们可将供应链成员企业分为基本成员和辅助成员。

(1) 基本成员。基本成员是指直接执行和管理供应链管理流程的企业,而供应链关键流程是指一组可以控制和评价的业务流程,这些业务流程为产品供应链特定的客户和市场产生特定的产出。

(2) 辅助成员。辅助成员是指为基本成员提供资金、设备和技术支持的企业。例如,供应链中生产商的运输设备和机器设备的提供商、提供库存空间的仓储所有者、提供会计和税务的会计师事务所以及提供给零售商资金的银行都是辅助成员,这些辅助成员虽然提供了供应链所必需的资金、技术和设备,但它们不对供应链关键流程提供增值服务。

在供应链中企业可能会存在着双重身份,一个供应链企业能够作为一个基本成员进行一项供应链关键流程的业务活动,也可能作为辅助企业为另一项供应链关键流程提供支持。例如,设备供应商为制造企业提供关键的生产设备,当制造企业开发新产品时,设备供应商参与产品工艺设计,这样设备供应商就成为产品开发(Product Development and Commercialization)关键流程的基本成员;而对于生产管理(Manufacturing Flow Management)关键流程而言,设备供应商则成为辅助成员。因为设备供应商不对生产管理关键流程提供增值业务活动。

3. 供应链流程一体化战略类型

由于供应链处于不同的内部环境和外部环境以及流程一体化资源的有限性,供应链流程一体化存在三种不同的整合战略,如图 8-10 所示。

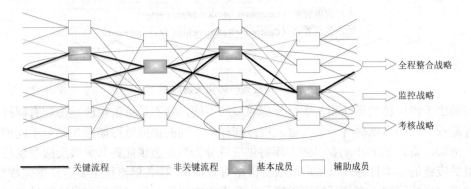

图 8-10　供应链流程一体化战略

(1) 全程整合战略。供应链的客户价值是由供应链关键流程产生的,这些关键流程由供应链基本成员执行和管理,全程整合战略将整合供应链关键流程,通过人力、物力和财力的投入实现基本成员的无缝连接,供应链全程整合的流程战略是实现客户价值最大化的最佳途径,同样全程整合战略使用的供应链资源最大。

(2) 监控战略。供应链流程监控战略的对象并不是供应链关键流程,但这些流程涉及关键流程上的基本成员,并在辅助成员和基本成员之间进行流程整合,他们之间的流程整合将影响到基本成员之间的业务活动,例如,对于零售商和提供给零售商资金的银行,零售商是供应链中关键流程订单管理的基本成员,而银行是为订单管理流程提供资金支持的辅助成员,但是,银行和零售商的资金流管理将影响零售商的订单管理业务活动。因此要对银行和零售商之间的资金流管理进行监控。

(3) 考核战略。供应链流程考核战略的对象同样不是供应链关键流程,这些流程仅仅涉及支持关键流程的辅助成员，它可能是辅助成员之间的流程，也可能是辅助成员和供应链以外的企业之间的流程，这些流程对于供应链客户价值流的影响最小，但对它们进行整合和监控的成本却较高，因此要通过设置关键考核指标(KPI)，对这些流程进行考核，以保证其输出的产品或者服务，从而支持供应链一体化流程。例如，在生产管理关键流程中，零配件的包装物生产企业作为供应链辅助成员为产品零部件生产企业提供支持，在包装物生产企业中，同样存在着生产管理流程，它将延伸到其上游原材料供应商(如纸质包装物的纸浆生产)。包装物生产企业的生产管理流程决定了包装的质量和性能，包装物的质量和性能又会影响零部件运输过程中的损坏率，作为产品供应链而言，它不需要对包装物的生产管理流程进行整合和监控，资源的有限性也不允许这种一体化战略，因此，零部件生产商只要规定包装物的厚度、硬度以及韧性的指标，对包装物进行考核，就能保证包装物的质量和性能，进而控制零部件运输过程中的损坏率。

8.3　物流一体化规划

供应链物流一体化是供应链一体化的直接体现，只有通过供应链物流一体化建立起供应链物流的优化结构，才能充分发挥供应链业务流程一体化实时、高效、无缝连接的作用，而物流一体化就是对于供应链物流网络进行的重新设计和改进，以达到成本最优。

通俗而言，供应链物流是指供应链中物的流动，在供应链中，物流根据其状态可以分为生产中的物流、配送和运输中的物流和仓储中的物流，每一种物流成本对应相应的成本，生产流产生了生产成本，运输流产生了运输成本，而仓储流则产生了产品或者物料的仓储成本。

8.3.1　供应链物流成本的构成

在供应链一体化中，物流一体化战略追求物流成本的最优化，而供应链物流成本在供应链一体化总成本中占有相当高的比例，特别是在零售业供应链中，物流成本所占比重则更高。

供应链物流成本的影响因素包括运输成本、库存成本、生产成本、客户服务水平。

(1) 运输成本。运输成本在各种物流成本中所占比例最高，最高可达到 57%。具体来说，运输成本包括供应链内部(成员单位之间)的转移成本和供应链外部的配送成本(供应链终端到客户的运输成本)。

(2) 库存成本。库存成本由库存机会成本和库存管理成本构成。库存成本是指物料、在制品、半成品和产成品占用的资金成本，因而可看作一种机会成本。由于机会成本是一种资金成本，因此以何种利率核算是确定存货成本的关键问题。库存管理成本是物资在库存过程中发生的成本。主要包括物资在库存过程中发生变质、损失、丢失等自然损失费用以及仓库运营的人工费、税金的支出等。库存管理成本的多寡，主要取决于企业库存物资的库存量多少与库存时间的长短。

(3) 生产成本。在供应链中，产品或者物料的生产形成了产品的生产流，生产的规模效应将对生产流成本产生影响，在规模效应递增的供应链中，随着产品生产量的增加，生产物流成本增加速度呈递减状态。

(4) 客户服务水平。客户服务水平包括三个方面：即可得性、作业绩效和可靠性。可得性是指当客户需要存货时所拥有的库存能力，可以用缺货频率(缺货发生的概率)、供应比率(衡量缺货的程度和影响大小)、订货完成率(衡量厂商拥有全部存货的指标)等指标来体现；作业绩效是指客户订单完成情况，通过速度的一致性、灵活性和故障及恢复等指标来衡量；可靠性是指客户服务的质量和持续改进的速度。客户服务水平直接决定了物流成本的高低。

8.3.2　生产延迟规划

一方面，随着科技进步和生产力的发展，客户对产品质量、服务水平的要求越来越高，已经不满足于标准化生产的产品，他们希望得到满足自己要求的个性化产品和服务。另一方面，随着供应链产品线的加宽加广和跨国生产，不同地域不同市场对于产品的要求也各不相同。这些变化直接导致了产品生产方式革命性的变化，传统的"一对多"的标准化生产方式，即企业将开发出的产品进行大规模大批量生产，用一种标准化产品满足不同消费者的需要，已经不再能使企业获得最佳效益和适用供应链的发展。产品供应链必须具有根据每一个顾客的特别要求定制产品和服务的能力，即"一对一"的服务。延迟生产就是在这样的背景下产生的，延迟战略的创新虽来自汽车工业，但它的变革的深刻影响涉及各个行业。

一般产品供应链的生产流程包括毛坯生产、零部件生产、产品多样化装配等环节。而基于延迟生产的供应链生产流程是尽量延长产品的标准化生产，保持产品的中立性(通用性)或者非委托状态，从而制造一定数量的标准产品或基础产品，以实现规模经济效益，而将体现产品个性特征的生产环节，如产品的装配、着色、包装等尽量推迟到收到客户订单以后进行生产，以此来满足产品个性化的需求。

根据沃尔特·津恩(Walter Zinn)和鲍尔索克斯(Bowersox)在 1999 年对于延迟的五种分类，我们得出了延迟生产的四种类型。

(1) 包装延迟。在全球制造工厂进行集成生产，全球使用统一品牌，具有标准组成和相同的辅助产品，但是按照客户订单进行不同包装(不同的文字说明、包装物的尺寸、包装规格等)，延迟程度最小。

(2) 贴牌延迟(不同于 OEM 中的贴牌生产)。在全球制造工厂进行集成生产，具有标准组成和相同的辅助产品，但是对于同一产品采用了不同的品牌策略，如 P&G 的同种洗衣粉在不同地区采用不同的品牌，贴牌延迟按照客户订单采用不同的品牌，同时相应地采用不同品质的包装，如高档品牌的精美包装和低档品牌的纸质包装。

(3) 装配延迟。在全球制造工厂进行集成生产，根据客户的订单进行装配，具有不同的组件和不同的辅助产品，这些辅助产品包括产品的外观颜色、款式、辅助的电源装备以及配件(如手机产品中的充电器)。装配延迟可能存在着不同的品牌和不同的包装。

(4) 制造延迟。根据客户的订单进行少批量多品种的生产，具有不同的组件和不同的辅助产品，可能采用不同的品牌，这种延迟程度最大。

从以上介绍可以看出，四种延迟方式在其延迟程度上将逐步加大，这种延迟水平与供应链上的客户订单分离点有关。客户订单分离点(CODP)是指在客户订单贯穿于整个运行系统的价值增值过程中产品与顾客订单相关联的点。

通常供应链的生产流运作可以分为推动式和拉动式两种。在推动式运作中，企业往往根据对顾客需求的预测进行生产，然后将产品通过经销商逐级推向市场，其实质是基于库存预测的生产模式。推动式生产模式的弱点是分销商和零售商处于被动地位，企业间信息沟通少、协调差、提前期长、库存量大、快速响应市场能力弱。且往往会产生供应链中的存货数量逐级放大的牛鞭效应。其优点是能利用制造和运输的规模效应为供应链上的企业带来规模经济的好处,还能利用库存来平衡供需之间的不平衡现象。拉动式供应链生产流模式通常按订单进行生产,由顾客需求来激发最终产品的供给,制造部门可以根据用户实际需求来生产定制化的产品。这种方式可降低库存量,缩短提前期,能更好地满足顾客的个性化需求,但缺点是生产批量小,作业更换频繁,设备的利用率不高,管理复杂程度高,难以获得规模经济效益。表 8-2 从产品类型、规模效应、提前期以及对需求的反应等方面对两种生产模式进行了比较。

表 8-2　推动和拉动生产模式的比较

	推动的生产模式	拉动的生产模式
产品类型	较少的生产变动,适用于大规模标准化生产的产品	较大的生产变动,适用于少批量多品种的产品
规模效应	生产及运输的规模经济	较难实现生产及配送的规模反应
提前期	较长的提前期	较短的提前期
对需求的反应	不能很好地满足需求的变化	对需求快速反应,有效地减少了供应链上的需求不确定性

延迟制造是上述两种生产模式的整合,通过两种模式的综合运用,起到扬长避短的作用。运用延迟制造的生产过程可分为推动阶段和拉动阶段。这两种阶段的界点就是客户订单分离点,在客户订单分离点之前,供应链的上游属于预测驱动,生产流的运作是推动式的;而在客户订单分离点之后,供应链的下游是订单驱动的,生产流的运作是拉动式的。从这条供应链来看,延迟生产属于订单驱动的生产模式,即拉动式供应链。如图 8-11 所示。

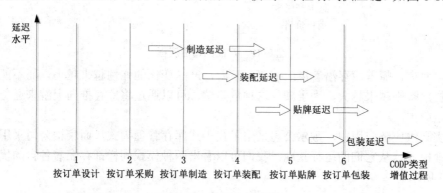

图 8-11　延迟生产类型

8.3.3　库存的集中战略

供应链库存管理中存在着两种战略:集中化的库存管理战略和分散化的库存管理战略。分散化的库存管理是供应链库存管理最为常见的战略,它是一个多级库存体系,制造商、批发商、零售商、终端的分销门店都设置有自己的库存,从而形成了库存网络。例如上海汽车工业集团总公司的库存网络,分成制造中心(Manufacturing Center)、地区分销中心(Regional Distributor Center)、车辆分销中心(Vehicle Distribution Center)和车辆销售中心(Vehicle Sale Center)。在分散化的库存管理系统中,各级库存的运作如下所述。

(1) 每一个终端库存单位都必须根据它所面临的需求情况设定安全库存水平和再订货

点，每一个终端库存都以不同的订单规模各自做出补给决策并向上级中心仓库发出订单。

(2) 中级库存单位必须根据它所面临的需求设定自己的安全库存水平和再订货点(来自各当地仓库的需求)，中级仓库可以决定从更高的层次订货的时间和数量(例如工厂和批发商)。

供应链的库存集中战略就是由供应链上游企业集中下游企业的库存，并在供应链中适当的位置设置中心库存，如制造企业，中心库存直接面对客户订单并根据它所面临的需求确定其安全库存水平和再订货点，而下游的库存实质上只是一个转运库存，不对客户做出反应。道格拉斯·兰伯特(Douglas M. Lambert)对于集中库存的机理做出了阐述，在供应链产品增值链模型中，随着产品沿着供应链向下游移动(接近最终消费者)，它的价值将增加。产品价值的增加导致了两个后果：库存的产品价值增加，这表示库存所占用的资金将增大，其机会成本也将大大增加；在库存上的投资和库存管理成本(包括库存的缺货成本)增加，从图8-12可以看出，零售商的机会成本、库存投资和库存管理成本比供应商和生产商都大，因此，实现供应链库存流的成本最优化，必然促进供应链的库存流延迟流向下游，而产品的库存将向上游转移。

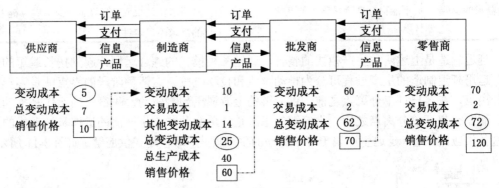

图8-12 产品的增值流程

通常而言，随着库存沿着供应链流向下游，产品变化的弹性越来越小，而不能满足客户需求的危险则越来越大，为了减少这种危险性，可以通过将库存推向上游来避免库存报废和转运成本。

在实际供应链应用中，戴尔公司采用了集中式库存管理模式，而康柏公司采用分散式库存管理模式，从它们的运行状况，我们可以看出两种模式同样都存在着各自的优缺点，如表8-3所示。

表8-3 两种库存管理模式的比较

	集中式库存管理模式	分散式库存管理模式
库存规模效应	具备规模效应	不具备规模效应
配送成本	配送成本高	配送成本低
总库存量	总库存量小	总库存量大
客户服务水平	客户服务水平高	客户服务水平低
分销成本	分销成本小甚至于没有	分销成本高
总库存成本	总库存成本低	总库存成本高

注：客户服务水平主要是从库存可得性角度考虑的。

8.3.4 供应链物流一体化规划

供应链物流根据产品在供应链中的状态，可以分成运输流、库存流和生产流三种，因此供应链一体化的战略是基于对这三种物流战略的综合考虑，其中库存流的战略可分为集中式库存管理模式和分散式库存管理模式；生产流的战略可分为推动式生产模式及推动和拉动混合的延迟生产模式；对于运输流而言，供应链的运输管理可采用订单驱动战略，即运输企业或者第三方物流企业接到订单后进行分销或者配送。因此，基于对生产流模式和库存流模式形成的 2×2 供应链物流一体化战略矩阵，如图 8-13 所示。这四种战略及其采用的模式如下所述。

(1) 完全提前战略。采用推动式生产和分散库存管理战略。

(2) 集中提前战略。采用推动式生产和集中库存管理战略。

(3) 生产延迟战略。采用混合式延迟生产和分散库存管理战略。

(4) 集中延迟战略。采用混合式延迟生产和集中库存管理战略。

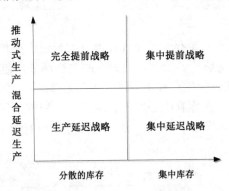

图 8-13 物流一体化战略矩阵

矩阵的横坐标代表物流一体化所采取的库存模式：集中库存管理模式或者分散库存管理模式；矩阵的纵坐标代表物流一体化战略所采用的生产模式：推动式生产或者推动和拉动混合的延迟生产。四种战略的讨论基于对四种成本的衡量：运输成本、库存成本、生产成本和客户服务水平。

1. 完全提前战略

这种战略采用推动式生产模式和分散的库存管理模式，它作为传统的物流战略模式被大部分供应链所应用，如图 8-14 所示。完全提前战略具有以下几个特点。

(1) 基于库存预测的推动式生产，所有的生产都早于配送，通过定期或定量跟踪各个分散库存中的产品存量，当达到一定的条件时进行产品生产并补充库存。

(2) 零售商或最终客户位于供应链的最下游。客户订货点位于终端库存中心，订单发至各个库存中心。

(3) 各个分散的库存中心靠近最终客户，通过各个库存中心配送给最终客户。

(4) 分散的库存中心的产品都是最终产品，具有一定的差异性。

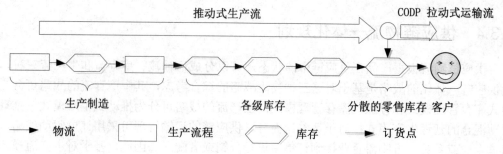

图 8-14　完全提前的物流战略

这种完全提前的物流战略有以下影响。

(1) 大批量生产和大批量配送将产生生产和配送的规模效应。

(2) 分散的库存将导致对于仓储设备的投资大大增加。

(3) 总体的存储成本也将大大增加。

(4) 由于产品更新换代产生的产品过时的风险将增加。

2. 生产延迟战略

这种战略采用了分散式的库存管理模式和混合的延迟生产模式，各个分散库存中的产品为通用的半成品并不是最终产品形式，而最终的生产环节，包括少量的加工(电源线、挡板等辅助产品生产)、包装物的生产和不同形式的包装(标签、说明书等)将被置于供应链的下游进行生产，当最终客户向库存中心发出订单时，才根据不同的需求进行不同的加工并配送给不同的最终客户，如图 8-15 所示。这种物流战略具有以下几个特点。

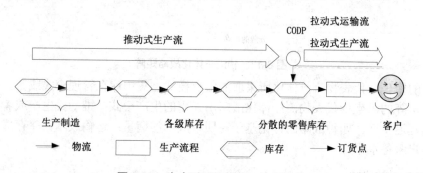

图 8-15　生产延迟的物流一体化战略

(1) 客户订货点先于最终的生产环节，客户订单发至各个终端库存中心。

(2) 采用混合式生产模式，在客户订货点之前，供应链采用推动式生产，而在客户订货点之后，采用的是拉动式生产。

(3) 各个分散的库存中心较靠近最终客户，各个分散库存中心的产品经过最后加工配送给最终客户。

(4) 库存中心分散并且库存中的产品不是最终产品，产品具有中性或无差异性。

应用这种生产延迟物流战略较为成功的是惠普公司，惠普公司在美国、欧洲和远东地区分设了配送中心，但每个配送中心都面对着不同客户的个性化需求，因此总厂生产了种类繁杂的不同类型打印机以满足客户个性化的需求。在每个配送中心，为了保持一定的最终用户的库存可获得性，惠普公司为每种类型的打印机设置了目标库存水平(其等于预测销售量加上一定的安全库存水平),从而导致配送中心存储了大量不同类型的台式打印机,直接的影响是库存成本和运输成本大幅度增加。

应用了生产延迟物流战略后,惠普公司将最终的生产加工(如电源、包装、说明书等生产环节)延迟到各个配送中心,各个配送中心在接到客户的订单后根据客户的不同需求进行二次生产并配送,实施这种物流战略,总厂只要生产少数几种类型的打印机,而各个配送中心只需根据不同类型打印机总体的销售预测加上安全库存水平设置目标库存水平。最终,虽然总厂的规模效应没有提高,但各个配送中心的目标库存水平大大降低,直接的运输和库存成本减少了 25%。

生产延迟物流战略的影响有以下几点。

(1) 简化了产品主要部件的生产和管理。

(2) 主要产品的规模效益提高。

(3) 配送中心的产品类型和安全库存减少。

(4) 客户满意度(产品库存的可得性)提高。

(5) 产品配送的规模效益没有变化。

随着大量第三方物流企业的成长,它们已经有能力进行包装甚至于进行简单的装配,因此许多供应链中的核心生产企业正逐步地将这部分功能转移给第三方物流企业,但必须注意到,这种生产延迟战略导致的生产过程的割裂将使部分产品加工不具有规模效益,同时,生产过程的割裂对于生产过程间的协调要求越来越高。

3. 集中提前战略

这种战略采用了基于库存的生产模式和集中库存管理模式,没有分散的库存中心,只有设在生产商处的集中库存,而生产基于预测进行(即根据库存生产),产品的配送基于订单进行。从图 8-16 中可以看出这种战略所具有的特点。

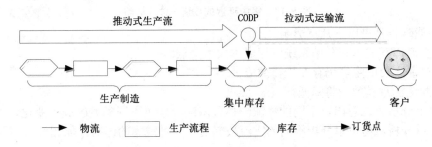

图 8-16　集中提前的物流一体化战略

(1) 客户订单点位于供应链的集中库存处,订单发至生产商的集中库存处。

(2) 基于库存的推动式生产,所有的生产都早于配送,通过定期或定量跟踪集中库存中的产品存量,当达到一定的条件时进行产品生产并补充库存。

(3) 配送基于客户订单进行。

这种物流战略近几年被大量应用,它给供应链带来以下几点影响。

(1) 提高了配送的准确率。

(2) 缩短了订货准备时间。

(3) 相对于分散的库存管理,集中库存减少了整体的库存成本和分散库存管理下的转运成本。

(4) 加快新产品的市场投入。

(5) 生产的规模效益没有变化。

(6) 由于小批量、多品种的快速配送，配送成本激增。

4. 集中延迟战略

这种战略采用了混合式延迟生产模式和集中库存管理模式，如图 8-17 所示，并具备以下几个特点。

(1) 客户订货点位于供应链的集中库存处，在客户订货点之前，供应链采用了推动式生产模式，而在客户订货点之后，采用了拉动式生产模式。

(2) 集中的库存中心中，其产品不是最终产品，产品具有中性或无差异性。

成功采用这种战略的典型案例是 B&O 公司，B&O 公司主要制造高端电视和立体声音响并销售到全球的市场，这些产品的竞争重点在于设计和质量，B&O 公司根据零售终端的订单，特别是客户个性化的需求(数量、款式、特点、颜色、尺寸等)在制造工厂进行最终装配和包装，然后直接配送给最终客户或零售商。在改变战略之前，B&O 公司采用的是完全提前战略，导致了很高的库存水平和反应缓慢的配送流程。

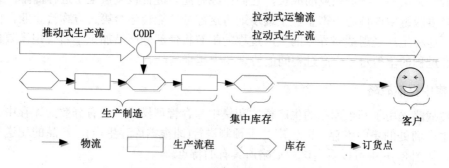

图 8-17　集中延迟的物流一体化战略

这种战略将带来以下几点影响。

(1) 生产库存成本和分销系统库存成本大大降低。

(2) 产品主要的生产仍存在规模效应。

(3) 配送的规模效应将降低。

从以上分析可以看出，不同的物流一体化战略导致了不同类型的成本变化，无法进行确切的定量分析，但可以分析不同的物流战略对于一种成本的影响，如图 8-18 所示。

推动式生产　混合延迟生产	生产成本低 库存成本高 配送成本低 客户服务水平低	生产成本低 库存成本低 配送成本高 客户服务水平高
	生产成本高 库存成本高 配送成本低 客户服务水平低	生产成本高 库存成本低 配送成本高 客户服务水平高
	分散的库存	集中库存

注：客户服务水平主要从库存可得性的角度来考虑。

图 8-18　物流一体化战略对于成本和服务的影响

8.3.5 物流一体化战略的影响因素

对于特定的供应链，如何选择正确的物流战略应从供应链的综合成本(供应链物流综合成本=f(产品成本,库存成本,运输成本,客户服务水平))进行考核，但是在不同的环境条件下，物流战略对于四种指标的影响因素都不同，因此，不能进行静态的量化评价断定这四种物流战略的优劣。

1. 供应链内部影响因素

1) 产品生命周期

产品的生命周期以及产品生命周期的不同阶段对于选择供应链物流战略有着很大的影响，随着产品生命周期引进、发展、成熟、衰败的变化，需要不同的供应链物流战略。当产品处于引进和发展期时，应侧重于高水平客户服务，通过实行分散的库存中心直接面对客户群体，从而更能掌握客户的需求和扩大潜在的消费群体。同样，由于客户需求的不确定性，生产和分销更多地依据预测来进行。当产品处于成熟和衰败期时，产品的需求趋向稳定，需求变动产生的库存过多或缺货风险减少，但产品面临着过时或淘汰的技术风险增大，此时的物流战略其目标是减少技术风险并降低总体成本，可以采用集中库存管理战略。随着产品生命从引进到衰败，采用的物流战略将从战略矩阵的左上角移动到右下角，如图 8-19 所示。

2) 产品的价值类型

产品的货币价值比重和增值模型也是影响物流战略选择的重要因素。产品的货币价值比重是指单位总量或体积的货币价值(等于单位产品的货币价值除以它的体积或总量)，当产品的货币价值比重高时，它的仓储成本较高而相对配送成本较低，则应尽量减少总体的库存量从而降低存储成本，因此适合采用集中库存战略；反之，当产品的货币价值比重低，它的仓储成本较低而配送成本较高时，则应尽量减少配送路程。因此随着不同产品货币价值比重的增大，物流战略将从矩阵的左边向右边移动，如图 8-20 所示。

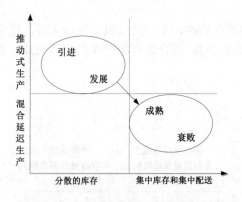

图 8-19 产品生命周期对物流战略的影响

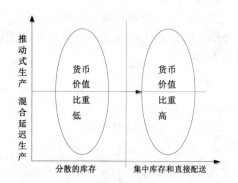

图 8-20 产品价值类型对物流战略的影响

产品的增值模式也会影响物流战略的选择，产品的增值模式是指产品在供应链中的移动过程，不同的环节增值的大小和比重相关。重点考察产品接近最终客户的生产和分销的增值，当产品的主要增值取决于最终的制造时，为了降低库存成本，则应该延迟最终的制造；同样，当产品的主要增值取决于最终的分销时，则应该采用集中库存管理模式，如

图 8-21 所示。

3) 产品设计特性

产品的标准化是影响物流战略选择的重要因素，产品的标准化体现在三个方面。

(1) 产品品牌(全球化或具有地区性)。

(2) 产品主要部件的结构(如电气标准、颜色、尺寸等)。

(3) 产品辅助(产品标签、产品包装、产品说明手册)。

对于不同程度的产品标准化可采用不同的物流战略，对于标准化产品和较狭窄的产品生产线，应采用提前的物流战略；而对于不具标准化和产品线较宽的产品，则适用集中延迟战略。因此随着产品标准化程度的不断提高和产品线的不断加宽，物流战略将从战略矩阵的左上方向右下方移动，如图 8-22 所示。

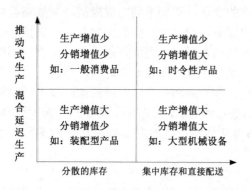

图 8-21 产品增值模型对物流战略的影响

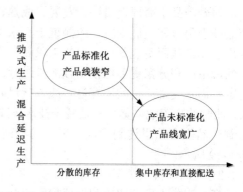

图 8-22 产品标准化对物流战略的影响

产品的模块化同样也制约着供应链物流战略的选择，产品模块化是一种有效的组织复杂产品和过程的战略，产品由一个模块系统构成，而模块系统由单元(或模块)组成，这些单元单独集成了一定的功能，各个模块的功能集成就成为产品的功能，但各个模块都是单独设计的，并通过接口和其他模块相互作用。产品模块化程度越高，使用生产延迟战略的可能性越大，如图 8-23 所示。

4) 规模效应

生产、库存的规模效应程度也会对物流战略产生影响，生产的规模效应较大时，适合选择基于库存的生产模式；同样库存的规模效应较大时，适合选择集中库存管理模式，如图 8-24 所示。

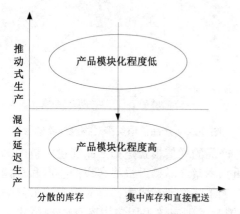

图 8-23 产品模块化对物流战略的影响

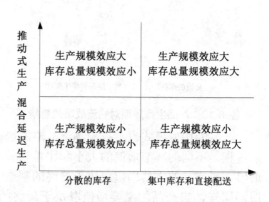

图 8-24 规模效应对物流战略的影响

5) 供应链竞争战略

迈克尔·波特(Michael E. Porter)提出了三种基本的竞争战略：总成本领先战略、标歧立异战略、目标聚集战略。总成本领先战略要求必须建立起达到有效规模的生产设施，通过低成本的分销系统以最大限度地减少开发、推销、广告等方面的成本费用。因此采用总成本领先战略的供应链适合采用完全提前或者集中库存战略。标歧立异战略要求提供的产品或者服务在全产业范围内应具有独特性，如产品外观特点、客户服务水平等，而成本并不是其注重的重点，因此适合采用生产延迟战略或者集中延迟战略。目标聚集战略是主攻某一特定的顾客群、某产品系列的一个细分区段或某一地区市场，实质上它是特定细分市场总成本领先战略和标歧立异战略的综合，供应链竞争战略对物流战略的影响如图 8-25 所示。

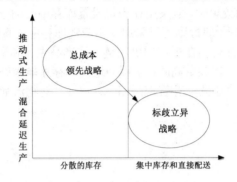

图 8-25　供应链竞争战略对物流战略的影响

2. 供应链外部影响因素

1) 市场需求

马歇尔·费舍尔(Marshall L.Fisher)根据产品需求模式将产品属性分为两类：功能性产品和创造性产品。功能性产品包括可以在大量零售商如杂货店和加油站买到的主要商品。这些产品可以满足基本需要，不会有太大的变化，并具有以下特点。

(1) 需求稳定并且可以预测。

(2) 产品的差异性低。

(3) 产品生命周期长。

功能性产品因为其稳定性会引起竞争，进而导致利润率降低，其物流战略的重点在于以下几方面。

(1) 保持稳定价格，降低需求波动。

(2) 稳定生产能力，提高生产能力利用率。

(3) 追求生产与配送中的规模经济效益。

(4) 利用分散库存理顺生产与配送关系。

(5) 提高产品的库存可得性和客户服务水平。

因此，功能性产品适合采用基于预测的完全提前物流战略。相对而言，创造性产品具有以下特点。

(1) 市场具有很大的不确定性，需求不稳定而且不可预测。

(2) 产品具有多样性和高边际收益。

(3) 产品生命周期短。

创造性产品的高利润率和投入市场的前期销售的重要性增加了产品的短缺成本，加上产品的短生命周期增加了产品过时的风险以及过度供给的成本，因此其物流战略的重点在于以下几方面。

(1) 尽早获得市场信息。

(2) 柔性生产及额外的生产能力以快速响应市场需求的变化。

(3) 将过期库存最小化。

(4) 提高产品供给的速度和灵活性。

因此，创造性产品适合采用延迟集中战略。市场需求对物流战略的影响如图 8-26 所示。

2) 客户订单属性

客户订单属性包括订货的批量、订货提前期以及订货频率。其中，订货的批量对于供应链物流战略选择的影响不大，订货提前期是指客户发出订单到客户收到产品之间的时间，当客户要求的订货提前期较短时，应采用在当地设置库存中心的分散式库存管理战略，当客户对于订货提前期的要求不高时，则可以采用从供应链库存中心直接配送的集中式库存管理战略；订单的订货频率属性是指在平均的供应链一次产品生产和配送的总时间内(即提前期)客户订货的次数，当客户订货频率高时，采用当地的库存才能很好地满足要求，反之当客户订货频率较低，可以采用集中式库存管理战略。客户订单对物流战略的影响如图 8-27 所示。

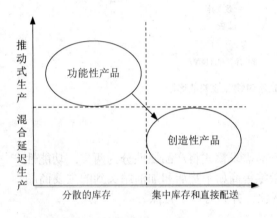

图 8-26　市场需求对物流战略的影响

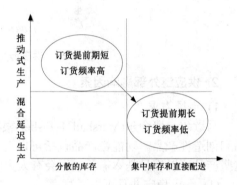

图 8-27　客户订单对物流战略的影响

8.3.6　供应链一体化战略的选择

供应链一体化物流战略的选择和确定可以由两个步骤组成：确定影响供应链一体化的影响因素；根据影响因素确定供应链物流一体化战略。

1. 确定供应链一体化战略的影响因素

影响供应链一体化的因素很多，关键在于选择关键因素，如果选择的因素过多，将会掩盖关键因素的重要性；但如果选择的因素太少，就不能反应供应链的真实状况，从而有可能导致决策偏差。从上文的分析，我们可以得出如图 8-28 所示的影响因素。

供应链物流战略影响因素		完全提前战略	生产延迟战略	集中提前战略	集中延迟战略
供应链竞争战略		总成本领先战略			标歧立异战略
供应链外部 影响因素	市场需求	不确定性低			不确定性高
	订单的提前期	提前期短			提前期长
	订单的频率	次数多			次数少
产品的生命周期		产品引进	产品发展	产品的成熟	产品的衰败
规模效应	生产的规模效应	规模效应显著	规模效应不显著	规模效应显著	规模效应不显著
	库存的规模效应	规模效应不显著	规模效应不显著	规模效应显著	规模效应显著
工艺设计特性	产品标准化	标准化程度高			标准化程度低
	产品规模化	模块化程度低	模块化程度高	模块化程度低	模块化程度高
产品价值模型	产品货币比重	产品货币比重低	产品货币比重低	产品货币比重高	产品货币比重高
	分销增值比重	分销增值比重小	分销增值比重小	分销增值比重大	分销增值比重大
	生产增值比重	生产增值比重小	生产增值比重大	生产增值比重小	生产增值比重大
客户服务水平		客户服务水平高	客户服务水平高	客户服务水平低	客户服务水平低

图 8-28 供应链物流战略影响因素汇总

2. 确定供应链物流一体化战略

根据我们得到的供应链影响因素,可从外部环境到内部产品的特性等分析特定供应链的实际情况,最终通过定性的方法确定供应链物流一体化战略(见图 8-29),大致的流程如下所述。

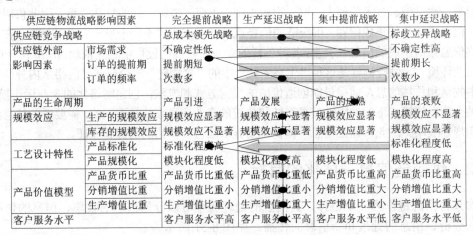

图 8-29 供应链物流战略的确定

(1) 确定供应链所采用的竞争战略。

(2) 分析供应链的外部市场环境。

(3) 确定各个因素所采用的时间区间,以便于进一步的成本数据统计和比较。

(4) 分析在特定时间段内的产品属性、工艺特性以及生产模式等。

(5) 分析供应链的客户服务水平情况等。

根据以上供应链的内外环境定性分析,其 13 个影响因素中,应采用生产延迟战略的影响因素有 9 个,应采用完全提前战略的影响因素有 2 个,而采用库存集中战略的影响因素有 2 个,综合考虑,大部分影响因素都会导致生产延迟战略。因此,供应链应该采用的物流战略为生产延迟战略。

8.4　供应链信息一体化规划

8.4.1　供应链中的信息

在供应链战略中，信息的一体化战略是供应链一体化的基础和支撑。供应链是一个多层次多系统的结构，而信息则是供应链网络中各系统和各成员间密切配合、协同工作的"黏合剂"。企业的供应链信息层次结构模型如图8-30所示。

图 8-30　供应链信息层次结构

为了实现供应链的目标，必须通过信息的不断传递，一方面进行纵向的上下信息传递，把不同层次的经济行为协调起来；另一方面进行横向的信息传递，把各部门、各岗位的经济行为协调起来，通过信息技术处理人、财、物和生产、供应、销售之间的复杂关系，因此供应链就产生了信息一体化的集成问题。供应链的信息流动和获取方式不同于单一企业的情况。在一个由网络信息系统组成的信息社会里，各种各样的企业在发展的过程中相互依赖，形成了一个"生物化企业环境"，供应链就是这种"生态系统"中的"食物链"。企业通过网络从内外两个信息源中收集和传播信息，捕捉最能创造价值的经营方式和方法，创建网络化的企业运作模式。在这种企业运作模式下的供应链信息系统和传统的企业信息系统是不同的，需要新的信息组织模式和规划战略。因此，建立信息一体化是实施供应链一体化的前提和保证。

8.4.2　供应链信息一体化的目标

如果将供应链作为一个整体，其信息的处理流程可以分为信息的收集、信息的访问、信息的分析、信息的处理和新信息的传播，如图8-31所示。

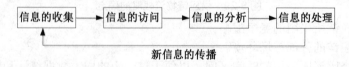

图 8-31　信息处理流程

根据供应链信息处理模型，信息一体化的目标如下所述。

1. 信息透明性

信息透明性是指收集每一种产品从生产到运送(或者购买)的信息，向供应链中的所有成员提供全部的可见信息。供应链信息一体化的主要目标是将供应链中的各个节点企业(包括供应商、生产商、批发商、零售商到购买点)紧密地连接起来，并使信息路线与产品的物理运动路线一致。同时，对于整条供应链而言，信息是透明的，各个节点企业都能够获得产品的位置、状态、运动方向等信息，这样才能够在真实数据的基础上计划、跟踪以及预测提前期，若供应链的任何节点企业想知道产品的行踪，那么它可以随时访问这一信息。

产品及物料信息的可得性是一体化供应链做出决策的基础，但是仅仅跟踪供应链过程中的产品是不够的，我们需要告知其他系统跟踪的目的是什么。如果某次因为送货延迟而影响了生产进度，我们就应该告知其他系统从而让它们做出适当的调整，或者推迟生产进度，或者寻找替代资源。

实现信息的可得性必须有两个基础：信息的过滤和信息的标准化。

1) 信息的过滤

产品在供应链中的移动，涉及生产、仓储、财务结算、分销、配送等不同的环节，将产生数以万计的海量信息，对于信息的使用者而言，真正有用的信息只是很少的一小部分。例如生产商需要知道产品物流清单的信息，而并不需要知道产品的价格等财务信息；同样，第三方物流企业需要知道产品的体积或者重量等信息，而不必知道产品的物料清单。如果信息可得性仅仅是将所有的信息都向使用者开放，一则将导致信息的使用效率低下，信息使用者需要大量时间去进行分析和过滤才能得到真正需要的信息；二则大量无用的甚至于错误的信息很可能误导信息使用者。因此一体化的供应链信息系统应具备信息过滤的能力，通过一定的规则将信息分类，针对不同的信息使用者提供不同的信息，如提供给生产制造商相关的产品物料清单，提供给第三方物流企业产品的体积或重量信息等。

2) 信息的标准化

随着产品在供应链中的移动，供应链的各个环节(供应商、生产商、批发商、零售商)都会产生相应的产品信息，这些产品信息由于是由不同的企业信息系统产生的，彼此间对于产品的辨识可能互不兼容，这就意味着供应链中某个节点企业的信息系统读不懂其他系统的信息，因此一体化的供应链信息系统要求将产品信息进行标准化，例如当零售商需要知道其订单所处的状态或者供应商预测制造商下达的订单时，他们能够收集到其他公司的数据以及公司内部不同功能部门和地理位置的数据并将数据导入自身的系统中，为了达到信息标准化的目的，需要在企业内和企业间推行产品鉴别的标准化，形成统一的、唯一的产品标识。

条形码技术是实现产品信息标准化的一种途径，条形码是一种商品自动识别的符号，条形码技术主要应用于商品数据的采集、数据输入和商品识别。条形码具有高速自动输入数据、高读取率、低误读率、容易操作、设备投资低等优点。一般来说，数据人工输入的典型差错率是每 300 个字符出现一个差错，而条形码输入的差错率可低至每几百万个字符才错一个的程度，而且条形码输入的速度是人工输入的 5 倍。在一体化供应链系统中，条形码的应用包括了订货、收货、摆货、仓储、配货、补货、销售、结算、生产等各个环节，它的建立使供应链信息一体化的数据处理自动化成为可能。因此，条形码技术是供应链信息一体化系统的基础。

应用条形码技术必须建立起一套完整的条形码体系。根据条形码技术功能的不同以及流程的不同，条形码体系可以分为出入库条形码体系、货位条形码体系、运输条形码体系和销售条形码体系、生产条形码体系等，它们分别应用在不同的流程中。对于每件商品来说，从订货到收货、仓储、出货、运输到最终销售都要涉及不同的条形码体系，所以必须将各种不同的条形码体系进行关联处理。一般来说，供应链一体化信息系统是以零售或者销售系统为中心的，并且零售或者销售系统是整个信息流的终点——面对顾客。因此零售或者销售系统中的销售条形码体系将成为"基本条形码体系"，再由销售条形码产生其他的各种条形码。其关系如图 8-32 所示。

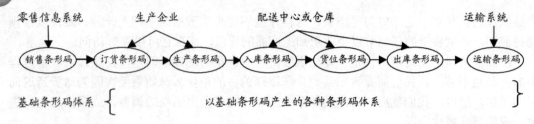

图 8-32　供应链条形码体系

2. 单点联系

第二个重要目标就是对所有可获取的信息实行单点联系，只有这样才能够做到不论查询的方式怎样(如电话、电传、互联网、信息站)，信息能在某一点得到并且是唯一的，然而，事实上，这种要求是比较复杂的，因为要满足顾客的查询，我们就必须把散落在供应链上各处的信息收集起来，这些信息可能是企业中的不同部门，甚至是几个不同企业的信息。

在企业中，按照职能划分的信息系统像岛屿的分布一样。客户服务通过一个系统，会计结算通过另一个系统，制造和分销系统也是完全独立的。偶尔需要跨系统传递一些重要的信息，但是传递不是实时进行的，那么系统内部就会有不一致的数据，销售代表收到订单时可能无法提供有关的当前运输状态的信息，工厂也可能无法得到当前确切的订单信息。实际上，需要利用某些数据的人应该通过某些接口访问完全一致的实时数据。

3. 系统性

第三个目标关系到分析数据(尤其是当考虑到全球供应链的背景)。必须利用信息系统找到最为有效的生产、装配、仓储、分销方式，即运营供应链的最好方式。这需要不同层次的决策，例如从安排顾客订单的运作决策，到在仓库内仓储什么商品的策略决策(或者未来 3 个月的生产计划)，再到仓库的选址以及将要发展或者生产什么产品的战略决策。要执行这些策略，就必须有一个足够弹性的系统来应付供应链战略的变化，而要获得这种弹性，需要系统有高度的可配置性，并且要采用新标准。

8.4.3　供应链一体化信息系统的框架

一体化的信息系统是由信息总线、供应链全程计划、信息一体化的技术基础设施支持构成的。信息总线是一体化信息系统的基础，而供应链全程计划是信息一体化的核心内容，并且通过技术基础设施支持得以实现，如图 8-33 所示。

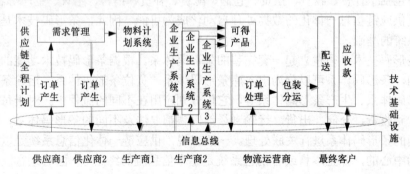

图 8-33　供应链一体化信息系统的框架

1. 信息总线

在信息系统的三大基本元素(软件、硬件、信息)中，只有软件因素是不能轻易地模块化的。因为在一个大的供应链一体化信息系统中，每一种功能部分都必须与其他的功能部分直接交换信息。如果一个流程被分割成不同的部门，最终的解决方案就需要包含一个复杂的接口，用以同其他结果进行沟通，这将导致一个流程变得十分复杂甚至烦琐，当把整条供应链的各个流程整合在一起时，同样需要一个共同的接口，从这个要求来看，整条供应链的信息一体化的整合显得无法实现。而信息总线的出现也就是基于这些要求，就像原子一样，在天文系统中原子是物质的基本形态，对于供应链一体化信息系统而言，信息总线就是信息传送技术的基本形态，在一定程度上，信息总线的功能就像硬件总线和集成电路总线，我们可以称之为软件总线。信息总线是一体化信息系统的基础平台，信息总线可提供如下两种基本功能。

1) 通用接口

在过去，企业的信息系统一旦被设计出来，其系统配置就很少发生变化。一方面，当分散式计算机成为主流，企业开始在它们的系统中加入新的不同形式的计算机和服务器时，企业间的信息系统也开始进行联机，这就需要对网络上其他所有计算机重新编写程序，使旧的设备能够同新的设备或者是新的信息系统进行信息交换(如图 8-34 所示)；另一方面，分散式的计算机系统将会变得越来越广泛和多样性，公司主机、AS/400、PC、Unix 服务器和工作站以及各种各样的网络服务——所有这些都运行着不同的操作系统，执行复杂的用不同的语言写成的软件程序。正由于分散式计算机系统的不断复杂化和多元化，信息总线变得越来越重要，信息总线提供了一个软件的通用接口，分散式计算机系统可以灵活性地增长，不再是在每一次有新节点加入(企业内的功能模块或是企业的信息系统)时，都要对通用的接口重新编程。总线上的新节点只要同总线对话，就可以与网络上其他所有部分进行交流。通过这种通用接口，信息总线从根本上简化了程序的整合过程，使信息一体化成为可能，如图 8-35 所示。

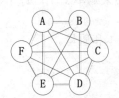

图 8-34　传统点对点应用程序界面

图 8-35　供应链一体化信息系统总线结构

2) 形成虚拟的中心数据库

随着分散式计算机的发展，企业信息系统普遍应用客户/服务器技术，三层客户/服务模型如图 8-36 所示，第一层是表示层，完成用户接口的功能；第二层是功能层，利用服务器完成客户的应用功能；第三层是数据层，服务器应客户请求独立地进行各种处理。

从客户/服务技术的结构可以看出，企业信息系统的中心是一个中心数据库，从一系列应用软件中收集和反馈数据，这些软件支持企业各个不同的职能部门，使用一个单一的数据库，将大大精简流动于企业中的信息。同样对于供应链的一体化信息系统，也存在着"一个中心数据库"，这是一个分布式的数据库，包括了供应链中各个节点企业的中心数据库，信息总线通过通用接口将各个企业的数据库进行集成，并进行信息过滤形成虚拟的中心数据库。对于信息使用者而言，始终面对的是整个供应链中的一个中心数据库，如图 8-37 所示。但是信息总线要实现这种功能就必须建立在信息标准化的基础上。

图 8-36　客户/服务模型

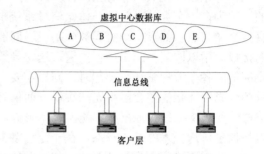

图 8-37　信息总线下的"虚拟中心数据库"

2. 供应链全程计划

一体化供应链计划作为一体化信息系统的核心，包括订单管理、物料计划、企业生产能力平衡、生产进度控制、运输管理、仓储管理、资金流管理等子系统。在一体化信息系统中，只有加强各种活动之间的约束及冲突管理，才能使供应链中的各部分活动都能明确局部的变化可能对全局引起的影响，从而使组成的供应链达到优质、高效的目的。

1) 订单管理子系统

在一体化供应链计划中，供应链企业之间最重要的联系纽带是订单，企业内部和企业之间的一切经营活动都是围绕着订单运作的，如各个企业的采购部门围绕采购订单进行采购，生产企业根据生产订单和装配订单安排生产计划进行生产，物流企业根据运单和交货单进行分销和配送。订单管理子系统作为一体化供应链计划的驱动力，具有以下功能。

(1) 客户订单的发送、获取、修改和撤销以及客户订单中价格、期限、服务承诺等项目的制订管理。

(2) 根据客户订单生成各个节点企业的各种订单，包括采购单、生产订单、交货单、运单等。

(3) 规划订单的计划完成指标，包括时间、工作量、成本和质量。

(4) 根据订单对于整个供应链流程进行监督和协调。

(5) 对订单的运作状态进行跟踪监控。

(6) 分析订单的完成情况，与计划进行比较分析。

(7) 根据客户需求变化和订单的完成情况对一体化供应链计划进行改进。

订单管理子系统的大致流程如下：首先获取客户需求信息并形成需求订单，需求订单在供应链物料计划系统中可分解为企业生产订单、运单、配送单和交货单等，这些订单进入供应链各个节点企业中，进一步在节点企业的信息系统中形成物料清单、零部件采购订单、生产订单、装配订单以及各种运输订单和库存单据，驱动供应链各个环节的业务活动，而最终产品通过交货单配送到最终客户手中。

2) 物料计划子系统

供应链一体化下的物料计划系统与供应链的主生产计划、供应链生产能力平衡以及物料清单文件有着紧密的联系，供应链的主生产计划是以客户订单为主，以供应链综合计划和随机客户需求预测为辅产生的，在供应链一体化下的计划体系和传统的企业分层式计划体系有较大的不同,传统的企业计划体系根据计划时间范围可分为长期(1 年以上)、中期(6～18 个月)、短期(少于 6 个月)。由于供应链计划体系需要考虑不同能力、不同层次的节点企业,而且供应链一体化的计划系统是以客户需求为驱动的,而客户的需求又是变化不定的,因此供应链计划不能采用分层计划体系,只有一个时间范围更短的供应链综合计划,而且在制订过程中不仅要考虑各个节点企业的制约因素,还要考虑整条供应链所面临的各种制约因素,从而导致供应链整合计划的精度较差。基于以上原因,供应链主生产计划的依据不是供应链综合计划,而是以各个企业的物料计划为基础,从下游企业向上游企业拉动。供应链生产能力平衡作为一个反馈环节可促使物料计划系统构成一个闭环,而且是一个非常重要的环节。

一体化下的供应链物料计划系统具有以下特点。

(1) 拉动式。传统企业的物料计划系统采用推动方式进行,它主要是根据企业综合生产计划,并考虑到客户的订单和对客户的预测信息形成企业生产主计划,从而进一步形成物料计划。而供应链物料计划系统是以各种订单从下游企业向上游企业逐级拉动的。

(2) 协调性。供应链物料计划是以各个节点企业的企业物料系统为基础的,因此必须注重各个节点企业间企业物料系统的协调性。间隔时间过短或过长都将引起零部件或者设备的等待。

(3) 层次性。物料清单文件在供应链计划中可分为两个层次:一是供应链层面,物料清单指出了用于制造最终产品所用的物料以及正确的数量;二是企业层面,物料清单指出了每一种物料所用的原材料以及正确的数量。库存记录文件包括现有物料和已订购数量的数据,同样它也存在着供应链和节点企业两个层面。供应链下的物料计划系统如图 8-38 所示。

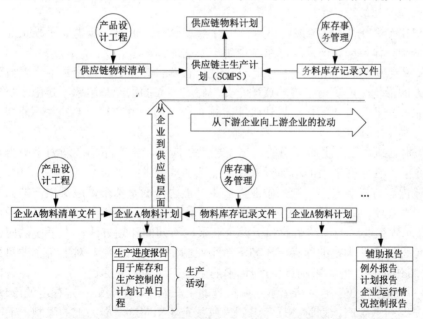

图 8-38 供应链信息一体化的物料计划系统

3) 生产能力平衡子系统

在传统的生产企业的信息系统中,企业的生产能力平衡作为主生产计划的一个反馈,形成一个闭环,数据将反馈到系统中检验系统,并进行必要的修改,如图 8-39 所示,信息系统输入的是主生产计划,通过主生产计划对所有的零件、组件和为满足计划所需的其他资源进行综合后形成物料计划，判断是否有足够的能力，如果没有，逐级向上进行修改，首先更改生产能力计划，进而更改物料需求计划，最终反馈信息对主生产计划进行修改，再下达订单给生产系统，执行生产能力计划和物料需求计划。

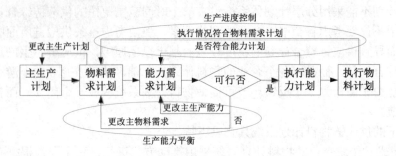

图 8-39　供应链信息一体化的生产能力平衡

在供应链一体化的计划系统中，生产能力平衡存在着两个层次，企业层面上的生产能力平衡和上述传统企业的生产能力雷同，但在供应链层面上，企业生产能力的平衡不仅仅是考虑某个企业的生产能力，还必须考虑到上游企业和下游企业的生产能力平衡，因此在考虑供应链一体化下的生产能力平衡时，应该考虑整体供应链各个节点企业的生产能力平衡，从而形成供应链计划系统的闭环。在供应链生产能力平衡中，存在以下特点。

(1) 追求供应链中的物流平衡，而不是能力平衡。供应链一体化的计划系统是由顾客订单推动和决定的，而客户的需求是不断变化的，要保持供应链生产能力平衡难以实现，供应链中生产能力不平衡是绝对的，因此一体化的供应链要求实现各个节点企业的生产同步化，以求提前期最短，供应链中库存最少。

(2) 从生产能力的角度考察，供应链中存在着"瓶颈企业"和"非瓶颈企业"，"瓶颈企业"是指整体供应链产品生产系统中生产率的薄弱环节。

(3) 供应链中一个企业达到了特定产品生产能力的最优生产负荷并不代表着整体供应链生产能力的最优生产负荷；"非瓶颈企业"特定产品的生产利用率不是由本身决定的，而是由"瓶颈企业"决定的，如果让"非瓶颈企业"提高生产利用率，并不能提高特定产品总的生产利用率。

(4) "非瓶颈企业"生产能力的提高不能为供应链特定产品生产能力平衡带来贡献，"非瓶颈企业"在生产能力的增加投入并不能增加整条供应链的产出。

从上述内容可以看出，"瓶颈企业"的生产能力平衡是整个供应链生产能力平衡的重点，应尽可能地使"瓶颈企业"的生产能力达到最大负荷。因此，可以采取以下几个措施。

(1) "瓶颈企业"的上游企业和下游企业采取不同的计划方法，为了使供应链的物流平衡，避免上游企业大量的库存积压和下游企业的生产能力空闲，对上游企业可采取拉动式(根据"瓶颈企业"的需求制订生产计划)的主生产计划，即通过生产订单、合同或者协议等形式，"瓶颈企业"提供给上游企业自身的生产能力，并允许一定程度的浮动，这样，上游企业在编制主生产计划时必须考虑到"瓶颈企业"在这一能力上的限制。而下游企业则可采取推动式的主生产计划，同样，"瓶颈企业"通过合同或者协议形式给出自身的生产能力约束下游企业。

(2) "瓶颈企业"应该加强对零配件或者产品生产前的质量控制，保证投入生产的产品零缺陷。

(3) 在"瓶颈企业"生产前设置缓冲，这种缓冲是以时间或者库存增加作为代价的，即在上游企业完工时间和"瓶颈企业"开工时间之间设置时间缓冲。

通过增加"瓶颈企业"生产前的产品或零配件的库存量，增加产品在生产"瓶颈"点处的生产企业数量，通过设置库存缓冲增强"瓶颈"节点的生产能力。

4) 生产进度控制子系统

供应链生产进度控制的目的在于根据供应链主生产计划，检查各个节点企业零部件的投入和出产数量、出产时间和无缝衔接性，保证产品能准时生产。供应链环境条件下的进度控制和传统企业生产模式的进度控制不同，在供应链环境中生产进度控制跨越了整条供应链，控制的难度很大，因此必须建立有效的跟踪机制、反馈机制和快速响应机制。供应链生产进度控制应具备以下功能。

(1) 生产进度信息的共享。在供应链一体化全程计划中，生产进度信息是指供应链各节点企业主生产计划的执行状况，它来自各个节点企业物料计划信息系统中的产品生产报告，它是供应链检查供应链生产计划的重要依据，同时它也可作为反馈信息用于对连续供应链生产计划进行修正。生产控制系统首要的功能是实现各个节点的生产进度信息全程共享，这种信息的可视性，使供应链企业不仅能够在供应链主计划下进行最优化生产，而且能够共享生产进度信息，时刻了解产品在供应链中的状态，从而能够更加合理地安排采购、生产以及库存管理等活动。

(2) 增强生产柔性。所有企业的生产系统，必然存在一定的波动性，另外客户需求的不确定性也会放大这种波动性(牛鞭效应)。但如果这种波动性超过了企业负荷，将导致整条供应链出现生产节奏紊乱、库存积压以及生产的断层。生产进度控制系统作为实时反馈系统，能够在第一时间内调整供应链的供应链主生产计划，促使其他企业适当地调整企业的生产计划，从而避免节点企业间出现供需脱节的生产断层，实现供应链持续同步生产的发展，保证供应链上的整体利益。

由上述可知，供应链生产进度控制系统的主要任务是依照供应链主生产计划，检查各种零配件或者产品的投入和产出时间、数量以及无缝性，保证产品能够准时完成，按照订单上对于时间、质量等要求准时送到客户手中，根据供应链生产控制系统的流程，供应链生产进度控制系统存在着三个机制，即跟踪机制、反馈机制和快速反应机制。

(1) 生产进度控制系统的跟踪机制。生产进度控制系统跟踪机制的原理是在产品加工路线上保留了订单信息，在供应链一体化系统中，产品订单是驱动产品生产的动力，产品订单经过订单管理系统被分解为各个企业的生产订单或者装配订单，各个节点企业根据供应链的生产订单又分解为采购订单、生产订单以及仓储订单等各种各样的单据，并以订单作为主生产计划的驱动力进行本企业的生产、仓储和运输等作业，而在生产进度控制系统中，订单又作为跟踪机制和各种作业流程紧密地结合在一起，订单中包含了大量的信息，如生产子订单有投入物料的编码、生产的质量要求、投入期和出产期等信息，库存订单有库存单位、入库时间、出库时间、库存时间等信息，而运单有实际出库时间、目的地、运输质量标准等信息。订单此时实际上发挥了两个作用。

① 作业流程的识别作用。在没用跟踪机制的生产系统中，由于生产计划中没有子订单信息，生产进度控制系统无法识别作业与子订单的关系，也无法将不同的子订单区别开来，由于订单的作业流程识别作用，生产进度控制系统能够跟踪零配件或者产品的实时状态，为反馈机制和快速反应机制打下基础。

② 订单事件驱动作用。订单的事件驱动作用是指当作业流程发生变化，导致作业流程和订单信息不符时，和作业流程捆绑在一起的订单作为一个事件驱动信号向生产进度控制

系统发出预警，同时供应链生产进度控制系统将找到这个特定的订单，并能够根据订单信息获得作业流程变化的具体情况。如在企业生产流程中，当发生生产能力不足导致特定零配件或者产品生产延迟、订单的信息和作业流程的信息发生不符的情况，子订单将通过订单系统向生产进度控制系统发出预警，生产进度控制系统得到信息并通过订单的识别找到该子订单以及相关的作业流程，进而检查订单信息和实际的作业流程获知生产能力不足的状况。

(2) 生产进度控制系统的反馈机制。在供应链一体化条件下的生产进度控制系统，其反馈机制与传统的生产进度控制系统的反馈机制有较大的区别，供应链生产进度控制系统的反馈机制存在着两个层面：在企业层面，供应链生产进度控制系统首先将信息反馈到企业的物料计划系统；在供应链层面，这个信息也必须反馈到供应链的物料计划系统中，并进而反馈到各个节点企业的物料计划系统中去。

(3) 生产进度控制系统的快速反应机制。供应链生产进度控制系统的快速反应机制是指对于原有的物料计划系统或者主生产计划以及持续的物料计划系统进行实时的修正，目的是将生产波动的影响消除，保持供应链的同步生产。快速反应机制也存在两个层面：在供应链层面，是对供应链主生产计划的调整；在企业层面，是对产生波动的企业的主生产计划的调整，供应链生产进度控制系统的快速反应机制基于以下两个原理。

① 将生产计划的修正控制在企业层面。由于供应链主生产计划跨越供应链中所有相关的节点企业，供应链主生产计划的变动将波及其他所有企业主生产计划的修正，必然使系统产生不稳定性，为了能够保证节点企业间的无缝连接和同步生产，其难度较大；而将修正局限在产生波动的企业，能够使其他企业的生产节奏保持不变，修正对于整条供应链的影响较小，并且其修正的难度也较小。

② 按优先级保证对客户的产品供应。在订单管理系统中，子订单处于不同的层次，根据子订单对客户服务质量的贡献来看，子订单在物料需求结构树中有高层次和低层次之分，高层次的子订单对客户服务质量的贡献高，而低层次的子订单对客户服务质量的贡献低，因此快速反应机制必须将生产的波动限制在优先等级低的子订单内，以保证优先等级高的子订单的同步生产，因此在对主生产系统进行修正时，应尽量将变动限制在优先级别低的子订单内，对于高优先级的子订单要确保能够不受影响，并随着子订单优先等级的提高，尽量优先保证高优先级的订单；同样，在供应链层面，也有高优先级企业和低优先级企业之分，快速反应机制也必然要保证高优先级企业不受波动的影响。相反，如果盲目地进行主生产计划修正，会导致整条供应链主生产计划的紊乱，为持续生产造成后患。

5) 运输管理和库存管理子系统

供应链一体化信息系统的运输管理和库存管理系统主要实现供应链节点企业之间基于物流最优化的信息流最优化，从增值链的角度来看运输和仓储通过对产品或者服务进行重新分布、重新包装或者重新分割尺寸而产生价值，因此它们也成为供应链的重要环节。作为全程计划系统的一个功能模块，运输管理和库存管理系统同样也应建立订单系统，它们是以运输单据(包括提货单、运单、交货单)和库存单据(包括入库单、库位单、出库单)等为驱动的，在企业层面，由于第三方物流企业的大量涌现及其力量的不断增强，制造企业纷纷将运输管理和库存管理的功能转移给第三方物流企业，而第三方物流企业通过不同的方式建立起自己的运输管理和库存管理信息系统。但在供应链一体化条件下，运输管理和库存管理系统同企业层面有很大的不同，首先必须从供应链的角度对物流战略进行重新设计，在供应链一体化的信息系统中，运输管理和库存管理系统具有更广的信息"透明度"、更强的"同步性"以及更强的"计划性"，因此供应链一体化的运输管理和库存管理系统具有以下的功能。

(1) 库存管理和运输管理的全程供应链信息共享。在传统的物流和库存管理中(上游企业、第三方物流企业、下游企业)，通过将第三方物流企业的信息系统和上游企业、下游企业进行连接实现信息的无缝连接；目前我国许多第三方物流公司没有自己的运输和库存管理信息系统，大多采用了向上下游企业派驻常驻现场小组，在上游制造企业中，他们部分参与生产计划、质量控制、预测等管理工作，并在生产线的末端处理现场的交接工作；在下游的销售企业中，收集货物是否适时、到位、服务质量等信息，通过这种方式也可以实现信息上下游之间的共享。但在供应链一体化信息系统中，对于运输管理和库存管理的信息不仅是在上下游之间共享，而且要实现整条供应链对于该信息的共享，各个节点企业能够实时地了解产品或者零配件或者物料在运输过程中的位置、状态(在库状态、在途状态)以及何时到达下一个状态(从库存到运输、从运输到库存)，从而使整条供应链更具柔性。

(2) 全程供应链运输管理和库存管理的"同步化"。在供应链的生产计划系统中，我们要求供应链生产实现同步化，只有供应链中各个节点企业之间以及内部各个部门之间生产节奏保持一致。而要保持生产节奏的一致性就必须形成准时生产系统，要求上游企业准时为下游企业提供必要的零部件，如果供应链的任何一个企业延迟为下游企业交货，都会导致整条供应链不稳定或中断，导致供应链对用户的响应性下降；另外，如果上游企业提前为下游企业交货，由于零配件的配套性，将会导致下游企业提前进入产品或者零配件的等待状态，形成多余的库存,因此供应链一体化下的运输管理和库存管理计划系统必须做到和供应链的生产节奏保持一致，和供应链生产计划系统融为一体。

(3) 全程供应链的运输管理和库存管理的计划性。如果将一切增值活动都作为生产活动，则运输管理和库存管理同产品生产环节一样，也存在着生产计划、能力平衡、生产进度控制等流程。在供应链一体化系统中，应从整体考虑物流管理和库存管理，首先根据客户订单产生供应链运输和仓储主计划，在物料清单的分解下产生供应链物料运输和库存管理计划，接着进行运输和库存能力平衡分析，形成反馈环节，最终进行运输和库存管理的控制。其流程如图 8-40 所示，全程供应链的运输管理和库存管理在一定程度上是生产计划的辅助子系统，但它在保持生产节奏和生产同步性方面起了至关重要的作用，因此也成为生产计划系统中不可分割的一个功能模块。

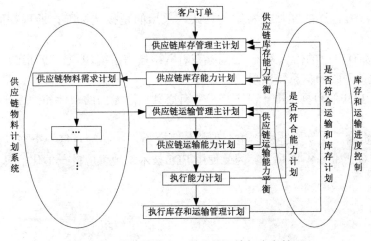

图 8-40　供应链信息一体化的运输与库存管理

3. 供应链信息一体化的技术支持

供应链一体化信息系统的技术基础设施包括以下几方面。

1) 中间软件和通用的语言

在供应链一体化信息系统中，由于信息的交换跨越不同的节点企业，而随着各个节点企业采用了分散式信息技术系统，即使在一个企业内部进行信息整合都已经很困难，至于企业之间的信息整合更艰巨，因此中间软件的重要性日渐增加，中间软件，简单来说就是一个连接和整合复杂的应用程序和计算机网络的软件。传统的信息系统间的交换，必须在每一个信息系统中设置一个和其他信息系统的信息交换程序。而中间软件的应用，已经不需要为每一个信息系统编写一个转换程序，只要在中间软件中设置一个广泛适用的程序，以确保在中间软件中应用程序符合应用编程接口(API)。这种革新只是使应用编程接口的改变，就能确保各个节点企业信息系统的改变和更新。在供应链一体化信息系统中，中间软件应构建供应链的信息总线结构，要达到这个目的，必须对供应链各个节点的信息系统进行技术简化，中间软件可帮助各个节点企业定义各个控制流程的规则，并在系统之间交换数据时实现这些规则，中间软件通过对于这些规则进行整合和优化，形成所有信息系统都可以使用的控制和交换规则，因此供应链一体化信息系统的中间软件是一个完整的结构，它为各个节点企业信息系统提供了联结、信息传递、系统实时更新、系统管理服务等功能。在某种程度上，互联网本身就是一个巨大的中间软件，除去许多计算机语言和平台个性化的差别，可以通过原始的传输控制协议/网际协议(TCP/IP)进行几乎全世界范围内的信息交换。

在供应链一体化的信息系统中，信息的转换应该基于一个共同的语言，这种语言所使用的语句是无二义性的。并且，这种标准不受计算机机型的影响，既适用于计算机之间的数据交流，又独立于计算机之外。目前，EDI 作为一个信息交换标准得到了大量的应用，ISO(国际标准化组织)将 EDI(电子数据交换)描述为："将商业或行政事务处理，按照一个公认的标准，形成结构化的事务或信息数据结构，从计算机到计算机的数据传输"。EDI 作为信息交换标准有其特定的含义和条件，包括以下几个方面。

(1) 使用 EDI 的是交易的双方，是企业之间的文件和数据传递，而非同一组织内的不同部门。

(2) 交易双方传递的文件是特定的格式，采用的是报文标准，即现在联合国的 UN/EDIFACT。

(3) 双方都有自己的信息系统，之间存在着网络通信系统，即通常所指的VAN(增值网)，信息传输通过该网络通信系统实现。

但是由于 EDI 的数据标准十分严格，并且必须通过专门的软件和硬件才能实现，因此它具有以下的不足。

(1) 难以实施。在供应链中实施全程的信息交换，就必须对每一个节点企业原有的信息系统进行转换，如图 8-41 所示，因此使用 EDI 技术实现供应链一体化信息系统难以在短时间内完成。

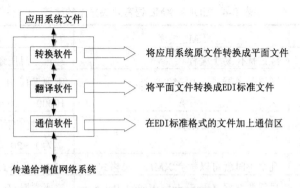

图 8-41　EDI 数据转换模式

(2) 高昂的维护费用。在 EDI 技术中翻译软件将数据从原应用系统中抽取出来，再转换为 EDI 语法格式(如联合国的 UN/EDIFACT 标准、美国国家标准化委员会 ANSI X.12 标准等)，经过增值网络系统传送后到达目标企业的信息系统中，然后再转换为目标企业信息系统适用的文件和数据，供应链节点企业包括制造业、运输业、零售业，其所采用的 EDI 标准也各自不同，如化工业的 CIDX 标准、零售业的 VICX 标准以及运输业的 TDCC 标准，因此翻译软件将随着 EDI 标准的变化而变化，许多大公司雇用了全职的 EDI 人员管理翻译软件系统，并进行操作审核。

(3) 由于 EDI 的复杂性和随之而来的高维护成本，EDI 将中小企业排除在自动交易大家族之外。另一方面，要实现供应链一体化信息系统需要相应的 VAN(增值网络)来支持，如图 8-42 所示，增值网络系统必须支持不同标准的 EDI 报文交换，这也大大增加了网际交换的复杂性和技术难度。

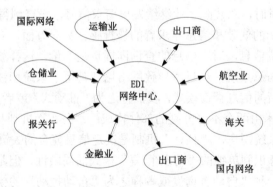

图 8-42　EDI 的增值网模式

随着互联网技术日新月异的发展，超文本标记语言(HTML)的出现，使世界上所有接入互联网的电脑都能看到同样的网页，而在此基础上发展起来的可扩展标记语言(Extensible Markup Language，XML)技术，则能够使标准化转递的信息不再局限于网页，XML 出现于 1997 年 8 月，是一种元语言，主要用于创建包含描述文件结构标识的语言标识。XML 通过将数据抽象内容(时间、地点、事件等)和数据具体表现(字体大小、字体颜色等)进行分离，从而使 XML 可以脱离专门的软件平台而独立被传递和解释。XML 数据类型定义标识符号可以参照国际通行的标准，也可以根据特定的需要自行添加、删改。EDI 和 XML 语言解决方案的比较如表 8-4 所示。

表 8-4　EDI 和 XML 语言解决方案的比较

	XML 技术	EDI 技术
技术的实质	经过优化易于编程	经过信息压缩优化
基础设施成本	网络服务器成本 0～5000 美元	需要专门的 EDI 服务器，费用为 10000～100000 美元
信息交换成本	使用现有的网络连接	使用增值网络，单条信息的交换成本为 1～20 美元
使用的难易程度	几个小时就可以学会 XML 信息格式	EDI 信息格式要几个月才能学会
对于操作人员的要求	只需要掌握 JavaScript、Visual Basic、Perl 等	需要掌握 C++高级编程
信息整合灵活性	信息整合灵活性强	信息整合范围小
数据的结构化程度	数据的结构化程度高	数据的结构化程度低

2) 基于信息的公布/预订模式

不论是传统的企业信息系统或者国际互联网，最主要的信息系统都是基于"要求/回复"或者"拉动式"的模式进行工作的，在这种模式下，信息的获取首先要寻找信息存储的地点，然后再通过适当的方式传回。而信息的提供者(企业的信息系统)只有对每一个需求者进行需求排序后，才能分别满足他们的需求。例如对于供应链中的总装配企业而言，要得到物料 A 的信息，首先要对信息进行定位，它可能存在于物料 A 的生产企业的信息系统中，也可能在物料 A 的运输企业的信息系统中，当确定了信息的地点后，物料 A 的生产企业对于所有信息需求者进行一定方法的排序，按照优先级别进行回复，而总装配企业必须等待回复，当信息要求超时时，总装配企业继续发出请求信号，一直到得到回复。这种"请求/回复"将带来可想而知的低效和信息需求者的挫折感。另一方面，对于一体化供应链信息系统而言，存在着海量信息，对于信息的查询同样也是海量，这样就会造成许多人同时访问一个数据库或同一信息系统，结果就导致网络堵塞甚至于系统崩溃。因此供应链一体化信息系统需要一种全新的信息查询模式，我们称之为"推动式"或者是"公布/预订"模式。

"公布/预订"技术由两个不可分割的部件构成："公布"机制和"预订"机制。但对于供应链一体化信息系统而言，"预订"机制是决定信息整合的关键。20 世纪 90 年代后期，许多软件开发商意识到单纯的"请求/回复"模式的局限性，但是并没有从根本上改变这一模式，他们引进一种"自动查询"或者称之为"自动拉动"的模式，对于信息使用者而言，通过自动向信息源发出信息获取请求，信息源将逐个地对每个请求进行回复，这种模式由于缺少"预订"机制，使信息源变成了一个失控的搜索引擎，往往会在信息使用者的系统中堆积大量无用的、过时的数据，这种模式实质上仍然是利用"请求/回复"模式反复地进行公布而已，就像原来每一个用户都打电话询问股票价格，只不过现在改为自动拨号而已，其后果直接导致了网络更加拥挤。

供应链一体化信息系统的"预订机制"包括对实时数据的预订和对意外事件数据的预订，供应链信息中实时数据是指产品或者物料的实时状态，如产品的实时生产状态、产品的实时运输状态、产品的实时销售状态等，例如装配企业预订了基于组成产品的物料生产为主题的实时信息，某运输企业只预订了基于某个物料 A 的生产的实时信息，而零售商预订了基于产品销售的实时信息等，然后供应链根据不同"预订"向不同的企业发布不同的信息。例如，每天下午 6:00，沃尔玛商店向 Wrangler 牛仔服供应商发出关于当天销售情况的数据，使 Wrangler 能在当天晚上进行持续补货；在意外事件数据的预订中，意外事件是指和供应链全程计划不相符合的数据，如物料 A 的生产发生了延迟、物料 B 超出库存上限等，意外事件数据的预订是基于整条供应链的，供应链一体化信息系统将向所有的节点企业进行公布。

供应链一体化信息系统的"公布/预订"模式基于管理主题进行，管理主题是由以上两种预订的所有规则构成的，供应链主题管理将被集成在信息总线中，管理主题的工具是主题目录，一般而言，供应链主题目录采用了分层目录结构，类似于 Windows 文件管理系统的树型结构，它是由主题的唯一定义、主题的权限和新主题的控制构成的。管理主题的唯一定义是指预订信息的定义，如物料 A 的生产状况(投产时间、出产时间)、产品的运输状况(出库时间、入库时间)等；主题的权限界定了信息使用者(零件生产商 A、产品装配企业、运输企业 B)；新主题的控制主要用于对管理主题的增加和删除。

供应链一体化信息系统以"公布/预订"的推动模式代替了"请求/回复"的拉动模式，其革新性的变化是公布机制的变化，在"请求/回复"模式中，采用了单路广播，一个信息要求对应着一条信息的广播，于是，实质上相同的信息以不同的形式被重复广播，广播的次数和要求的次数相同，当信息在广播过程中失真时又必须再次广播，这种公布模式势必造成供应链的信息堵塞。而多路广播则根据一个管理主题，向不同的信息使用者广播一条相同的信息，例如对于物料 A 的生产信息，在传统模式下，供应链中有 300 个该信息的使用者向物料 A 的生产企业发出要求，则企业必须向 300 个使用者发出 300 条关于物料 A 的生产信息，但在多路广播中，物料 A 生产企业只要将关于物料 A 的管理主题的信息向 300 个使用者广播一次，从而大大减少了传播的信息量。多路广播的概念最早出现在 20 世纪 80 年代初期，在金融企业的信息广播中得到应用，但是在早期的系统中，多路广播虽然很好地解决了信息流量的问题，但是其可靠性不够，当信息在传播过程中出现信息遗失或者信息失真时，将导致信息传播的失败，因此，在供应链信息系统中，必须增加一个"反馈回路"，使任何信息的失真和遗失在到达时可以被注意到，然后信息源根据"反馈回路"的信息重新向终端传输一遍。

本 章 小 结

随着经济全球一体化进程的加快，企业之间的竞争也愈来愈激烈。在产品已趋于同质化的今天，成本是否低于竞争对手，服务是否优于竞争对手，往往是企业能否战胜对手的关键因素，降低成本及提升服务质量成了企业生存的必然选择。供应链一体化管理为企业降低内部成本及提高对客户的服务水平，提供了一种有效的解决方法。而以互联网技术广泛应用为标志的信息时代的来临，为供应链一体化管理的实施提供了可靠的基础。

本章从涉及供应链管理各个层面的理论出发，介绍了供应链一体化的概念和理论，引申出供应链一体化的框架结构，从不同层次分析了流程一体化规划的基本内容，指出了物流一体化规划的直接体现，并在此基础上对供应链信息一体化规划的目标和框架进行了探讨。通过本章的学习，读者可以对供应链一体化的基本内容与供应链一体化规划的基本框架有一个初步的认识，同时可以掌握流程一体化、物流一体化和信息一体化规划的基本理论与方法。

思考与练习

1. 物流一体化的概念是什么？
2. 供应链管理的理论基础有哪些？
3. 简述供应链一体化的内在关系。
4. 供应链业务流程的概念是什么？
5. 企业流程再造的概念是什么？
6. 简述供应链流程一体化的特征。
7. 简述物流一体化战略的影响因素。
8. 简述供应链信息一体化的目标。

第9章 物流运营管理系统规划与设计

【学习目标】

- 掌握运营系统的概念。
- 掌握物流运营模式。
- 掌握物流运营网络协同运作方式。
- 掌握物流服务营销的内涵。
- 熟悉物流营销模式。
- 掌握数据包络分析方法。

企业运营效率是企业获得高额利润和持续竞争优势的来源和基础。企业欲在经济全球化的当今社会立于不败之地,最有效也是最关键的一点是不断提升企业的运营效率。目前我国的物流成本占 GDP 的比重高达 18%,是发达国家平均水平的 2 倍,已成为我国国民经济发展的一个主要瓶颈,深入研究现代物流运营机制和模式,找出有效降低物流成本的途径,已成为一个越来越重要的问题,面对机遇和挑战,物流业要敢于打破传统的运营模式,要勇于创新,这是发展现代物流的必由之路。

9.1 物流运营管理系统概述

9.1.1 运营系统的概念

运营和战略是企业经营管理的两大主题。如果说战略指引着企业通过参加不同的比赛而赢得胜利,那么运营就是要指导企业如何在每一场比赛中获胜,成为每一个领域的赢家。对于运营与战略的关系以及二者在企业中的地位,战略管理大师迈克尔·波特(Michael Porter)曾指出,运营是指你和竞争对手做同样的事情,但是你设法做得比他好。因此,运营效益的代名词是"优良操作",也就是你比竞争对手更会运营。没有运营活动,企业就不能生存。

1. 运营的概念

运营的概念来源于生产的概念及其拓展。在过去,生产(Production)主要是指物质资料的生产活动,将原材料转化为特定的有形产品,即实物制造。与生产相近的另一概念为制造(Manufacturing),国际工程生产协会对制造下的定义是:"在制造企业中,从产品设计、材料选择、计划、加工、质量保证、生产管理到销售的一系列活动。"如今,生产的含义越来越窄,仅局限于狭义的加工,而制造的含义则越来越广泛。服务业的兴起,使生产的概念进一步得到延伸和扩展,学者们有时将有形产品的制造(Production)和提供劳务的活动(Operations)均称为 Operations。把生产的概念扩大到了非制造领域。

随着服务业的迅速发展以及生产概念的不断拓展特别是在服务业的延伸,"运营"一词正在逐渐取代"生产"。

从一般意义上讲，可以给运营下这样一个定义：一切创造财富的活动都可以称作运营。这样的一个定义从更为广泛的视角审视了运营的概念。

(1) 系统观。运营系统是一个人机复合系统，一个动态开放系统。运营的系统观体现为运营管理的全局性、协同性和层次性。

(2) 集成观。运营是人员、技术、管理的综合集成，只有集成才能发挥优势，实现最佳配置。

(3) 信息观。运营过程是一个信息采集、加工、转化和传递的过程。

(4) 服务观。现代生产观念强化了组织内部部门之间的服务关系，运营过程就是一个服务过程。

2. 运营系统的相关理论

运营的本质是转换。转换过程能够将输入的资料转换成所需的产品。输入的可能是原材料、土地、劳动、资本、信息等，或者是另一个系统的成品，而输出的则是产品和服务。图 9-1 呈现了运营的转换过程。转换过程是一个价值实现增值的过程，这也是衡量转换过程成功与否的标志。为了实现增值，要对转换过程进行控制，将产品或者服务信息反馈给转换过程，进而反馈给输入端，从而决定所需输入的原材料。

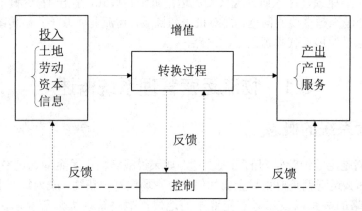

图 9-1　运营的转换过程

从这个角度讲，运营是一切社会组织将其输入转化为输出的过程。转换是在运营系统中实现的。

1) 运营系统的概念

运营系统是由人和机器构成的、能将一定输入转化为特定输出的有机整体。运营系统本身是一个人造的系统，它是由输出决定的。输出的"质"不同，则运营系统不同。例如，餐馆的运营系统不同于银行的运营系统。不仅如此，运营系统还取决于输出的"量"。

运营系统是由企业内部生产、管理等许多有机联系的活动组成的一个系统，这些活动具有不同的功能，它们支持着同一战略定位下的各个主要战略。企业运营系统的功能是保证提供产品或服务的质量、效率、安全等。企业运营系统关注的是企业内部，以内部运营为主要出发点。

2) 运营系统的特征

首先，运营系统是多功能的综合系统；其次，运营系统体现了劳动过程和价值增值过程的统一；最后，运营系统是物质系统和管理系统的结合。

3) 运营系统的基本构成

人们通常会将运营系统分解为结构要素和非结构要素两大类。结构要素主要是指硬件要素，包括技术、设施、能力等，是运营系统的物质基础；非结构要素主要是指软件要素，包括人员、组织、计划等，用来为运营系统提供支持和保证。硬件要素决定着系统的结构形式，软件要素决定着系统的运行机制。两类要素必须匹配，而且要不断进行动态调整，才能充分发挥其各自的作用。

9.1.2　物流运营模式

物流运营模式是指按照客户的要求，提取订单信息，经过分货、拣选、包装等一系列货物配备工作，把商品从仓库或配送中心直接送到消费者手中的移动和存储过程，它是以市场为导向、以满足顾客要求为宗旨、获取物流成本最小化的适应现代电子商务企业发展的物流运作方式。

1. 完全自营物流运营模式

完全自营物流运营模式是指电子商务企业为了满足自身物流业务的需要，自己建立物流系统，包括企业自己投资购置物流设施设备、配置物流作业人员，自主组织和管理具体物流业务的一种物流运作与管理方式。

1) 完全自营模式的物流运营过程

此模式的物流运营过程如图 9-2 所示，消费者通过电子商务网络平台完成订货，订货信息传递到企业的自有物流中心，由其完成消费者所订购商品的物流配送服务，同时处理退换货物流业务。如果企业的物流能力比较强，在满足自身物流需求的同时，还有相当的剩余，则可以承接外来物流业务。采用此模式的一般是大型生产企业和连锁经营企业，像海尔集团、沃尔玛连锁超市和国美电器，也包括卓越网等虚拟企业。

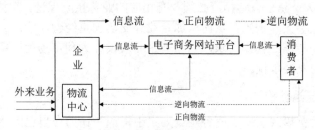

图 9-2　完全自营物流运营模式运营过程

2) 完全自营物流运营模式的优势与不足

(1) 完全自营物流运营模式主要具有以下优点。

① 有利于增强企业对物流的控制力。完全自营物流的主要优点就在于可以帮助企业摆脱第三方物流的束缚，解决物流瓶颈问题，从而结束与第三方物流代理公司之间无休止的讨价还价。

② 能完全服务于企业经营战略、具有区域优势、有利于企业自身发展壮大。对一个新兴的电子商务企业而言，业务量跟不上规模，很难与专业物流公司达成比较好的服务价格。完全自营物流则可以根据企业的发展状况，分阶段逐步建设与完善。在电子商务创建早期，可以根据服务区域合理配置物流力量，将主要物流力量投放在重点推广的区域，然后随着

企业业务的发展不断扩大物流服务范围，将物流投入与公司产出相搭配，最大限度地实现有效物流。

③ 物流服务柔性强，能有效保证服务质量、提升企业形象。对电子商务企业而言，交易洽谈、购买、支付等都是在虚拟环境下完成，顾客的消费体验比较有限，一切都是流程式操作，只需要价格适宜、页面美观、网速快，很难进一步提升消费体验。因此，物流环节成为提升顾客满意度的关键之一，通过及时的送货、贴心的包装等服务，使顾客获得完美的消费体验，可提升企业形象。

④ 长远来看可以节约物流成本。完全自营物流可以降低外包代理公司所带来的物流风险，而且当企业完全自营物流发展到一定规模和水平，横向比较具有优势时，便可节约物流成本。

(2) 企业自行组建物流配送系统也面临着不少困难，完全自营物流系统模式本身也有一些不足，比较突出的包括以下几方面。

① 投资规模大、周期长、资金占用多。对于大多数电子商务企业来说，通常物流硬件设施比较贫乏，要建立一套完善的物流配送系统就需要较大投入，在企业发展早期难以与电子商务企业的产出成正比，资金占用过多，容易产生资金链的断裂。

② 业务覆盖范围有限。由于大范围地建造物流配送中心和建设物流配送队伍需要较大的资金投入，必然带来巨大的投资风险，因此对于大多数电子商务企业，尤其是规模较小的中小型企业来讲完全自营物流的业务范围不可能覆盖企业的整个交易网络。

③ 需要具备较强的综合物流管理能力。企业完全自营物流与物流代理企业相比较存在专业障碍、专业化人才缺乏等问题。然而企业要想使完全自营物流具有横向的比较优势，就必须增强企业自身的综合物流管理能力，可是人才的积累和培养同样不是一朝一夕的事情，要经过相当长的时间才能具备。物流作为商业活动的一个重要环节，越来越呈现出专业化的趋势。

④ 投资风险较大。完全自营物流必须要有相应的业务量来保证，企业业务量不够，完全自营物流设施必定会大量闲置，从而增加企业开支、加重经营风险；完全自营物流设施在企业创建初期也许能满足物流需求，当随着企业规模壮大和市场范围拓展，完全自营物流便无法跟上企业的发展步伐。

2. 完全外包物流运营模式

完全外包物流运营模式是电子商务企业为集中资源和精力在自己的核心业务上，增强企业的核心竞争能力，把自己不擅长的物流业务或者在某些区域暂时无法做到的物流业务，全部以合同方式委托给专业的第三方物流公司(TPL)的一种物流运作与管理方式，电子商务企业通过信息系统与 TPL 保持密切联系，以达到对物流全程的管理与控制的目的。

1) 完全外包模式的物流运营过程

此模式的物流运营过程如图 9-3 所示，第三方物流公司提供全部的物流设施，通过与电子商务企业内部的业务管理部门交互沟通，获取消费者的商品订货配送信息，然后运用自身的物流设施、管理人员以及专业的配送团队完成对消费者的送货换货服务。采用此模式的通常是规模较小的无物流设施的电子商务企业，或者本身规模较大但在某些偏远地区仍然无法实现完全自营配送全辐射的企业，或者不愿分散精力介入非企业核心业务的物流领域的电子商务企业，大部分电子商务企业，如淘宝网、拍拍网、红孩子等均采用此模式。

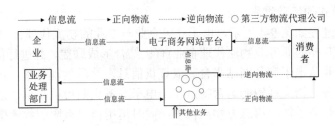

图 9-3　完全外包物流运营模式运营过程

2) 完全外包物流运营模式的优势与不足

(1) 完全外包物流运营模式具有以下优势。

① 物流覆盖区域比较广泛。外包物流企业的服务网点通常遍布全国各个大中小城市，可以提供门对门的物流配送服务，因此相对于企业完全自营和物流联盟运营模式来讲，外包物流服务的覆盖区域较为广泛。

② 有利于减少投资、降低物流成本、减轻企业负担。完全外包物流运营模式可以减少固定资金的投入，提高企业资金周转速度，降低企业的物流运营成本，实现经济效益。

③ 有利于社会物流资源的充分利用。很显然，与其每家电子商务企业建一套自有的物流体系，倒不如将所有的物流需求集中到一家更为专业化的物流企业来解决。

④ 有利于培养企业核心竞争力。完全外包物流运营模式可以使企业集中力量发展主营业务，把企业有限的资源配备到核心业务上，有利于增强企业的核心竞争能力。

(2) 完全外包物流运营模式的不足。

① 企业对物流控制力较低、对物流代理企业的依赖性较强。企业将自身的物流业务完全外包给物流代理公司，使企业丧失了对物流业务控制的主动权，某种程度上必定会受到物流外包企业的制约。

② 物流服务具有一定的风险性和不确定性。物流业务完全外包使企业失去了对顾客的直接接触，无法为顾客提供较为个性化的服务，对于企业培养忠实稳定的客户群体来讲具有一定的风险性和不确定性。

③ 物流代理企业现代化水平不高。由于我国大多数物流代理企业是民营资本操控，受资金、人力等局限，其硬件设施离现代物流还有一段距离。虽然物流代理企业数量众多，但真正能覆盖全国，可以提供高质量物流配送服务的企业却并不多。

3. 物流联盟运营模式

物流联盟是一种介于完全自营物流和完全外包之间的物流运营模式，通常可分为狭义的物流联盟和广义的物流联盟两种，狭义的物流联盟是指企业自身拥有一定的物流资源但并不具有比较优势，不适合建立完全自营物流，因此企业运用自身有限物流资源和物流外包相结合的方式；或者企业规模有限，仅有能力在业务比较集中的重点区域建立完全自营物流，在业务量较少和交易相对偏远的区域没有能力组建完全自营物流，而不得不采用外包代理的物流运营模式，它是一种企业与物流代理企业之间形成的物流联盟。广义的物流联盟还包括合作的非专业物流代理企业，各自共享企业自身的物流资源组成一个长期合作的物流联合体，为实现电子商务企业物流配送合理化，降低物流成本，以互惠互利为原则，彼此提供各自有优势的物流配送服务而形成一种协作型配送模式，它包括配送的共同化、物流资源利用共同化、物流设施设备和技术利用共同化以及物流管理共同化。

1) 物流联盟模式的运营过程

此模式的运营过程如图9-4所示，电子商务企业与专业的物流代理公司(广义上讲，可包括供应链上功能互补的非专业物流代理企业)有机结合形成联盟，并进行信息共享，实现协调合作。联盟企业从电子商务网站平台获取订货信息，然后处理订单，拣货发货，同时还包括取货换货服务。物流联盟的运营特点在于电子商务企业可以将偏远地区企业自营物流难以完成的物流业务委托给第三方物流代理，同时运用自己有限的物流资源为业务较为集中区域的消费者提供商品配送服务。但是随着自身业务规模的扩展，当自营物流无法满足重点业务区域的物流服务时，可由第三方物流代理企业组成的物流联盟及时提供必要的帮助和协作，从而形成一种较为灵活的联盟关系，既能促进电子商务企业的稳定发展，减少由于自营物流无法满足企业业务发展而带来的经济损失，同时也能实现联盟内企业的利益最大化。如京东商城、卓越网等都采用此模式。

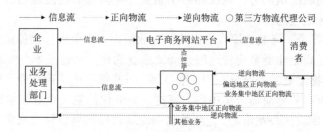

图9-4　物流联盟运营模式运营过程

2) 物流联盟运营模式的优势与局限

(1) 组建物流联盟可以实现优势互补，为电子商务企业发展壮大提供契机。具体说来，有以下几方面优势。

① 有助于迅速拓展市场。如罗兰·爱思(Laura Ashley)正是与联邦快递联盟，完成其全球物流配送，从而使业务在全球范围内展开。

② 有助于降低企业的运营风险。单个电子商务企业的力量是有限的，当对某一领域的探索失败时损失会很大，但如果几个企业联合起来，在行动上协调一致，对于突如其来的风险，能够共同承担，这样就减少了企业经营的风险，从而加强了抵御风险的能力。

③ 有助于降低物流成本。物流合作伙伴之间经常沟通与合作，互通信息，相互信任和承诺，减少履约风险，能有效地减少相关交易成本，降低物流成本，提高企业竞争能力。

④ 有助于提高企业物流能力。企业组成联盟能够在物流设施、信息技术、管理经验等诸多方面互通有无，优势互补，从而达到共同发展进步、逐步完善企业物流能力的目的，使物流业朝着专业化、集约化方向发展，提高整个企业的竞争能力。

(2) 物流联盟运营模式的局限。

① 稳定性不易控制。尽管结盟可以实现整体利益最大化，但是在具体环节上未必都能实现利益最大化，这可能打击一些企业的积极性，使联盟不太稳固。

② 整合优势不易发挥。进行横向结盟的企业，使分散物流获得规模经济和集约化运作，降低了成本，并且能够减少社会重复劳动，不足之处在于，必须有大量的商业企业加盟，并有大量的商品存在，才能发挥它的整合作用和集约化的处理优势。

③ 物流配送不易标准化。由于合作伙伴众多，各类商品配送方式的集成化和标准化也不是一个可以简单解决的问题。

④ 资金投入相对较大。为了和物流联盟匹配，在组建联盟的初期需要投入较大的资金，

建设相关物流设施和加强信息技术更新。

4. 物流运营模式比较

　　构建物流运营模式的目的就是帮助企业完成经营目标，采用何种模式受制于企业的经营目标和实际情况。对上述三种物流模式而言，完全自营物流运营模式有利于实现弹性服务，最大限度满足客户需求，但是在企业销售达不到一定规模时则难以产生效益，反而容易成为企业的负累；完全外包第三方物流运营模式代表现代物流的操作方式，但是我国物流业整体水平较低，加上我国幅员辽阔，各地区经济发展不平衡，对第三方物流公司覆盖区域与服务效率提出了考验；物流联盟可以整合企业资源，较大限度地发挥物流综合效益，但是电子商务物流有别于传统物流，需要有较高的物流服务水准来保障；从某种意义上讲物流联盟模式不单是一套物流系统，还是产业流程的供应链，因此在经济一体化、全球化的背景下，物流联盟是一种发展趋势。

　　由表 9-1 对比分析可知，完全自营物流的优势在于物流控制能力较强，前期的资金投入比较大，从长远来看可以降低物流运营成本，能随着企业的经营战略进行适时的调整，为客户提供较为个性化的服务，因此比较适合资金投入比较充裕、物流管理水平较高、物流业务相对比较集中的电子商务企业；完全外包物流运营模式的优势在于节约企业物流运营成本、有利于集中精力发展核心竞争力、业务覆盖区域较为广泛，因此比较适合投资规模较小、企业自身物流资源匮乏、业务区域相对较为分散的电子商务企业；物流联盟的优势在于可以促进企业的信息化和管理的科学化，发挥规模效应，因此比较适合具有一定投资规模、合作伙伴较为广泛，但自身物流资源不是很好的电子商务企业。

表 9-1　三种物流运营模式的比较

模式 ＼ 项目	优　势	劣　势
自营物流	对物流有较强的控制能力；企业可以对其物流各个环节进行管理和监控，保持供应链的稳定；能完全服务于本企业的经营战略；可以不断改善提供个性化服务；在一定地域较有优势；长远成本低廉	投资规模较大、周期长、资金占用多；容易导致企业资金链的中断；对企业的物流配送的管理能力要求较高；需要物流配送管理系统的支持和专业化的管理人员；难以覆盖广阔区域
完全外包	有利于社会物流配送设施的充分利用；节约企业的资金和人力，企业可以集中力量于自己的核心能力；第三方物流配送企业可以提供高效专业化的物流配送服务；覆盖区域及人群相对更大；成本更低	容易受制于第三方物流配送企业，企业对供应链的控制能力差；物流服务具有一定的风险性和不确定性，个性化服务较难实施；物流代理企业现代化水平不高
物流联盟	充分利用企业已有的物流资源；能促进企业的信息系统建设；可以降低经营风险和不确定性，提高竞争力；可以发挥物流合力，覆盖更大区域及人群；获得物流技术和管理技巧，取长补短实现专业化；合作伙伴广泛，可以发挥规模效应，减少投资，降低成本	与联盟企业间的协调、信息沟通、资料保密等环节不易解决；稳定性不易控制；更换物流伙伴较难；在构建物流联盟的时候需要较高的交易费用

9.2　物流运营网络协同规划

物流运营网络一体化，其中的产品流动包括许多环节，如农产品的流动，在整个物流网络中，将会包括农产品生产、初加工、包装、仓储、运输、销售、配送等环节，利用协同理论规划各个物流环节一体化，产生协同效应，最终能够提高物流系统效率，降低物流成本。

9.2.1　物流运营网络协同的运作方式

1. 物流运营网络协同的序参量及其影响

在推导物流运营网络的序参量之前，先了解几个概念。

组织：如果每个工人只有在领导发出外部指令，才会以一定的方式进行活动，那么他就可以称为组织。

自组织：如果每个工人进行工作，不需要领导对其发出命令，而总是自发地进行集体行动，那么这种过程称为自组织。

序参量：每个系统的序参量各不相同。比如，光场强度是激光系统中的序参量。浓度或粒子数是化学反应中的序参量。在社会学和管理学中，需要对宏观量进行描述，反映对某项意见的反对或赞同要采用测验、调研或投票表决等方式来实现。此时，反对或赞成的人数就可作为序参量。

物流系统状态有序的性质和程度由序参量的两个特性表征。物流运营网络的序参量是在各参与者的相互影响过程中产生的，因为各个参与者都属于物流运营网络的子系统，他们决定着城乡物流系统的整体形态，那么从他们相互影响中所产生的序参量也对物流系统的整体形态起到了决定性作用。另一方面，物流运营网络中各参与者的相互影响产生了序参量，而序参量也对他们有影响作用，它会影响到各参与者对协同方式的选择，从而影响到整个系统。那么我们可以推断物流运营网络系统的序参量就是对应着不同作用力的 F+和F-。将合力细化分解，就可以得到物流运营网络中序参量的物理意义：核心竞争力的互补度、对整体物流网络的贡献度、物流信息的分享度、各成员之间合作程度。

序参量产生于物流系统中各子系统的相互作用，那么我们可知它对整个物流系统的性能产生影响，可以考察二者之间相互影响情况。世界上没有绝对稳定的系统，物流系统同样如此，它之所以在一段时间可以保持稳定状态，是因为它的序参量没有发生变化，而当它的序参量发生变化时，物流系统的整体形态就会发生巨大的变化。比如政府对某项政策的作用范围进行了调整，从而增大了这项政策对物流运营网络的影响程度时，那么这项政策的发布就会对物流运营网络的组织状态产生巨大影响，那么它就会成为物流系统新的序参量而取代原本的序参量，从而影响到物流系统当前的整体形态，使其发生巨大的变化。但是对于整个物流系统而言，序参量常常会出现在一起相互作用，它们之间既可能合作，也有可能相互竞争，序参量决定了物流运营网络的整体形态。

物流系统在序参量的作用下整体形态会发生变化，但这个变化是如何发生的？研究发现，任何系统的序参量都不是固定不变的，它不可能永远影响系统的整体形态，只有在它占据优势地位时，才会对系统整体形态产生影响，当它不再具有优势地位时，就会出现新的可以占据优势地位的序参量。所以序参量的共同协作或竞争可以对协同的宏观性质进行阐明。类比到物流网系统，在子系统物流网建立时核心竞争力互补度可以作为物流网参与企业间的协同依据，因此这一阶段核心竞争力互补度占据优势地位，其他的序参量只是起到辅助作用，核心竞争力互补度将决定物流网的形态。但到了物流网运作时期，核心竞争力互补度就不再具有优势地位，可能会由对物流网络的贡献度或物流信息的分享度取代，以此类推到整个物流网系统，序参量的交替取代，是物流系统形态变化的原因。

2. 物流运营网络的组织与自组模型

1) 物流运营网络一体化组织模型

物流系统和其他任何系统一样，具有不稳定性和系统效应，那么要建立物流系统的组织模型，我们首先要考虑系统不稳定的原因和系统效应，可以在二者之间建立方程，在这里 P 表示城乡物流系统效应，假设城乡物流系统效应 P 在短时间 S 内会发生一定的变化，这个变化与 S 成正比，也和不稳定原因的大小 E 成正比。

所谓组织，就是只有在外力作用下，系统才会发生活动的过程，应遵循组织的概念，即没有外部力量时，系统就不会产生活动。也就是说，在没有外力作用时，期望 $P=0$，当没有力的作用时，系统返回到状态 $P=0$，这就要求，当 $E=0$ 时，系统状态是稳定的。这种类型中最简单的方程是：$P^{*}=-\gamma P$。公式中的 γ 表示阻尼系数。当加上一个外部力时，我们得到的简单方程是：

$$P^{*}=-\gamma P+E(s) \tag{9-1}$$

在物流运营网络系统中，E 是物流网络序参量组合的函数。式(9-1)的解在形式上可写为：

$$p(s)=\int_0^s e^{-r(s-\tau)}E(\tau)\mathrm{d}\tau \tag{9-2}$$

对于上述的关系，式(9-2)是个简单的例子：p 表示物流对施加外力 $E(\tau)$ 的系统效应。显然，系统效应 p 在时刻 s 的值，不仅依赖于在给出指令的时刻 s，而且也依赖于它以前的状态。即时作用的系统，也就是其中 $p(s)$ 仅依赖于 $E(s)$，令：

$$E(s)=ae^{-\delta s} \tag{9-3}$$

对式(9-2)和式(9-3)进行积分，可得出方程：

$$p(s)=\frac{a}{\gamma-\delta}(e^{-\delta s}-e^{-\gamma s}) \tag{9-4}$$

借助于式(9-4)，我们可以表示 q 即时间作用的条件，情况是这样，如果 γ 无穷大于 δ，即：

$$p(s)\approx\frac{a}{\gamma}(e^{-\delta s})\equiv\frac{1}{\gamma}E(s) \tag{9-5}$$

或者以另一种形式表示为，系统固有的时间常数 $s_0=\frac{1}{\gamma}$ 必须远小于本身所固有的时间常数 $s_1=\frac{1}{\delta}$。如果在最初导出的方程式(9-1)中令 $P^{*}=0$，会求出同样的结果式(9-5)，也就是求解了方程：

$$-\gamma p+E(s)=0 \tag{9-6}$$

2) 物流运营网络一体化自组织模型

所谓自组织，就是系统会进行自发的活动，不需要外力的介入。基于此理论，要建立物流运营网络的自组织模型，就要把外力的影响完全忽略，把它作为整个物流系统的自身部分来处理。最简单的系统中，只有一个子系统。现在假设 E 与 p_1 相当，前面的变量 P^* 与 p_2 相当，这样可得到以下方程：

$$P_1^* = -\gamma_1 p_1 - a p_1 p_2 \tag{9-7}$$
$$P_2^* = -\gamma_2 p_2 - b p_1^2 \tag{9-8}$$

另外，我们假设，系统式(9-7)不存在时，系统式(9-8)是阻尼的，其中要求 $\gamma_2 > 0$。为了建立现在的状态和以前的状态之间的联系，需要确保绝热法的有效性。为此要求：

$$\gamma_2 \gg \gamma_1 \tag{9-9}$$

虽然在式(9-7)中 γ 之前是小于 0 的值，但在以后我们将允许取 $\gamma_1 > 0$。注意到式(9-9)，我们可以令 $P_1^* = 0$ 而近似地求解式(9-8)。其结果为：

$$p_2(t) = \gamma_2^{-1} b p_1^2(s) \tag{9-10}$$

因为式(9-10)告诉我们系统式(9-8)紧跟系统式(9-7)，系统式(9-8)是系统式(9-7)的随动系统，是随动系统反作用于系统式(9-7)中的 p_2 以式(9-10)来代替。从而就得出方程：

$$P_1^* = -\gamma_1 p_1 - \frac{ab}{\gamma_2} p_1^3 \tag{9-11}$$

在此我们可知，对于 $\gamma_1 > 0$ 或 $\gamma_1 < 0$ 出现了两种完全不同的解。当 $\gamma_1 > 0$ 时，则 $p_1 = 0$，这样也即 $p_2 = 0$，也就是说，完全没有活动发生。但是，如果 $\gamma_1 < 0$，则式(9-11)的定态解写为：

$$p_1 = \pm(|\gamma_1|\gamma_2/ab)^{1/2} \tag{9-12}$$

从以上两个模型可知，物流运营网络系统在选取运作模式时，组织模型的运作模式还无法使物流系统的状态达到稳定有序，还不能把物流系统作为一个闭合系统来研究，自组织模型也同样存在这些问题，而这些问题现在还无法解决，因为现阶段物流系统还不是很成熟，只有当其发展到比较成熟的时期，才能对这些问题进行验证。

9.2.2 物流运营网络的协同效能

在物流运营网络中的各个环节彼此协同，最终目的是提高物流效率，高的物流效率需要高的物流服务水平，而物流运营网络中的各个物流环节企业，在提高服务水平的同时，会面临成本的增加。

1. 物流成本/质量模式

物流属于服务业范畴，所以物流的核心竞争力就是服务水平。物流运营网络要追求协同发展，因为协同物流可以提供高水平的服务，物流运营网络的协同发展，也就是享受了协同物流的高水平服务。但物流服务水平并不能一味地盲目提高，因为高水平的服务，也会使物流企业产生更大的成本费用，所以服务水平与成本费用之间存在着二律悖反现象。那么，要建立高效率的城乡协同物流，就必须从均衡的角度考虑客户服务质量和物流总成本费用的关系，找到二者的均衡点。物流管理作为经营管理的一环，随着社会经济的发展和市场的不断完善，客户对商品的需求会不断增加，而且商品在进行流通时的物流成本会不断减少。物流企业和其他企业一样，收益是它们的最终追求，物流企业要综合考虑各种因素，探寻高水平服务与低成本运营的平衡点，也就是最优情况。如图 9-5 所示，一般在追求物流成本的高性能和高效益时，会采用不同的协同策略。

(1) 降低物流成本的同时保持原来物流服务水平不变，即向 A 点移动，追求成本效益的协同策略有很多，通过改善物流系统流程降低物流成本也是一种方法。1997 年一些电子产品公司建立了共同物流配送中心。每个公司的地理位置是比较分散的，物流公司每天从各个地方的公司拿到商品以后，要集中到某流通中心去，然后根据送货区域的不同把货物分开，配送至 300 多家零售店或二级批发商，各店的返修商品还可以在回来时顺便捎回。虽然这种方式不如企业自有配送来得方便，但是对于电子产品这种每日各门店销售量较小、种类又繁多的商品来说，共同配送可以显著降低物流成本，提高物流效率。

(2) 较高的物流服务水平可以通过较低的成本来实现，物流运营网络是一个大的系统，拥有许多子系统，在进行资源分配时，不仅要考虑整体，还要考虑各子系统，要进行合理的配置，如图 9-5 所示，要想增加各子系统和整体的销售量和收益，就需要使物流成本与服务水平沿 B 方向移动。

(3) 可以采用一种有效利用物流成本性能的协同策略，即在成本不变的前提下提高物流服务水平，如图 9-5 所示沿 C 方向移动。

(4) 在特定顾客或特定商品面对市场竞争时，可以利用为了提高物流服务水平不惜增加物流成本的方法，采取这种策略也可以提高企业收益，如图 9-5 所示沿 D 方向移动。

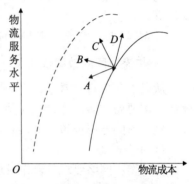

图 9-5　物流服务与成本策略模式

物流运营网络中，各服务环节企业，不仅要保证物流服务质量和服务效率，自身的成本问题也需要重点考虑，物流成本/质量模式是基于价值工程思想的，可以通俗地表述为"花钱是为了省钱"，同时也使企业有可能创造差别化竞争优势。通常实现利润的最大化是企业的最终目标，如果物流服务能够满足甚至超过顾客要求的话，产品用高售价去占据市场可以通过物流成本得到补偿，赢得更多的客户需求，企业产品的销售额也会随之增加。在这样的情况下，企业为了获得某一水平的物流服务绩效可以理性地适当增加物流成本。在图 9-6 中，如果物流服务水平处于低水平阶段，物流成本在点 A 和点 B 之间等额增加，物流成本增加 ΔC 的同时物流服务可提高 ΔS；如果物流服务水平处于高水平阶段，物流成本同样增加 $\Delta C'$ 的同时，物流服务只能提高 $\Delta S'$。显然，物流服务水平越高，成本增加与服务水平并不完全成正比，$\Delta S' < \Delta S$。在曲线的末端，物流服务水平的微小改善就需要物流成本的巨大投入。

当物流服务处于某个阶段时，企业销售出的单位产品所产生的边际收益与一个物流服务单位的边际成本相等，这个时候也就是说，我们找到了服务水平和成本费用二者的均衡点，从而实现了企业利润的最大化。边际成本(M)表示为

$$M = \frac{\Delta C}{\Delta S} \tag{9-13}$$

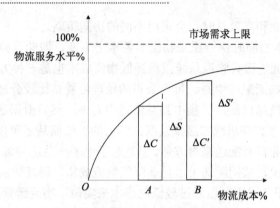

图 9-6 物流成本与质量的关系模式

当 $M > 1$ 时，物流成本的增加速度大于物流服务水平的增加速度。

当 $M = 1$ 时，物流成本增加多少，服务水平也同样会增加多少，也就是说二者增加速度相等。

当 $M < 1$ 时，物流成本的增加速度小于物流服务水平的增加速度。

2. 物流协同的效率优势

从以上研究可以看出，高效率对城乡协同物流企业意义重大，要建立企业的协同效能优势，需要做许多工作，如对整个物流网络中的企业进行资源整合、物流信息达到共享阶段、建立新的专属销售渠道、降低物流成本等方面。

1) 企业收益

协同物流网络要求各合作成员进行信息共享，所以物流信息对各个参与者都是透明的，这样对整合供需双方的流程就会产生推动作用，产品销售价格的降低可以通过有效的沟通与了解实现。

协同物流网络会使产品在流通过程中得到增值，对其面向消费者的价格会产生较大的影响。设 n 表示参与物流运营网络协同的成员个数，每个协同成员的成本由运营成本 C_i 和交易成本 $C_{ti} = f(p, q, \inf, \varepsilon)$ 两部分组成，其中各个协同成员专有的资产用 p 表示，协同成员之间进行的交易次数用 q 表示，物流信息的分享度用 $\inf$ 表示，市场的不稳定性用 ε 表示。假设产品的价格与产品产量不存在函数关系，则存在以下关系式：

$$\text{TC} = \sum_{i=1}^{n}(C_i + C_{ti}), \quad \text{TR} = p_f q, \quad \text{MC} = \frac{\text{dTC}}{\text{d}q}, \quad \text{MR} = \frac{\text{dTC}}{\text{d}q} = p_f \tag{9-14}$$

其中，TC 为产品包括生产、流通和销售的总成本，TR 为协同成员企业的总收益，MC 为协同企业的边际成本，MR 为协同企业的边际收益。

当边际成本与边际收益相同时，企业可以实现利润最大化，则此时可以确定产品的最终销售价格为：

$$\dot{P}_f = \frac{\text{dTC}}{\text{d}q} = \frac{\text{d}\left[\sum_{i=1}^{n}(C_i + C_{ti})\right]}{\text{d}q} = p_0 + \frac{\text{d}\sum_{i=1}^{n} C_{ti}}{\text{d}q} \tag{9-15}$$

其中，$p_0 = \dfrac{\text{d}\sum_{i=1}^{n} C_i}{\text{d}q}$ 为不忽略交易成本因素时产品最终的均衡价格。

产品交易成本与物流信息分享程度存在函数关系，并且当物流信息分享度高时，产品交易成本会降低。参与协同物流网络对参与企业的发展有积极的促进作用。没有参加协同物流网络的单个企业，它们的交易成本相对较大，导致产品的价格也比较高，所以企业就无法扩大市场，以获取更大的利润，而对参与协同的企业相比较而言，上面的问题刚好相反，所以协同有利于其发展。

2) 价值增值效率

协同物流包括许多环节，如生产、采购、销售等，这些环节需要相互协调。这样才能降低企业的各种成本，从而使产品在物流中的增值效率进一步提高。产品在流通时，有时不可避免地会经过许多多余的环节，从而浪费了物流资源，利用技术手段可以解决这个问题，使企业效率得到提高。

物流运营网络的物流成本降低程度可以量化，用 C_s 表示其降低程度，物流运营网络的利润率表示为 $\mu = \dfrac{\mathrm{TR} - \mathrm{TC}}{\mathrm{TC}}$，物流成本与网络利润率存在一定的关系，前者的减少对网络利润率的贡献程度为：

$$D = \frac{\mathrm{TR} - (\mathrm{TC} - C_s)}{\mathrm{TC} - C_s} - \frac{\mathrm{TR} - \mathrm{TC}}{\mathrm{TC}} = \frac{\mathrm{TR} C_s}{\mathrm{TC}(\mathrm{TC} - C_s)} > 0 \tag{9-16}$$

设 C_s 占总成本 TR 的比例为 k，则上式又可表示为：

$$D = \frac{k\mathrm{TR}}{(1-k)\mathrm{TC}} = \frac{k(1+\mu)}{1-k} > 0 \tag{9-17}$$

因此，物流成本减少对利润率增长的贡献率为：

$$r_s = \frac{D}{\mu} = \frac{k(1+\mu)}{\mu(1-k)} > 0 \tag{9-18}$$

从以上方程可以看出，物流运营网络的总成本由许多其他成本构成，其中也包括物流成本，物流成本在总成本中所占的比重，会影响成本与利润的相互关系，这个比例越大，成本越低，会使利润增加变快。这说明，物流运营网络要获得大的收益，就必须尽量降低物流成本，从而使产品增值效率提高。

9.2.3　物流效率均衡的协同

在协同物流网络中，物流成本与收益都起着重要的作用，物流成本影响整体的收益状况，而收益是协同企业以及整个网络追求的目标。不仅收益要进行分配，物流成本也要进行合理的分配，在保证高效率协同的前提下，对二者进行合理公平的分配是物流运营网络协同效能的主要内容。

1. 物流效率均衡的影响因素

协同网络中各协同参与者的协同合作不是固定不变的，它们是不稳定的，它们合作的深度和广度受许多因素影响，任何一个因素发生变化，合作情况也会发生变化。这种变化遵循竞争与合作相互循环的模式，即从竞争到初步的合作再到密切合作最后又恢复到竞争状态。影响城乡物流协同效率均衡的因素如下所述。

(1) 协同物流成员的能力不同。协同物流成员的能力是指协同成员企业所拥有的资源大小。合作产生的收益增长会随着物流协同合作的深入而逐渐减慢，由于协同双方利益增长不一定相同，会使协同合作中产生的矛盾逐渐变大，主导企业便会利用其优势地位迫使弱势企业接受不平等条件，协作的不均衡将会加剧从而影响协同效率均衡状态。

(2) 风险—收益的不一致。在城乡物流协作过程中，协同联盟的收益是共同分配的，而风险与收益是共存的，收益要进行分配，那么风险也需要分配，不可能让某个人或某家企业独自承担风险。市场千变万化，所以收益也是变化的，预期收益不一定与实际收益一样，所以有时承担的风险大小可能与收益情况不成比例，从而会影响到协同效率的均衡状态。

由以上分析可以发现，协同物流的效率，不可能总是处于均衡状态，许多因素都会对其产生影响，使其产生多种不确定性。因此，协同物流网络中协同成员不能只追求效益的最大化，寻找各协同成员间合作的动态均衡点才是最重要的，这点对各协同成员的意义重大，可以提高各自的协作积极性，对提高协同收益也有重要的作用。

2. 协同物流网络的协调均衡

协同物流网络的协作效率不是固定的，它是不断变化的，在一个时段内，它会出现一个较高的协作效率，也会出现一个较低的协作效率，这种现象会不停地反复出现。因为是彼此协同的，所以获得较高效率的成员应该给获得较低效率的成员一定的补贴。较高的效率 η^H，较低的效率 η^L，设补贴系数为 β，双方在同一个时间段 t 的效率均衡用 $F(\eta_i^0(x), \eta_j^0(y))$ 表示，式中，$\eta_i^0(x)$、$\eta_j^0(y)$ 分别为协同物流成员 i 和 j 在时间段 t 上的物流效率初始值。如果协同物流的一方选择某一时段(如偶数时段)获得高的效率，而他的对手在另一时段(如奇数时段)获得高的效率，那么就会产生一种均衡状态交错的出现，即如果 $\eta_{ij}(x,y) > 0$ 或 $\eta_{ij}(x,y) < 0$，那么竞争伙伴将交错地(或同步地)获得产出效率。

为了使整个物流联盟的效率提高，各合作成员也要追求自身物流效率的提高，如果两个协同成员同时得到物流效率，他们都采取随机选择的话，最后会产生一个期望效率，可表示为：

$$\prod^C = \frac{F(\eta^H, \eta^H) + F(\eta^L, \eta^L)}{2(1-\beta)} \tag{9-19}$$

物流效率在一个时间段内会出现交替变化，高的物流效率会在协同双方中交替出现，那么就会出现一个贴现期望效率，可表示为：

$$\prod^S = \frac{F(\eta^H, \eta^L) + F(\eta^L, \eta^H)}{2(1-\beta)} \tag{9-20}$$

同步与交错效率之间的差值表示为：

$$\Delta = \prod^C - \prod^S = \int_L^H \int_L^H \eta_{ij}(x,y)\mathrm{d}x\mathrm{d}y \tag{9-21}$$

从上式可看出，当 $\Delta > 0$，即 $\eta_{ij}(x,y) > 0$ 时，协同成员会选择获得效率的同步性，他们都会同步地选择获得较高的效率水平；反之协同成员会选择获得效率的交替性，可能会是较高的效率，也可能是较低的效率。这说明协同物流双方要根据当前的实际情况做出有利于自身的决策，他们要形成协同效应，所做的决策就需要有一定的互补性，从而每个协同成员都可获得较高的物流效率水平。

协同物流效率的均衡有两种情况，一个是同步协同均衡，一个是交替协同均衡，这就要求协同成员在为企业行为做决策时，要根据对长期协同效果优劣的考察来做出决定，一种决策不会只专属于一个人，这个时间段一个企业做出这个决策，下个时段其他企业也可能做出相同的决策。一方在做出决策时，另一方需要做出一定的回应，在这里可以以反应函数的形式进行分析。在现实的物流协同合作中，一方在某时段做决策时，一般会参照合作方在上一时段时所做的决策，双方的协同合作不是稳定状态的，而处于动态之中，而且在不断地相互博弈。物流效率协同的最终目的是达到一个完美的均衡状态。设协同物流成员 i，j 在 $(t-1)$ 时期的决策分别为 z_i 和 z_j，$R(z_j)$ 代表节点 j 对竞争者 i 所做决策的反应，表示为：

$$R(z_j) = \arg\max \pi_2(z_i, z_j) + \delta\pi_1(z_i) \tag{9-22}$$

令 $\pi_2(z_j)$ 为式(9-22)中最优解的效益水平，$\pi_1(z_i)$ 代表决策 z_i 在时期 t 的博弈中给节点 i 带来的收益，表示为：

$$\pi_1(z_i) = \pi_2(z_i, R(z_i)) + \delta\pi_2 R(z_i) \tag{9-23}$$

由于协同物流效率均衡状态不会稳定不变，而是具有很强的动态性，会出现交替变化，并会受到许多因素的影响，如企业核心竞争力的情况、风险和收益的分担情况等。协同效率均衡虽然不稳定，但它的变化是有一定范围的，物流协同效能的主要研究内容就是如何将这个范围控制在理想状态。物流各协同成员在选择决策时，在不同时期，选择均衡时，会出现同步或交替变化两种情况，这样不仅可以让物流效率在某个时间点上达到均衡，而且有利于在整个时间段上保持协同均衡。

9.3　物流服务营销系统规划

物流服务营销现在越来越重要，但是在国内对物流业的服务营销还不是很重视，一些基本的服务有时候都还没有得到真正的发展，更不用说一些增值服务，或者附加服务。国内很多企业对于服务营销的理念还没有形成，很多企业没有对物流服务营销给予足够的重视。对于服务营销在物流中的应用我们应该更加深刻的理解，这是一个趋势，我们必须跟得上社会的发展，不然将面临被淘汰，尤其在这个竞争如此激烈的社会中，早一步发现先机，走在市场的前面，引领整个物流业的发展，就必须及早把服务营销的概念融入到物流中。把市场营销的理念融入物流中，使两者相得益彰，相辅相成，做到更好。

9.3.1　物流服务营销的内涵

1. 物流营销的本质——服务营销

1) 物流营销的特征

物流营销有它自己的特征以及独特的作用，我们通过它的特征和作用可认识物流营销的本质。

物流产品的特性可以归结为以下几个方面。

(1) 无形性即不可感知性。物流营销消费于正在生产的过程中，这跟有形产品不同，有形产品可以生产后储存起来，以备随时使用，而服务产品则不行，而且服务的顾客基本都参与在整个的服务过程中，并且也提供一部分自我服务。基本上物流服务中顾客购买的都是一个感知服务的过程，伸缩性很强。正是因为这样使客户很难直观评价物流服务的质量。物流企业所提供的物流服务的水平并不能由企业控制，而同客户的主观感受有很大的关系。可能物流公司认为自己的物流服务达到客观标准了，但是顾客却认为不符合他们对服务的要求，不予认可。所以这就是物流企业要经常与客户进行沟通获取客户对服务的要求的原因。

(2) 服务性不可分离。物流服务企业提供的服务产品是在生产与消费的同时发生的，两者在时间上是不可分割的。

(3) 不可储备性。物流企业在服务提供完毕后，服务就会消失，物流需求的不稳定性使整个服务型物流企业不可能在淡季储存服务，旺季销售。

(4) 质量波动性。服务是一个过程，很大程度上受客户本身的需求变化以及产品周期的影响，在淡季和旺季时又有着不同的需求。因此具有不稳定性，质量具有波动性。

(5) 从属性。物流服务是一个过程，它从属于企业的一个部分，必须跟企业的目标一致，在整体上必须跟企业保持一致。在企业中设立物流服务就是为了企业能实现自己的目标，不能为了服务而损害了企业的目标，可能增加更多的费用能达到更好的服务效果，但是跟企业整体利润最大化的目标相悖，这样也是不容许的。

(6) 移动性和分散性。物流服务是一个运动的过程，它广泛而且不可预测，物流服务不是在一个固定地点，也不能固定在一点，因为它是根据顾客的需求来决定服务的地点和服务的过程，企业不能根据自己的需求随意把地点定在某个地方，也不能因为过于分散就不服务于某一个客户。

(7) 缺乏所有权。物流服务不属于某一个特定的企业，它没有归属性。

2) 物流营销的作用

物流营销的作用可以概括为以下六个方面。

(1) 提高经营能力。物流营销可以很有效地为物流企业收集客户需求、市场情况、产品状况等方面的信息，使物流企业有的放矢，提高物流资源配置的能力，最大限度地满足客户的需要，实现企业的经营目标。如果一个物流公司不去做调查，不去分析客户的需求，不有的放矢的话，那么即使再努力也做不好。不能做到应时而动。首先不能满足客户的需求，再者也不可能实现企业自己的利润目标。物流营销包括收集信息，做信息调查，分析消费者心理学，研究消费者等活动，这对于物流企业是非常重要的。

(2) 集中优势减少风险。物流营销可以集中资源优势，使企业实现资源优化配置，将有限的人力、财力集中于核心业务，进行重点研究，发展基本技术，开发新产品等，以增加竞争力。这就是一个定位问题，多而广意味着就是必死，不是什么都是做的多才能算成功的，保时捷只卖跑车而利润丰富，通用汽车什么都卖却亏损得一塌糊涂，现在以破产保护收场。每个企业都要有自己的一个定位，强项要重点发展，而弱势则要毅然决然地抛弃，不能看到其他行业在这个行业赚钱就什么都想尝试。做自己擅长的，才能做到最好。集中资源优势，使资源最优化配置。集中做好研究调查，使企业立于不败之地。

(3) 降低运营成本。物流营销之所以能够显著降低交易成本，主要是因为其主体是由诸多节点和线路组成的网络体系。如果物流企业能掌握好各个网络体系，那么就可以极大地降低空载率，使效率得到最大限度地提高，极大地降低成本。现在网络的发展非常迅速，如何掌握并控制网络的发展是物流业一个很关键的问题。

(4) 提高物流能力。物流营销可以更好地处理信息，更好地分析所获得的市场信息、客户信息。用营销知识分析物流市场情况，有利于物流企业进行内部管理、资源配置，提高服务质量，增加物流灵敏性。

(5) 提升企业形象。物流营销以客户为服务中心，物流提供者与客户是战略伙伴关系。

如果客户满意该物流公司的服务，那么以后将成为该公司的忠诚客户，他将会告诉他的伙伴，提高物流公司的声誉。

(6) 推动物流企业提升附加价值。物流营销可以提升物流企业的品牌知名度，使物流企业成为一个品牌。品牌的价值不在于实物本身而在于客户忠诚度和满意度的影响合力。品牌的溢价能够帮助企业安然接受制造成本、物流成本的上升，人力成本的上扬。当一个物流企业做到品牌的时候那么该物流公司不仅仅存在品牌溢价，而且消费者乐意支付这个溢价。

通过介绍物流营销的特征和作用，我们可以总结出物流营销的本质就是服务营销，在物流中做营销，其实就是在做服务营销，怎么样服务好客户，怎么样才能使顾客对该物流企业的满意度达到最高，这些都属于服务营销。它的无形性、服务性等都与服务营销相关，而它的作用包括提高物流效率，降低物流成本，提高物流企业的附加价值等，最终目的都是实现更好的服务客户，本质上还是服务营销。物流的表现就是服务，它的本质也是服务，而物流营销本质就是服务营销，在服务中推崇物流，在物流中把服务真正地表现出来。掌握了物流营销的本质有助于物流企业掌握好企业的发展方向，在物流业更好地做好营销。

2. 物流服务营销的含义

任何产品的销售过程，都包含着有形因素的商品及无形因素的服务，物流企业主要是提供无形的服务产品。因而，物流服务营销既与传统的产品营销有着千丝万缕的联系，又有服务产品的特性，还兼具物流行业的特点，形成了比较复杂的特性，相关理论还不够成熟。

物流服务营销是指物流服务的提供商在向客户提供物流服务的过程中进行的、用以满足客户需求并建立良好关系的系列积极活动。物流服务营销用物流服务建立、维持和强化物流活动中的客户关系，展开物流市场调查，划分物流服务市场，组合物流营销策略，设计物流营销方案，以客户的满意为中心优化物流的作业和管理。

物流服务营销是一个新兴的概念,相对于产品营销,还可以从以下几个方面进一步理解。

(1) 物流服务的销售者。传统产品营销是存在于销售者(卖方)与消费者(买方)之间的业务活动，多个卖方和买方在市场上相互竞争，产生公开的交易行为，市场营销才有存在的理由和价值。物流服务营销的产生与其很类似，若没有物流业务与货主企业(制造企业和流通企业)的分离，没有专门的物流服务企业存在，物流服务营销就不可能产生。将目前的物流服务业务按其所提供的业务范围区分，可分为企业物流和物流企业物流。前者仅服务于该制造企业或流通企业本身，他们所从事的物流活动是企业产品营销的一部分，不存在市场交换，所以也不需要进行系统的物流服务营销活动；后者主要是第三方物流企业，这些物流服务产品的卖方企业服务于所有愿意接受他们服务的单位和个人，服务范围广泛，服务对象差异性大，在市场中竞争激烈，需要引入服务营销的理念来提升其竞争力。因此，物流服务营销活动主要是第三方物流服务企业开展的。

(2) 物流服务的消费者。与其他服务行业相比，物流服务的消费者对象大多数是各种规模、各种类型的企业，这将导致营销策略组合也有所差异。这类对象消费物流服务时更趋理性，服务的质量也可以通过各项企业指标来衡量。另外，物流服务营销往往还涉及企业内部的多个部门，他们彼此对服务质量的评判可能会有所差异。

(3) 物流服务营销的范围和项目。由于物流服务对象的差异很大，物流服务包含很多服务项目，所以物流服务营销的范围特别广泛，不但提供普通的物流服务，为了在激烈的市场竞争中取胜，还能提供增值物流服务。

(4) 满足客户需要的积极活动。物流企业进行服务营销是满足客户需要的积极活动，从内部来讲是为了建立以消费需求为出发点的内部管理机制及企业氛围，从外部来讲是为了与其服务对象建立一种紧密、和谐、长期的伙伴关系，建立长期、稳定、开阔的物流服务关系网络。由于各个物流企业的营销，必将导致物流服务市场上有效率的供给和需求。对销售者来说，这个效率表示能够快速、准确寻找物流消费者，并通过提供良好的物流服务满足物流企业的利益要求；对于消费者来说，这个效率代表着及时、便利、低成本得到物流服务。

9.3.2 物流营销模式基本结构

物流营销模式的基本结构包括以下几个方面。

1. 物流营销的核心——为客户创造价值

物流营销的核心就是为顾客创造价值，因为物流营销的目的是获取更高的利润，以及降低成本、减少库存、提高集疏效率、附加服务、增值服务等。而以上所有这些的出发点都是以客户为核心，都是以为客户创造价值为核心，如图 9-7 所示。客户满意是营销的关键。怎样做好这方面的工作呢？首先要了解客户对哪方面有要求，客户想要什么。只有了解了客户需求、对产品的哪些方面更偏好，才能有针对性地设计产品，定制个性化客户方案，才能做得更好。其次增加客户体验，重视客户关怀。一旦企业让客户满意了，还有什么好担心的呢？这就是所谓的"得客户者得市场"的战略。最后我们要制定一套物流客户满意评价的方法。实际工作中，我们必须针对客户的需求，要有限度地满足：不能不满足，也不能全满足。针对客户的需求，营销代表要做一个策划者，策划符合客户自身的个性化服务方案(解决途径)以实现目标。

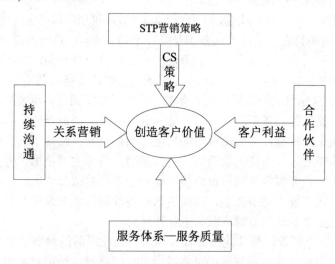

图 9-7 物流营销模式结构

整个物流过程是一个多环节的复杂系统。物流过程的重点就是通过物流实体的运动和客户服务形成一个物流信息系统。由于物流的这种特殊性决定了物流在事实上就是一个物流客户服务过程。随着现在信息系统的发展，信息是每个物流企业的重点。如果一个企业可以好好地利用信息流，那么不仅可以提高物流的效率，还可以降低成本，提高企业的经济效益。因此在现代化企业物流中，信息尤其是客户信息已经成为企业的经营命脉。我们根据作用不同可将物流信息分为：订货信息、库存信息、生产指标信息(采购指标信息)、发货信息和物流管理信息。在一个物流公司接到客户的订货要求是第一步，接受订货的信息是全部物流活动的基本信息；然后物流公司根据发货信息准备发货，商品库存不足时，及时向上面汇报并及时补货，确保物流的及时发生。物流客户信息的特点就是信息面特别广、数量大，而且顶峰时期和平时的信息量差别很大，分布地区广泛。要求商品流通与运输配送的时间相适应。

如何采集到顾客的信息，如何才能采集到真实的完全的顾客信息呢？这个不仅是技术或者系统问题，更和业务流程设计有关系。只有采集到客户的全部信息我们才能提供更好的增值服务，如果由于没有做好客户信息的调查，信息质量上的缺陷会造成很多相关的问题。物流企业是为顾客提供物流服务的，但是若是没有及时了解顾客需求，造成顾客的断货或者过剩，也可能由于客户自己的原因没有完成整个销售过程，要求退回存货，那么对于物流公司是一个极大的损失，即使可以向其他客户再次销售，但是还会产生二次费用。这就是顾客信息的重要性，一旦没有把握好顾客的需求，那么对于整个物流系统就会产生很大的威胁和隐患。在收集到客户信息后，还要对这些信息进行整理、分析，对客户进行进一步的了解，然后才能更好地服务。

2. 物流营销的重点——注重持续沟通，实现合作伙伴关系

作为一个长期发展的企业，持续不断的沟通必须作为重点，包括实现合作伙伴关系。任何公司做生意，寻求合作伙伴都不是为了一次生意，要长期不断地进行沟通，每一个公司也不会每一年的计划都是一样的，环境在变，客户的目标在变，客户的需求也在变，不能总拿着老的那个规则来一次一次地套用，要学会应时而动，不能故步自封。与顾客一定要进行持续的沟通，不断地获取他们的近期信息，调整自己的物流系统使之能够满足顾客的需求；一定要根据顾客的需求，在他们之前变化，这样才能抓住顾客，不能等到顾客要求，那时不仅已经没有竞争力，而且利润也会大大降低。市场真正的导向是客户，但是并不是由客户来单方面决定买卖关系，有时候客户并不真正了解他们的需求。所以物流公司要早一步抓住先机，然后引导客户，使双方获得双赢。不论是在企业管理还是在市场营销及各个层面，我们往往都是听从于内心情感的声音以及召唤，这是人作为动物的天性。而且人都有自己的行为习惯，对于客户来讲他们也不喜欢换合作伙伴，因为这不仅需要重新建立和熟悉合作伙伴，而且会付出更高的成本代价。所以物流公司一定要做好沟通工作来实现合作伙伴关系。

从另一个方面讲，一个企业的忠诚客户只要占到全部客户的 20%，就能带来 80%的利润。开发一个新客户的成本比维系一个老客户的成本要高出 5 倍。物流服务营销就是要善于利用公司的资源，给予客户超越其期望的体验，激发客户的情绪，与客户在情感上建立紧密联系。只有向客户提供优质愉悦的情绪体验，通过客户满意度才能提升顾客忠诚度并延长客户生命周期。

3. 物流营销的基础——建立服务体系，保障服务质量

现代物流与服务营销具有密不可分的关系。物流业属于第三产业，即服务业。因此现代物流企业提供的是服务，而且通常是无形服务。服务营销贯穿于现代物流的整个活动过程，如图 9-8 所示。例如在运输过程中，现代物流企业对运输工具、运输路线、运输时间

及地点等方面的选择都要以满足顾客的需求为基础。同样，在储存、加工、包装、装卸、配送和信息等活动过程中，物流企业所要考虑的都是如何让顾客满意，如何为顾客提供量身订做的、个性化的服务。可以说现代物流离开了服务营销的理念就失去了与竞争对手竞争的能力。对于物流企业的客户来说，他们需要的不是普通的标准化的服务，而是符合他们需要的、可以为他们带来便利的服务。因此，物流企业的服务质量取决于其所提供的服务是否达到或超过客户所期望的程度。而服务质量的高低直接影响到顾客是否对该企业具有忠诚度和是否愿意与该物流企业建立持久的联系。

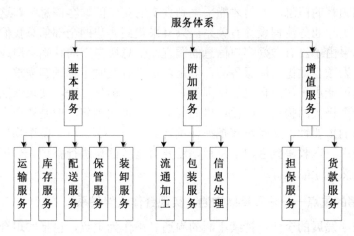

图 9-8   物流营销的服务体系

服务和企业盈利性存在着直接的关系，通过不断的服务增值可以为企业吸引更多的优质客户资源，不论是在低端，还是在高端，在任何行业，服务对客户最终的选择都起着非常重要的作用，服务不仅仅是营销后的补偿性手段，更是企业获取更多利润，占领更大市场份额的重要手段。服务不仅包括在物流过程中的服务，物流的服务还包括物流库存服务、物流配送服务，物流保管服务、物流运输服务等。

4. 物流营销的导向——强化关系营销，维护客户利益

施乐公司的研究表明，满意度与忠诚度之间并不是直线，而是类似于抛物线。客户忠诚与客户满意度是直接相关的，因此要注重客户的满意度，搞好关系营销。因为如果两家物流公司或者配送中心提供服务差异不大时，不管客户对之前哪一家的忠诚度有多高，假如对手降价，或者提供更好、更快的服务，那么都能让客户离开原来那家合作伙伴，而选择另一家。

关系营销的本质还是沟通，互相了解就是关系营销的根本，因为要根据客户的需求随时调整整个服务的内容，怎样才能知道客户的需求呢？这就是关系营销的关键。经常沟通并对客户的需求跟踪了解，对顾客的需求了如指掌，那么就能应对客户所有的应急需求，维护客户的利益，这样才能更好地服务客户。

很多公司都投入了大量的人力和物力，耗费了大量的内部资源，即使这样有时候还是会流失很多顾客，有时候原因可能就是因为对手降价或者其他价格优惠。当然我们也要分清顾客的种类，哪些顾客是值得付出的。哈佛商学院的两位教授琼斯和厄尔萨塞把客户及其忠诚度分成了四种类型：人质、传道者、唯利是图者和恐怖分子。对于物流企业来讲最重要的是传道者，即那些不仅自己满意，而且经常向其他人夸奖企业的物流服务的人，他们可能都是企业销售的一种延伸。这些客户是企业最应该重视的，因此要花费金钱和时间

去服务这些客户。对于唯利是图者，如果花费太多的时间和金钱，那就是一种资源浪费，因为一旦出现更低价的服务，那么他们就会立刻转向别家。对于"恐怖分子"物流企业也要重视，因为他们不仅自己对物流服务的态度不满，而且还会告诉其他客户从而损害企业的形象和声誉。所以为了改善这种恶意的负面评价，也应该在这类客户身上花费一些时间和金钱，但是尽可能减少在他们身上的资金，因为要使他们的态度转变为满意，是很难的事情，而且要投入大量的精力，投入大量的金钱，而相应带来的收入却很少。

物流业属于服务业，在这个行业，只有赢得客户才能在这个竞争激烈的市场上生存。要以客户的利益为上，关系营销就是通过吸引、开拓、维持和增进与顾客的服务关系，从而推动物流企业的发展。这一营销方式包括开发潜在的客户使其逐步发展成为实际客户，将实际客户不断地保持下去并进一步扩大实际客户的服务业务总量等工作。这一营销方式要求物流企业全面关注客户的需求和利益，培养开放的物流服务想象力，确立主动服务意识，全面考虑客户的价值取向和消费偏好，强调对于客户的服务承诺和服务质量的保障，对于客户的服务要有针对性地进行及时调整，拓宽服务面，在保证原有服务质量的基础上不断推出新的服务品种及增值服务，以提高客户满意度，等等。对于物流企业而言，关系营销应该是整个营销策略组合中的核心。因为采用这一营销方式可以使物流企业与客户形成一种相互依存的关系，通过这种依存关系获得长远的服务业务和销售，并使供应链中的各组织之间相互配合、长期合作，形成一个持续高效的整体。关系营销要为顾客创造利益，日本松下电器公司创始人松下幸之助曾经这样说："自来水哲学"即以品质优良的制品，用消费者能购买的价格，像自来水一样源源不断地为顾客提供出来。这样才能服务顾客，使他们满意度达到最大，使双方都获得一个双赢的结果。

5. 物流营销的战略——一对一的 STP 营销

在营销理论中，市场细分(Segmentation)、目标市场(Targeting)与定位(Positioning)都是构成公司营销战略的要素，被称为营销战略的 STP。

首先讲述 STP 在物流企业的重要性，正如一种宗教信仰一样，更大的网可以捕捉更多的顾客，而事实却证明其恰恰相反。卡夫在果冻果酱领域拥有 9%的市场份额，与此相应盛美佳拥有 35%的市场份额，卡夫代表任何食品，而盛美佳就是果冻、果酱。又如万宝路的营销目标是牛仔，但其市场却是包括所有的人群。如果试图追随市场的每一个潮流与风头，那么这个物流企业必将面临被淘汰，保持稳固的地位的最好方法是从一开始就不要改变你的战略，好运往往降临在那些舍得做出牺牲的人身上，这也是延伸定律的另一种说法。产品越多，市场越大，阵线越长，赚的钱反而越少了，向各个方向全速出击，似乎是各公司的竞争口号。而忘记自己真正的优势，如果不抓住自己的特性，甚至这个特性被对手占据，那么这个优势便被竞争对手获得，如果想重新获得这个优势，就会倍加艰难，IBM 以其"大而强"的特性占据着计算机市场很大的份额，其他试图凭借这两个特性而挤占市场的公司均未获得成功。所以企业一定要有自己的精确定位，清楚自己的目标市场，在自己目标市场上发挥最大的作用。市场定位很重要，一个物流公司必须明确自己的优势，根据自己的优势来做自己擅长的事情，物流公司要根据目标市场的需求来确定自己的服务定位，什么都想做注定了就是做不精，前面讲了很多例子就是说明一个公司要想做到行业最强或者最大，就必须专而精。要确定自己的服务市场，准确地给自己定位，这方为企业的成功之道。

定位要做的就是市场细分，市场细分是按照顾客的需求和爱好的差别求大同存小异，将整体市场划分为若干不同顾客群体市场的分类过程。在物流业细分客户可以根据客户的行业类别，用户的规模以及地理位置和购买行为因素等来划分。而且市场特性是动态的，细分标准不能一成不变，应根据市场变化研究、分析、调整。既有利于物流企业发掘新的市场机会，又有利于有些小物流企业在大企业夹缝中生存。差异化营销，实行专业化的策略进行服务，这样可以更好地为一些物流客户进行专业化一对一的服务。物流企业可以根据自身的特长专门发展一个行业，像汇通快递利用飞机运送，承诺隔天送货到门的服务极大地扩大了它的业务，获得极大的利润。反而是有些物流公司什么都做，到最后没有任何长处，面临关闭的困境。这就要求每一个物流公司必须要有自己的特点，适应目标市场一定的需求和爱好，塑造产品在目标顾客心目中的良好形象和合适位置。它的实质在于取得目标市场的竞争优势，确定产品在目标顾客心目中的适当位置并留下值得购买的印象，以吸引更多的顾客。只有保持自己的优势，才能创造更大的利润。

6. 物流营销的策略——建立客户忠诚为目标的 CS 策略体系

一对一营销的理论模式：营销过程的起点是客户的需求，营销决策(4Ps)是在满足客户需求(4Cs)前提下的企业利润最大化，最终实现客户满意度和企业价值的最大化。这个论述架构了一对一营销的理论核心，体现了以顾客为中心，企业和顾客不断交互的特点，它的决策过程是一个双向的链。由图 9-9 可以看出一对一营销的理论模式是企业以客户为中心，客观冷静地分析客户需求(4Cs)，即 Cost(客户愿意支付的成本)、Consumer(客户需求)、Convenince(客户购买的便利性)、Communication(客户的双向交流与沟通)，然后做出营销决策(4Ps)。

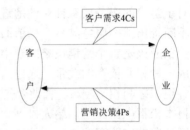

图 9-9　一对一营销的理论模式

由于客户个性化需求得到满足，便会对企业的产品、服务形成良好的印象，在他第二次需求该种产品时，会对公司的产品、服务产生偏好，他会首先选择公司的产品和服务；如此重复，一方面，客户的个性化需求得到越来越好的满足，建立起对公司的忠诚意识；另一方面，由于这种满足是针对差异性很强的个性化需求，就使其他企业的进入壁垒变得很高。这样，企业和顾客之间的关系就变得非常紧密，甚至牢不可破，这就形成了"一对一"的营销关系。

不管是什么企业抓住客户就意味着成功，但是客户可能因为更好的价格、更好的服务而随时更换物流公司，那么建立以客户为忠实目标的策略系统是物流企业必需的。现在的营销策略已经由 4Ps 向 4Cs 转变，开始以客户为中心，研究消费者的心理。要牢牢抓住客户，而且必须要把建立客户忠诚度为目标作为物流企业的策略。把以前将所有客户都一样对待的策略，变成现在开始对客户进行差异化营销，使定制营销成为可能。一对一的营销看似加大了物流企业的运营成本，降低了利润，但实际上是企业充分考虑到客户的各种要求，为客户创造性地设计各种交易结构，使买卖双方均为了支持对方而进行专有性的投资，形成一种持续的依赖关系(威廉姆森称之为"双边依赖")，这种治理结构(Governance Structure)反倒有助于降低交易成本。举个例子，你一直在用微软的 Word 软件，可能其他的文字软件价格更低，但是习惯会使你继续使用这种软件，因为之前对于这个软件的使用已经付出了培训成本，我们对 Word 使用得越多，越习惯，转移成本也就越高，也可以说无形中我们就对微软进行了专有性投资。一旦微软不出产 Word 软件，我们在这一软件使用上所下的功夫，如培训、技巧等均会付之东流。而另一方面，像我们这样的人越多，微软可以有更多的用户体验，更多的对新一代软件的投资，获得更多的盈利。可以说，我们与微软形成双边依赖的"治理结构"。在现在追逐个性化的时代我们尤其要加强对一对一营销的关注，它不仅仅可以带来更多的利润，而且可以带来更多的忠实客户。

9.3.3　物流服务营销规划的程序

物流服务营销规划是对物流服务企业战略行为的策划。同有形产品企业一样，物流服务产品也有生命周期，其成长过程必然经历幼稚期、成长期、成熟期和衰退期等阶段。要保证物流服务企业能健康迅速地成长，就必须对企业行为进行理性的、长远的、整体的规划。

当然，不同规模、不同业务方向的物流服务企业其战略选择及营销组合方式都会因其个性选择而不同，但是它们仍会遵循一些共同的规律，具有一些相同的规划程序和内容。

物流服务营销规划包括以下一些程序。

1. 物流服务营销环境分析

物流服务营销环境是指在物流服务企业与其目标顾客进行交易时，能够对该交易行为产生影响的所有因素。物流服务企业对营销环境的分析，就是企业对其所在的环境中各种可能的营销机遇和威胁进行分析。物流服务企业营销环境中的威胁是指营销过程中所出现的不利于企业发展的因素及由此形成的挑战，如果企业不采取果断行动，这种不利的趋势将导致物流服务企业的市场地位受到侵蚀。营销机遇是指在营销环境中所出现的对物流服务企业营销活动具有促进作用的因素，在该因素的推动下，物流服务企业拥有竞争的优势或具有得到更好营销效果的可能性。

通过营销环境的分析，能够预见环境变化的趋势和规律，并根据环境变化趋势制订充分利用营销机会、消除环境威胁的营销战略。物流服务企业只有能够识别营销机会和发现环境威胁，制订相应的营销战略，提高企业对环境的适应性，才能在与环境协调发展的过程中健康成长；反之，企业则将面临被市场环境淘汰的威胁。物流服务企业所面临的市场环境是多变的，因此，物流服务企业开展营销活动以前，首先进行环境分析至关重要，只有这样才能做到知己知彼，在竞争中求得生存与发展。

2. SWOT 分析

SWOT 分析方法是一种企业内部分析方法，即根据企业自身的内在条件进行分析，找出企业的优势、劣势及核心竞争力之所在，从而将公司的战略与公司内部资源、外部环境有机结合。S 代表 Strength(优势)，W 代表 Weakness(弱势)，O 代表 Opportunity(机会)，T 代表 Threat(威胁)，其中，S、W 是内部因素，O、T 是外部因素。按照企业竞争战略的完整概念，战略应是一个企业"能够做的"(即组织的强项和弱项)和"可能做的"(即环境的机会和威胁)之间的有机组合。

掌握住外在环境带来的机会及威胁，也就掌握住企业应该做什么；掌握住企业的优势及弱点，也就掌握住企业能够做什么。机会和威胁是指来自外界环境的变化可能带给企业的影响。企业可以把前面两部分中所分析的优势、弱点、机会和威胁的各项结论，汇总于 SWOT 表内进行分析，从而制订适合企业发展的战略规划。

3. 物流服务营销规划的假设及前提

由于计划是对未来进行的规划，因此必定会面临一些不可控制的因素，而这些不可控因素却时时刻刻都在影响着规划的实施，所以企业在制订营销规划时必须先设定规划的前提和进行一些假设。这些假设条件包括：国内生产总值的变化、经济形势、预计需求水平、通货膨胀率、利率变化等。对关键假设条件的变化，企业要制订应急的方案，以保证原有的规划顺利实施。

4. 设定物流服务营销目标

营销目标的设定是建立在对企业的 SWOT 分析以及目标完成情况的评估和对市场需求情况的分析基础之上的，在以上分析的基础上对物流服务市场进行细分，选择企业的目标市场，从而确立营销的目标。

目标市场是指物流服务企业的目标客户，也就是物流服务企业营销活动所要满足的服务对象。物流服务企业的一切营销活动都是围绕着目标市场进行的，选择和确定目标市场，明确物流服务企业的具体服务对象，是物流服务企业制订营销策略的基本出发点。物流服务企业的目标市场是在市场细分和确定市场机会的基础上形成的，是物流服务企业为满足现实或潜在的物流服务需求而开拓的特定市场。一般来讲，由于自身资源有限，物流服务企业应根据自身的条件和特点选择某一个或几个细分市场作为营销对象，集中优势和力量，增加在竞争中取胜的机会。

5. 确定物流服务营销战略

确定企业营销目标的意义是确定要完成什么，当确定了企业要完成什么以后，接下来该考虑的就是如何去做。营销战略的含义就是要如何完成上述的目标，体现了一种行动导向。在确定物流服务营销战略时，需要设定企业的战略领域，决定企业的竞争地位及竞争战略，最后从策略性营销角度制订相应的战略。

6. 确定物流服务营销组合策略

由于有太多的变数影响着营销的成效，所以营销是一个动态的过程，营销组合策略也没有既定的最佳方案，最佳的组合方案要由企业视市场现状去制订。营销组合策略包括产品策略、价格策略、促销策略和营销渠道策略四个策略，如何巧妙地将这四个策略密切地组合，以达成整理策略的目标是制订营销组合策略的目的。

7. 制订营销活动方案及安排进度

在营销战略及营销组合确定以后，要制订详细的营销活动实施方案来保证营销活动的顺利实施，营销活动实施方案的合理制订，是保证营销战略完成的必要手段。在营销活动方案制订的过程中，要将营销计划的内容细化到实施过程的各个环节中去，安排好实施的进度，确定各个进度的完成目标，并在必要时对计划进行修正。

8. 营销预算

营销预算是对营销计划及实施过程中费用的预算、企业销售目标的预算和销售人力的计划，正确地进行营销预算是保证善用财政资源的唯一办法。营销预算必须从制订营销计划开始着手，在计划中一边添加实施方案细节，一边建立预算。预算是一种战略思想，也就是说，有什么样的战略，就应该有什么样的预算。企业绝对不能为了预算而做预算，一定要考虑实现的战略目标有什么难度、需要多长时间、用什么样的行动实现等诸多问题。从时间顺序上讲，预算肯定是在一系列战略规划之后才能产生的。所以，只有把预算当作战略的一部分，带着战略思想去制订预算，才能把握更多的机会，并给企业赚取更多的利润。

9.3.4　物流服务营销规划的内容

物流服务营销规划是从客户导向的角度分析企业的现状，指出企业面临的需求、存在的问题及机会，制订企业期望实现的目标，探讨要实现目标所需的策略。因此，物流服务营销规划探讨的主要内容为：物流服务企业是个什么样的企业，服务的对象是什么，提供什么样的服务，目前所处的状况及地位如何，日后想成为什么样子，如何从目前的状况达到期望的状况，为了实现所期望的目标需要做哪些执行计划，何时、何地，用什么资源，期望完成什么，如何完成，谁负责。

一般来讲，一份营销计划方案应包含以下内容。

(1) 营销计划介绍。主要是对营销计划过程的介绍。

(2) 营销计划摘要。对营销计划主要内容的简要阐述。

(3) 市场环境分析。对社会、经济、文化、资源等的分析过程及结果。

(4) 营销目标。即通过营销环境分析得出的企业营销目标。

9.4　物流运营效率评价系统规划

随着经济的发展和全球化进程的进一步加快，物流产业已经成为现代经济的重要组成部分，得到了国内外社会的广泛关注。物流已经成为企业除降低物资消耗，提高劳动生产率以外的第三利润源泉，在企业运营管理中具有极其重要的地位。物流产业目前已成为发达市场经济国家的一个重要产业，今后必然在中国经济增长中成为一个新的增长点。伴随着物流产业的发展，物流产业效率也已经成为衡量一个地区物流业发展水平的一项重要指标。因此，开展行业物流企业运营效率问题的研究，对行业物流业的发展有着重要意义。

9.4.1　数据包络分析方法概述

由查尼斯(Charnes)和库伯(Cooper)等在 1978 年创建的数据包络分析(Data Envelopment Analysis，DEA)，是一种用来评价具有多输入多产出指标的工程效率的线性规划方法，其研究对象是一组同质的决策单元，通过对各决策单元的观测值来判断其是否有效，有效的决策单元定义了生产可能集的前沿面，也确定了生产函数。它最大的特点是无须考虑输入与输出之间的函数关系，无须考虑单个指标的量纲，直接用输出指标值与输入指标值加权和之比来确定DMU的技术效率，避免了主观因素对效率评价的干扰，特别适合性质相同的单元之间的评估比较。

初始的 DEA 模型是 CCR 一个分式规划模型，使用 C^2R 变换后，可转化为与其等价的线性规划问题。通过线性规划的对偶理论，可以得到一个对偶规划，它与生产可能集和投影的生产前沿面相联系。因此，判断一个决策单元是否 DEA 有效，就是判断其是否落在生产前沿面上。之所以称其为数据包络分析，是因为实际观察到的决策单元的输入数据和输出数据包络面的有效部分均在生产前沿面上。数据包络面的有效部分，如果从多目标规划角度看，以输入最小、输出最大为目标，即以生产可能集作为约束集的相应的线性多目标规划的 Pareto 面。

DEA 分析有三种结果：DEA 有效、DEA 弱有效和 DEA 无效，后两者统称为非 DEA 有效。与此同时，我们还可根据软件计算结果得出各决策单元改进的大小和方向。

在介绍基本模型之前，先介绍 DEA 分析中的几个基本概念。

1. 输入和输出指标

输入和输出在一个生产过程中分别被称为投入和产出，具有量纲无关性这一特点。

2. 决策单元

决策单元(Decision Making Unit，DMU)是输入转化为输出的实体，DEA 效率正是某决策单元相对于其他决策单元的生产能力的效率。在实际的运算中，我们要求决策单元具备同质性。这里的同质性包括以下几点特征：相同的目标，相同的外部环境和相同的输入输出指标。

3. 生产可能集

假设现有 n 个决策单元，决策单元 j 的输入和输出向量为 $x_j, y_j, j=1,2,\cdots,n$，称集 $T_{C^2R}=\{(X,Y)\mid \sum X_j\lambda_j\leqslant X，\sum Y_j\lambda_j\geqslant Y，\lambda_j\geqslant 0，j=1,2,\cdots,n\}$ 为所有可能的生产活动构成的生产可能集。

生产可能集满足如下公理。

平凡公理，即任一 $(x_j,y_j)\in T，j=1,2,\cdots,n$。

凸性公理，若 $(x,y)\in T,(x',y')\in T$，则对任意 $\lambda\in[0,1]$，有 $\lambda(x,y)+(1-\lambda)(x',y')\in T$。

锥性公理，若 $(x,y)\in T$，则对任意 $\lambda\geqslant 0$，有 $\lambda(x,y)\in T$。

无效性公理，若 $(x,y)\in T$，且若任意 $x'\geqslant x，y\leqslant y'$，有 $(x',y)\in T$。

最小性公理，生产可能集 T 是所有满足上述公理的最小者。

4. 生产前沿面

设 $\omega\geqslant 0，\mu\geqslant 0$，且 $L=\{(x,y)\mid \omega^Tx-\mu^Ty\geqslant 0\}$ 满足 $T\in\{(x,y)\mid \omega^Tx-\mu^Ty\geqslant 0\}$，则 L 为生产可能集 T 的弱有效面；$L\cap T$ 为生产可能集 T 的弱生产前沿面；特别地，当 $\omega>0，\mu>0$，则 L 为生产可能集 T 的有效面，$L\cap T$ 为生产可能集 T 的生产前沿面。

5. 投影定理

设决策单元 j 的投入和产出为 (x_j,y_j)，其 DEA 效率为 θ_j，令 $x'_j=\theta_jx_j，y'_j=y_j$，或 $x''_j=x_j，y''_j=y_j/\theta_j$，则称 (x',y') 或 (x'',y'') 为该决策单元对应的 (x_j,y_j) 在生产前沿面上的投影。

基于 DEA 方法的综合评价方法就是既能对一个待评价系统的输入输出元素的相对效率进行评价、排序，又能通过对 DEA 投影分析，将非有效评价单元向 DEA 的有效面(生产前沿面)"投影"，可以确定各非有效单元当前的弱势和需要改进的方向以及调整的数量。

令 $\omega>0$ 是一个非阿基米德无穷小量，则具有非阿基米德无穷小量 ε 的 DEA 模型为：

$$\begin{cases} \max \mu^TY_0 \\ \omega^TX_j-\mu^TY_j\geqslant 0 \quad j=1,\cdots,n \\ \omega^TX_0=1 \\ \omega\geqslant\varepsilon\hat{e} \\ \mu\geqslant\varepsilon e \end{cases} \tag{9-24}$$

其对偶规划为：

$$\begin{cases} \min[\theta - \varepsilon(\hat{e}^{\mathrm{T}} s^- + e^{\mathrm{T}} s^+)] \\ \sum_{j=1}^{n} X_j \lambda_j + s^- = \theta X_0 \\ \lambda_j \geqslant 0 \qquad j=1,2,\cdots,n \\ s^- \geqslant 0, \ s^+ \geqslant 0 \end{cases} \tag{9-25}$$

其中，$\hat{e} = (1,1,\cdots,1)^{\mathrm{T}} \in R^m$，且 $\hat{e} = (1,1,\cdots,1)^{\mathrm{T}} \in E^s$。设 $\lambda_0, s^{-0}, s^0, \theta^0$，为式(9-25)的最优解，令 $\hat{X}_0 = \theta^0 X_0 - s^{-0}$，$\hat{Y} = Y_0 + s^{+0}$，称 $(\hat{X}_0, \hat{Y}_0)$ 为 DWU_{j0} 在生产可能集 T_{C^2R} 生产前沿面上的"投影"。通过求解上述线性规划问题，得到的决策单元的投影 $(\hat{X}_0, \hat{Y}_0)$ 为 DEA 有效，其中：

$$\hat{X}_0 = \theta^0 X_0 - s^{-0} = \sum_{j=1}^{n} X_j \lambda_j^0 \tag{9-26}$$

$$\hat{Y} = Y_0 + s^{+0} = \sum_{j=1}^{n} Y_j \lambda_j^0 \tag{9-27}$$

对于非 DEA 有效单元通过式(9-27)进行改进计算，从而把无效单元的各指标值投影到 DEA 相对有效平面的超平面 Π 上。

9.4.2　数据包络分析(DEA)模型简介

早期的 DEA 模型有两种形式：分式规划模型和线性规划模型。这两者本质上是等价的，分式规划是计算产出投入的综合比值；线性规划则由公理假设转化得到。DEA 方法是把每个被评价对象作为一个 DMU，将所研究的诸 DMU 构成一个被评价主题，运用数学规划，根据各 DMU 产出相对于投入的利用程度，计算出其 DEA 是否有效，再将 DEA 无效的 DMU 进行比较，即可找出改进 DEA 无效的方法。基于 DEA 方法提出的基础模型包括 CCR 模型和 BCC 模型。

DEA 模型的假设条件如下所述。

(1) 决策单元具有相同的性质、目标、任务、环境。

(2) 决策单元具有相同的多投入和多产出变量。

(3) 假定效率最高的 DMU 的效率为 1，其他 DMU 的效率为 0~1。

EA-CCR 模型是查尼斯(Charnes)提出的基于不变规模收益(Constant Return to Scale，CRS)的效率评价模型，DEA-BCC 模型则是班克(Banker)在 CCR 模型的基础上提出的基于可变规模收益(Variable Return to Scale，VRS)的评价模型，BCC 模型将 CCR 模型所求的技术效率 TE(Technical Efficiency)分解成了纯技术效率(Pure Technical Efficiency，PTE)和规模效率(Scale Efficiency，SE)，从而能有效地分析引起效率欠缺的原因是纯技术还是规模效率。

1. CCR 模型

在 DEA 方法中最基本且重要的模型之一是 CCR 模型，CCR 模型又称为规模报酬不变模型，在这个模型中假设有 n 个决策单元，且对于每个决策单元 DMU 有 m 种类型的输入 X(类似于微观经济学的生产要素，这里我们可以将其视为决策单元对"资源"的消耗)和 s 种类型的输出 Y(表明"成效"的一些指标，比如经济效益指标及产品质量的指标等)，这里对输入与输出的理解是在输出一定的条件下，输入越小越好。整个模型可以用图表简单表达，如图 9-10 所示。

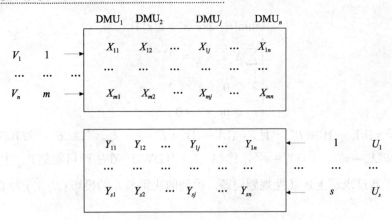

图 9-10　CCR 模型示意图

下列各式中(决策单元 j 记为 DWU_j，$0 \leqslant j \leqslant n$)：

$x_{ij} = \mathrm{DMU}_j$ 对第 i 种输入的投入量，$x_{ij} > 0$；

$y_{rj} = \mathrm{DMU}_j$ 对第 r 种输出的产出量，$y_{ij} > 0$；

v_i 对第 i 种输入的一种度量(或称权)；

u_i 对第 r 种输出的一种度量(或称权)，$i = 1,2,\cdots,m$，$j = 1,2,\cdots,n$，$r = 1,2,\cdots,s$。

为方便，记：

$$x_j = \mu^{\mathrm{T}} y_j \quad j = 1,2,\cdots,n；$$
$$y_j = (y_{1j}, y_{2j}, \cdots, y_{sj})^{\mathrm{T}} \quad j = 1,2,\cdots,n$$
$$v = (v_1, v_2, \cdots, v_m)^{\mathrm{T}}$$
$$u = (u_1, u_2, \cdots, u_s)^{\mathrm{T}}$$

这里，x_j 和 y_j 分别为 DMU_j 的输入向量和输出向量，$j = 1,2,\cdots,n$，因为它们均可以由历史资料或统计的数据直接得到，故为已知数据；这里的 v 与 u 则分别是对应 m 种输入和 s 种输出的权向量，因而它们为变量。

对于权系数向量 v 和 u，我们定义决策单元 j 的效率评价指数为：

$$h_j = \frac{\sum_{r=1}^{s} u_r y_{rj}}{\sum_{r=1}^{m} v_i x_{ij}} \qquad 0 \leqslant j \leqslant n \tag{9-28}$$

我们总可以选取适当权系数 v 和 u，使得 $h_j \leqslant 1$，$j = 1,2,\cdots,n$。效率评价指数 h_j 的含义是：在权系数 v，u 之下，投入为 $v^{\mathrm{T}} x_j$，产出为 $u^{\mathrm{T}} y_j$ 时的投入产出之比。

现在，考查 DMU_k 的效率评价问题：以 DMU_k 的效率评价指数：

$$h_k = \frac{\sum_{r=1}^{s} u_r y_{rk}}{\sum_{r=1}^{m} v_i x_{ik}} \qquad 0 \leqslant j \leqslant n \tag{9-29}$$

为目标，以所有的决策单元($j = 1,2,\cdots,n$)的效率指数(包括 DMU_k)为约束，构成如下的分式规划问题：

$$\max h_k = \frac{\sum\limits_{r=1}^{s} u_r y_{rk}}{\sum\limits_{i=1}^{m} u_i x_{ik}} \qquad (9\text{-}30)$$

$$\begin{cases} \dfrac{\sum\limits_{r=1}^{s} u_r y_{rk}}{\sum\limits_{j=1}^{m} v_i x_{ij}} \leqslant 1 & j = 1, 2, \cdots, n \\ \\ u_r \geqslant 0, \ v_i \geqslant 0, \ r = 1, 2, \cdots, s, \ i = 1, 2, \cdots, m \end{cases}$$

式(9-30)所示的模型即为 CCR 模型，它将科学—工程效率的定义延伸到多输入、多输出系统的情形。最初的 CCR 模型是一个分式规划，而分式规划一般不利于求解，因此在实际中我们通过 CC 变换，将其转换成对应的线性规划模型。为此，设：

$$t = \frac{1}{v'X_k}, \quad \omega = tv, \quad \mu = tu$$

经简单的代换计算整理得到对应的线性规划模型如下：

$$\begin{cases} \max \mu' Y_k \\ \omega' X_k - \mu' Y_j \geqslant 0 & j = 1, 2, \cdots, n \\ \omega' X_k = 1 \\ \omega, \mu \geqslant 0 \end{cases} \qquad (9\text{-}31)$$

式(9-31)是线性规划问题，有关定理可以证明它与分式规划是等价的。这里记对偶变量为 θ 与 λ_j，相应的松弛变量为 S_r^+ 与 S_i^-。进一步经对偶变换并引进非 Archimedes 无穷小量 ε，就可以得到如式(9-32)的模型。

$$\min\left[\theta - \varepsilon\left(\sum_{r=1}^{s} s_r^+ + \sum_{i=1}^{m} s_i^- \right) \right]$$

$$\begin{cases} \sum\limits_{j=1}^{n} \lambda_j x_{ij} + s_i^- = \theta x_{ik} & i = 1, 2, \cdots, m \\ \sum\limits_{j=1}^{n} \lambda_j y_{rj} - s_r^+ = y_{rk} & r = 1, 2, \cdots, s \\ \lambda_j \geqslant 0 & j = 1, 2, \cdots, n \\ s_r^+ \geqslant 0, \ s_i^- \geqslant 0 & r = 1, 2, \cdots, s, \ i = 1, 2, \cdots, m \end{cases} \qquad (9\text{-}32)$$

DEA 有效性的经济意义如下所述。

将具备相同类型的决策单元视为某种经济活动，则 DEA 有效性具有一定的经济含义：CCR 模型中 DEA 有效的决策单元，从生产函数的角度讲，既是"技术有效"，又是"规模有效"。

如果 $\theta < 1$，在保持产出不变的条件下，可将投入的各分量全部按统一比例缩小，则表明可用比决策单元更少的投入获得相同的产出，说明当前决策单元既不是技术有效，也不是规模有效。

如果 $\theta = 1$，在保持产出不变的条件下，投入的各分量不可以全部减少，但减少部分投入仍可获得相同产出水平，则表明当前的 DMU 是弱 DEA 有效，而不是 DEA 有效，从生产理论角度看，它是技术有效，而非规模有效。

2. BCC 模型

在上面规模报酬不变情形下的 CCR 模型中，我们使用了这样的一个隐含的假设，即可以通过等比例增加投入以扩大决策单元的产出规模。但是我们知道任何模型都是在现实世界的一步之外，即现实具有很强的复杂性，比如外部环境在不断发生变化，且影响因素可能是多元化的，企业与社会都不可能持续保持统一的生产规模。也即上面隐含假设在现实中很难实现。由于规模变化的不确定性，可不同程度地在企业内部影响产出或收益的大小与趋势。由于我们要考虑的决策单元不是全部都处于最佳规模时的情况，并且不同的决策单元所处的规模状况不一，这个时候，技术进步导致的效率与规模效应导致的效率就会混杂在一起，为了解决这个问题，我们将 CCR 模型改进为 BCC 模型，也即变动规模报酬模型。

为了方便具体的计算，引入非 Archimedes 无穷小 ε (在实际计算中，我们可以将其设为一个充分小的数，如 10^{-6})，在一个凸性约束条件下就可以获得投入导向的变动规模报酬 DEA 模型，于是在规模报酬可变的假设前提下，我们在计算技术效率时可以去除规模效率的影响，由此计算出来的效率是纯技术效率。

班克(Banker)、查尼斯(Charnes)和库伯(Cooper)在 1984 年给出的 BCC 模型。

1) 投入导向变动规模报酬 DEA 模型

$$\min[\theta - \varepsilon(\hat{e}^T s^- + e^T s^+)]$$
$$Y\lambda - s^+ = y_0$$
$$X\lambda + s^- = \theta x_0$$
$$\prod{}^T \lambda = 1 \tag{9-33}$$
$$\lambda \geqslant 0$$
$$s^+ \geqslant 0, \quad s^- \geqslant 0$$

其中，$\hat{e}^T = (1,1,\cdots,1) \in E_N$，$e^T = (1,1,\cdots,1)^T \in E_M$，$\prod$ 是单位 1 向量，λ 是 $I \times 1$ 常数向量。

2) 以此类推，可得出产出导向变动规模报酬得 DEA 模型

$$\max \phi$$
$$Y\lambda - s^+ = \phi y_0$$
$$X\lambda + s^- = x_0$$
$$I1^T \lambda = 1 \tag{9-34}$$
$$\lambda \geqslant 0$$
$$s^+ \geqslant 0, \quad s^- \geqslant 0$$

其中，$1 \leqslant \theta < +\infty$，$1/\phi$ 是第 i 个企业的技术效率；λ 是 $I \times 1$ 变向量。通过上述模型计算得到的最优解为 λ^*，s_n^{-*}，s_m^{+*}，θ^*，在此基础上我们分析其 DEA 有效性。

(1) 当 $\theta^* = 1$ 且 $s_n^{-*} = s_m^{+*} = 0$ 时，决策单元 DEU_{j0} 有效，技术效率和规模效率均有效，资源得到了最优配置，此时的生产规模处于相对最佳状态。

(2) 当 $\theta^* = 1$ 且 $s_n^{-*} \neq s_m^{+*} \neq 0$ 时，决策单元 DEU_{j0} 为弱 DEA 有效，此时仅技术有效，规模无效。s_n^{-*} 和 s_m^{+*} 分别为第 n 种投入要素冗余量和第 m 种产出要素不足量。

(3) 当 $\theta^* < 1$ 且 $s_n^{-*} \neq 0$，$s_m^{+*} \neq 0$ 时，决策单元 DEU_{j0} 为非 DEA 有效，技术、规模均为非有效。即在现有技术水平下，决策单元 DEU_{j0} 存在一定程度上的资源浪费或产出不足，

投入要素量过多而产出要素量太少。同时，s_m^{+*}，s_n^{-*} 越大表明决策单元改进为 DEA 有效的空间也越大。效率评价指数 θ^* 越小，决策单元 DEU_{j0} 的运作效率越低。

在此基础之上，我们可以分析其规模效益增减情况。

若 $\lambda^*/\theta^*=1$，则决策单元 DMU 效益递增。

若 $\lambda^*/\theta^*>1$，则决策单元 DMU 收益不变。

若 $\lambda^*/\theta^*<1$，则决策单元 DMU 收益递减。

由上面的分析结果，可得出如下结论。

(1) 规模效益递增且技术无效时，意味着我们要加强投入资源的管理，以增加产出的效率。

(2) 规模效益递减且技术无效时，表示产出的增加与投入的增加不成正比，并小于投入的增加。此时增加投入是非理性的，我们需要加强投入资源的管理，以达到产出投入最大化。

(3) 规模不变且技术有效时，意味着此时处在最佳生产点。

(4) 规模效益递增且技术有效时，表示我们要加大资源投入力度。

通过上述两模型的介绍可以看出，CCR 模型所求的效率值为 BCC 模型中的整体效率值，而 BCC 模型所求的效率值为纯技术效率和规模效率，因此整体效率不会大于纯技术效率，当且仅当整体效率等于 1 时，规模效率等于 1 且纯技术效率等于 1。

9.4.3 物流企业运营效率的 DEA 评价

DEA 方法的应用步骤如图 9-11 所示。

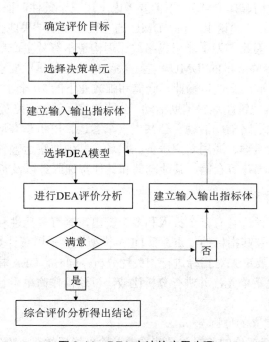

图 9-11 DEA 方法的应用步骤

求解 DMU 效率值，计算出各个备选指标的权数，依据权数的大小确定 DEA 模型的输入和输出指标，再将指标值代入 DEA 的 CCR 和 BCC 模型中，利用 DEA-SOLVER 3.0 软件对其进行规划求解，得出相应的 DMU 效率值。

1. 决策单元的选取

在实际生活中，一个经济系统或一个生产过程都可以看成一个单元在一定的可行范围内，通过投入一定数量的生产要素并产出一定数量"产品"的活动，这样的单元被称为决策单元(Decision Making Units，DMU)。其基本特点是具有一定的输入和输出，并且在将输入转化成输出的过程中，努力实现自身的决策目标。

决策单元是输入转化为输出的实体，在实践中企业、政府、学校、医疗机构、军队都可以作为决策单元，但是 DEA 评价方法的同质性要求各个决策单元必须具备相同的性质。

1) 决策单元选择的原则

理论上，决策单元的同质性要求我们在选取决策单元时必须考虑三个要素：一是所选的 DMU 具有相同的目标和任务；二是这些 DMU 要具有相同的外部环境；三是要具有相同的输入和输出指标及量纲。

在实际应用中，我们可以通过下述两个方面对决策单元进行选择：首先，决策单元需要具有相同的目标、环境和相同的输入、输出指标及相同的任务。其次，采用决策单元活动的时间间隔来选择。在对决策单元的个数进行选择时，一方面由于难以取得较多决策单元的数据，另一方面决策单元的同质性会受过多的决策单元干扰，因此，通常我们选取的决策单元的个数为输入、输出指标总数的两倍。

2) 决策单元的选择

假设选取的 DMU 物流企业具有相同的环境，均为了实现利润最大化；具有相同的投入和产出变量；假定效率最高的 DMU 的效率为 1，其他 DMU 的效率为 0～1。

在实际操作中，我们选择 DMU，不但要考虑上述三个条件，而且还要考虑到 DEA 方法对 DMU 个数的要求。从理论上来讲，DMU 的个数与测量结果成正比，即个数越多，其结果的精确度就越高。因此，为了能用包络线原理构造出有效生产前沿面，找到最有效的 DMU，就必须保证有足够数量的 DMU。鉴于决策单元的同质性要求，可以采用按照全国第二次经济普查分类标准的交通运输业、仓储和邮政业下的 20 个小类作为实证的 DMU，这 20 个小类分别是：其他铁路运输辅助活动、公路旅客运输、道路货物运输、客运汽车站、公路管理与养护、其他道路辅助活动、公共电汽车客运、出租车客运、远洋货物运输、沿海货物运输、内河货物运输、通用航空服务、机场、其他航空运输辅助活动、装卸搬运、运输代理服务、谷物和棉花等仓储、其他仓储和其他寄递服务以及货运港口等。

2. 建立评价指标体系

物流企业运营效率评价具有多个投入和多个产出，具有多元性和复杂性的特点，难以预先确定生产函数模型及其指标的权重。而 DEA 模型直接采用统计数据进行运算，不受指标量纲的限制，且不需要事先对指标进行相关性分析；同时，DEA 模型要求同质性，即选取同类型的 DMU 为决策单元，并进行分析比较，以使操作简单可行，因此适合多投入、多产出的产业评价活动。

1) 评价指标体系建立的原则

运用 DEA 方法进行评价的前提就是建立输入输出指标体系，评价体系的完善与否会对评价结果的好坏产生很大的影响。在具体的运用中，输入、输出指标的选取带有很强的任意性与主观性，用不准确的指标体系来评价系统必然会导致评价结果与实际发生很大偏差；

评价指标的数量多少也会给评价结果带来影响。因此如何客观地、有效地、有针对性地选取输入、输出指标是 DEA 方法关键的基础问题之一。

纵观前人的研究成果，不难看出，DEA 方法评价指标体系的建立主要有以下五个原则：目的性、全面性、代表性、多样性、精简性。

2) 指标选取的依据

尽管 DEA 是一个多输入多产出的评价模型，但受结算结果准确性和模型计算方法的影响，我们在选取指标时要考虑三个方面的因素：首先是投入产出之间的非负性联系；其次是指标的个数问题，一般来说，DMU 的个数应该大于投入产出之积的 3 倍；最后，还要确定是使用综合性指标还是单一性指标，多数情况下我们可采用两者的结合。

3. 指标的确定

由生产理论可知，人力、物力和财力构成了生产投入的组成部分，各种商品和服务则构成产出的组成部分。根据建立评价指标体系的原则以及结合我国物流业自身的特点、全国第三次经济普查数据所能提供的数据，选取的物流产业效率评价指标体系，如图 9-12 所示。

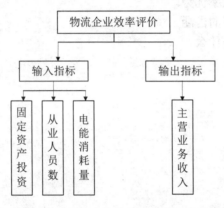

图 9-12　物流企业效率评价指标体系

一般来讲，输入指标主要从人力、物力和财力三方面考虑，人力方面选取交通运输业、仓储和邮政业从业人员数代表物流产业从业人员数，物力方面选取物流企业对电能的消费数量，财力方面选取了 20 个行业交通运输、仓储和邮政业固定资产投资额代表物流业固定资产投资额。

4. DEA 模型的选用

对具有不同规模收益条件下 DEA 模型的研究是 DEA 研究的一项重要内容。CCR 模型是一个刻画生产规模与技术有效的 DEA 模型，而 BCC 模型是用来评价生产技术相对有效性的。使用 DEA 方法测算相对效率主要有两种模型：投入导向模型和产出导向模型。这两种模型对应不同的经济含义，我们在实际应用中应该综合考虑评价目标和经济环境，并据以选择恰当的评价模型。

本 章 小 结

21 世纪是一个充满了竞争和机遇的世纪，如何更好地满足顾客的个性化需求，如何缩短商品的生命周期，是生产制造行业迫在眉睫需要解决的问题。如何使企业所处的供应链在竞争中立于不败之地，如何有效降低物流运作成本，达到物流的运作系统流程优化，提高竞争力成为企业发展的关键问题。

本章主要从运营的基本理论入手，通过介绍运营的概念、运营系统的相关理论引申出物流运营模式，分别从物流运营网络协同规划、物流服务营销系统规划、物流运营效率评价系统规划三个方面阐述了物流运营系统规划的内容和方法。通过本章的学习，读者可对物流运营的基本内容与供应链环境条件下的物流运营系统规划的方法和理论有一个初步的认识，为进一步改进和完善物流系统整体运营规划的理论和实践提供了有意义的参考指导。

思考与练习

1. 运营的概念是什么？
2. 简述物流运营模式。
3. 简述物流协同的效率优势。
4. 简述物流服务营销的内涵。
5. 物流营销的概念是什么？

参 考 文 献

[1] 戴恩勇，陈永红．物流绩效管理[M]．北京：清华大学出版社，2012(11)．

[2] 戴恩勇．集装箱多式联运策略研究[D]．硕士论文：武汉理工大学，2005(04)．

[3] 戴恩勇．物流战略与规划[M]．北京：清华大学出版社，2014．

[4] 戴恩勇，袁超．农业生态系统循环物流研究[J]．中国市场，2008(02)．

[5] 杨芳，戴恩勇．基于 Multi-Agent 的果蔬冷链物流系统协同优化[J]．统计与决策，2016.18(46)．

[6] 戴恩勇，杨芳．基于基本 Petri 网的仓储入库作业流程建模与分析——以 A 企业为例[J]．物流技术，2015(13)．

[7] 杨芳，戴恩勇．基于 Anylogic 的果蔬冷链系统配送中心物流运作优化[J]．中南林业科技大学学报，2016.07(24)．

[8] 余冰，戴恩勇．RFID 在库存管理中应用的研究综述[J]．物流技术，2011(01)．

[9] 戴恩勇，江泽智．循环物流绩效评价模型构建及应用[J]．物流技术，2014(13)．

[10] 邹安全，戴恩勇．肉制品企业物流监控系统安全评价[J]．工业工程，2010(03)．

[11] 魏宏森，王伟．广义系统论的基本原理[J]．系统辩证学学报，1993(01)．

[12] 蒋萍浪．低碳理念下现代物流园区规划设计研究[D]．硕士论文：西安建筑科技大学，2014(06)．

[13] 薛晗．供应链一体化战略研究[D]．硕士论文：上海交通大学，2003(01)．

[14] 付东文．物流信息系统的设计和实践[D]．硕士论文：南开大学，2004(03)．

[15] 李兆磊．物流枢纽系统演化与承载能力理论研究[D]．博士论文：长安大学，2013(05)．

[16] 陆华．物流系统战略规划设计理论与方法研究[D]．硕士论文：武汉理工大学，2003(3)．

[17] 韩勇．物流园区系统规划的理论、方法和应用研究[D]．博士论文：天津大学，2002(12)．

[18] 林勇，马士华．物流中心物流信息系统发展规划的理论、方法[J]．物流技术，2003(10)．

[19] 廖天．区域物流节点布局规划研究[D]．硕士论文：西南交通大学，2015(04)．

[20] 陈炜．辽宁省物流节点布局及其优化研究[D]．博士论文：辽宁工程技术大学，2014(10)．

[21] 宋李敏．物流节点规模及选址研究[D]．硕士论文：山西大学，2008(06)．

[22] 谢玲．物流系统节点体系布局规划研究[D]．硕士论文：河北工业大学，2007(11)．

[23] 高建英．物流网络节点选址方法研究[D]．硕士论文：吉林大学，2006(10)．

[24] 唐小明．物流节点设施布置设计方法研究[D]．硕士论文：长安大学，2006(05)．

[25] 张勇．基于虚拟现实技术的物流运输路线规划系统设计[J]．物流技术，2013(17)．

[26] 宋建阳，张良卫．物流战略与规划[M]．广州：华南理工大学出版社，2006．

[27] 朱木益．物流运输网络优化研究[D]．硕士论文：上海海运学院，2001(12)．

[28] 刘勇．物流园区规划设计要点分析[J]．物流技术与应用，2017(11)．

[29] 葛再雪．物流园区规划的方法研究[D]．硕士论文：同济大学，2008(12)．

[30] 史峰．物流园区规划设计的关键问题[J]．建筑知识，2017(17)．

[31] 王宇．京津冀一体化物流园区选址规划研究[D]．硕士论文：燕山大学，2016(12)．

[32] 林振强．智慧物流园区规划与建设[J]．物流技术与应用，2017(05)．

[33] 徐青．物流园区规划的方法与实践[J]．江西建材，2016(19)．

[34] 薛晗．"一带一路"下物流园区选址研究[D]．博士论文：北京交通大学，2016(08)．

[35] 曾鹏. 物流园区规模确定及选址评价研究[D]. 硕士论文：深圳大学，2016(06).

[36] 刘兵阳. 物流园区功能设施设计研究[D]. 硕士论文：北京建筑大学，2015(12).

[37] 许程. 物流园区布局优化与作业流程仿真研究[D]. 硕士论文：西南交通大学，2015(05).

[38] 刘颖. 物流园区选址与总体布局研究[D]. 硕士论文：西安建筑科技大学，2005(04).

[39] 葛再雪. 物流园区规划的方法研究[D]. 硕士论文：同济大学，2008(12).

[40] 孙华灿. 基于综合运输网络的货运配流方法研究[D]. 博士论文：东南大学，2009(07).

[41] 刘磊. 配送中心设施布局规划与分拣系统仿真研究[D]. 硕士论文：中南大学，2008(11).

[42] 邹安全. 企业物流工程[M]. 北京：清华大学出版社，2012.

[43] 薛冰. 基于企业工程理论的企业物流系统的体系结构研究[D]. 硕士论文：天津大学，2004(02).

[44] 付东文. 物流信息系统的设计和实践[D]. 硕士论文：南开大学，2004(03).

[45] 李守林. 基于物联网驱动的物流园区信息化研究[D]. 硕士论文：北京交通大学，2016(05).

[46] 娄慧斌. 基于 AHP 的配送中心布局规划设计[J]. 物流技术与应用，2017(11).

[47] 俞涛. A 集团公司北方配送中心规划及流程设计[D]. 硕士论文：复旦大学，2014(04).

[48] 高举红. 物流系统规划与设计[M]. 北京：清华大学出版社，2015.

[49] 吴东辉. 基于动态规划的配送中心拣货设计与优化研究[D]. 硕士论文：武汉纺织大学，2013(04).

[50] 张凤娟. 基于模糊理论的配送中心地址评价与消费者分类研究[D]. 硕士论文：天津大学，2005(06).

[51] 穆春涛. 基于客户服务质量的配送中心拣货系统优化研究[D]. 硕士论文：西南交通大学，2009(12).

[52] 庞明川. 企业信息化之物流管理信息系统的规划与设计[D]. 硕士论文：山东科技大学，2011(05).

[53] 王妍妍. W 公司模块化物流信息系统规划设计[D]. 博士论文：北京交通大学，2014(06).

[54] 王言斌. 制造企业供应物流运作模式的构建[D]. 硕士论文：东华大学，2005(01).

[55] 贺源. 构建供应链一体化运作平台[J]. 施工企业管理，2016(10).

[56] 贡耀新. W(中国)公司服务部内部供应链一体化研究[D]. 硕士论文：江苏大学，2016(03).

[57] 刘金. 价值链整合视角下电子商务企业物流运营模式创新研究[D]. 硕士论文：湖北工业大学，2016(03).

[58] 马法洲. 物流服务定制营销研究[D]. 硕士论文：兰州大学，2008(05).

[59] 熊勇. PCG 公司物流服务营销策略研究[D]. 硕士论文：西南交通大学，2007(06).

[60] 方仲民. 物流系统规划与设计[M]. 3 版. 北京：机械工业出版社，2015.

[61] 耿会君，董维忠. 物流系统规划与设计[M]. 3 版. 北京：电子工业出版社，2017.

[62] 毛海军. 物流系统规划与设计[M]. 北京：东南大学出版社，2017.